破 产
法律文书样式

重庆破产法庭 —— 编

BANKRUPTCY
LEGAL DOCUMENT TEMPLATES

人民法院出版社

图书在版编目（CIP）数据

破产法律文书样式 / 重庆破产法庭编 . -- 北京：人民法院出版社 , 2022.12

ISBN 978-7-5109-3570-1

Ⅰ.①破… Ⅱ.①重… Ⅲ.①破产法—法律文书—范文—中国 Ⅳ.① D926.13

中国版本图书馆 CIP 数据核字（2022）第 157608 号

破产法律文书样式
重庆破产法庭　编

责任编辑：丁塞峨
出版发行：人民法院出版社
地　　　址：北京市东城区东交民巷 27 号（100745）
电　　　话：（010）67550656（责任编辑）　67550558（发行部查询）
65223677（读者服务部）
客服 QQ：2092078039
网　　　址：http://www.courtbook.com.cn
E-mail：courtpress@sohu.com
印　　　刷：三河市国英印务有限公司
经　　　销：新华书店
开　　　本：787 毫米 ×1092 毫米　1/16
字　　　数：588 千字
印　　　张：34.75
版　　　次：2022 年 12 月第 1 版　2025 年 7 月第 4 次印刷
书　　　号：ISBN 978-7-5109-3570-1
定　　　价：108.00 元

版权所有　侵权必究

编委会

主编
卢祖新

副主编
唐文　吴洪　陈唤忠　徐丽霞

编委
胡彬　向琳　白云　周佳俊
凌焯　张涌　韦忠语

执行编辑
陈唤忠　胡彬

出版说明

最高人民法院于2011年10月13日印发了《人民法院破产程序法律文书样式（试行）》《管理人破产程序工作文书样式（试行）》。最高人民法院统一制作的破产程序文书样式，为破产法官和管理人提供了标准化文本，既提高了人民法院审理企业破产案件的质量，也提高了管理人的工作效率和质量。前述文书样式颁布后，在《企业破产法》方面，最高人民法院先后出台了《最高人民法院关于适用〈中华人民共和国企业破产法〉若干问题的规定（二）》《最高人民法院关于适用〈中华人民共和国企业破产法〉若干问题的规定（三）》等司法解释，以及《最高人民法院关于执行案件移送破产审查若干问题的指导意见》《全国法院破产审判工作会议纪要》等司法指导性文件。其中涉及的执转破、预重整、关联企业实质合并破产等新类型破产案件的文书格式亟待统一。在文书样式方面，最高人民法院于2016年公布了《人民法院民事裁判文书制作规范》，明确规定该规范可以适用于人民法院制作的其他诉讼文书。综上，根据最高人民法院相关规定精神，结合破产审判实际，为提升诉讼文书制作的质量和效率，确保破产程序健康有序推进，需要对现有的破产法律文书样式进行归纳、整理。

重庆破产法庭于2019年12月31日揭牌成立，系重庆市第五中级人民法院内设破产审判庭（对外称"重庆破产法庭"）。经最高人民法院批准，管辖重庆市（含区县注册登记）企业破产案件和强制清算案件。为西部首家、全国第七家破产法庭。为了推进破产审判专业化、集约化进程，重庆市第五中级人民法院将统一文书格式作为规范破产审判工作的重要抓手，成立编写专班，认真部署、积极推进破产法律文书样式整理工作，历时一年多，于2021年11月完成了《破产法律文书样式（送审稿）》，经重庆破产法庭全庭法官会议审议通过。

此次破产法律文书样式的整理，由我牵头，分管院长负责，重庆破产

破产法律文书样式

法庭和重庆市破产管理人协会都组织了调研专班，分别负责对人民法院的破产文书样式和管理人的破产文书样式进行修订、整理，并由重庆破产法庭负责统稿。整理过程中，结合破产审判实际，在梳理运用最高人民法院发布的文书样式基础上，增加了执转破、预重整、关联企业实质合并破产等方面的文书样式，为当事人参与破产程序提供了文书参考样式，为相关主体规范制作破产法律文书提供了指引和参考标准，有效填补了相关文书样式空白。

在此要特别感谢中国人民大学王欣新教授。文书样式整理完成后，我们将稿件送王欣新教授审阅，王欣新教授对整体思路及很多具体问题都提出了宝贵意见，还欣然为本书作序。

因编者学识、经验、视野、能力有限，本书难免存在不足、疏漏，也请读者朋友给予批评、指正和建议，以便我们日后予以更正、修改和完善。

重庆市第五中级人民法院党组书记、院长
卢祖新

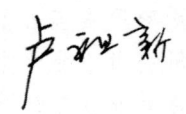

序

　　破产法是保障市场经济正常运转的基础性法律。破产法既是实体法，也是程序法，还牵涉破产之外一些相关社会问题的一并处理，需要解决的法律事务十分广泛，涉及的各方面法律文书自然也就颇显繁多。法律文书体现着相关的法律效力和后果，是法律实施的外观表现形式，也是信息披露的重要渠道。破产是特殊的法律程序，破产程序中涉及法院、管理人、债务人、债权人、投资人等参与方出具的破产文书达数百种。因此，如何统一规范破产文书样式，保障其质量，对正确实施《企业破产法》显得尤为重要。重庆破产法庭编写的《破产法律文书样式》一书根据我国《企业破产法》及相关司法解释的规定，对破产司法实践中的常用法律文书进行了全面的汇集、整理和内容编排，形成较为规范的文书范本，可供相关从业者在司法实践中广泛参考使用，对《企业破产法》的市场化、法治化、规范化实施具有重要的促进意义。受本书编委会的邀请，欣然为之作序。

　　根据本书的编排体例，从破产程序性质的角度，将破产法律文书分为通用类程序文书、清算程序文书、重整程序文书、和解程序文书；从文书制作主体的角度，将破产法律文书分为人民法院、管理人以及当事人和利害关系人出具的各种文书。人民法院常用的文书主要是裁定书和决定书。裁定书处理破产程序中的重大事项，如受理破产申请裁定、宣告债务人破产裁定、确认无异议债权裁定、认可分配方案裁定、批准重整计划裁定、认可和解协议裁定等。管理人常用的文书，大致分为三类，即报告类、方案类、通知类。其中，报告类文书提交报告的对象主要是人民法院、债权人会议与债权人委员会，内容是报告管理人的履职情况、债务人的资产状况、破产程序进展情况等，目的是进行必要的信息披露。方案类文书主要涉及财产管理、变价、分配的方案，也包括重整计划草案与和解协议草案等。当事人常用的文书主要是申请书，对债务人的破产申请、申请查阅资料、对债权人会议决议申请复议等，其作用主要是参与破产程序、行使自

破产法律文书样式

身权利。本书的编写以文书的制作主体为主线，将破产法律文书分为人民法院适用、管理人适用、当事人等适用的文书。原则上按破产程序的推进顺序进行体例编排，便于读者按图索骥。文书样式附说明及必要的解读，说明主要提示该种文书样式涉及的法律规定，解读则侧重于与最高人民法院2011年发布的文书样式进行对比，阐明修改的理由，适当加入对法律规定的理解与适用操作。

本书的主要特点是编制文书内容全面，注重查漏补缺，紧跟破产司法实践的发展，增加了执转破、预重整、关联企业实质合并破产等方面的文书样式。如重庆市第五中级人民法院出台了《预重整工作指引（试行）》，坚持预重整的"庭外重组"本质属性，坚持市场主体意思自治，坚持由债务人主导预重整，法院不过度干预。本书有针对性地分别在人民法院适用的文书和管理人适用的文书类型中增设预重整程序的文书样式，进一步为预重整阶段的"庭外重组"提供规范性文书和参考依据。关联企业实质合并破产是近年来集团关联企业破产时的热点问题，重庆破产法庭对此积累了一定的经验，如其报送的重庆金江印染有限公司、重庆川江针纺有限公司破产管理人申请实质合并破产清算案入选最高人民法院第29批指导性案例。本书通过裁定实质合并破产用的民事裁定书文书样式，将实质合并需要考虑的各企业在人员、财产、生产经营等因素，达到存在法人人格高度混同、区分各关联企业财产的成本过高、严重损害债权人公平清偿利益的构成要件和关键要素予以综合提炼，明确适用标准，颇具参考价值。

随着《企业破产法》对我国市场经济与社会发展的促进作用日益凸显，为保障《企业破产法》的顺利实施，防止滥用破产程序损害当事人及相关方利益，在破产程序尤其是法律文书方面对管理人的工作要求也越来越高、越来越细致。这突出表现在对债权人等利害关系人知情权的重视与保障以及对管理人信息披露义务在文书等方面的要求上。行使知情权与信息披露是一个问题的两个方面，管理人信息披露越充分，对债权人知情权的保障就越全面。本书对《关于提请债权人会议审议×××（债务人名称）财产管理方案的报告》及《财产管理方案》等文书样式进行了修订。之前的文书样式中，方案之外虽然也有报告要求，但报告的格式内容简单，不足以做到充分的信息披露。本书对与方案配套的报告进行了专门修订，明确了报告中阐明制定方案的理由与依据样式。方案与报告，各有分工，方案主要指引怎么做，而报告则需要阐明为什么这么做。这种文书修订方式有助于管理人理解并主动进行充分的信息披露，保障债权人的知情权，提升债权人的参与度。

综上，本书的出版有助于进一步统一破产审理裁判尺度，规范破产审理流程，尤其是完善信息披露文书模式。本书对法律文书的收集、编制与分析，有助于读者从多角度、全方位理解破产法律文书在司法实践中的具体应用，为办理破产案件的法官和律师等从事审判与管理人等实务工作人员，以及当事人等利害关系人提供有益的工作借鉴，尤其是对广大破产实务工作者而言，可谓一部得力的破产文书工具书，具有较高的实用价值和现实意义。我相信并期待本书的出版能够为推动我国破产法律文书的完善和发展做出贡献。

中国人民大学破产法研究中心主任

王欣新

目录

人民法院用法律文书样式

一、通用类法律文书样式 3
（一）破产申请审查阶段 3
1. 收据（收到破产申请材料后用） 3
2. 通知书（收到破产申请后通知债务人用） 4
3. 公告（公告通知债务人用） 6
4. 通知书（通知申请人补充、补正相关材料用） 8
5. 通知书（通知利害关系人参加听证用） 9
6. 通知书（不准许参加听证用） 11
7. 听证笔录 11
8. 延长破产申请审查期限报告（报请上一级法院批准用） 16
9. 延长第一审破产申请审查期限批复（上级人民法院对申请延长破产申请审查期限批复用） 16
10. 民事裁定书（受理或者不受理破产申请用） 17
11. 民事裁定书（准许或者不准许撤回破产申请用） 23
12. 通知书（受理债权人的破产申请后通知债务人提交材料用） 25

（二）第一次债权人会议前 27
13. 决定书（指定管理人用） 27
14. 决定书（决定承担配合清算义务人员范围用） 31
15. 通知书（告知债务人的有关人员的相关义务用） 32

1

16. 决定书（许可或不许可债务人的有关人员离开住所地用）...... 34
17. 通知书（受理破产申请后通知已知债权人用）...... 35
18. 公告（受理破产申请用）...... 37
19. 决定书（指定债权人会议主席用）...... 39
20. 决定书（临时确定债权额用）...... 40

（三）第一次债权人会议后...... 42
21. 决定书（认可债权人委员会成员用）...... 42
22. 民事裁定书（确认债权表记载的无争议债权用）...... 43
23. 决定书（针对监督事项作出决定用）...... 45
24. 民事裁定书（认可或不认可债权人会议未通过的债务人财产管理方案用）...... 47

（四）宣告破产前...... 49
25. 民事裁定书（驳回破产申请用）...... 49
26. 民事裁定书（维持或撤销驳回破产清算申请的裁定用）...... 51

（五）其他...... 53
27. 民事裁定书（撤销债权人会议决议用）...... 53
28. 复函（许可管理人为某些行为用）...... 54
29. 决定书（批准或驳回债权人会议更换管理人的申请用）...... 55
30. 公告（更换管理人用）...... 57
31. 决定书（许可或驳回管理人辞职申请用）...... 58
32. 通知书（确定管理人报酬方案用）...... 59
33. 通知书（调整管理人报酬方案用）...... 61
34. 通知书（确定管理人应收取的报酬数额用）...... 62
35. 决定书（认可或驳回债权人会议关于管理人报酬异议用）...... 63
36. 拘留决定书...... 64
37. 罚款决定书...... 66
38. 复议决定书（维持或撤销下级法院拘留、罚款决定书用）...... 68

39. 决定书（管理人终止执行职务用）................................70

二、预重整 71

1. 通知书（预重整备案登记用）....................................71
2. 民事裁定书（经过预重整受理或者不受理破产重整申请用）..73
3. 决定书（经过预重整直接指定管理人用）................75
4. 公告（通过预重整进入重整程序用）...................76
5. 决定书（经过预重整认可债权人委员会成员用）........78
6. 民事裁定书（经过预重整批准重整计划并终止重整程序用）..79

三、重整 82

1. 民事裁定书（受理破产申请后宣告债务人破产前裁定债务人重整或不予受理重整用）................................82
2. 公告（受理破产申请后宣告债务人破产前裁定债务人重整用）..85
3. 民事裁定书（维持或撤销不予受理重整申请的裁定用）..86
4. 决定书（许可债务人自行管理财产和营业事务用）........89
5. 决定书（终止债务人自行管理财产和营业事务用）........90
6. 复函（同意董事、监事、高级管理人员向第三人转让股权用）..91
7. 民事裁定书（批准或者不批准担保权人恢复行使担保权用）..92
8. 民事裁定书（根据申请终止重整程序用）................94
9. 民事裁定书（法院直接裁定终止重整程序用）............95
10. 公告（根据申请终止重整程序并宣告债务人破产用）..96
11. 公告（法院直接裁定终止重整程序并宣告债务人破产用）..97
12. 民事裁定书（延长重整计划草案提交期限用）..........97

3

13. 民事裁定书（批准或者不批准重整计划用）..................99
14. 民事裁定书（批准或者不批准重整计划草案用）..................100
15. 公告（批准重整计划或重整计划草案并终止重整程序用）..................102
16. 公告（不批准重整计划或重整计划草案并终止重整程序宣告债务人破产用）..................103
17. 民事裁定书（延长重整计划执行的监督期限用）..................104
18. 民事裁定书（终止重整计划的执行用）..................105
19. 民事裁定书（延长重整计划执行期限用）..................106
20. 通知书（协助执行重整计划用）..................108
21. 民事裁定书（确认重整计划执行完毕，终结重整程序用）..................109
22. 民事裁定书（批准或者不予批准变更重整计划用）..................110

四、和解 112

1. 民事裁定书（受理破产清算申请后裁定债务人和解或者不予受理和解申请用）..................112
2. 民事裁定书（维持或撤销不予受理和解申请的裁定用）..................114
3. 公告（受理破产申请后宣告债务人破产前裁定债务人和解用）..................115
4. 民事裁定书（认可或不予认可和解协议用）..................116
5. 民事裁定书（和解协议草案未获通过时裁定终止和解程序用）..................117
6. 民事裁定书（确认和解协议无效用）..................119
7. 民事裁定书（终止和解协议的执行用）..................120
8. 民事裁定书（认可或不认可债务人与全体债权人自行达成的协议用）..................122
9. 公告（认可和解协议并终止和解程序用）..................123
10. 公告（终止和解程序并宣告债务人破产用）..................124

五、清算

（一）宣告破产 125
1. 民事裁定书（宣告债务人破产用） 125
2. 民事裁定书（不足清偿破产费用时宣告债务人破产并终结破产程序用） 127
3. 公告（宣告债务人破产用） 129

（二）宣告破产后 130
4. 民事裁定书（认可或不认可债权人会议未通过的破产财产变价方案用） 130
5. 民事裁定书（认可或不认可债权人会议未通过的破产财产分配方案用） 132
6. 民事裁定书（认可或不认可债权人会议表决通过的破产财产分配方案用） 134
7. 民事裁定书（维持或撤销本院民事裁定书用） 136
8. 民事裁定书（终结破产清算程序用） 137
9. 公告（终结破产清算程序用） 138
10. 民事裁定书（追加分配破产财产用） 139

六、关联企业实质合并破产 141
1. 民事裁定书（实质合并破产清算/重整用） 141
2. 民事裁定书（实质合并破产复议用） 144
3. 决定书（关联企业协调审理时指定管理人用） 146
4. 请示（因管辖权争议报请指定管辖用） 148

七、执转破法律文书样式 150
1. 决定书（决定移送破产审查用） 150
2. 执转破移送表 151
3. 财产清单 153
4. 债务清单 153
5. 征询意见通知书（征询申请执行人意见用） 154
6. 征询意见通知书（征询被执行人意见用） 155
7. 申请书（申请执行人申请执转破用） 156

    8. 申请书（被执行人申请执转破用）................................156

八、破产衍生诉讼文书样式................................157

    1. 民事判决书（请求撤销个别清偿行为纠纷一审用）................................157

    2. 民事判决书（请求确认债务人无效行为纠纷一审用）................................159

    3. 民事判决书（破产撤销权纠纷一审用）................................161

    4. 民事判决书（管理人作为被告的衍生诉讼一审用）................................164

    5. 民事判决书（对外追收债权纠纷一审用）................................166

    6. 民事判决书（追收未缴出资纠纷一审用）................................168

    7. 民事判决书（追收抽逃出资纠纷一审用）................................170

    8. 民事判决书（追收非正常收入纠纷一审用）................................172

    9. 民事判决书（损害债务人利益赔偿纠纷一审用）................................174

    10. 民事判决书（破产债权确认纠纷一审用）................................176

    11. 民事判决书（取回权纠纷一审用）................................178

    12. 民事判决书（破产抵销权纠纷一审用）................................180

    13. 民事判决书（别除权纠纷一审用）................................182

管理人用破产法律文书样式

一、通用类法律文书样式................................187

    1. 关于管理人团队成员名单的报告................................187

    2. 关于管理人印章备案的报告................................188

    3. 关于管理人银行账户备案的报告................................189

    4. 通知书（要求债务人的债务人清偿债务用）................................191

    5. 通知书（要求债务人财产的持有人交付财产用）................................192

    6. 通知书（解除双方均未履行完毕的合同用）................................194

    7. 通知书（继续履行双方均未履行完毕的合同用）................................195

8. 通知书（继续履行合同提供担保用）.................. 196
9. 通知书（回复相对人催告继续履行合同用）.......... 198
10. 告知函（解除财产保全措施用）...................... 199
11. 告知函（中止执行程序用）............................ 200
12. 告知函（告知相关法院/仲裁机构中止法律程序用）.. 202
13. 告知函（告知相关法院/仲裁机构可以恢复法律程序用）... 203
14. 关于提请人民法院许可聘用工作人员的报告......... 205
15. 关于提请人民法院许可选聘××××机构的报告.. 206
16. ××××机构选聘办法................................ 207
17. 关于提请人民法院许可继续/停止债务人营业的报告.. 208
18. 关于拟实施处分债务人财产行为的报告............... 209
19. 关于提请人民法院确定管理人报酬方案的报告...... 211
20. 关于提请债权人会议审查管理人报酬方案的报告.. 214
21. 关于提请人民法院调整管理人报酬方案的报告...... 215
22. 关于调整管理人报酬方案的报告...................... 216
23. 关于提请人民法院准予管理人收取报酬的报告...... 217
24. 通知书（要求追回债务人财产用）................... 218
25. 通知书（要求相对人撤销担保用）................... 219
26. 通知书（要求债务人的出资人补缴出资用）........ 221
27. 通知书（要求债务人的高管返还财产用）........... 223
28. 通知书（要求取回担保物用）........................ 225
29. 通知书（决定是否同意权利人取回财产用）........ 227
30. 通知书（要求出卖人交付在途标的物用）........... 229
31. 通知书（是否同意抵销用）........................... 230
32. 关于破产费用、共益债务清偿情况的报告........... 232
33. 关于债务人财产不足以清偿破产费用提请人民法院终结破产程序的报告.. 234

破产法律文书样式

34. 关于×××（债务人名称）职工债权的公示 236
35. 通知书（回复职工对债权清单的异议用） 238
36. 关于提请债权人会议核查债权的报告（第一
    次债权人会议用） 239
37. 关于提请债权人会议核查债权的报告（第一次
    债权人会议之后的债权人会议用） 242
38. 关于提请人民法院确认无异议债权的报告 244
39. 关于提请人民法院确认无异议债权的报告（第
    一次债权人会议之后的债权人会议核查的债权用） 246
40. 关于第×次债权人会议对债权表的核查结果的
    报告 248
41. 管理人执行职务的工作报告 251
42. 关于×××（债务人名称）财产状况的报告 253
43. 关于提请债权人会议审议×××（债务人名称）
    财产管理方案的报告 255
44. ×××（债务人名称）财产管理方案 256
45. 通知书（通知召开债权人会议用） 258
46. 关于提议召开债权人会议的报告 259
47. 关于提请人民法院裁定××方案的报告（提
    请人民法院裁定债权人会议表决未通过方案用） 260
48. 债权人会议决议 262
49. 申请书（申请回避管理人指定用） 263
50. 申请书（申请辞去管理人职务用） 264

二、预重整 265

1. 申请书（申请预重整备案用） 265
2. 预重整辅助机构推荐函 266
3. 聘任书（聘任预重整辅助机构用） 267
4. 通知书（告知已知债权人用） 268
5. 公告（预重整用） 269
6. 商请函（请求中止执行程序用） 270
7. 表决票 271

  8. 表决结果通知书 273
  9. 预重整信息披露总体报告 274
  10. 预重整终结工作报告 276

三、重整 277
  1. 通知书（重整期间决定是否同意取回财产用） 277
  2. 关于提请人民法院决定终止债务人自行管理的
    报告 279
  3. 关于提请人民法院终止重整程序的报告 280
  4. ×××（债务人名称）重整投资人招募公告 281
  5. 关于提请审议重整计划草案的报告（管理人管
    理财产和营业事务用） 285
  6. 重整计划草案 287
  7. 关于申请延期提交重整计划草案的报告（管理
    人管理财产和营业事务用） 293
  8. 关于提请人民法院裁定批准重整计划的报告
    （请求批准经债权人会议表决通过的重整计划用） 295
  9. 关于提请人民法院裁定批准重整计划草案的报
    告（请求批准经债权人会议表决未通过的重整计
    划草案用） 296
  10. 关于重整计划执行情况的监督报告 297
  11. 关于申请延长重整计划执行监督期限的报告 300
  12. 关于提请法院审查重整计划执行期间管理人监
    督计划的报告 301
  13. 关于提请人民法院裁定终止重整计划执行的
    报告 304

四、和解 305
  1. 管理人执行职务的工作报告（和解程序用） 305
  2. 关于提请人民法院终止和解程序的报告 307

五、清算 308

    1. 关于提请债权人会议审议破产财产变价方案的
　　报告 308

    2. ×××（破产人名称）破产财产变价方案 309

    3. 关于提请债权人会议审议破产财产分配方案的
　　报告 311

    4. ×××（破产人名称）破产财产分配方案 313

    5. 关于提请人民法院裁定认可破产财产分配方案的
　　报告（债权人会议表决通过时用）..................... 315

    6. 关于提请人民法院裁定认可破产财产分配方案的
　　报告（债权人会议表决未通过时用）................. 316

    7. 公告（破产财产中间分配用）........................... 317

    8. 公告（破产财产最后分配用）........................... 319

    9. 关于破产财产分配执行情况的报告 321

    10. 关于提请人民法院裁定终结破产程序的报告
　　（无财产可供分配用）....................................... 323

    11. 关于提请人民法院裁定终结破产程序的报告
　　（最后分配完结用）... 324

    12. 关于管理人终止执行职务的报告 325

六、关联企业实质合并破产 326

    1. 申请书（管理人申请实质合并破产用）............ 326

    2. 复议申请书（管理人对实质合并裁定提出复议用）............ 328

当事人参考破产法律文书样式

一、当事人向人民法院提交的法律文书样式 331

    1. 申请书（申请破产用）....................................... 331

    2. 申请书（申请预重整备案用）........................... 333

    3. 异议书（对破产申请提出异议用）................... 334

4. 申请书（申请撤回破产申请用）.. 335
5. 授权委托书（债权人委托代理人出席债权人会议行使表决权用）.. 335
6. 上诉状（不服不予受理/驳回破产申请裁定上诉用）.. 336
7. 申请书（利害关系人申请参加听证用）.. 337
8. 申请书（债务人有关人员申请离开住所地用）.. 339
9. 申请书（申请恢复行使担保物权用）.. 339
10. 复议申请书（申请对不予批准恢复行使担保物权的裁定复议用）.. 340
11. 申请书（申请撤销债权人会议决议用）.. 341
12. 复议申请书（申请对认可未通过的财产管理/变价/分配方案的裁定复议用）.. 342
13. 复议申请书（对实质合并裁定提出复议用）.. 343
14. 申请书（破产宣告前申请转入重整程序用）.. 344
15. 申请书（债务人申请自行管理财产和营业事务用）.. 345
16. 终止债务人自行管理的申请.. 346
17. 申请书（申请延长重整计划草案提交期限用）.. 347
18. 关于提请审议重整计划草案的报告（债务人管理财产和营业事务用）.. 348
19. 申请书（债务人申请批准重整计划用）.. 350
20. 申请书（债务人申请批准重整计划草案用）.. 351
21. 申请书（破产宣告前申请转入和解程序用）.. 352
22. 申请书（债务人申请认可和解协议用）.. 352
23. 申请书（债务人申请认可自行和解协议用）.. 353
24. 申请书（申请变更重整计划用）.. 354
25. 申请书（申请更换管理人用）.. 355
26. 异议书（对管理人报酬提出异议用）.. 356

二、当事人向管理人提交的法律文书样式.. 357
1. 债权申报资料.. 357

2. 债权确认书（债权人用）..364
3. 债权异议申请（债权人用）..365
4. 债权异议表..366
5. 债权核对确认书（债务人用）..367
6. 职工债权表核查异议书..369
7. 职工债权确认书（首次审查即无异议用）..370
8. 职工债权确认书（提出异议后用）..371
9. 债务抵销申请..372
10. 债权转让通知书..373
11. 委托支付通知书..374
12. 提议召开债权人会议申请书..374
13. 资料查阅申请书..375
14. 继续履行合同催告函..377
15. 财产取回申请书..378
16. 在运途中标的物取回申请书..379
17. 重整期间取回财产申请..381
18. 请求管理人申请终止债务人自行管理人的申请..382
19. 对管理人取回担保物的回复..383
20. 对管理人交付在途标的物的回复..384
21. 关于申请移交财产和营业事务的报告（表决通过重整计划/和解协议用）..385
22. 关于申请移交财产和营业事务的报告（强制裁定批准重整计划草案用）..386
23. 重整期间招募投资人意向申请..387
24. 重整计划执行情况和债务人财务状况的报告..388
25. 放弃优先受偿权的通知书..390
26. 追加分配的申请..390
27. 行使优先购买权申请书..391
28. 变更地址及联系方式确认书..392

附录

最高人民法院关于印发《人民法院破产程序法律文书样式
　（试行）》的通知 ………………………………………… 395
最高人民法院关于印发《管理人破产程序工作文书样式
　（试行）》的通知 ………………………………………… 398
最高人民法院关于调整强制清算与破产案件类型划分的
　通知 ………………………………………………………… 400
最高人民法院关于印发《人民法院民事裁判文书制作规
　范》《民事诉讼文书样式》的通知 ……………………… 401
重庆市各级人民法院办理破产相关文件选编 ………………… 415
　重庆市高级人民法院　重庆市人力资源和社会保
　　障局重庆市医疗保障局关于便利破产与强制清算
　　案件社会保险信息查询的通知 ………………………… 415
　重庆市高级人民法院　国家税务总局重庆市税务局
　　关于企业破产程序涉税问题处理的实施意见 ………… 417
　重庆市高级人民法院企业破产费用援助资金使用
　　办法 ………………………………………………………… 421
　重庆市高级人民法院　重庆市市场监督管理局关于
　　企业注销有关问题的会商纪要 ………………………… 423
　重庆市高级人民法院关于破产案件简化审理的工作
　　规范 ………………………………………………………… 425
　重庆市高级人民法院　中国人民银行重庆营业管理
　　部关于支持破产重整企业重塑诚信主体的会商纪要 … 431
　重庆市高级人民法院关于破产程序中财产网络拍卖
　　的实施办法（试行） ……………………………………… 432
　重庆市高级人民法院转发《最高人民法院关于同意
　　重庆市第五中级人民法院内设专门审判机构并集中
　　管辖部分破产案件的批复》的通知 …………………… 436

重庆市高级人民法院关于明确公司（企业）强制清算和破产案件管辖问题的通知..........437

重庆市高级人民法院关于"执转破"案件简化审理的工作规范..........438

重庆市高级人民法院破产重整申请审查工作指引（暂行）..........445

重庆市高级人民法院关于审理破产案件法律适用问题的解答..........450

重庆市第五中级人民法院破产案件快速审理指引..........454

重庆市第五中级人民法院关于在审理企业破产案件中防范和打击逃废债务行为的工作指引（试行）..........458

重庆市第五中级人民法院关于执行案件移送破产审查工作的实施办法..........464

重庆市第五中级人民法院预重整工作指引（试行）..........468

重庆破产法庭债务人参与破产事务指引..........475

重庆破产法庭债权人参与破产事务指引..........480

重庆破产法庭　重庆市破产管理人协会关于管理人选聘其他社会中介机构的工作指引（试行）..........485

重庆破产法庭　重庆市破产管理人协会破产案件管理人工作指引（试行）..........489

破产相关法律、法规、司法解释、司法指导性文件目录索引..........521

部分省市破产相关司法文件、规范性文件索引..........524

人民法院用法律文书样式

一、通用类法律文书样式

（一）破产申请审查阶段

1. 收据（收到破产申请材料后用）

××××人民法院
破产申请审查案件材料收据

今收到 _____ 提交的申请 _____ 破产清算 / 重整 / 和解的材料一式 ____ 份，具体材料参见附录。

签收人：
××××年××月××日

附录：

序号	材料名称	份数	页数	原件/复印件	备注
1	破产申请书				
2					申请人的主体资格证明
3					债务人的主体资格证明
4					债权凭证
5					

提交人签字确认： ××××年××月××日

说明：

一、本样式参照《人民法院诉讼文书样式》（法〔2016〕221号，下同）中"证据材料收据"制作。

二、《最高人民法院关于适用〈中华人民共和国企业破产法〉若干问题的规定（一）》（法释〔2011〕22号，下同）第七条第一款规定："人民法院收到破产申请时,应当向申请人出具收到申请及所附证据的书面凭证。"《最高人民法院关于人民法院登记立案若干问题的规定》(法释〔2015〕8号,下同)第一条第一款规定:"对起诉、自诉,人民法院应当一律接收诉状,出具书面凭证并注明收到日期。"《最高人民法院关于破产案件立案受理有关问题的通知》(法明传〔2016〕469号,下同)第二条规定:"对于债权人、债务人等法定主体提出的破产申请材料,人民法院立案部门一律接收并出具书面凭证。"

2. 通知书(收到破产申请后通知债务人用)

××××人民法院
通知书

(××××)××破申×号之×

×××(债务人名称):

　　××××年××月××日,×××(债权人或对已解散企业法人负有清算责任的人的姓名或名称)以……为由向本院申请对你单位进行破产清算/重整。[执转破案件则表述为:××××年××月××日,经×××申请(或同意),××××人民法院以……为由,决定将被执行人为×××(债务人名称)的执行案件移送本院进行破产清算/重整审查。]依据《中华人民共和国企业破产法》第十条第一款规定,你单位对申请如有异议,应在收到本通知之日起七日内向本院书面提出并附相关证据材料。

　　联系人:……(写明姓名、部门、职务)
　　联系电话:……
　　联系地址:……
　　特此通知。

××××年××月××日
(院印)

说明：

一、本样式根据《人民法院破产程序法律文书样式（试行）》（最高人民法院于 2011 年 10 月 13 日印发，下同）中文书样式 21 通知书（收到破产清算申请后通知债务人用）和 49 通知书（收到重整申请后通知债务人用）整合及修订，系根据《中华人民共和国企业破产法》第十条第一款制定，供人民法院收到债权人或对已解散企业法人负有清算责任的人提出的破产清算申请后通知债务人时使用。

二、"你单位"可根据当事人的具体情况表述为："你公司或厂、企业、学校等"。

三、破产申请书及有关证据应一并送达债务人。人民法院也可以不制作书面的通知书，而采用电话、短信、传真、电子邮件、即时通信、通讯群组等能够确认其收悉的简便方式通知债务人。

四、如果是本院执行局移送的"执转破"案件，则在案件由来和审理经过对应部分，修改为：××××年××月××日，经×××申请（或同意），本院以……为由，决定将被执行人为×××（债务人名称）的执行案件（案号：……）移送破产清算/重整审查。

五、破产申请审查法院应当注意审查执行法院是否已经履行前述职责，如果执行法院已经通知，破产申请审查法院可以不再发通知。

解读

1. 本样式增加了"执转破"情形下的表述。

修订理由：《最高人民法院关于执行案件移送破产审查若干问题的指导意见》（法发〔2017〕2 号，下同）第 2 条第 2 项规定，需要"被执行人或者有关被执行人的任何一个执行案件的申请执行人书面同意将执行案件移送破产审查"，才能将执行案件移送破产审查。第 7 条规定："执行法院作出移送决定后，应当于五日内送达申请执行人和被执行人。申请执行人或被执行人对决定有异议的，可以在受移送法院破产审查期间提出，由受移送法院一并处理。"《重庆市高级人民法院关于"执转破"案件简化审理的工作规范》（渝高法〔2018〕230 号，下同）第 20 条规定："'执转破'案件，执行法院作出移送决定书后，应于五日内送达债务人，并同时告知债务人有异议的，应当在收到决定书之日起七日内向受移送法院提出。执行法院已经履行前述职责的，受移送法院在审查受理阶段不再重复通知及告知债务人。"据此，破产审判部门应该注意审查执行法院是否已经履行前述职责，如果执行法院已经通知，破产审查法院可以不再发通知。

2.通过说明的方式，对本院执行局移送破产审查的表述作了规定。

3.在说明第三项中增加了"也可以不制作书面的通知书，而采用电话、短信、传真、电子邮件、即时通信、通讯群组等能够确认其收悉的简便方式通知债务人"的内容。

修订理由：《最高人民法院关于推进破产案件依法高效审理的意见》（法发〔2020〕14号，下同）第1条第2款规定："对于需要通知或者告知的事项，人民法院、管理人可以采用电话、短信、传真、电子邮件、即时通信、通讯群组等能够确认其收悉的简便方式通知或者告知债权人、债务人及其他利害关系人。"第2条规定："债权人提出破产申请，人民法院经采用本意见第一条第二款规定的简便方式和邮寄等方式无法通知债务人的，应当到其住所地进行通知。仍无法通知的，人民法院应当按照本意见第一条第一款规定的公告方式进行通知。自公告发布之日起七日内债务人未向人民法院提出异议的，视为债务人经通知对破产申请无异议。"

4.将"依据《中华人民共和国企业破产法》第十条第一款之规定"修改为"依据《中华人民共和国企业破产法》第十条第一款规定"，删除了"之"字。

修订理由：参照《民事诉讼文书样式》，裁判依据之后，不再用"之""的"等介词。之后的文书作相同处理，不再另行说明。

3. 公告（公告通知债务人用）

××××人民法院
公告

（××××）××破申×号之×

×××（债务人名称）：

××××年××月××日，×××（债权人或对已解散企业法人负有清算责任的人的姓名或名称）以……为由向本院申请对你单位进行破产清算/重整。[执转破案件则表述为：××××年××月××日，经×××申请（或同意），××××人民法院以……为由，决定将被执行人为×××（债务人名称）的执行案件（案号：……）移送本院进行破产清算/重整审查。]依据《中华人民共和国企业破产法》第十条第一款规定，你单位对申请如有异议，应自公告发布之日起七日内（或××××年××月××日前）向本院书面提出并附相关证据材料，逾期未向人民法院提出异议的，视为债务人经通知对破产申请无异议。

联系人：……（写明姓名、部门、职务）

联系电话：……

联系地址：……

特此公告。

附：破产申请书及证据目录

××××年××月××日
（院印）

说明：

一、本样式系新增，根据《中华人民共和国企业破产法》第十条第一款、《最高人民法院关于推进破产案件依法高效审理的意见》第2条制定，供人民法院收到债权人提出的破产申请后，人民法院用其他方式无法通知债务人时使用。

二、"你单位"可根据当事人的具体情况表述为："你公司或厂、企业、学校等"。

三、建议在公告的附件中详细摘录破产申请书的内容。

4. 通知书（通知申请人补充、补正相关材料用）

××××人民法院
通知书

（××××）××破申×号之×

×××（申请人姓名或名称）：

你/你单位申请×××（债务人名称）破产重整/清算一案，本院正在进行审查。依据《最高人民法院关于适用〈中华人民共和国企业破产法〉若干问题的规定（一）》第七条第三款规定，通知你/你单位在收到本通知之日起七日内向本院补充、补正下列材料：

……

（列明所需材料清单）

特此通知。

××××年××月××日
（院印）

说明：

一、本样式根据《最高人民法院关于适用〈中华人民共和国企业破产法〉若干问题的规定（一）》第七条第三款制定，供人民法院告知申请人补充、补正相关材料时使用。

二、"你单位"可根据当事人的具体情况表述为："你公司或厂、企业、学校等"。

三、人民法院可以选择口头方式告知申请人，并做好相应记录。

5. 通知书（通知利害关系人参加听证用）

××× 人民法院
通知书

（××××）××××号

×××（利害关系人姓名或名称）：

　　×××（债权人名称）申请×××（债务人名称）破产重整／清算一案（受理后的听证则写：×××（债务人名称）破产重整／和解／清算一案），因……（写明听证事由），本院决定于××××年××月××日举行听证。现通知你／你单位作为债权人／出资人／重整投资人（或其他利害关系人）参加听证。现将参加听证的有关事项通知如下：

　　一、自然人应当提交身份证或者通行证、护照复印件；法人或者非法人组织应当提交营业执照或者事业单位法人代码证复印件、法定代表人或者主要负责人身份证明书。

　　二、听证参与人、法定代理人可以委托一至二人作为诉讼代理人。委托他人代为诉讼，必须向人民法院提交由委托人签名或者盖章的授权委托书。授权委托书必须记明委托事项和权限。

　　侨居在国外的中华人民共和国公民从国外寄交或者托交的授权委托书，必须经中华人民共和国驻该国的使领馆证明；没有使领馆的，由与中华人民共和国有外交关系的第三国驻该国的使领馆证明，再转由中华人民共和国驻该第三国使领馆证明，或者由当地的爱国华侨团体证明。

　　三、本案审判组织成员为审判长×××、审判员×××、×××，书记员×××。

　　联系人：……（写明姓名、部门、职务）

　　联系电话：……

　　联系地址：……

　　特此通知。

××××年××月××日
（院印）

破产法律文书样式

说明：

一、本样式系新增，供人民法院依职权或者根据利害关系人申请通知利害关系人参加相关听证时使用。

二、《全国法院破产审判工作会议纪要》（法〔2018〕53号，下同）第15条"重整案件的听证程序"规定："对于债权债务关系复杂、债务规模较大，或者涉及上市公司重整的案件，人民法院在审查重整申请时，可以组织申请人、被申请人听证。债权人、出资人、重整投资人等利害关系人经人民法院准许，也可以参加听证。听证期间不计入重整申请审查期限。"第33条"实质合并申请的审查"规定："人民法院收到实质合并申请后，应当及时通知相关利害关系人并组织听证，听证时间不计入审查时间。人民法院在审查实质合并申请过程中，可以综合考虑关联企业之间资产的混同程度及其持续时间、各企业之间的利益关系、债权人整体清偿利益、增加企业重整的可能性等因素，在收到申请之日起三十日内作出是否实质合并审理的裁定。"

《最高人民法院关于审理上市公司破产重整案件工作座谈会纪要》（法〔2012〕261号，下同）第4条规定："会议认为，债权人提出重整申请，上市公司在法律规定的时间内提出异议，或者债权人、上市公司、出资人分别向人民法院提出破产清算申请和重整申请的，人民法院应当组织召开听证会。人民法院召开听证会的，应当于听证会召开前通知申请人、被申请人，并送达相关申请材料。公司债权人、出资人、实际控制人等利害关系人申请参加听证的，人民法院应当予以准许。人民法院应当就申请人是否具备申请资格、上市公司是否已经发生重整事由、上市公司是否具有重整可行性等内容进行听证。鉴于上市公司破产重整案件较为敏感，不仅涉及企业职工和二级市场众多投资者的利益安排，还涉及与地方政府和证券监管机构的沟通协调。因此，目前人民法院在裁定受理上市公司破产重整申请前，应当将相关材料逐级报送最高人民法院审查。"

除前述情形外，人民法院可以根据需要决定对破产申请审查等事项进行听证，债权人等利害关系人也可以申请参加听证。

6. 通知书（不准许参加听证用）

×××× 人民法院
通知书

（××××）×××× 号

×××（申请人姓名或名称）：
　×××（债权人名称）申请 ×××（债务人名称）破产重整/清算一案（受理后的听证则写：×××（债务人名称）破产重整/和解/清算一案），你/你单位申请作为债权人/出资人/重整投资人（或其他利害关系人）参加听证。
　经审查，对你/你单位的申请，本院不予准许。
　特此通知。

×××× 年 ×× 月 ×× 日
（院印）

说明：
　本样式系新增，由人民法院收到相关人员参加听证的申请后决定不准许其参加听证时使用。

7. 听证笔录

×××× 人民法院
听证笔录

时间：×××× 年 ×× 月 ×× 日 ×× 时 ×× 分至 ×× 时 ×× 分
地点：本院 ×× 法庭
案号：（××××）×× 破申 × 号
案由：申请破产清算/重整/和解

审判长：×××　合议庭成员：×××、×××

法官助理：×××

书记员：×××

（开始听证前，书记员应当查明当事人和其他听证参与人是否到庭，落座后宣布法庭纪律，请审判人员入庭就座）

审判人员：（敲击法槌）现在听证。首先核对当事人和其他听证参与人的基本信息。

申请人：×××，……。

被申请人：×××，……。

（以上写明当事人和其他诉讼参加人的基本信息，未到庭的括注未到庭，委托诉讼代理人括注代理权限）

审判人员：申请人对出庭人员有无异议？

申请人：……。

审判人员：被申请人对出庭人员有无异议？

被申请人：……。

审判人员：经核对，各方当事人和其他听证参与人均符合法律规定，可以参加今天听证。

本案由审判员×××、×××、×××组成合议庭，由审判员×××担任审判长，由法官助理×××协助完成辅助性工作（由×××担任法官助理），由书记员×××担任记录。

告知当事人有关的诉讼权利义务。

审判人员：当事人可以提出回避申请。申请人是否申请回避？

申请人：……。

审判人员：被申请人是否申请回避？

被申请人：……。

（若承办法官或法官助理一人主持听证，建议将笔录命名为"调查询问笔录"，将文中涉及"听证"的地方更换为"调查询问"，此处并加入下列内容）

审判员：我是本案合议庭成员×××（法官助理×××），今天受合议庭委托主持今天的调查询问，调查询问结束后我会将今天的调查询问情况如实汇报合议庭，由合议庭做出是否进行听证的决定。申请人对此是否清楚？有无异议？

申请人：……。

审判员：被申请人对此是否清楚？有无异议？

被申请人：……。

（采取网络方式的，建议加入下列内容）

审判员：今天采取网络方式进行听证（调查询问），申请人有无异议？

申请人：……。

审判员：被申请人有无异议？

被申请人：……。

审判人员：首先由申请人陈述申请事项、事实和理由。

申请人：申请事项：……。

事实与理由：……。

审判人员：申请人明确一下，是申请破产清算还是破产重整？

申请人：……。

审判人员：被申请人对申请人申请你方破产，有无异议（债务人可以对申请人债权的真实性、债务人是否具备破产原因等提出异议）？陈述你方的意见。

被申请人：……。

审判人员：下面进行调查。首先由申请人举示你方作为债权人身份的证据，以及被申请人具备破产主体资格的证据（主要是被申请人的市场主体登记资料，审查被申请人是否是企业法人，或者法律、司法解释规定的可以参照适用企业破产法的其他主体。）

申请人：……。

审判人员：被申请人质证。

被申请人：……。

审判人员：申请人举示被申请人（债务人）不能清偿申请人到期债务的证据（如终本裁定）。

申请人：……。

审判人员：被申请人质证。

被申请人：……。

审判人员：申请人还有无其他证据举示？

申请人：……。

审判人员：被申请人举示已经清偿债务的证据（或者自认未清偿）？

被申请人：……。

审判人员：被申请人对自己是否具备破产原因（所谓破产原因，指不能清偿到期债务，且资不抵债或者明显缺乏清偿能力）作说明并举证。

被申请人：……。

审判人员：申请人发表意见。

申请人：……。

审判人员：被申请人还有无证据举示？

被申请人：……。

审判人员：被申请人陈述你方基本情况。主要包括：①注册地、主要办事机构所在地、有无其他经营场所；②股东及其所占股份或出资比例（有无市场主体登记资料证明），实际控制人；③主营业务，是否还在继续经营；④资产负债情况（有无资产负债表，或者审计报告、资产评估报告等；对外应收款、对外担保、不动产、动产、证券、对外投资等）；⑤职工情况（人数、是否拖欠工资、社保，如有拖欠，具体金额，职工安置情况）；⑥涉诉涉执情况。

被申请人：……。

审判人员：申请人对此是否了解？被申请人的陈述是否属实？

申请人：……。

审判人员：公司现有董事、监事、高管（高级管理人员，是指公司的经理、副经理、财务负责人，上市公司董事会秘书和公司章程规定的其他人员）的姓名及职务，登记的董事、监事、高级管理人员是否实际履行其职责？

被申请人：……。

审判人员：申请人对此是否了解？被申请人的陈述是否属实？

申请人：……。

审判人员：公司的印章（公章、财务专用章等所有印章）、财务账簿由何人保管？

被申请人：……。

审判人员：申请人对此是否了解？被申请人的陈述是否属实？

申请人：……。

审判人员：公司的主要资产由谁管理？

被申请人：……。

审判人员：申请人对此是否了解？被申请人的陈述是否属实？

申请人：……。

审判人员：债务人是否存在转移资产、个别清偿等行为？

被申请人：……。

审判人员：申请人对此是否了解？被申请人的陈述是否属实？

申请人：……。

审判人员：庭后债务人应提交公司的董事、监事、高管、财务管理人员、其他经营管理人员的名单，包含姓名，住址及电话等联系方式。今天在未能当庭回应的问题，在三日内向法院提交书面材料一一进行回应。听清否？

被申请人：听清了。

审判人员：双方对今天的听证，还有无补充？

申请人：……。

被申请人：……。

审判人员：今天的听证到此为止。（敲击法槌）

书记员：笔录阅毕无误签字确认。

说明：

一、本样式系新增，供人民法院审查破产申请组织听证时使用。

二、债务人申请破产清算听证笔录参照适用时应删除"被申请人"有关内容。

三、询问笔录、调查笔录参照适用。

四、债权人申请破产重整、和解听证笔录应增加重整／和解的必要性和可行性调查内容。参与听证对象应增加投资人、股东（出资人）、审计机构、评估机构等相关人员。

8. 延长破产申请审查期限报告（报请上一级法院批准用）

关于申请延长……（写明当事人及案由）一案审查期限的报告

（××××）××破申×号之×

××××人民法院：

我院于××××年××月××日立案的……（写明当事人及案由）一案，审查期限到××××年××月××日届满。但因……（写明需要延长审查期限的原因），需要延长审查期限十五日，至××××年××月××日。

以上请示，请批复。

附：案件延长审查期限审批表一份

××××年××月××日

（院印）

说明：

本样式根据《中华人民共和国企业破产法》第十条第三款制定，供人民法院向上一级人民法院申请延长破产申请审查期限用。

9. 延长第一审破产申请审查期限批复（上级人民法院对申请延长破产申请审查期限批复用）

关于对延长……（写明当事人及案由）一案审查期限的批复

（××××）××民他×号之×

××××人民法院：

你院××××年××月××日（××××）××破申×号关于申请延长……（写明当事人及案由）一案审查期限的请示收悉。经审查，批复如下：

……（写明批复内容）。

（同意延长审理期限的，写明：）延长审查期限十五日，至××××年××月××日。

××××年××月××日
（院印）

说明：

一、本样式根据《中华人民共和国企业破产法》第十条第三款制定，供上一级人民法院对延长破产申请审查期限的申请进行批复时使用。

二、对于案号类型代字，在最高人民法院没有明确作出规定前，可以归入《人民法院案件类型及其代字标准》（法〔2015〕137号）确定的案件类型中的"其他民事案件"，类型代字用"民他"。

10. 民事裁定书（受理或者不受理破产申请用）

××××人民法院
民事裁定书

（××××）××破申×号之×

申请人：……（写明姓名或名称等基本情况）。

被申请人：……（写明名称等基本情况）。

××××年××月××日，×××（申请人姓名或名称）以……为由向本院申请对×××（被申请人名称）进行破产清算/重整。〔执转破案件则表述为：××××年××月××日，经×××申请（或同意），××××人民法院以……为由，决定将被执行人为×××（债务人名称）的执行案件（案号：……）移送本院进行破产清算/重整审查。〕本院于××××年××月××日（通过在全国企业破产重整案件信息网发布公告的方式）通知了×××（被申请人名称），并于××××年××月××日组织召开听证会。×××（申请人姓名或名称）、×××（被申请人名称）的法定代表人×××（写明当事人及其诉讼代理人、委托诉讼代理人的诉讼地位和姓名或者名称），[×××（被申请人名称）的债权人×××、出资人×××、实际控制人×××]到庭参加听证。

×××（被申请人名称）在法定期限内就该申请向本院提出异议称，……（或者：×××在法定期限内未提出异议）。

本院查明：……（写明申请人对被申请人享有的债权情况、被申请人的住所地、市场主体登记注册情况及资产负债情况等）。

本院认为，……（从本院是否具有管辖权、申请人对被申请人是否享有债权、被申请人是否属于破产适格主体、是否具备破产原因等方面写明受理申请的理由。有异议的，写明异议不成立的理由）。依照《中华人民共和国企业破产法》第二条第×款、第三条、第七条第×款、第十条第×款规定，裁定如下：

受理×××（申请人姓名或名称）对×××（被申请人名称）的破产清算/重整申请。

本裁定自即日起生效。

或者：

本院认为，……（写明不受理的理由）。依照……（写明所依据的法律条款项）规定，裁定如下：

不予受理×××（申请人姓名或名称）对×××（被申请人名称）的破产清算/重整申请。

如不服本裁定，×××（申请人姓名或名称）可在裁定书送达之日起十日内，向本院递交上诉状，并提交副本×份，上诉于××××人民法院。

审　判　长　×××
审　判　员　×××
审　判　员　×××

××××年××月××日
（院印）

法 官 助 理　　×××
　　书 记 员　　　×××

说明：

　　一、本样式根据《中华人民共和国企业破产法》第十二条第一款制定，供人民法院裁定受理或者不予受理破产申请时使用。

　　二、当事人基本情况的写法与诉讼文书样式相同。债权人和债务人同时提出申请时，债权人和债务人均为申请人［此时债务人可列为申请人（被申请人）］。

　　三、若是债务人自己提出的申请，则在案件由来和审理经过部分，相应修改为：××××年××月××日，×××（申请人名称）以……为由向本院申请破产清算/重整/和解。

　　执转破案件则表述为：××××年××月××日，经×××（申请人名称）申请（或同意），×××人民法院以……为由，决定将被执行人为×××（债务人名称）的执行案件（案号：……）移送本院进行破产清算/重整/和解审查。

　　裁定书主文部分相应修改为：受理×××（申请人姓名或名称）的破产清算/重整/和解申请。

　　四、如果是本院执行局移送的"执转破"案件，则在案件由来和审理经过对应部分，建议修改为：××××年××月××日，经×××申请（或同意），本院以……为由，决定将被执行人为×××（债务人名称）的执行案件（案号：……）移送破产清算/重整/和解审查。

　　五、若被申请人经合法传唤未到庭参加听证，则可以在审查经过部分写明：×××（被申请人名称）经本院传票传唤无正当理由拒不到庭参加听证，本院依法进行缺席听证。

　　六、如果个案需要对于举证、质证、认证进行详细地阐述，可以结合《最高人民法院公益诉讼文书样式（试行）》（法〔2020〕71号，下同）判决书格式和《民事诉讼文书样式》中判决书格式的写法，即：

　　"申请人围绕×××（被申请人名称）具备破产原因［申请重整的，可以表述为：申请人围绕×××（被申请人名称）具备重整原因、重整价值及重整可行性］提交了以下证据：1.……；2.……。被申请人为反驳申请人主张提交了以下证据：1.……；2.……。本院组织当事人进行了证据交换和质证。对当事人无异议的（……写明证据名称）等证据，本院予以确认并在卷佐证。对有争议的证据，本院认证如下：……"

"根据当事人陈述和经审查确认的证据，本院认定事实如下：……"

如果案情简单，对于证据也没有异议。举证、质证、认证这一部分，也可以不写。

七、《最高人民法院关于适用〈中华人民共和国企业破产法〉若干问题的规定（一）》第六条第一款规定："债权人申请债务人破产的，应当提交债务人不能清偿到期债务的有关证据。债务人对债权人的申请未在法定期限内向人民法院提出异议，或者异议不成立的，人民法院应当依法裁定受理破产申请。"

八、根据《最高人民法院关于执行案件移送破产审查若干问题的指导意见》第12条的规定，"执转破"案件，破产审判部门在审查过程中发现本院对案件不具有管辖权的，应当按照《民事诉讼法》第三十七条的规定处理，即移送管辖。但是"执转破"之外的破产申请审查案件，破产审判部门在审查过程中发现本院对案件不具有管辖权的，应当裁定不予受理。

九、破产申请审查，根据《最高人民法院关于适用〈中华人民共和国企业破产法〉若干问题的规定（一）》第七条第二款的规定，应重点审查本院是否有管辖权；申请人的主体资格；债务人的主体资格；债务人是否具备破产原因（申请重整的，需要审查是否具备重整原因、是否具备重整必要性及可行性）。

（1）关于是否有管辖权的问题

在事实部分应查明债务人由哪一个市场监督管理部门核准登记，住所地在哪里。在理由部分写明本院有管辖权。如《最高人民法院关于同意重庆市第五中级人民法院内设专门审判机构并集中管辖部分破产案件的批复》（法〔2019〕285号）规定："同意重庆市第五中级人民法院管辖以下破产案件：（一）全市区、县级以上（含本级）市场监督管理部门核准登记公司（企业）的强制清算和破产案件……"，×××（被申请人名称）由重庆市×××区（县）市场监督管理局（原重庆市工商行政管理局×××区（县）分局）核准登记，本院依法享有管辖权。

（2）关于申请人的主体资格问题

①债权人（《企业破产法》第七条第二款）。

②债务人(《企业破产法》第七条第一款)。
③负有清算责任的人(《企业破产法》第七条第三款)。
④国务院金融监督管理机构(《企业破产法》第一百三十四条第一款)。
(3) 关于债务人的主体资格问题
①企业法人(《企业破产法》第二条)。
②合伙企业(《合伙企业法》第九十二条第一款、《企业破产法》第一百三十五条)。
③民办学校[《民办教育促进法》第五十八条、《最高人民法院关于对因资不抵债无法继续办学被终止的民办学校如何组织清算问题的批复》(2020年修正,下同)]。
④农民专业合作社(《农民专业合作社法》第五十一条)。
⑤个人独资企业[《个人独资企业法》第二十七条、《最高人民法院关于个人独资企业清算是否可以参照适用企业破产法规定的破产清算程序的批复》(法释〔2012〕16号,下同)]。
(4) 关于债务人是否具备破产原因的问题
①不能清偿到期债务(《最高人民法院关于适用〈中华人民共和国企业破产法〉若干问题的规定(一)》第二条)。
②资产不足以清偿全部债务(《最高人民法院关于适用〈中华人民共和国企业破产法〉若干问题的规定(一)》第三条)。
③明显缺乏清偿能力(《最高人民法院关于适用〈中华人民共和国企业破产法〉若干问题的规定(一)》第四条)。
④明显缺乏清偿能力可能(《企业破产法》第二条第二款,说理部分可以参考《重庆破产法庭破产申请审查指引(试行)》第二十五条)。
⑤债权人未举示债务人资产不足以清偿全部债务或者明显缺乏清偿能力的证据,但债务人也未提出异议或者异议不成立的(《最高人民法院关于适用〈中华人民共和国企业破产法〉若干问题的规定(一)》第六条,若是公告通知的,说理部分可以用《最高人民法院关于推进破产案件依法高效审理的意见》第二条)。
(5) 债务人是否具备重整原因、重整必要性及可行性的问题
相比于狭义的破产原因,《企业破产法》第二条第二款增加了"有明显丧失清偿能力可能的"作为重整原因。即所有的破产原因都是重整原因,重整原因要比破产原因多一种情形(如何认定"有明显丧失清偿能力

可能"，可参照《重庆破产法庭破产申请审查指引（试行）》第 25～27 条的规定）。

十、本裁定书应自作出之日起五日内送达申请人和被申请人。

解读

1. 本样式根据《人民法院破产程序法律文书样式（试行）》中文书样式 22 民事裁定书（受理债权人的破产清算申请用）、24 民事裁定书（受理债务人的破产清算申请用）、25 民事裁定书（受理对已解散企业法人负有清算责任的人的破产清算申请用）、26 民事裁定书（不予受理债权人的破产清算申请用）、27 民事裁定书（不予受理债务人的破产清算申请用）、28 民事裁定书（不予受理对已解散企业法人负有清算责任的人的破产清算申请用）、50 民事裁定书（受理债权人直接提出的重整申请用）、52 民事裁定书（受理债务人直接提出的重整申请用）、56 民事裁定书（不予受理债权人直接提出的重整申请用）、57 民事裁定书（不予受理债务人直接提出的重整申请用）、80 民事裁定书（受理债务人直接提出的和解申请用）、82 民事裁定书（不予受理债务人直接提出的和解申请用）整合及修订。

2. 加入通过在全国企业破产重整案件信息网发布公告的方式进行通知的内容。

3. 增加组织召开听证会的内容。

4. 在说明中明确债权人和债务人同时申请债务人破产时，诉讼地位如何表述。

修订理由：参照《最高人民法院关于执行案件移送破产审查若干问题的指导意见》第 14 条规定："申请执行人申请或同意移送破产审查的，裁定书中以该申请执行人为申请人，被执行人为被申请人；被执行人申请或同意移送破产审查的，裁定书中以该被执行人为申请人；申请执行人、被执行人均同意移送破产审查的，双方均为申请人。"

5. 在说明中对执转破、听证、破产主体、破产原因等相关内容进行明确，内容详见说明。

11. 民事裁定书（准许或者不准许撤回破产申请用）

××× 人民法院
民事裁定书

（××××）×× 破申 × 号之 ×

申请人：……（写明姓名或名称等基本情况）。

被申请人：……（写明名称等基本情况）。

××××年××月××日，×××（申请人姓名或名称）以……为由向本院申请对×××（被申请人名称）进行破产清算/重整。[执转破案件则表述为：××××年××月××日，经×××申请（或同意），××××人民法院以……为由，决定将被执行人为×××（债务人名称）的执行案件（案号：……）移送本院进行破产清算/重整审查]。

×××（申请人姓名或名称）于××××年××月××日向本院请求撤回破产申请。

本院认为，×××（申请人姓名或名称）在本院受理破产申请前撤回申请，不违反法律规定，本院应予准许。依照《中华人民共和国企业破产法》第九条规定，裁定如下：

准许×××（申请人姓名或名称）撤回对×××（被申请人名称）的破产清算/重整申请。

或者：

本院经审查认为，……（写明不准许撤回破产申请的理由）。

依照《中华人民共和国企业破产法》第九条，参照《中华人民共和国民事诉讼法》第一百四十八条第一款规定，裁定如下：

不准许×××（申请人姓名或名称）撤回对×××（被申请人名称）的破产清算/重整申请。

审　判　长　×××
审　判　员　×××
审　判　员　×××

破产法律文书样式

××××年××月××日
（院印）

法官助理　×××
书　记　员　×××

说明：

一、本样式系新增，根据《中华人民共和国企业破产法》第九条制定，供人民法院准许或不准许撤回破产申请时使用。

二、当事人基本情况的写法与诉讼文书样式相同。

三、若是债务人自己提出的申请，则在案件由来和审理经过部分，相应修改为：××××年××月××日，×××（申请人名称）以……为由向本院申请破产清算/重整/和解。[执转破案件则表述为：××××年××月××日，经×××（申请人名称）申请（或同意），××××人民法院以……为由，决定将被执行人为×××（债务人名称）的执行案件（案号：……）移送本院进行破产清算/重整/和解审查]。

四、如果是本院执行局移送的"执转破"案件，则在案件由来和审理经过对应部分，表述为：××××年××月××日，经×××申请（或同意），本院以……为由，决定将被执行人为×××（债务人名称）的执行案件（案号：……）移送破产清算/重整/和解审查。

五、裁定书主文之所以写"准许或不准许×××（申请人姓名或名称）撤回对×××（被申请人名称）的破产清算/重整申请"，而不是参照民事诉讼文书样式写"准许或不准许×××（申请人姓名或名称）撤回破产清算/重整申请"，是考虑到破产申请审查案件与普通的民事诉讼案件不同，其申请人可能是债务人本人，在申请人是债权人时，如果也仅仅只写"准许或不准许×××（申请人姓名或名称）撤回破产清算/重整申请"，可能会产生是债务人自己申请的误解。

六、本裁定书应自作出之日起五日内送达申请人和被申请人。

解读

《全国法院民商事审判工作会议纪要》（法〔2019〕254号，下同）第108条第2款规定："人民法院裁定受理破产申请系对债务人具有破产原因的初步认可，破产申请受理后，申请人请求撤回破产申请的，人民法院不予准许。除非存在《企业破产法》第十二条第二款规定的情形，人民法院不得裁定驳回破产申请。"对于人民法院受理破产案件后，人民法院是否准许申请人撤回破产申请，企业破产法未明确作出规定。依照《民事诉讼法》（2021年修正，下同）的规定，人民法院立案后作出判决前，当事人可以撤诉。但破产案件与一般的民事诉讼不同。法院一旦受理了破产申请，即是初步认定债务人已经具备了破产原因，无论是债务人提出破产申请，还是债权人提出破产申请，所涉及的利益关系便不再限于申请人。在债务人具备破产原因时，其他债权人的利益也依赖破产程序的保障，如果允许申请人在破产申请后撤回申请，一是会损害债权人整体的利益；二是在法院受理破产申请的裁定作出后，一系列的法定程序已经开始进行，如果此时允许申请人撤回申请会造成相当的损失。收到破产申请后，破产程序尚未开始时，申请人可以撤回申请；但在法院受理破产申请后，破产程序已经开始，申请人请求撤回申请的，人民法院应不予准许。[①]

12. 通知书（受理债权人的破产申请后通知债务人提交材料用）

××××人民法院
通知书

（××××）××破申×号之×

×××（债务人名称）：

××××年××月××日，本院根据×××（债权人姓名或名称）的申请裁定受理×××（债务人名称）破产清算/重整一案。依据《中华人民共和国企业破产法》第十一条第二款规定，你单位应在收到本通知之日起十五日内，向本院提交财产状况说明、债务清册、债权清册、有关财务会计报告以及职工工资的支付和社会保险费用的缴纳情况。如拒不提

[①] 最高人民法院民事审判第二庭编著：《〈全国法院民商事审判工作会议纪要〉理解与适用》，人民法院出版社2019年版，第552页。

破产法律文书样式

交或提交的材料不真实，本院将依据《中华人民共和国企业破产法》第一百二十七条第一款规定，对直接责任人员处以罚款。

联系人：……（写明姓名、部门、职务）

联系电话：……

联系地址：……

特此通知。

×××× 年 ×× 月 ×× 日

（院印）

说明：

一、本样式根据《中华人民共和国企业破产法》第十一条第二款制定，供人民法院受理债权人的破产申请后通知债务人提交材料时使用。

二、"你单位"可根据当事人的具体情况表述为："你公司或厂、企业、学校等"。

三、本通知应与受理破产申请的裁定书一并送达债务人。在债务人下落不明时，本通知书可以不用公告的方式公布，在重整案件信息网公开即可。

四、如需对有关责任人员罚款，应另行制作决定书。

解读

1. 本样式根据《人民法院破产程序法律文书样式（试行）》中文书样式23通知书（受理债权人的破产清算申请后通知债务人提交材料用）、51通知书（受理债权人提出的重整申请后通知债务人提交材料用）整合及修订。

2. 在说明中明确"在债务人下落不明时，本通知书可以不用公告的方式公布，在重整案件信息网公开即可"。

修订理由：在债务人无法通知的情况下，是仍然通过公告的方式通知，还是不用通知。核心问题是，在债务人下落不明时，受理破产申请的裁定如何向债务人进行送达。是不是需要进行公告送达。对此有两种观点：

一种观点认为，《企业破产法》明确规定，受理破产申请的裁定书应当向债务人送达。虽然受理破产申请的裁定依法不准上诉，一经作出即为发生法律效力的裁定。即无论债务人是否收到，都不影响破产程序的推进。但是，当债务人下落不明时，仍然是需要通过公告送达的方式完成送达。

另一种观点认为，《企业破产法》明确规定，受理破产申请的裁定书应当向债务人送达。但是，根据民事诉讼法有关送达的相关规定，企业无须进行公告送达。当债务人拒绝应诉、拒接电话、避而不见送达人员、搬离原住所等躲避、规避送达，人民法院不能或无法要求其确认送达地址的，可以分别以下列情形处理：（1）当事人在诉讼所涉及的合同、往来函件中对送达地址有明确约定的，以约定的地址为送达地址；（2）没有约定的，以当事人在诉讼中提交的书面材料中载明的自己的地址为送达地址；（3）没有约定、当事人也未提交书面材料或者书面材料中未载明地址的，以一年内进行其他诉讼、仲裁案件中提供的地址为送达地址；（4）无以上情形的，以当事人一年内进行民事活动时经常使用的地址为送达地址。仍不能确认送达地址的，以其市场主体登记或其他依法登记、备案的住所地为送达地址。也就是说，通过其他方式无法送达，向债务人备案的住所地邮寄送达裁定书，裁定书被退回即视为送达。加之人民法院和管理人也会在住所地张贴受理破产申请公告，并不会影响债务人的权利。

综上，本通知书可以不用公告的方式公布，在重整案件信息网公开即可。

（二）第一次债权人会议前

13. 决定书（指定管理人用）

××××人民法院
决定书

（××××）××破×号之×

××××年××月××日，本院作出（××××）××破申×号

破产法律文书样式

民事裁定，受理（债权人姓名或名称）对×××（债务人名称）的破产清算（或重整）申请［或者受理×××（债务人名称）的破产清算（或重整、和解）申请］。经……（写明指定程序），依照……（写明所依据的法律条款项）规定，指定×××担任×××（债务人名称）管理人，×××为管理人负责人。（若适用快速审理方式，则还应写明：因本案案情简单，决定适用快速审理方式）。

管理人应当勤勉尽责，忠实执行职务，履行《中华人民共和国企业破产法》规定的管理人的各项职责，向人民法院报告工作，并接受债权人会议和债权人委员会的监督。管理人职责如下：

（一）接管债务人的财产、印章和账簿、文书等资料；

（二）调查债务人财产状况，制作财产状况报告；

（三）决定债务人的内部管理事务；

（四）决定债务人的日常开支和其他必要开支；

（五）在第一次债权人会议召开之前，决定继续或者停止债务人的营业；

（六）管理和处分债务人的财产；

（七）代表债务人参加诉讼、仲裁或者其他法律程序；

（八）提议召开债权人会议；

（九）本院认为管理人应当履行的其他职责。

××××年××月××日

（院印）

说明：

一、本样式根据《最高人民法院关于审理企业破产案件指定管理人的规定》（法释〔2007〕8号，下同）第二十七条制定，供人民法院裁定受理破产清算、重整或者和解申请后指定管理人时使用。

二、指定清算组担任管理人的，还应写明：依照《最高人民法院关于审理企业破产案件指定管理人的规定》第十九条规定，指定×××为清算组成员。

三、本决定书应送达管理人、破产申请人、债务人及债务人的企业登记机关。

四、指定管理人的方式有两种：一是随机方式，二是竞争方式，三是主要债权人推荐。

随机方式指定的，具体写"经采取摇号（或轮候、抽签）方式"，引用法条《中华人民共和国企业破产法》第二十二条、第二十五条，《最高人民法院关于审理企业破产案件指定管理人的规定》第二十条。

竞争方式指定的，具体写"经采取竞争方式"，引用法条《中华人民共和国企业破产法》第二十二条、第二十五条，《最高人民法院关于审理企业破产案件指定管理人的规定》第二十一条。

主要债权人推荐指定的，具体写"经主要债权人推荐"，引用法条《中华人民共和国企业破产法》第二十二条、第二十四条第一款。

五、《最高人民法院关于推进破产案件依法高效审理的意见》第14条规定："人民法院在受理破产申请的同时决定适用快速审理方式的，应当在指定管理人决定书中予以告知，并与企业破产法第十四条规定的事项一并予以公告。"

解读

1. 本样式根据《人民法院破产程序法律文书样式（试行）》中文书样式1决定书（指定管理人用）修改而来。

2. 案号。将"（××××）×破字第×—×号"修改为"（××××）××破×号之×"。

修订理由：《最高人民法院关于人民法院案件案号的若干规定》（2018年修正，下同）第三条第一款规定："案号各基本要素的编排规格为：'（'+收案年度+'）'+法院代字+专门审判代字+类型代字+案件编号+'号'。"《最高人民法院关于在同一案件多个裁判文书上规范使用案号有关事项的通知》（法〔2016〕27号）第一条规定："同一案件的案号具有唯一性，各级法院应规范案号在案件裁判文书上的使用。对同一案件出现的多个同类裁判文书，首份裁判文书直接使用案号，第二份开始可在案号后缀'之一''之二'…，以示区别。"虽然指定管理人决定书常为首份决定书，一般直接使用案号，但本书中为在样式中提示多种同类文书用"'之一''之二'…"，在涉及所有决定书时均用（××××）××破×号之×表示。之后相同情况不再另行说明。

3. 案件由来。将"××××年××月××日，本院根据×××

（债权人姓名或名称）的申请裁定受理×××（债务人名称）破产清算（或重整、和解）一案"修改为"××××年××月××日，本院作出（××××）××破申×号民事裁定，受理（债权人姓名或名称）对×××（债务人名称）的破产清算（或重整）申请［或者受理×××（债务人名称）的破产清算（或重整、和解）申请］"。

修订理由：根据《最高人民法院关于调整强制清算与破产案件类型划分的通知》（法〔2016〕237号，下同）及其附件《强制清算与破产案件类型及代字标准》，破产申请审查与受理后的破产程序分列案件类型，即对破产申请审查单独作为一类案件。破产申请审查案件的类型代字为"破申"，破产案件的类型代字为"破"。由于受理裁定在破产申请审查阶段作出，其案号与破产案件不一致，有必要在破产案件的文书中予以明确。

4.增加管理人负责人的内容。《企业破产法》中并未对管理人负责人进行规定。《人民法院破产程序法律文书样式（试行）》中文书样式96的说明中提到，"当债务人的管理人为个人管理人时，其诉讼代表人为担任管理人的律师或者注册会计师；当管理人为中介机构或者清算组时，其诉讼代表人为管理人的负责人或者清算组组长"。《重庆破产法庭企业破产案件审理指南（试行）》（渝五中法发〔2020〕42号）第十四条对此作了相同规定。《最高人民法院关于适用〈中华人民共和国公司法〉若干问题的规定（二）》（2020年修正，下同）第十条第二款规定："公司成立清算组的，由清算组负责人代表公司参加诉讼；尚未成立清算组的，由原法定代表人代表公司参加诉讼。"也可资参考。

5.增加快速审理方式的内容。《重庆市高级人民法院关于破产案件简化审理的工作规范》（渝高法〔2019〕208号，下同）第7条曾经规定，适用简化审理的破产案件，应当作出简化审理决定书。但之后的《最高人民法院关于推进破产案件依法高效审理的意见》第14条规定："人民法院在受理破产申请的同时决定适用快速审理方式的，应当在指定管理人决定书中予以告知，并与企业破产法第十四条规定的事项一并予以公告。"本样式根据最高人民法院的规定，在指定管理人决定书中增加了快速审理方式的相关内容。

14. 决定书（决定承担配合清算义务人员范围用）

××××人民法院
决定书

（××××）××破×号之×

　　××××年××月××日，本院作出（××××）××破申×号民事裁定，受理×××（债权人姓名或名称）对×××（债务人名称）的破产清算（或重整）申请［或者受理×××（债务人名称）的破产清算（或重整、和解）申请］。经……（写明指定程序），依照……（写明所依据的法律条款项）规定，指定×××担任×××（债务人名称）管理人，×××为管理人负责人。依照《中华人民共和国企业破产法》第十五条第二款规定，决定如下：

　　×××、×××（财务管理人员和其他经营管理人员姓名）应承担《中华人民共和国企业破产法》第十五条第一款规定的配合清算义务。

××××年××月××日
（院印）

说明：

　　本样式系新增，根据《中华人民共和国企业破产法》第十五条第二款制定，供人民法院决定债务人的财务管理人员和其他经营管理人员承担配合清算义务时使用。

15. 通知书（告知债务人的有关人员的相关义务用）

××××人民法院
通知书

（××××）××破×号之×

×××（债务人的有关人员姓名）：

　　本院于××××年××月××日根据×××（申请人姓名或名称）的申请裁定受理×××（债务人名称）破产清算（或重整、和解）一案，并于××××年××月××日指定×××为×××（债务人名称）管理人。依照《中华人民共和国企业破产法》第十一条第二款、第十五条、第十六条规定，从即日起至破产清算（或重整、和解）程序终结（或终止）之日，你应当承担下列义务：

　　一、自收到受理破产申请的裁定之日起十五日内向本院提交财产状况说明、债务清册、债权清册、有关财务会计报告以及职工工资的支付和社会保险费用的缴纳情况；

　　二、自案件受理之日起停止清偿债务；

　　三、自本院受理破产申请的裁定送达之日起至破产程序终结之日，法定代表人、财务管理人员及其他经营管理人员承担下列义务：(1)妥善保管其占有和管理的财产、印章和账簿、文书等资料；(2)根据本院、管理人的要求进行工作，并如实回答询问；(3)列席债权人会议并如实回答债权人的询问；(4)未经本院许可，不得离开住所地；(5)不得新任其他企业的董事、监事、高级管理人员；

　　四、管理人接管时，法定代表人应向管理人办理移交手续，并答复有关财产及业务的询问；

　　五、第一次债权人会议定于××××年××月××日××时××分在×××召开，法定代表人及财务管理人员必须准时参加。

　　特此通知。

××××年××月××日
（院印）

说明：

一、本样式根据《中华人民共和国企业破产法》第十一条第一款、第十五条、第十六条制定，供人民法院受理破产清算、重整或者和解申请后告知债务人的有关人员相关义务时使用。

二、本通知应当送达债务人的法定代表人。根据案件的实际情况，经人民法院决定也可以送达债务人的财务管理人员或其他经营管理人员。

解读

1. 本样式根据《人民法院破产程序法律文书样式（试行）》中文书样式2通知书（告知债务人有关人员的相关义务用）修改而来。

2. 明确通知的对象。通知的对象为债务人的有关人员，在抬头处填写债务人的有关人员的姓名，债务人的有关人员指企业法定代表人，经人民法院决定可以包括企业的财务人员及其他经营管理人员，包括但不限于企业的董事、监事、经理、副经理、财务负责人、上市公司董事会秘书、公司章程规定的其他高级管理人员、控股股东及实际控制人等。

修订理由：明确通知书适用的具体人员。《企业破产法》第十五条第二款规定有关人员，是指企业的法定代表人；经人民法院决定，可以包括企业的财务管理人员和其他经营管理人员。上述人员包括但不限于企业的董事、监事、高级管理人员、控股股东及实际控制人等，根据《公司法》第二百一十六条的规定，将适用人员予以明确。需要说明的是，包含但不限于上述人员，人民法院应当根据案件的具体情况，决定具体的适用人员。

3. 增加适用法条：《企业破产法》第十一条第二款、第十六条规定。

新增理由：《企业破产法》第十一条第二款规定了债务人在人民法院受理破产申请裁定送达之日起十五日内，负有向人民法院提交企业财产说明、债务债权清册、有关财务会计报告、职工工资支付及社会保险费用缴纳情况的义务，而本通知书涉及上述义务，履行上述义务的实际人员应系债务人的有关人员，故添加适用该法条。通知书第二条涉及《企业破产法》第十六条规定的破产申请受理后的个别清偿行为无效，因此添加。

4. 增加第一次债权人会议的具体时间。

16. 决定书（许可或不许可债务人的有关人员离开住所地用）

××××人民法院
决定书

（××××）××破×号之×

××××年××月××日，×××（债务人名称）的法定代表人（或者财务管理人员和其他经营管理人员）×××以……为由，向本院申请离开住所地，前往……。依照《中华人民共和国企业破产法》第十五条第一款第四项规定，本院决定如下：

许可×××离开住所地。破产程序终结前，×××仍应承担《中华人民共和国企业破产法》第十五条第一款规定的配合清算义务。

或者：不许可×××离开住所地。擅自离开住所地的，人民法院可以予以训诫、拘留，可以依法并处罚款。

××××年××月××日
（院印）

说明：

本样式系新增，根据《中华人民共和国企业破产法》第十五条第一款第四项制定，供人民法院决定许可或者不许可债务人有关人员离开住所地的申请时使用。

解读

债务人的有关人员在破产程序期间要履行配合清算义务，人民法院、管理人有可能随时对其进行询问，自然就要对其活动范围进行必要的限制。

17. 通知书（受理破产申请后通知已知债权人用）

×××人民法院
通知书

（××××）××破×号之×

×××（债务人名称）的债权人：

　　本院根据×××（申请人姓名或名称）的申请于××××年××月××日裁定受理×××（债务人名称）破产清算/重整/和解一案，并于××××年××月××日指定×××为×××（债务人名称）管理人。（若适用快速审理方式，则还应写明：因本案案情简单，决定适用快速审理方式。）你单位应在××××年××月××日前，向×××（债务人名称）管理人（通信地址：＿＿＿＿＿；邮政编码：＿＿＿＿＿；联系电话：＿＿＿＿＿）申报债权，书面说明债权数额、有无财产担保及是否属于连带债权，并提供相关证据材料。如未能在上述期限内申报债权，可以在人民法院裁定认可最后分配方案前/人民法院裁定批准重整计划前/人民法院裁定认可和解协议前补充申报，但此前已进行的分配，不再对你（或你单位）补充分配，为审查和确认补充申报债权所产生的费用，由你（或你单位）承担。未申报债权的，不得依照《中华人民共和国企业破产法》规定的程序行使权利。×××（债务人名称）的债务人或者财产持有人应当向×××（债务人名称）管理人清偿债务或交付财产。

　　本院定于××××年××月××日××时××分在＿＿＿＿＿（地点）召开第一次债权人会议。依法申报债权的债权人有权参加债权人会议。参加会议的债权人系法人或非法人组织的，应提交营业执照、法定代表人或负责人身份证明书，如委托代理人出席会议，应提交特别授权委托书、委托代理人的身份证件或律师执业证，委托代理人是律师的还应提交律师事务所的指派函。参加会议的债权人系自然人的，应提交个人身份证明。如委托代理人出席会议，应提交特别授权委托书、委托代

破产法律文书样式

理人的身份证件或律师执业证，委托代理人是律师的还应提交律师事务所的指派函。

特此通知。

××××年××月××日
（院印）

说明：

一、本样式根据《中华人民共和国企业破产法》第十四条制定，供人民法院裁定受理破产申请后通知已知债权人时使用。

二、"你单位"可根据当事人的具体情况表述为："你公司或厂、企业、学校等"。

三、如果采取网络在线视频方式召开债权人会议，则第二段的表述应相应修改为：本院定于××××年××月××日××时××分通过××××（写明网络平台名称）召开第一次债权人会议。依法申报债权的债权人有权参加债权人会议。参加会议的债权人系法人或非法人组织的，应提交营业执照、法定代表人或负责人身份证明书，如委托代理人出席会议，应提交特别授权委托书、委托代理人的身份证件或律师执业证，委托代理人是律师的还应提交律师事务所的指派函。参加会议的债权人系自然人的，应提交个人身份证明。如委托代理人出席会议，应提交特别授权委托书、委托代理人的身份证件或律师执业证，委托代理人是律师的还应提交律师事务所的指派函。

四、本通知应当在裁定受理破产申请后二十五日内发出。

解读

1. 本样式根据《人民法院破产程序法律文书样式（试行）》中文书样式34通知书（受理破产清算申请后通知已知债权人用）、61通知书（受理债权人或债务人直接提出的重整申请后通知已知债权人用）、87通知书（裁定受理债务人直接提出的和解申请后通知已知债权人用）整合及修订。

2. 增加快速审的表述。

修订理由：参照《最高人民法院关于推进破产案件依法高效审理的意见》第14条规定："人民法院在受理破产申请的同时决定适用快速审理方

式的，应当在指定管理人决定书中予以告知，并与企业破产法第十四条规定的事项一并予以公告。"

3. 增加在线视频方式召开债权人会议的表述。

修订理由：《最高人民法院关于推进破产案件依法高效审理的意见》第10条规定："第一次债权人会议可以采用现场方式或者网络在线视频方式召开。人民法院应当根据企业破产法第十四条的规定，在通知和公告中注明第一次债权人会议的召开方式。经第一次债权人会议决议通过，以后的债权人会议还可以采用非在线视频通讯群组等其他非现场方式召开。债权人会议以非现场方式召开的，管理人应当核实参会人员身份，记录并保存会议过程。"

4. 关于补充申报的时限问题。

《企业破产法》第五十六条规定："在人民法院确定的债权申报期限内，债权人未申报债权的，可以在破产财产最后分配前补充申报；但是，此前已进行的分配，不再对其补充分配。为审查和确认补充申报债权的费用，由补充申报人承担。债权人未依照本法规定申报债权的，不得依照本法规定的程序行使权利。"《重庆破产法庭破产审理指南（试行）》第六十二条第二款中规定，"破产财产最后分配前"在清算、重整、和解程序中分别指"人民法院裁定认可最后分配方案前""人民法院裁定批准重整计划前""人民法院裁定认可和解协议前"。

18. 公告（受理破产申请用）

××××人民法院
公告

（××××）××破×号之×

本院根据×××（申请人姓名或名称）的申请于××××年××月××日裁定受理×××（债务人名称）破产清算/重整/和解一案，并于××××年××月××日指定×××为×××（债务人名称）管理人。

（若适用快速审理方式，则还应写明：因本案案情简单，决定适用快速审理方式。）×××（债务人名称）的债权人应自××××年××月××日前，向×××（债务人名称）管理人（通信地址：_____；邮政编码：_____；联系电话：_____）申报债权。未在上述期限内申报债权的，可以在人民法院裁定认可最后分配方案前／人民法院裁定批准重整计划前／人民法院裁定认可和解协议前补充申报，但对此前已进行的分配无权要求补充分配，同时要承担为审查和确认补充申报债权所产生的费用。未申报债权的，不得依照《中华人民共和国企业破产法》规定的程序行使权利。×××（债务人名称）的债务人或者财产持有人应当向×××（债务人名称）管理人清偿债务或交付财产。

　　本院定于××××年××月××日××时××分在_____（地点）召开第一次债权人会议。依法申报债权的债权人有权参加债权人会议。参加会议的债权人系法人或非法人组织的，应提交营业执照、法定代表人或负责人身份证明书，如委托代理人出席会议，应提交特别授权委托书、委托代理人的身份证件或律师执业证，委托代理人是律师的还应提交律师事务所的指派函。参加会议的债权人系自然人的，应提交个人身份证明。如委托代理人出席会议，应提交特别授权委托书、委托代理人的身份证件或律师执业证，委托代理人是律师的还应提交律师事务所的指派函。

　　特此公告。

××××年××月××日
（院印）

说明：

　　本样式根据《人民法院破产程序法律文书样式（试行）》中文书样式35公告（受理破产清算申请用）、54公告（受理债权人或债务人直接提出的重整申请用）、85公告（裁定受理债务人直接提出的和解申请用）整合及修订，根据《中华人民共和国企业破产法》第十四条制定，供人民法院裁定受理破产申请后发布公告时使用。

19. 决定书（指定债权人会议主席用）

××××人民法院
决定书

（××××）××破×号之×

××××年××月××日，本院根据×××（申请人姓名或名称）的申请裁定受理×××（债务人名称）破产清算（或重整、和解）一案。依照《中华人民共和国企业破产法》第六十条第一款规定，指定×××担任×××（债务人名称）债权人会议主席。

××××年××月××日
（院印）

说明：

　　一、本样式根据《中华人民共和国企业破产法》第六十条第一款制定，供人民法院裁定受理破产清算、重整或者和解申请后指定债权人会议主席时使用。

　　二、指定单位担任债权人会议主席的，该单位应指定一个常任代表。

　　三、本决定书应送达被指定的单位或个人。

解读

1. 本样式根据《人民法院破产程序法律文书样式（试行）》中文书样式33决定书（指定债权人会议主席用）修订。

2. 《企业破产法》第六十条规定，债权人会议设主席一人，由人民法院从有表决权的债权人中指定。需要说明的是，债权人会议主席只能由人民法院指定产生，指定的标准唯一，即有表决权的债权人。因此，原则上应当从债权经过生效法律文书确定的债权人中指定。实践中，债权人会议主席作为债权人会议的召集人和主持人，可以是单位或自然人个人。管理人在征求债权人意见后，向人民法院提议债权人会议主席人选。人民法院指定单位担任债权人会议主席的，被指定单位应当向人民法院提供委派函，委派特定人员履行相关义务，被委派人员的范围参照《民事诉讼法》的相关规定。

20. 决定书（临时确定债权额用）

××× 人民法院
决定书

（××××）×× 破 × 号之 ×

　　××××年××月××日，×××（债权人姓名或名称）向×××（债务人名称）管理人申报债权，……（写明债权申报的具体情况）。×××（债务人名称）管理人经审查认为，……（写明管理人的审查意见）。经第×次债权人会议核查，×××（异议人姓名或名称）对×××（债权人姓名或名称）申报的债权提出异议，认为……（写明异议人的意见）。

　　本院经审查认为，……（写明法院初步审查的意见）。为便于申报人×××行使表决权，本院依照《中华人民共和国企业破产法》第五十九条第二款规定，决定如下：

　　临时确定×××的债权数额为××元。

××××年××月××日
（院印）

说明：

　　一、本样式根据《中华人民共和国企业破产法》第五十九条第二款制定，供人民法院为债权人行使表决权而临时确定债权额用。

二、本决定书应送达管理人和相对人，并告知全体债权人。

解读

1. 本样式根据《人民法院破产程序法律文书样式（试行）》中文书样式 5 决定书（临时确定债权额用）修改而来。

2. 在本院认为部分明确临时确定债权额的目的，"为便于申报人×××行使表决权"。

修订理由：《企业破产法》第五十九条第二款规定："债权尚未确定的债权人，除人民法院能够为其行使表决权而临时确定债权额的外，不得行使表决权。"临时确定债权数额的目在于赋予债权尚未确定的申报人在债权人会议上有行使表决权的权利，即赋予申报人享有临时表决权，避免其自身利益因暂无表决权而被其他有表决权的债权人任意支配，有利于提升债权人的整体决策效率，促使破产程序高效推进，保障全体债权人的合法权益。因此，在决定书中添加临时确定债权数额的目的"为便于申报人×××行使表决权"为宜。

3. 《重庆破产法庭　重庆市破产管理人协会破产案件管理人工作指引（试行）》第八十条规定："临时债权的确定：债权人申报的债权因诉讼、仲裁案件未决或者管理人尚未审核确定的，管理人应当在债权人会议召开前提请人民法院临时确定其债权额。"该条指引明确临时表决权的申请主体为管理人，人民法院应当根据管理人的申请作出决定，临时债权数额仅用于当次债权人会议行使表决权。

在第一次债权人会议前管理人已将债权表和债权申报材料供利害关系人查阅，后将编制的债权表提交第一次债权人会议核查，对管理人申请确定的临时债权数额，人民法院可以口头决定，将决定记入会议笔录后，可以不制作书面的决定书。

破产法律文书样式

（三）第一次债权人会议后

21. 决定书（认可债权人委员会成员用）

××××人民法院
决定书

（××××）××破×号之×

×××（债务人名称）第×次债权人会议决定设立债权人委员会，并为此选任……（写明选任的债权人的姓名或名称）为债权人代表，推选×××为职工代表（工会代表）；另本院已于××××年××月××日指定×××担任债权人会议主席。本院认为，上述债权人委员会成员的人数和构成符合《中华人民共和国企业破产法》第六十七条规定，故决定如下：

认可……为债权人委员会成员。

××××年××月××日
（院印）

说明：

一、本样式根据《中华人民共和国企业破产法》第六十七条制定，供人民法院决定认可债权人委员会成员时使用。

二、本决定书应送达债权人委员会成员和管理人。

解读

1. 本样式根据《人民法院破产程序法律文书样式（试行）》中文书样式7决定书（认可债权人委员会成员用）修改而来。

2. 增加债权人会议主席作为债权人委员会成员的内容。《企业破产法》第六十七条规定："债权人会议可以决定设立债权人委员会。债权人委员会由债权人会议选任的债权人代表和一名债务人的职工代表或者工会代表组成。债权人委员会成员不得超过九人。"

债权人委员会是由债权人会议设立，在债权人会议闭会期间行使债权人会议部分职权的常设机构。债权人会议主席可以代表债权人利益召开债权人会议，虽然其职能主要限于主持和应提议召集债权人会议，但是如果不将债权人会议主席纳入债权人委员会成员，在实践中有可能出现会议提议与召集之间的僵局，如债权人委员会提议后，债权人会议主席故意拖延召集或拒绝召集等，这样即便有相应的解决措施，也会拖延破产程序推进，在一定程度上造成债权人利益的损害。因此，我们认为将债权人会议主席纳入债权人委员会有利于全体债权人的利益及迅速推进破产程序。同时，《最高人民法院关于审理企业破产案件若干问题的规定》（法释〔2002〕23号，下同）第三十九条第二款规定："债权人会议主席由人民法院在有表决权的债权人中指定。必要时，人民法院可以指定多名债权人会议主席，成立债权人会议主席委员会。"从当年规定的债权人会议主席与多名债权人会议主席组成债权人会议主席委员会的组成架构，到破产法规定的债权人会议主席与债权人委员会的组成架构，可以看出，债权人会议主席应当成为债权人委员会成员。综上，我们认为债权人会议主席当然成为债权人委员会成员，因此在决定书中增加债权人委员会主席作为成员的内容。

22. 民事裁定书（确认债权表记载的无争议债权用）

××××人民法院
民事裁定书

（××××）××破×号之×

申请人：×××（债务人名称）管理人。
代表人：×××，该管理人负责人。
××××年××月××日，本院根据×××（申请人姓名或名称）的申请裁定受理×××（债务人名称）破产清算（或重整、和解）一案，

破产法律文书样式

并指定×××为×××（债务人名称）管理人。××××年××月××日，×××（债务人名称）管理人申请本院裁定确认《×××（债务人名称）债权表》记载的债权。

本院查明：……（写明债权人申报债权、管理人审查债权、调查职工债权及公示、债权人会议核查债权和债务人、债权人对债权的异议情况）。

本院认为，根据债权人会议核查情况，债务人、债权人对于×××等×位债权人的债权均无异议。×××（债务人名称）管理人申请本院对该债权表记载的债权进行确认，符合法律规定。依照《中华人民共和国企业破产法》第五十八条第二款规定，裁定如下：

确认×××等×位债权人的债权（详见×××无异议债权表）。

本裁定自即日起生效。

审　判　长　×××
审　判　员　×××
审　判　员　×××

××××年××月××日
（院印）

法官助理　×××
书　记　员　×××

附：×××（债务人名称）无异议债权表

×××（债务人名称）无异议债权表

序号	债权人姓名或者名称	债权金额	债权性质	备注

说明：

一、本样式根据《中华人民共和国企业破产法》第五十八条第二款制定，供人民法院确认债权表记载的无争议债权时使用。

二、本裁定书应送达债务人、管理人及所附债权表上载明的债权人。

三、本样式同样适用于确认补充申报的债权。

解读

1. 本样式根据《人民法院破产程序法律文书样式（试行）》中文书样式4民事裁定书（确认债权表记载的无争议债权用）修改而来。

2. 增加申请人及提出申请的内容。

修订理由：《企业破产法》第五十八条第二款规定："债务人、债权人对债权表记载的债权无异议的，由人民法院裁定确认。"《管理人破产程序工作文书样式（试行）》中文书样式32（关于提请人民法院确认无异议债权的报告）中明确管理人需向人民法院申请裁定确认债权表记载的无异议债权，即人民法院是在管理人提出申请后作出裁定，因此，有必要在裁定书中增加管理人作为申请人及提出申请的内容。

3. 在本院查明中增加管理人调查职工债权及公示的内容。《重庆破产法庭企业破产案件审理指南（试行）》第八十条第二款规定："债务人、债权人对债权表及职工债权清单记载的债权无异议的，由管理人将无异议债权表及职工债权清单提请人民法院裁定确认。"管理人申请人民法院确认的无争议债权中包含职工债权，因此，有必要在本院审理中写明管理人调查职工债权以及公示的情况。

23. 决定书（针对监督事项作出决定用）

××××人民法院
决定书

（××××）××破×号之×

申请人：×××（债务人名称）债权人委员会。

被申请人：……（写明姓名或名称等基本情况）。

××××年××月××日，×××（债务人名称）债权人委员会

破产法律文书样式

向本院提出申请，称……（简要写明被申请人拒绝接受监督的有关情况），请求本院就此作出决定。

　　本院认为，……（写明意见及理由）。依照……（写明所依据的法律条款项）规定，决定如下：

　　……（针对监督事项对管理人、债务人的有关人员提出具体要求）。

××××年××月××日
（院印）

说明：

　　一、本样式根据《中华人民共和国企业破产法》第六十八条制定，供人民法院根据债权人委员会的申请就监督事项作出决定时使用。

　　二、被申请人可为管理人或者债务人的有关人员。被申请人是管理人的，其基本情况只需写明"×××（债务人名称）管理人"；被申请人是债务人的有关人员的，其基本情况的写法与诉讼文书样式相同。

　　三、本决定书应送达申请人和被申请人。

解读

　　1. 本样式根据《人民法院破产程序法律文书样式（试行）》中文书样式 8 决定书（针对监督事项作出决定用）修改而来。

　　2. 特别说明。《中华人民共和国企业破产法》第六十八条规定了债权人委员会有权监督债务人财产的管理和处分以及监督破产财产分配。《最高人民法院关于适用〈中华人民共和国企业破产法〉若干问题的规定（三）》（2020年修正，下同）第十五条第二款、第三款规定了管理人处分债务人重大财产的，债权人委员会进行监督的具体范围和方式。债权人委员会可据此申请人民法院就监督事项作出决定。

24. 民事裁定书（认可或不认可债权人会议未通过的债务人财产管理方案用）

××××人民法院
民事裁定书

（××××）××破×号之×

申请人：×××（债务人名称）管理人。

代表人：×××，该管理人负责人。

××××年××月××日，×××（债务人名称）管理人向本院提出申请，称其拟订的《×××（债务人名称）财产的管理方案》经债权人会议表决未通过，请求本院依法裁定。

本院认为，……（写明对方案的审查意见及理由）。依照……（写明所依据的法律条款项）规定，裁定如下：

认可（债务人名称）管理人制作的《×××（债务人名称）财产的管理方案》。

债权人如不服本裁定，可自本裁定宣布之日起十五日内向本院申请复议。复议期间不停止裁定的执行。

或者：

一、不予认可《×××（债务人名称）财产的管理方案》；

二、由×××（债务人名称）管理人重新制作。

审 判 长　×××
审 判 员　×××
审 判 员　×××

××××年××月××日
（院印）

法官助理　×××
书 记 员　×××

破产法律文书样式

附：《×××（债务人名称）财产的管理方案》

说明：
一、本样式根据《中华人民共和国企业破产法》第六十五条第一款制定，供债权人会议未通过债务人财产的管理方案时，人民法院裁定用。
二、本裁定主要采取口头裁定并当场宣布的方式告知债权人。
三、法院裁定不予认可时，债权人无申请复议权。

解读

1. 本样式根据《人民法院破产程序法律文书样式（试行）》中文书样式 40 民事裁定书（通过债务人财产的管理方案用）修改而来。

2. 文书的适用范围。将文书的适用范围"通过债务人财产的管理方案用"修改为"认可或不认可债权人会议未表决的债务人财产管理方案用"。

修订理由：根据《企业破产法》第六十五条第一款规定，债务人财产管理方案经债权人会议表决未通过的，由人民法院裁决。即作出该文书的前提是债权人会议未通过债务人财产管理方案，而人民法院裁决有认可与不认可两种结果，因此，此处采用"认可或不认可债权人会议未表决的债务人财产管理方案用"的表述更为妥当。

3. 裁定主文。将"对×××（债务人名称）管理人制作的《×××（债务人名称）财产的管理方案》，本院予以认可"修改为"认可（×××债务人名称）管理人制作的《×××（债务人名称）财产的管理方案》"。

（四）宣告破产前

25. 民事裁定书（驳回破产申请用）

××××人民法院
民事裁定书

（××××）××破×号之×

申请人：……（写明姓名或名称等基本情况）。

被申请人：……（写明名称等基本情况）。

××××年××月××日，×××（申请人姓名或名称）以……为由向本院申请对×××（被申请人名称）进行破产清算/重整/和解。本院于××××年××月××日裁定受理。

本院查明：……（写明被申请人不符合破产清算/重整/和解条件的事实和根据）。

本院认为，……（写明驳回申请的理由）。依照《中华人民共和国企业破产法》第十二条第二款规定，裁定如下：

驳回×××（申请人姓名或名称）对×××（被申请人名称）的破产清算/重整/和解申请。

如不服本裁定，申请人可在裁定书送达之日起十日内，向本院递交上诉状，并提交副本×份，上诉于××××人民法院。

审 判 长　×××
审 判 员　×××
审 判 员　×××

××××年××月××日
（院印）

法官助理　×××

破产法律文书样式

书 记 员 ×××

说明：

一、本样式根据《中华人民共和国企业破产法》第十二条第二款制定，供人民法院裁定驳回申请人的破产清算/重整/和解申请时使用。

二、当事人基本情况的写法与诉讼文书样式相同。

三、如是债务人申请破产，则不列被申请人。

四、本裁定书应送达申请人、被申请人、管理人。

解读

1. 本样式根据《人民法院破产程序法律文书样式（试行）》中文书样式30民事裁定书（驳回债权人的破产清算申请用）修改而来。

2. 明确"本院查明"的具体内容。在本院查明中写明被申请人不符合破产清算/重整/和解条件的事实和根据。

3. 修订裁定主文。将"驳回×××（申请人姓名或名称）的申请"修改为"驳回×××（申请人姓名或名称）对×××（被申请人名称）的破产清算/重整/和解申请"。

修订理由：《企业破产法》第十二条第二款规定："人民法院受理破产申请后至破产宣告前，经审查发现债务人不符合本法第二条规定情形的，可以裁定驳回申请。"根据《最高人民法院关于调整强制清算与破产案件类型划分的通知》及其附件《强制清算与破产案件类型及代字标准》，破产申请审查与受理后的破产程序分列案件类型。破产申请审查案件在人民法院受理破产申请后已结案，该裁定书是在对被申请人进行破产清算的破产案件中作出的，被申请人的地位同等重要，因此，有必要在破产文书中明确是驳回申请人对被申请人的破产清算/重整/和解申请。

26. 民事裁定书（维持或撤销驳回破产清算申请的裁定用）

×××× 人民法院
民事裁定书

（××××）×× 破终 × 号

上诉人（原审申请人）：……（写明姓名或名称等基本情况）。

被上诉人（原审被申请人）：……（写明名称等基本情况）。

上诉人 ××× 不服 ×××× 人民法院（××××）×× 破 × 号（之 ×）民事裁定，向本院提起上诉。本院于 ×××× 年 ×× 月 ×× 日立案后，依法组成合议庭进行了审理。本案现已审理终结。

×××（上诉人姓名或名称）上诉请求：……（写明上诉请求）。事实和理由：……（概述上诉人主张的事实和理由）。

×××（被上诉人名称）辩称，……（概述上诉人答辩意见）。

×××（上诉人姓名或名称）向一审法院申请 ×××（被上诉人名称）破产清算。一审法院……（写明一审认定的事实、裁定结果及理由）。

本院查明：……（写明二审查明的事实，二审查明的事实与一审查明的事实一致，没有新的证据和事实的，该部分可不作表述）

本院认为，……（写明维持或者撤销原裁定的理由）。本院依照……（写明所依据的法律条款项）规定，裁定如下：

驳回上诉，维持原裁定。

本裁定为终审裁定并自即日起生效。

或者：

一、撤销 ×××× 人民法院（××××）×× 破 × 号之 × 民事裁定；

二、×××（被上诉人名称）破产程序继续进行。

本裁定为终审裁定并自即日起生效。

审　判　长　　×××
审　判　员　　×××
审　判　员　　×××

破产法律文书样式

××××年××月××日

（院印）

法　官　助　理　×××
书　记　员　　　×××

说明：

　　一、本样式根据《中华人民共和国企业破产法》第十二条第二款、《最高人民法院关于适用〈中华人民共和国民事诉讼法〉的解释》（2022年修正，下同）第三百三十条制定，供二审人民法院收到不服一审驳回破产清算申请的裁定而提起上诉的案件后，裁定驳回上诉或撤销原裁定时使用。

　　二、当事人基本情况的写法与诉讼文书样式相同。

　　三、如系债务人申请破产，则不列被上诉人。

　　四、本裁定书应送达上诉人、被上诉人和管理人。

解读

　　1.本样式根据《人民法院破产程序法律文书样式（试行）》中文书样式33民事裁定书（维持或撤销驳回破产清算申请的裁定用）修改而来。

　　2.调整文书结构，添加被上诉人的辩称内容。先写上诉人的上诉请求、事实与理由，再写一审认定的事实、裁定结果及理由。

　　修订理由：参照《民事诉讼文书样式》第二审程序中民事裁定书（二审维持驳回起诉裁定用）及民事裁定书（二审指令审理用）的写法。

（五）其他

27. 民事裁定书（撤销债权人会议决议用）

××××人民法院
民事裁定书

（××××）××破×号之×

申请人：……（写明债权人姓名或名称等基本情况）。

法定代表人（或代表人）：……（写明姓名和职务）。

委托诉讼代理人：……（写明姓名等基本情况）。

××××年××月××日，×××向本院提出申请称，债权人会议于××××年××月××日作出决议，……（写明决议的内容）。该决议第×项违反了……（写明法律依据），损害了其合法权益，请求本院撤销该决议，责令债权人会议依法重新作出决议。

本院认为，……（写明支持或不支持申请人的理由）。依照……（写明所依据的法律条款项）规定，裁定如下：

一、撤销债权人会议××××年××月××日决议的第×项；

二、债权人会议重新作出决议。

或者：

驳回×××（债权人姓名或名称）的申请。

本裁定自即日起生效。

审　判　长　×××
审　判　员　×××
审　判　员　×××

××××年××月××日
（院印）

　　　　　　　　　　　　　法官助理　×××
　　　　　　　　　　　　　书 记 员　×××

说明：
　　一、本样式根据《人民法院破产程序法律文书样式（试行）》中文书样式6民事裁定书（撤销债权人会议决议用）修改而来，根据《中华人民共和国企业破产法》第六十四条第二款制定，供人民法院根据债权人的申请决定是否撤销债权人会议决议时使用。
　　二、当事人的基本写法参照《人民法院民事裁判文书制作规范》规定。
　　三、本决定书应送达申请人、管理人并通知其他债权人或债权人委员会成员。

28. 复函（许可管理人为某些行为用）

　　　　　　　　××××人民法院
　　　　　　　　　　复函

　　　　　　　　　　（××××）××破×号之×

×××（债务人名称）管理人：
　　本院于××××年××月××日收到《……》（写明来文的名称），……（引用请示的内容及事实和理由）。经研究，答复如下：
　　……（写明答复意见）。
　　此复。

　　　　　　　　　　　　××××年××月××日
　　　　　　　　　　　　　　（院印）

说明：
　　一、本样式根据《人民法院破产程序法律文书样式（试行）》中文书

样式9复函（许可管理人为某些行为用）修改而来，根据《中华人民共和国企业破产法》第二十六条、第二十八条制定，供人民法院收到管理人的有关申请后作出答复时使用。

二、许可的行为范围限于《中华人民共和国企业破产法》第二十六条、第二十八条第一款所列行为。具体包括：在第一次债权人会议召开之前，决定继续或停止债务人的营业；聘用必要的工作人员；在第一次债权人会议召开之前，有《中华人民共和国企业破产法》第六十九条第一款所列行为。

29. 决定书（批准或驳回债权人会议更换管理人的申请用）

××××人民法院
决定书

（××××）××破×号之×

××××年××月××日，×××（债务人名称）债权人会议向本院提出申请，称……（写明依据的事实及理由），请求本院更换管理人，并提交了债权人会议决议。

管理人称，……（概括写明管理人所做书面说明的内容）。

本院查明：……

本院认为，……（写明审查意见及理由）。……（写明重新指定管理人的有关情况）。依照……（写明所依据的法律条款项）规定，决定如下：

一、解除×××（原管理人的姓名或名称）的×××（债务人名称）管理人职务；

二、指定×××（新管理人的姓名或名称）为×××（债务人名称）管理人，×××为负责人。

或者：

驳回×××（债务人名称）债权人会议的申请。

破产法律文书样式

××××年××月××日
（院印）

说明：

一、本样式根据《中华人民共和国企业破产法》第二十二条及《最高人民法院关于审理企业破产案件指定管理人的规定》第三十一条、第三十二条制定，供人民法院根据债权人会议的申请决定更换管理人或驳回债权人会议的申请时使用。

二、更换管理人的，应将本决定书送达原管理人、新管理人、破产申请人、债务人及债务人的企业登记机关，并予公告；驳回申请的，应将本决定书送达债权人及管理人。

三、若解除原管理人在先的，应另行制作指定管理人决定书。

解读

1. 本样式根据《人民法院破产程序法律文书样式（试行）》中文书样式10决定书（批准或驳回债权人会议更换管理人的申请用）修改而来。

2. 增加管理人负责人的内容。

修订理由：《中华人民共和国企业破产法》中并未对管理人负责人进行规定。《人民法院破产程序法律文书样式（试行）》中文书样式96的说明中提到，"当债务人的管理人为个人管理人时，其诉讼代表人为担任管理人的律师或者注册会计师；当管理人为中介机构或者清算组时，其诉讼代表人为管理人的负责人或者清算组组长"。《重庆破产法庭企业破产案件审理指南（试行）》第十四条对此作了相同规定。《最高人民法院关于适用〈中华人民共和国公司法〉若干问题的规定（二）》第十条第二款规定："公司成立清算组的，由清算组负责人代表公司参加诉讼；尚未成立清算组的，由原法定代表人代表公司参加诉讼。"也可资参考。

3. 在第二项说明中增加更换管理人后的公告程序。

修订理由：《最高人民法院关于审理企业破产案件指定管理人的规定》第三十八条规定："人民法院决定更换管理人的，应将决定书送达原管理人、新任管理人、破产申请人、债务人及债务人的企业登记机关，并予公告。"根据本条规定，增加公告内容。

4. 在说明中增加解除原管理人与指定新管理人不同步的处理。

修订理由：实践中，不论以随机方式指定管理人还是以竞争方式指定管理人均需经过一定程序。当出现紧急情况时，法院可以依据债权人会议申请先行解除原管理人职务，并要求原管理人妥善保管其已经接管的企业资料、财产、营业事务及管理人印章至法院另行指定新管理人再行移交。另行指定管理人的决定书文书样式参见通用类文书样式13。

30. 公告（更换管理人用）

××××人民法院

公告

（××××）××破×号之×

本院于××××年××月××日裁定受理×××（债务人名称）破产清算（或重整、和解）一案，并指定×××（原管理人的姓名或名称）为×××（债务人名称）管理人，×××为负责人。因……（写明更换的理由），依照……（写明所依据的法律条款项）规定，于××××年××月××日决定解除×××（原管理人的姓名或名称）的×××（债务人名称）管理人职务，指定×××（新管理人的姓名或名称）为×××（债务人名称）管理人，×××为负责人（通信地址：_____；邮政编码：_____；联系电话：_____）。

特此公告。

××××年××月××日
（院印）

说明：

本样式根据《人民法院破产程序法律文书样式（试行）》中文书样式12公告（更换管理人用）修改而来，根据《最高人民法院关于审理企业破

破产法律文书样式

产案件指定管理人的规定》第三十八条制定，供人民法院决定更换管理人后发布公告时使用。

31. 决定书（许可或驳回管理人辞职申请用）

××××人民法院
决定书

（××××）××破×号之×

××××年××月××日，×××（担任管理人的社会中介机构的名称或自然人的姓名）向本院提交申请，称……（写明申请人的理由），请求本院准予其辞去×××（债务人名称）管理人职务。

本院认为，……（写明审查意见及理由）。依照……（写明所依据的法律条款项）规定，决定如下：

准许×××（担任管理人的社会中介机构的名称或自然人的姓名）辞去×××（债务人名称）管理人职务。

或者：

驳回×××（担任管理人的社会中介机构的名称或自然人的姓名）的申请。

××××年××月××日
（院印）

说明：

一、本样式根据《中华人民共和国企业破产法》第二十九条、《最高人民法院关于审理企业破产案件指定管理人的规定》第三十四条制定，供人民法院批准或驳回管理人辞职申请时使用。

二、批准辞职的，本决定书应送达管理人、破产申请人、债务人及债务人的企业登记机关，并予公告；驳回申请的，本决定书应送达管理人。

> **解读**

1. 本样式根据《人民法院破产程序法律文书样式（试行）》中文书样式 13 决定书（许可或驳回管理人辞职申请用）修改而来。
2. 在第二项说明中增加更换管理人后的公告程序。

修订理由：《最高人民法院关于审理企业破产案件指定管理人的规定》第三十八条规定："人民法院决定更换管理人的，应将决定书送达原管理人、新任管理人、破产申请人、债务人及债务人的企业登记机关，并予公告。"参照关于更换管理人的程序性规定，在法院批准管理人辞职情况下，也应增加公告内容。

32. 通知书（确定管理人报酬方案用）

××××人民法院
通知书

（××××）××破×号之×

×××（担任管理人的社会中介机构的名称或自然人的姓名）：

依照《最高人民法院关于审理企业破产案件确定管理人报酬的规定》第二条、第四条规定，本院初步确定你（或者你所、公司）担任×××（债务人名称）管理人应获取的报酬，根据×××（债务人名称）最终清偿的财产价值总金额，……（依次分段写明确定的比例），采取……（分期预收或最后一次性收取报酬）的方式收取。

特此通知。

××××年××月××日
（院印）

说明：

一、本样式根据《最高人民法院关于审理企业破产案件确定管理人报酬的规定》（法释〔2007〕9号，下同）第二条、第四条、第五条制定，供人民法院决定管理人报酬方案时使用。

二、采用竞争方式指定管理人的，应引用《最高人民法院关于审理企业破产案件确定管理人报酬的规定》第二条和第五条。

三、管理人与担保权人就管理人对担保物的维护、变现、交付等管理工作付出合理劳动的报酬不能协商一致时，还应引用《最高人民法院关于审理企业破产案件确定管理人报酬的规定》第十三条。

四、本通知应自管理人报酬方案确定之日起三日内送达管理人；若涉及管理人对担保物的维护、变现、交付等管理工作付出合理劳动收取报酬的，还应送达担保权人。

解读

1. 本样式根据《人民法院破产程序法律文书样式（试行）》中文书样式14通知书（确定管理人报酬方案用）修改而来。

2. 说明中增加引用条文。

修订理由：《最高人民法院关于审理企业破产案件确定管理人报酬的规定》第十三条规定："管理人对担保物的维护、变现、交付等管理工作付出合理劳动的，有权向担保权人收取适当的报酬。管理人与担保权人就上述报酬数额不能协商一致的，人民法院应当参照本规定第二条规定的办法确定，但报酬比例不得超出该条规定限制范围的10%。"当出现管理人与担保权人就管理人对担保物的维护、变现、交付等管理工作付出合理劳动产生的报酬不能达成一致协商意见时，管理人应就该部分报酬的收取在报酬方案中列明，法院根据《最高人民法院关于审理企业破产案件确定管理人报酬的规定》第十三条的规定，在本通知书中进行确定。

3. 说明中增加送达对象。

修订理由：《最高人民法院关于审理企业破产案件确定管理人报酬的规定》第十三条规定，管理人对担保物的维护、变现、交付等管理工作付出合理劳动的，有权向担保权人收取适当的报酬。根据该条规定，担保权人即为该部分报酬的支付主体。若本通知书中涉及该部分报酬的确定，应当送达担保权人。

33. 通知书（调整管理人报酬方案用）

×××× 人民法院
通知书

（××××）×× 破 × 号之 ×

×××（担任管理人的社会中介机构的名称或自然人的姓名）：

×××× 年 ×× 月 ×× 日，本院初步确定你（或者你所、公司）担任 ×××（债务人名称）管理人应获取的报酬，根据 ×××（债务人名称）最终清偿的财产价值总金额，……（依次分段写明确定的比例），采取……（分期预收或最后一次性收取报酬）的方式收取。因……（写明调整的理由），依照《最高人民法院关于审理企业破产案件确定管理人报酬的规定》第八条规定，本院将报酬方案调整为：根据 ×××（债务人名称）最终清偿的财产价值总金额，……（依次分段写明确定的比例），采取……（分期预收或最后一次性收取报酬）的方式收取。

特此通知。

×××× 年 ×× 月 ×× 日
（院印）

说明：

一、本样式根据《最高人民法院关于审理企业破产案件确定管理人报酬的规定》第八条制定，供人民法院调整管理人报酬方案时使用。

二、涉及管理人对担保物的维护、变现、交付等管理工作付出合理劳动收取报酬的，还应引用《最高人民法院关于审理企业破产案件确定管理人报酬的规定》第十三条。

三、本通知应自管理人报酬方案调整之日起三日内送达管理人及债权人委员会成员或者债权人会议主席；若涉及管理人对担保物的维护、变现、交付等管理工作付出合理劳动收取报酬的，还应送达担保权人。

> **解读**

1. 本样式根据《人民法院破产程序法律文书样式（试行）》中文书样式15通知书（调整管理人报酬方案用）修改而来。

2. 说明中增加引用条文。

修订理由：《最高人民法院关于审理企业破产案件确定管理人报酬的规定》第十三条规定："管理人对担保物的维护、变现、交付等管理工作付出合理劳动的，有权向担保权人收取适当的报酬。管理人与担保权人就上述报酬数额不能协商一致的，人民法院应当参照本规定第二条规定的办法确定，但报酬比例不得超出该条规定限制范围的10%。"法院对该部分报酬进行调整时，应引用《最高人民法院关于审理企业破产案件确定管理人报酬的规定》第十三条。

3. 说明中增加送达对象。

修订理由：《最高人民法院关于审理企业破产案件确定管理人报酬的规定》第十三条规定："管理人对担保物的维护、变现、交付等管理工作付出合理劳动的，有权向担保权人收取适当的报酬。"根据该条规定，担保权人即为该部分报酬的支付主体。若本通知书中涉及该部分报酬的调整，应当送达担保权人。

34. 通知书（确定管理人应收取的报酬数额用）

××××人民法院
通知书

（××××）××破×号之×

×××（担任管理人的社会中介机构的名称或自然人的姓名）：

根据你（或者你所、公司）的申请，本院依照《最高人民法院关于审理企业破产案件确定管理人报酬的规定》第十一条规定，确定你（或者你单位）应收取（或者本期应收取）的报酬金额为××元。

特此通知。

××××年××月××日
（院印）

说明：

一、本样式根据《人民法院破产程序法律文书样式（试行）》中文书样式16通知书（确定管理人应收取的报酬数额用）修改而来，根据《最高人民法院关于审理企业破产案件确定管理人报酬的规定》第十一条制定，供人民法院确定管理人应收取的报酬数额时使用。

二、本通知应送达管理人。

35. 决定书（认可或驳回债权人会议关于管理人报酬异议用）

×××× 人民法院
决定书

（××××）××破×号之×

××××年××月××日，本院收到×××（债务人名称）债权人会议的异议书，称……（写明依据的事实及理由），请求本院重新确定管理人报酬方案。

本院认为，……（写明审查意见及理由）。依照……（写明所依据的法律条款项）规定，决定如下：

×××（担任管理人的社会中介机构的名称或自然人的姓名）的报酬根据×××（债务人名称）最终清偿的财产价值总金额，……（依次分段写明确定的比例），采取……（分期预收或最后一次性收取报酬）的方式收取。

或者：

驳回×××（债务人名称）债权人会议的异议。

××××年××月××日
（院印）

说明：

　　一、本样式根据《人民法院破产程序法律文书样式（试行）》中文书样式17决定书（认可或驳回债权人会议关于管理人报酬异议用）修改而来，根据《最高人民法院关于审理企业破产案件确定管理人报酬的规定》第十八条制定，供人民法院收到债权人会议关于管理人报酬的异议书后作决定时使用。

　　二、本决定书应送达管理人、债权人委员会成员或者债权人会议主席。

36. 拘留决定书

××××人民法院
拘留决定书

（××××）××司惩×号之×

　　被拘留人：……（写明姓名、性别、出生年月日、民族、籍贯、职业或者工作单位和职务、住址）。

　　本院在审理×××（债务人名称）破产清算（或重整、和解）一案中，查明……（写明被拘留人的行为）。本院认为，……（写明予以拘留的理由）。依照《中华人民共和国企业破产法》第一百二十九条规定，决定如下：

　　对×××拘留×日。

　　如不服本决定，可在收到决定书的次日起三日内，口头或者书面向××××人民法院（应为上一级人民法院）申请复议一次。复议期间，不停止本决定的执行。

××××年××月××日
（院印）

说明：

　　一、本样式根据《中华人民共和国企业破产法》第一百二十九条并参照《中华人民共和国民事诉讼法》第一百一十八条、第一百一十九条制定,供人民法院对债务人的有关人员作出拘留决定时使用。

二、拘留必须经院长批准。

三、拘留的期限为十五日以下。被拘留的人,由人民法院司法警察将被拘留人送交当地公安机关看管。

四、人民法院对被拘留人采取拘留措施后,应当在二十四小时内通知其家属;确实无法按时通知或者通知不到的,应当记录在案。

五、本决定书应送达被拘留人。

解读

1. 本样式根据《人民法院破产程序法律文书样式(试行)》中文书样式18拘留决定书修改而来。

2. 将"(××××)×破字第×—×号"修改为"(××××)××司惩×号之×"。

修订理由:《最高人民法院关于人民法院案件案号的若干规定》附件1《人民法院案件类型及其代字标准》中司法制裁审查案件(含司法拘留案件、司法罚款案件)类型代字为"司惩"。根据上述规定对本文书案号部分进行修订。之后相同情况不再另行说明理由。

3. 根据2021年修正后的《民事诉讼法》,将第一项说明中将"并参照《中华人民共和国民事诉讼法》第一百零五条制定"修改为"并参照《中华人民共和国民事诉讼法》第一百一十八条、第一百一十九条制定"。

修改理由:2011年10月13日《最高人民法院关于印发〈人民法院破产程序法律文书样式(试行)〉的通知》发布。该通知发布后,《民事诉讼法》在2012年、2017年、2021年进行了三次修改,相关法律条文发生变化。根据现行《民事诉讼法》对参照的法律条文进行修订。

4. 增加说明内容。

增加理由:根据《民事诉讼法》第一百一十九条第一款规定:"拘传、罚款、拘留必须经院长批准。"据此增加第二项说明内容。

根据《民事诉讼法》第一百一十八条第二款、第三款规定:"拘留的期限,为十五日以下。被拘留的人,由人民法院交公安机关看管。在拘留期间,被拘留人承认并改正错误的,人民法院可以决定提前解除拘留。"《最高人民法院关于适用〈中华人民共和国民事诉讼法〉的解释》第一百七十八条规定："人民法院依照民事诉讼法第一百一十三条至第一百一十七条的规定采取拘留措施的，应经院长批准，作出拘留决定书，由司法警察将被拘留人送交当地公安机关看管。"据此增加第三项说明内容。

根据《最高人民法院关于适用〈中华人民共和国民事诉讼法〉的解释》第一百八十条规定："人民法院对被拘留人采取拘留措施后，应当在二十四小时内通知其家属；确实无法按时通知或者通知不到的，应当记录在案。"据此增加第四项说明内容。

37. 罚款决定书

××××人民法院
罚款决定书

（××××）××司惩×号之×

被罚款人：……（写明姓名或名称等基本情况）。

本院在审理×××（债务人名称）破产清算（或重整、和解）一案中，查明……（写明被罚款人的行为）。本院认为，……（写明予以罚款的理由）。依照……（写明所依据的法律条款项）规定，决定如下：

对×××罚款×××元，限于××××年××月××日前向本院交纳。

如不服本决定，可在收到决定书的次日起三日内，口头或者书面向××××人民法院（应为上一级人民法院）申请复议一次。复议期间，不停止本决定的执行。

××××年××月××日
（院印）

说明：

一、本样式根据《中华人民共和国企业破产法》第一百二十六条、第一百二十七条、第一百二十九条、第一百三十条，并参照《中华人民共和国民事诉讼法》第一百一十七条、第一百一十八条制定，供人民法院对债务人的有关人员、直接责任人员、管理人作出罚款决定时使用。

二、被罚款人基本情况的写法与诉讼文书样式相同。

三、罚款必须经院长批准。

四、对个人的罚款金额，为人民币十万元以下。对单位的罚款金额，为人民币五万元以上一百万元以下。

五、本决定书应送达被罚款人。

解读

1. 本样式根据《人民法院破产程序法律文书样式（试行）》中文书样式19罚款决定书修改而来。

2. 将"（××××）×破字第×—×号"修改为"（××××）××司惩×号之×"。

3. 说明一中引用法条。

将"并参照《中华人民共和国民事诉讼法》第一百零五条制定"修改为"并参照《中华人民共和国民事诉讼法》第一百一十七条、第一百一十八条制定"。

修改理由：2011年10月13日《最高人民法院关于印发〈人民法院破产程序法律文书样式（试行）〉的通知》发布。《通知》发布后，《民事诉讼法》在2012年、2017年、2021年进行了三次修改，相关法律条文发生变化。根据现行《民事诉讼法》（2021年修正），对参照的法律条文进行修订。

4. 增加说明内容。

增加理由：根据《中华人民共和国民事诉讼法》第一百一十九条第一款规定："拘传、罚款、拘留必须经院长批准。"据此增加第三项说明内容。

根据《民事诉讼法》第一百一十八条第一款规定："对个人的罚款金额，为人民币十万元以下。对单位的罚款金额，为人民币五万元以上一百万元以下。"据此增加第四项说明内容。

38. 复议决定书（维持或撤销下级法院拘留、罚款决定书用）

××××人民法院
决定书

（××××）×× 司惩复 × 号之 ×

申请复议人：……（写明姓名或名称等基本情况）。

申请复议人不服××××人民法院××××年××月××日作出的（××××）×× 司惩 × 号之 × 罚款（或拘留）决定，向本院提出复议申请。申请复议人提出……（简要写明申请的理由和复议请求）。

经审查查明：……（写明复议审查查明的事实，与原决定一致的不写）。

本院认为，……（写明作出复议决定的理由）。依照……（写明所依据的法律条款项）规定，决定如下：

驳回申请，维持原决定。

或者：

一、撤销××××人民法院（××××）×× 司惩 × 号之 × 罚款（或拘留）决定；

二、……（写明变更的决定内容。不需作出变更决定的，此项不写）。

××××年××月××日
（院印）

说明：

一、本样式根据《中华人民共和国民事诉讼法》第一百一十九条，《最高人民法院关于适用〈中华人民共和国民事诉讼法〉的解释》第一百八十五条、第一百八十六条制定，供上级人民法院收到被拘留人或者被罚款人不服下级法院拘留、罚款决定提出复议申请后，驳回申请或撤销原决定时使用。

二、当事人基本情况的写法与诉讼文书样式相同。

三、上级人民法院应当在收到复议申请后五日内作出决定，并将复议结果通知下级人民法院和当事人。

四、上级人民法院复议时认为强制措施不当的，应当制作决定书，撤销或者变更下级人民法院作出的拘留、罚款决定。情况紧急的，可以在口头通知后三日内发出决定书。

解读

1. 本样式根据《人民法院破产程序法律文书样式（试行）》中文书样式 20 复议决定书（维持或撤销下级法院拘留、罚款决定书用）修改而来。

2. 将"（××××）×破字第×—×号"修改为"（××××）××司惩复×号之×"。

修订理由：《最高人民法院关于人民法院案件案号的若干规定》（2018年修正）附件 1《人民法院案件类型及其代字标准》中司法制裁复议案件类型代字为"司惩复"。根据上述规定对本文书案号部分进行修订。

3. 增加经审查查明内容。

修改理由：参考《民事诉讼文书样式》对妨害民事诉讼的强制措施中文书样式 5 复议决定书。载明新查明的事实，使文书结构更为完整。同时，也是上级法院复议审查后作出撤销原决定的重要事实依据，应当载明。

4. 修订第一项说明中的法律条文。将"参照《中华人民共和国民事诉讼法》第一百零五条制定"修改为"《中华人民共和国民事诉讼法》第一百一十九条，《最高人民法院关于适用〈中华人民共和国民事诉讼法〉的解释》第一百八十五条、第一百八十六条制定"。

修改理由：2011 年 10 月 13 日《最高人民法院关于印发〈人民法院破产程序法律文书样式（试行）〉的通知》发布。《通知》发布后，《民事诉讼法》在 2012 年、2017 年、2021 年进行了三次修改，《最高人民法院关于适用〈中华人民共和国民事诉讼法〉的解释》也进行了修订，相关法律条文发生变化。根据现行《民事诉讼法》，《最高人民法院关于适用〈中华人民共和国民事诉讼法〉的解释》对参照的法律条文进行修订。

5. 修订第一项说明中的表述。将"供人民法院收到被拘留人或者被罚款人不服拘留、罚款决定提出复议申请后，驳回申请或撤销原决定时使用"修改为"供上级人民法院收到被拘留人或者被罚款人不服下级法院拘留、罚款决定提出复议申请后，驳回申请或撤销原决定时使用"。

修改理由：根据《民事诉讼法》第一百一十九条，《最高人民法院关于适用〈中华人民共和国民事诉讼法〉的解释》第一百八十五条、第一百八十六条相关规定，复议决定书的制作主体为上级法院，故为明确法院层级，作出相应修订。

6. 修订第三项说明内容。将"本决定书应送达申请复议人"修改为"上级人民法院应当在收到复议申请后五日内作出决定，并将复议结果通知下级人民法院和当事人"。

修改理由：《最高人民法院关于适用〈中华人民共和国民事诉讼法〉的解释》第一百八十五条规定："被罚款、拘留的人不服罚款、拘留决定申请复议的，应当自收到决定书之日起三日内提出。上级人民法院应当在收到复议申请后五日内作出决定，并将复议结果通知下级人民法院和当事人。"直接引用修改司法解释原文，表述更准确。

7. 增加第四项说明内容。

修改理由：《最高人民法院关于适用〈中华人民共和国民事诉讼法〉的解释》第一百八十六条规定："上级人民法院复议时认为强制措施不当的，应当制作决定书，撤销或者变更下级人民法院作出的拘留、罚款决定。情况紧急的，可以在口头通知后三日内发出决定书。"据此增加说明内容。

39. 决定书（管理人终止执行职务用）

××××人民法院
决定书

（××××）××破×号之×

××××年××月××日，本院裁定终结×××（债务人名称）破产清算程序。××××年××月××日，×××（债务人名称）管理人向×××（债务人名称）的原登记机关办理了注销登记。经查，不存在诉讼或仲裁未决的情况。依照《中华人民共和国企业破产法》第一百二十二条规定，本院决定如下：

×××（债务人名称）管理人自即日起终止执行职务。

××××年××月××日
(院印)

说明：

　　一、本样式根据《人民法院破产程序法律文书样式（试行）》中文书样式47决定书（管理人终止执行职务用）修改而来，根据《中华人民共和国企业破产法》第一百二十二条制定，供人民法院决定管理人终止执行职务时使用。

　　二、本决定书应送达管理人及债务人的原登记机关。

二、预重整

1. 通知书（预重整备案登记用）

××××人民法院
通知书

（××××）××破申×号之×

×××（债务人名称）：

　　你单位于××××年××月××日向本院申请重整，并进行预重整，请求本院准许你单位聘任（与主要债权人共同推荐的）××××（中介机构名称）担任预重整辅助机构。经审查，你单位符合预重整条件，本院对你单位预重整及聘任××××（中介机构名称）担任预重整辅助机构进行备案登记。

　　预重整期间，应当注意下列事项：

一、你单位应当开展下列工作：

（一）与债权人、出资人、投资人等利害关系人进行协商，制作重组协议；

（二）清理债务人财产，制作财产状况报告；

（三）向利害关系人进行信息披露并配合查阅披露内容；

（四）充分清查债权，通知债权人申报债权，申报标准和方式参照企业破产法的规定；

（五）进行债权核对；

（六）根据需要进行审计、评估；

（七）妥善保管其占有和管理的财产、印章、账簿、文书等资料；

（八）勤勉经营管理，妥善维护资产价值；

（九）完成预重整相关的其他工作。

二、预重整辅助机构应当履行下列职责：

（一）协助债务人开展预重整工作；

（二）调查债务人的基本情况；

（三）监督债务人自行管理财产和营业事务；

（四）协助债务人引入投资人；

（五）定期向人民法院报告预重整工作进展；

（六）向人民法院提交预重整终结工作报告；

（七）人民法院认为预重整辅助机构应当履行的其他职责。

三、债务人和预重整辅助机构应当在重组协议表决后七日内向人民法院提交预重整终结工作报告。

债务人应当自人民法院出具预重整备案通知书之日起三个月内提交预重整终结工作报告。在前述期限内不能完成预重整终结工作报告的，应当向人民法院报告，由人民法院决定是否予以延期。

四、债务人不得滥用预重整损害债权人的利益。

五、债务人收到通知后，应当对预重整备案的事项进行公告。

特此通知。

××××年××月××日

（院印）

说明：

一、本样式系新增，根据《重庆市第五中级人民法院预重整工作指引（试行）》第十九条、第二十条制定，供人民法院对债务人进行预重整备案登记时使用。

二、本通知书送达申请人，抄送预重整辅助机构。

三、债务人进行公告，可以通过全国企业破产重整案件信息网等平台发布。

2. 民事裁定书（经过预重整受理或者不受理破产重整申请用）

××××人民法院
民事裁定书

（××××）××破申×号之×

申请人（债务人）：……（写明姓名或名称等基本情况）。

××××年××月××日，×××（申请人姓名或名称）以……为由向本院申请破产重整。同时根据本院《预重整工作指引（试行）》提交了预重整申请，并请求本院准许其聘任×××辅助机构准备重组协议。经听证和审查，本院于××××年××月××日作出通知书，对×××（申请人名称）预重整及申请人或主要债权人聘任×××担任预重整辅助机构进行备案登记。

本院于××××年××月××日组织召开听证会。×××（申请人姓名或名称）、×××（主要债权人名称）的法定代表人×××（写明当事人及其诉讼代表人、委托诉讼代理人的诉讼地位和姓名或者名称），出资人×××、实际控制人×××、×××辅助机构到庭参加听证。

本院查明：……（写明预重整期间完成的债务人债权情况、债务人的住所地、市场主体登记注册情况及资产负债情况、重组协议主要内容及表决通过情况等）。

本院认为，……（从本院是否具有管辖权、申请人是否属于破产适格主体、是否具备破产法定事由、重整原因、预重整事项完成情况等方面写明受理申请的理由。有异议的，写明异议不成立的理由）。依照《中华人民共和国企业破产法》第二条第×款、第三条、第七条第×款、第十条第×款规定，裁定如下：

受理×××（申请人名称）的破产重整申请。

本裁定自即日起生效。

或者：

本院认为，……（写明不受理的理由）。依照……（写明所依据的法律条款项）之规定，裁定如下：

不予受理×××（申请人姓名或名称）的破产重整申请。

如不服本裁定，×××（申请人姓名或名称）可在裁定书送达之日起十日内，向本院递交上诉状，并提交副本×份，上诉于××××人民法院。

审　判　长　×××
审　判　员　×××
审　判　员　×××

××××年××月××日
（院印）

法　官　助　理　×××
书　记　员　×××

说明：

　　一、本样式系新增，根据《中华人民共和国企业破产法》第十二条第一款，结合《重庆市第五中级人民法院预重整工作指引（试行）》第二十四条制定，供人民法院裁定对经过预重整的重整申请受理或者不予受理时使用。

　　二、本裁定书应送达申请人、预重整辅助机构，并由预重整辅助机构代为向已知债权人送达。

3. 决定书（经过预重整直接指定管理人用）

××××人民法院
决定书

（××××）××破×号

××××年××月××日，本院根据×××（债务人名称）的申请，对×××（债务人名称）预重整进行备案登记。×××（债务人名称）经与主要债权人协商，聘任×××担任预重整辅助机构协助准备重组协议，本院同时对申请人或主要债权人聘任的预重整辅助机构进行备案登记。

××××年××月××日，本院作出（××××）××破申×号民事裁定，受理×××（债务人名称）的破产重整申请。根据预重整辅助机构向本院提交的工作报告，×××现取得×××（主要债权人名称）等××家合计占×××（债务人名称）经审查确认债权人数（或债权总额）××%以上过半数的债权人的推荐。

依照《中华人民共和国破产法》第二十二条第一款、第二十四条，《最高人民法院关于审理企业破产案件指定管理人的规定》第十五条、第十六条规定，指定×××担任×××（债务人名称）管理人，×××为管理人负责人。

管理人应当勤勉尽责，忠实执行职务，履行《中华人民共和国企业破产法》规定的管理人的各项职责，向人民法院报告工作，并接受债权人会议和债权人委员会的监督。管理人职责如下：

（一）接管债务人的财产、印章和账簿、文书等资料；

（二）调查债务人财产状况，制作财产状况报告；

（三）决定债务人的内部管理事务；

（四）决定债务人的日常开支和其他必要开支；

（五）在第一次债权人会议召开之前，决定继续或者停止债务人的营业；

（六）管理和处分债务人的财产；

（七）代表债务人参加诉讼、仲裁或者其他法律程序；

（八）提议召开债权人会议；

（九）本院认为管理人应当履行的其他职责。

××××年××月××日

（院印）

说明：

一、本样式系新增，根据《最高人民法院关于审理企业破产案件指定管理人的规定》第二十七条，结合《重庆市第五中级人民法院预重整工作指引（试行）》第二十五条制定，供人民法院直接指定预重整辅助机构为管理人时使用。

二、《重庆市第五中级人民法院预重整工作指引（试行）》第二十五条规定："人民法院裁定受理重整申请的，可以指定预重整辅助机构为管理人。债务人或者债权人会议有证据证明预重整辅助机构存在企业破产法规定的不适宜担任管理人的法定事由，申请重新指定管理人的，人民法院应当进行审查。人民法院经审查认为申请事由成立的，应当重新指定管理人。预重整辅助机构未被指定为管理人的，应当及时向管理人移交债务人财产、资料等。"

三、本决定书应送达管理人、破产申请人、债务人及债务人的企业登记机关。

4. 公告（通过预重整进入重整程序用）

××××人民法院
公告

（××××）××破×号

××××年××月××日，本院作出（××××）××破申×号民事裁定，受理×××（债务人名称）的破产重整申请。××××年

××月××日，本院指定×××担任×××管理人，×××为管理人负责人。因本案案情简单，决定适用快速审理方式。×××的债权人应在××××年××月××日前，向×××管理人×××（申报债权地址：……；联系人：……，联系电话：……）申报债权，书面说明债权数额、有无财产担保及是否属于连带债权，并提供相关证据材料。未在上述期限内申报债权的，可以在人民法院裁定批准重整计划前补充申报，但对此前已进行的分配无权要求补充分配，同时要承担为审查和确认补充申报债权所产生的费用。未申报债权的，不得依照《中华人民共和国企业破产法》规定的程序行使权利。×××的债务人或者财产持有人应当向×××管理人清偿债务或交付财产。

　　本院定于××××年××月××日××时××分在××召开第一次债权人会议。依法申报债权的债权人有权参加债权人会议。参加会议的债权人系法人或非法人组织的，应提交营业执照、法定代表人或负责人身份证明书，参加会议的债权人系自然人的，应提交个人身份证明。如委托代理人出席会议，应提交特别授权委托书、委托代理人的身份证件或律师执业证，委托代理人是律师的还应提交律师事务所的所函。

　　本院已于××××年××月××日对×××预重整及聘任×××担任预重整辅助机构进行备案登记。根据预重整辅助机构报告，预重整期间，各债权人组均表决通过了《××重组协议》。在预重整期间已经向预重整辅助机构申报债权的债权人，可以免于申报（预重整期间编制的债权表详见附件）。权益受调整或者影响的债权人对自己及他人债权有异议的，可以在××××年××月××日前书面向管理人提出。破产受理前已经表决同意重组协议的债权人，视为对重整计划草案表决的同意；已经表决反对重组协议的债权人，以及权益受到调整或者影响但是未参与表决的债权人，可以对重整计划草案进行表决。

　　特此公告。

　　附件：预重整期间编制的债权表

××××年××月××日
（院印）

破产法律文书样式

说明：

一、本样式系新增，根据《重庆市第五中级人民法院预重整工作指引（试行）》第十三条制定，供人民法院对债务人进行预重整后受理重整申请公告时使用。

二、债务人进行公告，可以通过全国企业破产重整案件信息网等平台发布。

5. 决定书（经过预重整认可债权人委员会成员用）

××××人民法院
决定书

（××××）××破×号之×

××××年××月××日，本院根据×××（债务人名称）的申请，对×××（债务人名称）预重整进行备案登记。预重整期间，债权人会议表决选任的各类债权组推荐债权人代表（写明选任的债权人代表的姓名或名称）为拟任重整期间债权人委员会成员的决议。

××××年××月××日，本院作出（××××）××破申×号民事裁定，裁定受理×××（债务人名称）的破产重整申请。×××（债务人名称）第×次债权人会议决定设立债权人委员会，并同意预重整债权人会议表决选任的各类债权组推荐债权人代表为重整债权人委员会成员，其中：对选任……（写明选任的债权人的姓名或名称）为债权人代表，推选×××为职工代表（工会代表）；另本院已于××××年××月××日指定×××担任债权人会议主席。本院认为，上述债权人委员会成员的人数和构成符合《中华人民共和国企业破产法》第六十七条规定，故决定如下：

认可……为债权人委员会成员。

××××年××月××日
（院印）

说明：

一、本样式系新增，根据《中华人民共和国企业破产法》第六十七条，结合《重庆市第五中级人民法院预重整工作指引（试行）》第六条制定，供人民法院决定认可债权人委员会成员时使用。

二、《重庆市第五中级人民法院预重整工作指引（试行）》第六条规定："预重整期间，各类债权人可以推荐债权人代表组成债权人委员会。重整申请受理后，预重整期间的债权人委员会成员可经债权人会议同意成为破产程序债权人委员会成员。"

三、本决定书应送达债权人委员会成员和管理人。

6. 民事裁定书（经过预重整批准重整计划并终止重整程序用）

××× 人民法院
民事裁定书

（××××）×× 破 × 号之 ×

申请人：×××（债务人名称）管理人。

代表人：×××，该管理人负责人。

×××× 年 ×× 月 ×× 日，××× 管理人向本院提出申请称，×××× 年 ×× 月 ×× 日，本院作出（××××）×× 破申 × 号通知书，对 ××× 预重整及聘任 ××× 担任预重整辅助机构进行备案登记。预重整期间，已经申报债权的债权人，对《×× 重组协议》分组进行了表决。各表决组均通过了《×× 重组协议》。×××× 年 ×× 月 ×× 日，本院作出（××××）×××× 破申 × 号民事裁定，受理 ××× 的破产重整申请，并于当日指定 ××× 担任 ××× 管理人。经本院召集，××× 第一次债权人会议于 ×××× 年 ×× 月 ×× 日召开。管理人向债权人会议提交了《×× 重整计划草案》，并就《×× 重整计划草案》进行了说明并接受了债权人会议询问。《×× 重整计划草案》是根据预重整期间已经表决通过的《×× 重组协议》形成，《×× 重整计划草案》的内容相对于重组协议没有发生实质改变。预重整期间已经表决同意重组协议的债权人，视为对重整计划草案表决的同意，不再重复进行表决。已经表决反对重组协议的债权人，以及权益受到调整或者影响但是未参与表决的债权人，对重整计划草案分组进行了表决。经管理人统计，各表决组均依法表决通过了《××重整计划草案》，出资人组会议已依法表决通过《××重整计划草案》中涉及的《出资人权益调整方案》，请求本院批准重整计划（附后）。

　　本院认为，根据×××预重整期间已经表决通过的《××重组协议》形成的《××重整计划草案》的内容符合《中华人民共和国企业破产法》（以下简称企业破产法）第八十一条、第八十三条的规定，×××在预重整期间向债权人、出资人、投资人等利害关系人披露对×××（债务人名称）预重整可能产生影响的信息，预先进行的表决分组符合企业破产法规定，参与表决的债权人、出资人表决期限充分、表决方式合理，表决结果符合企业破产法第八十四条第二款、第八十六条的规定。各表决组均已通过《××重整计划草案》，《××重整计划》已获得通过。该重整计划内容符合公平清偿及债权人利益最大化原则，且重整计划中关于企业重新获得盈利能力的经营方案具有可行性。综上，依照《中华人民共和国企业破产法》第八十六条第二款规定，裁定如下：

　　一、批准××××××重整计划；

　　二、终止××××××重整程序。

　　本裁定自即日起生效。

　　或者：

　　本院认为，……（写明不批准重整计划的理由）。依照《中华人民共和国企业破产法》第八十八条规定，裁定如下：

　　一、驳回×××（申请人名称）的申请；

　　二、终止×××（债务人名称）重整程序；

　　三、宣告×××（债务人名称）破产。

　　本裁定自即日起生效。

审　判　长　×××

审　判　员　×××

审　判　员　×××

××××年××月××日

法 官 助 理　×××
书　记　员　×××

附件：×××重整计划

说明：

本样式系新增，根据《重庆市第五中级人民法院预重整工作指引（试行）》第十六条制定，供人民法院裁定批准经过预重整的重整计划时使用。

解读

预重整最核心的问题是庭外重组协议的效力问题能否延伸到庭内重整程序中。即如何实现庭外重组与庭内重整制度的衔接。最高人民法院2018年3月4日印发的《全国法院破产审判工作会议纪要》第22条规定："探索推行庭外重组与庭内重整制度的衔接。在企业进入重整程序之前，可以先由债权人与债务人、出资人等利害关系人通过庭外商业谈判，拟定重组方案。重整程序启动后，可以重整方案为依据拟定重组计划草案提交人民法院依法审查批准。"2019年6月22日，最高人民法院与国家发展改革委等十三部委印发的《加快完善市场主体退出制度改革方案》中提出："研究建立预重整和庭外重组制度""研究建立预重整制度，实现庭外重组制度、预重整制度与破产重整制度的有效衔接，强化庭外重组的公信力和约束力，明确预重整制度的法律地位和制度内容。"随后，最高人民法院2019年11月8日印发的《全国法院民商事审判工作会议纪要》第115条进一步作出规定："继续完善庭外重组与庭内重整的衔接机制，降低制度性成本，提高破产制度效率。人民法院受理破产重整申请前，债务人和部分债权人已经达成的有关协议与重整程序中制作的重整计划草案内容一致的，有关债权人对该协议的同意视为对该重整计划草案表决的同意。但重整计划草案对该协议内容进行了修改并对有关债权人有不利影响，或者与有关债权人重大利益相关的，受到影响的债权人有权按照企业破产法的规定对重整计划草案重新进行表决。"该规定进一步明确了庭外重组协议效力在重整程序中的延伸，在实质审查庭外重组协议与重整计划草案内容一致、债务人向有关债权人充分披露了信息等条件后，确认了庭外重组协议的效力。

三、重整

1. 民事裁定书（受理破产申请后宣告债务人破产前裁定债务人重整或不予受理重整用）

××××人民法院
民事裁定书

（××××）××破×号之×

申请人：……（写明姓名或名称等基本情况）。

被申请人：……（写明名称等基本情况）。

××××年××月××日，本院作出（××××）××破申×号民事裁定，受理（债权人姓名或名称）对×××（债务人名称）的破产清算申请［或者受理×××（债务人名称）的破产清算申请］，并于××××年××月××日指定×××担任×××（债务人名称）管理人。××××年××月××日，×××（申请人姓名或名称）以……为由向本院申请对×××（债务人名称）进行重整。本院于××××年××月××日组织召开听证会。×××（申请人姓名或名称）、×××（被申请人名称）的法定代表人×××（写明当事人及其诉讼代表人、委托诉讼代理人的诉讼地位和姓名或者名称），［×××（被申请人名称）的债权人×××、出资人×××、实际控制人×××］到庭参加听证。

本院查明：……（写明申请人主体资格和与重整有关的事实等）

本院认为，……（从被申请人是否属于重整适格主体、是否具备重整原因，是否具备重整价值和重整可能等方面写明受理申请的理由）。依照《中华人民共和国企业破产法》第二条、第七十条第二款、第七十一条规定，裁定如下：

自××××年××月××日起对×××（债务人名称）进行重整。

本裁定自即日起生效。

或者：

不予受理×××（申请人姓名或名称）对×××（债务人姓名或名称）的重整申请。

如不服本裁定，可在裁定书送达之日起十日内，向本院递交上诉状，并提交副本×份，上诉于××××人民法院。

审　判　长　×××
审　判　员　×××
审　判　员　×××

××××年××月××日
（院印）

法　官　助　理　×××
书　记　员　×××

说明：

一、本样式根据《中华人民共和国企业破产法》第七十条第二款、第七十一条制定，供人民法院在受理债权人提出的破产清算申请后、宣告债务人破产前，根据债权人、债务人或出资额占债务人注册资本十分之一以上的出资人的申请，裁定债务人重整时使用。

二、当事人基本情况的写法与诉讼文书样式相同。

三、本裁定书应送达申请人、被申请人及申请对债务人进行破产清算的债权人。

四、裁定主文的重整日期应与裁定书的落款时间一致。

解读

1. 本样式根据《人民法院破产程序法律文书样式（试行）》中文书样式53民事裁定书（受理破产申请后宣告债权人破产前裁定债务人重整用）、58民事裁定书（不予受理债务人或出资人在人民法院受理破产申请后宣告债务人破产前提出的重整申请用）整合与修改而来。

2.修改案件由来。将"××××年××月××日，本院根据×××（债权人姓名或名称）的申请裁定受理×××（债务人名称）破产清算一案"修改为"××××年××月××日，本院作出（××××）××破申×号民事裁定，受理（债权人姓名或名称）对×××（债务人名称）的破产清算申请［或者受理×××（债务人名称）的破产清算申请］，并于××××年××月××日指定×××担任×××（债务人名称）管理人"。

修订理由：根据《最高人民法院关于调整强制清算与破产案件类型划分的通知》及其附件《强制清算与破产案件类型及代字标准》，破产申请审查与受理后的破产程序分列案件类型，即对破产申请审查单独作为一类案件。破产申请审查案件的类型代字为"破申"，破产案件的类型代字为"破"。由于受理裁定在破产申请审查阶段作出，其案号与破产案件不一致，有必要在破产案件的文书中予以明确。同时将指定管理人的情况予以明确。

有观点认为根据《企业破产法》第七十条的规定，只有债权人申请对债务人进行破产清算的，在人民法院受理破产申请后、宣告债务人破产前，债务人或者出资额占债务人注册资本十分之一以上的出资人，才可以向人民法院申请重整。一是强调最开始必须是债权人申请破产清算，二是强调债权人无权在人民法院受理破产申请后、宣告债务人破产前申请重整。最高人民法院的文书样式就暗含此意。也有观点认为，从立法本意上看，企业破产法设置重整制度的目的，就是要挽救那些陷于债务困境而又具有挽救希望与挽救价值的企业创立制度渠道，《企业破产法》第七十条的立法目的并不涉及债权人在此种情况下有无重整权申请问题，更不是限制或者剥夺在此种情形下债权人申请重整的权利。因此，我们在案件由来部分增加了"或者受理×××（债务人名称）的破产清算申请"。供审理法院认为不论是谁提出的破产清算申请，在宣告破产前，债权人、债务人或出资额占债务人注册资本十分之一以上的出资人都可以申请转重整时使用。

3.增加通过听证进行审查的经过：本院于××××年××月××日组织召开听证会。×××（申请人姓名或名称）、×××（被申请人名称）的法定代表人×××（写明当事人及其诉讼代表人、委托诉讼代理人的诉讼地位和姓名或者名称），［×××（被申请人名称）的债权人×××、出资人×××、实际控制人×××］到庭参加听证。

新增理由：《全国法院破产审判工作会议纪要》第15条"重整案件的

听证程序"规定:"对于债权债务关系复杂、债务规模较大,或者涉及上市公司重整的案件,人民法院在审查重整申请时,可以组织申请人、被申请人听证。债权人、出资人、重整投资人等利害关系人经人民法院准许,也可以参加听证。听证期间不计入重整申请审查期限。"据此,增加了通过听证进行审查的经过的相关表述。

4. 明确"本院查明"的具体内容。

5. 明确本院认为应对"是否具备重整价值和重整可能"进行阐述。

修改理由:《全国法院破产审判工作会议纪要》第14条"重整企业的识别审查"规定:"破产重整的对象应当是具有挽救价值和可能的困境企业;对于僵尸企业,应通过破产清算,果断实现市场出清。人民法院在审查重整申请时,根据债务人的资产状况、技术工艺、生产销售、行业前景等因素,能够认定债务人明显不具备重整价值以及拯救可能性的,应裁定不予受理。"

6. 将裁定准许重整与不予受理重整申请进行整合。

7. 对受理破产清算申请后,宣告债务人破产前,相关权利人申请重整,人民法院认为不具备重整价值或者重整可行性,不同意转入重整的,是否需要作出不予受理重整的裁订并赋予上诉权,法律和司法解释没有明确规定,实践中也有不同的做法。

8. 之后的文书样式因相同原因修订的,不再重复说明。

2. 公告(受理破产申请后宣告债务人破产前裁定债务人重整用)

××××人民法院
公告

(××××)××破×号之×

本院于××××年××月××日裁定受理×××(债务人名称)破产清算一案,并于××××年××月××日指定×××担任×××(债务人名称)管理人。××××年××月××日,本院根据×××(申

破产法律文书样式

请人姓名或名称）的申请裁定×××（债务人名称）重整。

特此公告。

×××× 年 ×× 月 ×× 日
（院印）

说明：

本样式根据《中华人民共和国企业破产法》第七十一条制定，供人民法院在受理债权人提出的破产清算申请后、宣告债务人破产前，根据债权人、债务人或出资额占债务人注册资本十分之一以上的出资人的申请，裁定债务人重整后发布公告时使用。

解读

1. 本样式根据《人民法院破产程序法律文书样式（试行）》中文书样式55公告（受理破产清算申请后宣告债务人破产前裁定债务人重整用）修改而来。

2. 删除最初的申请人。将"本院根据×××（债权人姓名或名称）的申请于×××× 年 ×× 月 ×× 日裁定受理×××（债务人名称）破产清算一案"修改为"本院于×××× 年 ×× 月 ×× 日裁定受理×××（债务人名称）破产清算一案"。删除了"根据×××（债权人姓名或名称）的申请"的内容。

3. 说明中增加了债权人可以在宣告破产前申请重整的内容。修订理由详见民事裁定书（受理破产申请后宣告债务人破产前裁定债务人重整用）文书样式。

3. 民事裁定书（维持或撤销不予受理重整申请的裁定用）

×××× 人民法院
民事裁定书

（××××）×× 破终 × 号

上诉人（原审申请人）：……（写明姓名或名称等基本情况）。

被上诉人（原审被申请人）：……（写明名称等基本情况）。

上诉人×××不服××××人民法院（××××）××破×号之×民事裁定，向本院提起上诉。本院依法组成合议庭对本案进行了审理。

×××（上诉人姓名或名称）上诉请求：……（写明上诉请求）。事实和理由：……

……（写明一审认定的事实、裁定结果及理由）。

本院查明：……

本院认为，……（写明维持或者撤销原裁定的理由）。依照……（写明所依据的法律条款项）规定，裁定如下：

驳回上诉，维持原裁定。

或者：

一、撤销××××人民法院（××××）××破×号之×民事裁定；

二、由××××人民法院裁定受理×××对×××的重整申请。

本裁定为终审裁定并自即日起生效。

审　判　长　×××
审　判　员　×××
审　判　员　×××

××××年××月××日
（院印）

法官助理　×××
书　记　员　×××

说明：

一、本样式根据《中华人民共和国企业破产法》第十二条第一款和《最高人民法院关于适用〈中华人民共和国民事诉讼法〉的解释》第三百三十条制定，供二审人民法院收到不服一审不予受理重整申请的裁定而提起上诉的案件后，裁定驳回上诉或撤销原裁定时使用。

二、如系债务人申请重整，则不列被上诉人。

三、当事人基本情况的写法与诉讼文书样式相同。

四、如果一审裁定是针对债务人或出资人在人民法院受理破产申请后宣告破产前提出的重整申请作出的，则案号应为（××××）××破终×号，相应首部应为上诉人×××不服××××人民法院（××××）××破×号之×民事裁定，向本院提起上诉。判项主文应为："一、撤销××××人民法院（××××）××破×号之×民事裁定；二、由××××人民法院裁定×××重整。"

五、本裁定书应送达上诉人和被上诉人。

> 解读

1. 本样式根据《人民法院破产程序法律文书样式（试行）》中文书样式59民事裁定书（维持或撤销不予受理重整申请的裁定用）修改而来。

2. 案件由来。将"本院受理后依法组成合议庭审理了本案"修改为"本院依法组成合议庭对本案进行了审理"。

修订理由：因"受理"在破产案件中特殊意义，参照2016年诉讼文书样式二审维持不予受理裁定的写法进行了修改。

3. 上诉请求及理由。将"×××（上诉人姓名或名称）不服，向本院上诉称：……（写明上诉请求与理由）"修改为"×××（上诉人姓名或名称）上诉请求：……（写明上诉请求）。事实和理由：……"

修订理由：《最高人民法院关于印发〈人民法院民事裁判文书制作规范〉〈民事诉讼文书样式〉的通知》自2016年8月1日起施行。《人民法院民事裁判文书制作规范》规定，本规范可以适用于人民法院制作的其他诉讼文书，根据具体文书性质和内容作相应调整。本次调整即根据该规定精神，参照最高人民法院2016年印发的《民事诉讼文书样式》中民事裁定书（二审维持不予受理裁定用）的格式进行修改。

4. 对说明的修改。根据条文序号调整，将已经失效的"《最高人民法院关于适用〈中华人民共和国民事诉讼法〉若干问题的意见》第一百八十七条"修改为现行的"《最高人民法院关于适用〈中华人民共和国民事诉讼法〉的解释》第三百三十条"，并增加了"《中华人民共和国企业破产法》第十二条第一款"为法律依据。

4. 决定书（许可债务人自行管理财产和营业事务用）

×××× 人民法院
决定书

（××××）××破×号之×

申请人：……（债务人名称等基本情况）。

本院于××××年××月××日裁定受理×××（债务人名称）破产重整一案，并于××××年××月××日指定××××为×××（债务人名称）管理人。××××年××月××日，×××向本院提出申请，称……（写明理由），请求本院许可其在重整期间自行管理财产和营业事务。

本院查明：……

本院认为，……（写明意见及理由）。依照《中华人民共和国企业破产法》第七十三条规定，决定如下：

准许×××（债务人名称）在×××（债务人名称）管理人的监督下自行管理财产和营业事务。

或者：

驳回×××（债务人名称）的申请。

××××年××月××日
（院印）

说明：

一、本样式根据《中华人民共和国企业破产法》第七十三条制定，供人民法院许可债务人在重整期间自行管理财产和营业事务时使用。

二、申请人基本情况的写法与诉讼文书样式相同。

三、本决定书应送达债务人和管理人。

四、债务人申请重整的同时提出要自行管理财产和营业事务的，可在受理裁定中一并表述。

五、《全国法院民商事审判工作会议纪要》第111条第2款规定："经人民法院批准由债务人自行管理财产和营业事务的，企业破产法规定的管理人职权中有关财产管理和营业经营的职权应当由债务人行使。"

六、是否符合自行经营的条件,根据《全国法院民商事审判工作会议纪要》第111条进行审查。

解读

1. 本样式根据《人民法院破产程序法律文书样式（试行）》中文书样式60决定书（许可债务人自行管理财产和营业事务用）修改而来。
2. 增加了受理重整及指定管理人的内容。
3. 增加了说明五、六。

5. 决定书（终止债务人自行管理财产和营业事务用）

××××人民法院
决定书

（××××）××破×号之×

申请人：×××（债务人名称）管理人。

本院于××××年××月××日裁定受理×××（债务人名称）破产重整一案,并于××××年××月××日指定××××为×××（债务人名称）管理人。××××年××月××日,本院根据×××（债务人名称）的申请,准许×××（债务人名称）在×××（债务人名称）管理人的监督下自行管理财产和营业事务。××××年××月××日,×××（债务人名称）管理人以×××（债务人名称）存在严重损害债权人利益的行为或者有其他不适宜自行管理情形（写明具体理由）为由,申请本院终止债务人自行管理的决定。

本院查明：……

本院认为,……（写明意见及理由）。依照《中华人民共和国企业破产法》第七十三条规定,决定如下：

终止×××（债务人名称）自行管理财产和营业事务。

或者：

驳回×××（债务人名称）管理人的申请。

××××年××月××日
（院印）

说明：

一、本样式系新增，供人民法院决定终止债务人自行管理时使用。

二、根据《中华人民共和国企业破产法》第七十三条，人民法院可以批准债务人自行管理。人民法院批准债务人自行管理后，发现债务人不宜自行管理的，有权终止债务人自行管理。《全国法院民商事审判工作会议纪要》第 111 条第 3 款对此已有明确规定。

三、债务人有不适宜自行管理情形，终止申请原则上应当由管理人提出，管理人未提出申请，债权人等利害关系人可以向人民法院提出申请。

四、本决定书应送达债务人和管理人。

五、人民法院决定终止的，应当通知管理人接管债务人财产和营业事务。

6. 复函（同意董事、监事、高级管理人员向第三人转让股权用）

×××× 人民法院
复函

（××××）×× 破 × 号之 ×

×××（申请人姓名）：

××××年××月××日，你向本院提交申请，称……（写明请求及事实理由）。经研究，答复如下：

……（写明答复意见）。

××××年××月××日
（院印）

说明：

　　一、本样式根据《中华人民共和国企业破产法》第七十七条制定，供人民法院收到董事、监事、高级管理人员关于向第三人转让股权的有关申请后作出答复时使用。

　　二、本文书应送达申请人，同时抄送管理人。

解读

　　1. 本样式根据《人民法院破产程序法律文书样式（试行）》中文书样式62复函（同意董事、监事、高级管理人员向第三人转让股权用）修改而来。

　　2. 对于破产期间，债务人的股东转让股权的问题，《企业破产法》只在重整一章中的第七十七条作了规定，而在和解与破产清算一章未作规定。根据第七十七条的文义，似乎只限制债务人的董事、监事、高级管理人员转让其持有的债务人的股权，而不限制其他股东。但是，在破产程序中，债务人的股东主要是负担有义务。股东想利用转让股权的方式逃避义务，应当予以禁止。《关于推动和保障管理人在破产程序中依法履职进一步优化营商环境的意见》中规定："在破产清算程序终结以及重整或和解程序终止前，非经破产案件审理法院同意或管理人申请，市场监管等部门不得办理企业登记事项变更手续。"实际上就体现了无论何种程序，债务人的股东转让股权，均应受限制的意思。

7. 民事裁定书（批准或者不批准担保权人恢复行使担保权用）

××××人民法院
民事裁定书

（××××）××破×号之×

　　申请人：……（写明申请人基本情况）。

　　××××年××月××日，×××（申请人名称）向本院提出申请，称……（写明依据的事实及理由），请求本院批准其行使担保物权。

本院认为，……（写明担保物是否有损坏或者价值明显减少的可能，是否足以危害担保权人权利，以及担保财产是否为重整所必需；是否准许申请人恢复行使担保物权等）。依照《中华人民共和国企业破产法》第七十五条第一款规定，裁定如下：

批准×××（申请人名称）恢复行使担保物权。

本裁定自即日起生效。

或者：

驳回×××（申请人名称）恢复行使担保物权的申请。

申请人如不服本裁定，可自本裁定送达之日起十日内向本院申请复议。

审　判　长　×××
审　判　员　×××
审　判　员　×××

××××年××月××日
（院印）

法　官　助　理　×××
书　记　员　×××

说明：

一、本样式系新增，根据《人民法院破产程序法律文书样式（试行）》中文书样式63复函（许可担保权人恢复行使担保权用）修改而来，根据《中华人民共和国企业破产法》第七十五条第一款、《全国法院民商事审判工作会议纪要》第112条制定，供人民法院收到担保权人恢复行使担保权的有关申请后作出裁定时使用。

二、《重庆破产法庭　重庆市破产管理人协会破产案件管理人工作指引（试行）》第九十七条第二款规定："人民法院根据担保物权人申请裁定批准行使担保物权的，管理人应当自收到裁定书之日起15日内制订担保财产变价方案。担保物属于企业破产法第六十九条规定的债务人重大财产的，担保财产变价方案应提交债权人会议表决。"

三、本裁定书应送达申请人，同时抄送管理人。

8. 民事裁定书（根据申请终止重整程序用）

××××人民法院
民事裁定书

（××××）××破×号之×

申请人：……（申请人姓名或名称等基本情况）。

××××年××月××日，×××（申请人姓名或名称）向本院提出申请，称……（写明依据的事实及理由），请求本院终止×××（债务人名称）重整程序。

本院查明：……（写明查明的事实）。

本院认为，……（写明同意申请的理由）。依照《中华人民共和国企业破产法》第七十八条第×项之规定，裁定如下：

一、终止×××（债务人名称）重整程序；

二、宣告×××（债务人名称）破产。

本裁定自即日起生效。

审　判　长　×××
审　判　员　×××
审　判　员　×××

××××年××月××日
（院印）

法官助理　×××
书　记　员　×××

说明：

一、本样式根据《人民法院破产程序法律文书样式（试行）》中文书样式65民事裁定书（根据申请终止重整程序用）修改而来，根据《中华人民共和国企业破产法》第七十八条制定，供人民法院根据管理人或利害关系人的申请决定终止重整程序并宣告债务人破产时使用。

二、申请人基本情况的写法与诉讼文书样式相同。

三、本裁定书应送达债务人、管理人及利害关系人并通知债权人。

9. 民事裁定书（法院直接裁定终止重整程序用）

×××× 人民法院
民事裁定书

（××××）×× 破 × 号之 ×

×××× 年 ×× 月 ×× 日，本院根据 ×××（申请人姓名或名称）的申请裁定 ×××（债务人名称）重整。因……（写明出现了某种法定情形），依照《中华人民共和国企业破产法》第七十九第三款（或者第八十八条）规定，裁定如下：

一、终止 ×××（债务人名称）重整程序；

二、宣告 ×××（债务人名称）破产。

本裁定自即日起生效。

审　判　长　×××
审　判　员　×××
审　判　员　×××

×××× 年 ×× 月 ×× 日
（院印）

法 官 助 理　×××
书　记　员　×××

说明：

一、本样式根据《人民法院破产程序法律文书样式（试行）》中文书

样式66民事裁定书（法院直接裁定终止重整程序用）修改而来，根据《中华人民共和国企业破产法》第七十九第三款、第八十八条制定，供人民法院依职权裁定终止重整程序并宣告债务人破产时使用。

二、本裁定书应送达债务人、管理人及利害关系人并通知债权人。

10. 公告（根据申请终止重整程序并宣告债务人破产用）

×××× 人民法院
公告

（××××）××破×号之×

因……（写明终止原因），根据×××（申请人姓名或名称）的申请，本院于××××年××月××日依照《中华人民共和国企业破产法》第七十八条第×项规定，裁定终止×××（债务人名称）重整程序并宣告×××（债务人名称）破产。

特此公告。

××××年××月××日
（院印）

说明：

本样式根据《人民法院破产程序法律文书样式（试行）》中文书样式67公告（根据申请终止重整程序并宣告债务人破产用）修改而来，根据《中华人民共和国企业破产法》第七十八条制定，供人民法院根据管理人或者利害关系人的申请裁定终止重整程序并宣告债务人破产后发布公告时使用。

11. 公告（法院直接裁定终止重整程序并宣告债务人破产用）

×××人民法院
公告

（××××）××破×号之×

因……（写明终止原因），本院于××××年××月××日依照《中华人民共和国企业破产法》第七十九条第三款（或者第八十八条）规定，裁定终止×××（债务人名称）重整程序并宣告×××（债务人名称）破产。

特此公告。

××××年××月××日
（院印）

说明：

本样式根据《人民法院破产程序法律文书样式（试行）》中文书样式 68 公告（法院直接裁定终止重整程序并宣告债务人破产用）修改而来，根据《中华人民共和国企业破产法》第七十九条第三款、第八十八条制定，供人民法院依职权裁定终止重整程序并宣告债务人破产后发布公告时使用。

12. 民事裁定书（延长重整计划草案提交期限用）

×××人民法院
民事裁定书

（××××）××破×号之×

申请人：……（写明名称等基本情况）。

××××年××月××日，×××（申请人名称）向本院提出申请，称……

破产法律文书样式

（写明依据的事实及理由），请求本院将重整计划草案提交期限延长三个月。

本院查明：……（写明裁定重整的时间、重整计划提交期限、申请延长的事实和理由）。

本院认为，……（写明同意或不同意申请的理由）。依照《中华人民共和国企业破产法》第七十九条第二款规定，裁定如下：

重整计划草案提交期限延长至××××年××月××日。

或者：

驳回×××（申请人名称）的申请。

本裁定自即日起生效。

审　判　长　×××
审　判　员　×××
审　判　员　×××

××××年××月××日
（院印）

法官助理　×××
书　记　员　×××

说明：

一、本样式根据《中华人民共和国企业破产法》第七十九条第二款制定，供人民法院根据债务人或管理人的申请裁定延长重整计划草案提交期限时使用。

二、申请人是管理人的，其基本情况只需写明"×××（债务人名称）管理人"；申请人是债务人的，其基本情况的写法与诉讼文书样式相同。

三、本裁定书应送达债务人和管理人。

解读

本样式根据《人民法院破产程序法律文书样式（试行）》中文书样式69民事裁定书（延长重整计划草案提交期限用）修改而来。主要增加了本院查明的内容。

13. 民事裁定书（批准或者不批准重整计划用）

××××人民法院
民事裁定书

（××××）××破×号之×

申请人：……（写明名称等基本情况）。

××××年××月××日，×××（申请人名称）向本院提出申请，称……（写明依据的事实及理由），请求本院批准重整计划（附后）。

本院查明：……（写明重整计划制作和表决的简要经过、主要内容、表决结果等）

本院认为，……（写明批准重整计划的具体理由）。依照《中华人民共和国企业破产法》第八十六条第二款规定，裁定如下：

一、批准×××（债务人名称）重整计划；

二、终止×××（债务人名称）重整程序。

本裁定自即日起生效。

或者：

本院认为，……（写明不批准重整计划的理由）。依照《中华人民共和国企业破产法》第八十八条规定，裁定如下：

一、驳回×××（申请人名称）的申请；

二、终止×××（债务人名称）重整程序；

三、宣告×××（债务人名称）破产。

本裁定自即日起生效。

审　判　长　×××
审　判　员　×××
审　判　员　×××

××××年××月××日
（院印）

破产法律文书样式

　　　　　　　　　　　　　　法官助理　×××
　　　　　　　　　　　　　　书 记 员　×××

说明：
　　一、本样式根据《中华人民共和国企业破产法》第八十六条第二款制定，供人民法院根据债务人或管理人的申请决定批准重整计划时使用。
　　二、申请人是管理人的，其基本情况只需写明"×××（债务人名称）管理人"；申请人是债务人的，其基本情况的写法与诉讼文书样式相同。
　　三、本裁定书应送达管理人、债务人、债权人及利害关系人。

解读
　　1. 本样式根据《人民法院破产程序法律文书样式（试行）》中文书样式 70 民事裁定书（批准重整计划用）、72 民事裁定书（不批准重整计划用）整合、修改而来。
　　2. 将"本裁定为终审裁定"修改为"本裁定自即日起生效"。

14. 民事裁定书（批准或者不批准重整计划草案用）

××××人民法院
民事裁定书

（××××）××破×号之×

　　申请人：……（写明名称等基本情况）。
　　××××年××月××日，×××（申请人名称）向本院提出申请，称……（写明依据的事实及理由），请求本院批准重整计划草案（附后）。
　　本院查明：……（说明重整计划草案表决通过情况）。
　　本院认为，……（写明批准重整计划草案的具体理由）。依照《中华人民共和国企业破产法》第八十七条第二款、第三款规定，裁定如下：
　　一、批准×××（债务人名称）重整计划草案；

二、终止×××（债务人名称）重整程序。

本裁定自即日起生效。

或者：

本院认为，……（写明不批准重整计划草案的理由）。依照《中华人民共和国企业破产法》第八十八条规定，裁定如下：

一、驳回×××（申请人名称）的申请；

二、终止×××（债务人名称）重整程序；

三、宣告×××（债务人名称）破产。

本裁定自即日起生效。

审　判　长　×××
审　判　员　×××
审　判　员　×××

××××年××月××日
（院印）

法　官　助　理　×××
书　记　员　×××

说明：

一、本样式根据《中华人民共和国企业破产法》第八十七条第三款制定，供人民法院根据债务人或管理人的申请决定批准重整计划草案时使用。

二、申请人是管理人的，其基本情况只需写明"×××（债务人名称）管理人"；申请人是债务人的，其基本情况的写法与诉讼文书样式相同。

三、本裁定书应送达管理人、债务人、债权人及利害关系人。

解读

1.本样式根据《人民法院破产程序法律文书样式（试行）》中文书样式71民事裁定书（批准重整计划草案用）、73民事裁定书（不批准重整计划草案用）整合、修改而来。

2. 将"本裁定为终审裁定"修改为"本裁定自即日起生效"（或者修改为"本裁定一经作出即生效"）。

15. 公告（批准重整计划或重整计划草案并终止重整程序用）

××××人民法院
公告

（××××）××破×号之×

××××年××月××日，本院根据×××（申请人姓名或名称）的申请，依据《中华人民共和国企业破产法》第八十六条第二款（或者第八十七条第二款、第三款）规定，裁定批准重整计划（或重整计划草案）并终止×××（债务人名称）重整程序。

特此公告。

××××年××月××日
（院印）

说明：

本样式根据《人民法院破产程序法律文书样式（试行）》中文书样式74公告（批准重整计划或重整计划草案并终止重整程序用）修改而来，根据《中华人民共和国企业破产法》第八十六条第二款、第八十七条第三款制定，供人民法院裁定批准重整计划或重整计划草案并终止重整程序后发布公告使用。

16. 公告（不批准重整计划或重整计划草案并终止重整程序宣告债务人破产用）

××××人民法院
公告
（××××）××破×号之×

××××年××月××日，本院依照《中华人民共和国企业破产法》第八十八条规定，裁定驳回×××（申请人名称）关于批准重整计划（或重整计划草案）的申请并终止×××（债务人名称）重整程序，宣告×××（债务人名称）破产。

特此公告。

××××年××月××日
（院印）

说明：

本样式根据《人民法院破产程序法律文书样式（试行）》中文书样式 75 公告（不批准重整计划或重整计划草案并终止重整程序宣告债务人破产用）修改而来，根据《中华人民共和国企业破产法》第八十八条制定，供人民法院裁定不批准重整计划或重整计划草案并终止重整程序宣告债务人破产后发布公告时使用。

破产法律文书样式

17. 民事裁定书（延长重整计划执行的监督期限用）

××××人民法院
民事裁定书

（××××）××破×号之×

申请人：×××（债务人名称）管理人。
代表人：×××，该管理人负责人。
××××年××月××日，×××（债务人名称）管理人向本院提出申请，称……（写明依据的事实及理由），请求本院将×××（债务人名称）重整计划执行的监督期限延长×个月至××××年××月××日。
本院认为，……（写明同意或不同意的理由）。依照……（写明所依据的法律条款项）规定，裁定如下：
将×××（债务人名称）重整计划执行的监督期限延长×个月至××××年××月××日。
或者：
驳回×××（债务人名称）管理人的申请。
本裁定自即日起生效。

审　判　长　×××
审　判　员　×××
审　判　员　×××

××××年××月××日
（院印）

法　官　助　理　×××
书　记　员　×××

说明：
一、本样式根据《人民法院破产程序法律文书样式（试行）》中文书

样式76民事裁定书（延长重整计划执行的监督期限用）修改而来，根据《中华人民共和国企业破产法》第九十一条第三款制定，供人民法院根据管理人的申请决定延长重整计划执行的监督期限时使用。

二、同意延长的，应将裁定书送达管理人、债务人及利害关系人；不同意延长的，应将裁定书送达管理人。

18. 民事裁定书（终止重整计划的执行用）

×××× 人民法院
民事裁定书

（××××）×× 破 × 号之 ×

申请人：……（写明姓名或名称等基本情况）。

×××× 年 ×× 月 ×× 日，×××（申请人姓名或名称）向本院提出申请，称……（写明依据的事实及理由），请求本院终止×××（债务人名称）重整计划的执行。

本院查明：……（写明重整计划的批准时间及债务人不能执行或不执行的情况）。

本院认为，……（写明同意的理由）。依照《中华人民共和国企业破产法》第九十三条第一款规定，如下：

一、终止×××（债务人名称）重整计划的执行；
二、宣告×××（债务人名称）破产。

本裁定自即日起生效。

审　判　长　×××
审　判　员　×××
审　判　员　×××

×××× 年 ×× 月 ×× 日
（院印）

破产法律文书样式

法 官 助 理 ×××
书 记 员 ×××

说明：
　　一、本样式根据《中华人民共和国企业破产法》第九十三条第一款制定，供人民法院根据管理人或利害关系人的申请裁定终止重整计划的执行时使用。
　　二、申请人是管理人的，其基本情况只需写明"×××（债务人名称）管理人"；申请人是利害关系人的，其基本情况的写法与诉讼文书样式相同。
　　三、本裁定书应送达债务人、管理人、债权人及利害关系人。

> **解读**
>
> 本样式根据《人民法院破产程序法律文书样式（试行）》中文书样式77民事裁定书（终止重整计划的执行用）修改而来。仅在原文书样式的基础上明确了"本院查明"部分应该写明"重整计划的批准时间及债务人不能执行或不执行的情况"。

19. 民事裁定书（延长重整计划执行期限用）

××××人民法院
民事裁定书

（××××）××破×号之×

　　申请人：……（写明名称等基本情况）。
　　××××年××月××日，本院裁定批准×××（债务人名称）重整计划并终止重整程序。××××年××月××日，×××（债务人名称）向本院提出申请，称……（写明依据的事实及理由），请求本院批准延长重整计划的执行期限至××××年××月××日。
　　本院查明：……（写明重整计划批准、执行期限、执行情况及需要延长的相关事实）。

本院认为，……（写明批准或不批准的理由）。依照……（写明所依据的法律条款项）规定，裁定如下：

　　×××（债务人名称）重整计划的执行期限延长至××××年××月××日。

　　或者：

　　驳回×××（债务人名称）的申请。

　　本裁定自即日起生效。

审　判　长　×××
审　判　员　×××
审　判　员　×××

××××年××月××日
（院印）

法　官　助　理　×××
书　记　员　×××

说明：

　　一、本样式供人民法院根据债务人的申请延长重整计划的执行期限时用。

　　二、本裁定书应送达管理人、债务人、债权人及利害关系人。

　　三、《全国法院破产审判工作会议纪要》第19条规定了，变更重整计划，应当经过债权人会议表决同意、人民法院批准。延长重整计划执行期限，属于变更重整计划的情形。但是，《最高人民法院关于依法妥善审理涉新冠肺炎疫情民事案件若干问题的指导意见（二）》第20条第2款规定，债务人因疫情或者疫情防控措施影响而难以执行的，法院可以直接裁定延长执行期限。

解读

　　1. 本样式根据《人民法院破产程序法律文书样式（试行）》中文书样式78民事裁定书（延长重整计划执行期限用）修改而来。

破产法律文书样式

2. 在原文书样式的基础上明确了"本院查明"部分应该写明"重整计划批准、执行期限、执行情况及需要延长的相关事实"。

3. 在说明部分增加一条为第三条，写明了延长重整计划执行的最新司法文件。

20. 通知书（协助执行重整计划用）

××××人民法院
通知书

（××××）××破×号之×

×××：

本院已于××××年××月××日裁定批准×××（债务人名称）重整计划（或重整计划草案）。依照……（写明所依据的法律条款项）之规定，请你单位自收到本通知书之日起协助执行以下事项：

……

特此通知。

××××年××月××日
（院印）

说明：

本样式根据《人民法院破产程序法律文书样式（试行）》中文书样式79通知书（协助执行重整计划用）修改而来，供重整计划执行中人民法院要求相关单位协助执行相关事项时使用。

21.民事裁定书（确认重整计划执行完毕，终结重整程序用）

××××人民法院
民事裁定书

（××××）××破×号之×

申请人：×××（债务人名称）管理人（或其他利害关系人）。

本院于××××年××月××日裁定批准×××（债务人名称）重整计划后，×××（债务人名称）在×××（债务人名称）管理人的监督下开展了重整计划的执行工作。××××年××月××日，×××（债务人名称）管理人向本院提交了重整计划执行监督报告〔并附×××（债务人名称）于××××年××月××日向×××（债务人名称）管理人提交的重整计划执行报告〕，报告了×××（债务人名称）管理人监督×××（债务人名称）执行重整计划的有关情况，申请本院裁定确认×××（债务人名称）重整计划执行完毕。

本院查明：……

本院认为，根据×××（债务人名称）重整计划第×条的规定，重整计划执行完毕的标准是以下条件全部满足：1.……；2.……。根据×××（债务人名称）管理人提交的重整计划执行监督报告，上述条件已全部满足。因此，应确认×××（债务人名称）重整计划执行完毕，×××（债务人名称）管理人追回债务人财产、向普通债权人追加分配的职责不受重整计划执行完毕的影响。据此，依照《中华人民共和国民事诉讼法》第一百五十七条第一款第十一项规定，裁定如下：

一、确认×××（债务人名称）重整计划执行完毕；

二、终结×××（债务人名称）重整程序。

本裁定自即日起生效。

审　判　长　×××
审　判　员　×××
审　判　员　×××

破产法律文书样式

　　　　　　　　　　××××年××月××日
　　　　　　　　　　　　　（院印）

　　　　　　　　　　法官助理　×××
　　　　　　　　　　书　记　员　×××

说明：

　　一、本样式系新增，根据《中华人民共和国企业破产法》第九十条、第九十一条、第九十二条，《全国法院民商事审判工作会议纪要》第114条第3款制定，供人民法院根据管理人的申请裁定终结重整程序时使用。

　　二、申请人是管理人的，其基本情况只需写明"×××（债务人名称）管理人"；申请人是其他利害关系人的，其基本情况的写法与诉讼文书样式相同。

　　三、本裁定书应送达管理人、债务人，债权人有需要的，可以自管理人处查询、复制。

22. 民事裁定书（批准或者不予批准变更重整计划用）

××××人民法院
民事裁定书

（××××）××破×号之×

　　申请人：×××（申请人基本信息）。

　　本院于××××年××月××日裁定批准×××（债务人名称）重整计划。××××年××月××日，×××（申请人名称）向本院提出申请，称……（写明出现的国家政策调整、法律修改变化等特殊情况），导致原重整计划无法执行。××××年××月××日，×××（债务人名称）债权人会议决议同意变更重整计划。据此，×××（申请人名称）请求本院批准变更重整计划。

本院查明：……

本院认为，……（写明同意或者不同意变更的具体理由，同意变更重整计划的，还应该写明债务人或者管理人应当在六个月内提出新的重整计划）。依照《中华人民共和国民事诉讼法》第一百五十七条第一款第十一项规定，裁定如下：

批准变更×××（债务人名称）重整计划。

本裁定自即日起生效。

或者

驳回×××（申请人名称）变更×××（债务人名称）重整计划的申请。

本裁定自即日起生效。

审　判　长　×××
审　判　员　×××
审　判　员　×××

××××年××月××日
（院印）

法　官　助　理　×××
书　记　员　×××

说明：

一、本样式系新增，根据《全国法院破产审判工作会议纪要》第19条、第20条制定。

二、申请人是管理人的，其基本情况只需写明"×××（债务人名称）管理人"；申请人是债务人的，其基本情况的写法与诉讼文书样式相同。

三、本裁定书应送达管理人、债务人、债权人及利害关系人。

四、和解

1. 民事裁定书（受理破产清算申请后裁定债务人和解或者不予受理和解申请用）

××××人民法院

民事裁定书

（××××）××破×号之×

申请人：……（写明债务人名称等基本情况）。

××××年××月××日，本院根据×××的申请裁定受理×××（债务人名称）破产清算一案。××××年××月××日，×××（债务人名称）以……为由向本院申请和解并提交了和解协议草案。

本院查明：……（写明和解申请的提出、和解协议草案的主要内容及可行性等有关事实）。

本院认为，……（从申请人是否属于破产适格主体、是否具备破产原因等方面写明裁定和解的理由）。依照《中华人民共和国企业破产法》第二条、第七条、第九十五条、第九十六条第一款规定，裁定如下：

×××（债务人名称）和解。

本裁定自即日起生效。

或者：

不予受理×××（债务人名称）的和解申请。

如不服本裁定，可在裁定书送达之日起十日内，向本院递交上诉状，并提交副本×份，上诉于××××人民法院。

审 判 长　×××
审 判 员　×××

审 判 员 ×××

××××年××月××日
（院印）

法 官 助 理 ×××
书 记 员 ×××

说明：

一、本样式根据《中华人民共和国企业破产法》第九十六条第一款制定，供人民法院受理破产清算申请后裁定债务人和解或不受理和解申请时使用。

二、申请人基本情况的写法与诉讼文书样式相同。

三、本裁定书应送达债务人和破产申请人。

解读

1. 本样式根据《人民法院破产程序法律文书样式（试行）》中文书样式81民事裁定书（受理破产清算申请后裁定债务人和解用）、83民事裁定书（受理破产申请后裁定不予受理债务人提出的和解申请用）整合、修改而来。

2. 明确"本院查明"的具体内容。

3. 不予受理的裁定主文表述将"对×××（债务人名称）的和解申请，本院不予受理。"修改为"不予受理×××（债务人名称）的和解申请。"

修改理由：对文书样式中，裁定主文关于"受理"或"不予受理"型的表述方式予以统一。

4. 对受理破产清算申请后，宣告债务人破产前，债务人申请和解，人民法院经审查后认为和解申请不符合《企业破产法》规定，不同意转入和解时，是否需要作出不予受理和解申请的裁定并赋予上述权，法律和司法解释没有明确规定，实践中也有不同的做法。

2. 民事裁定书（维持或撤销不予受理和解申请的裁定用）

××××人民法院
民事裁定书

（××××）××破终×号

上诉人（原审申请人）：……（写明名称等基本情况）。

上诉人×××不服××××人民法院（××××）××破申×号之×民事裁定，向本院提起上诉。本院受理后依法组成合议庭审理了本案，现已审理终结。

……（写明一审认定的事实、裁定结果及理由）

×××（债务人名称）不服，向本院上诉称：……（写明上诉请求与理由）。

本院查明：……

本院认为，……（写明维持或者撤销原裁定的理由）。依照……（写明所依据的法律条款项）规定，裁定如下：

驳回上诉，维持原裁定。

本裁定为终审裁定并自即日起生效。

或者：

一、撤销××××人民法院（××××）××破申×号之×民事裁定；

二、由××××人民法院裁定受理×××（债务人名称）的和解申请。

本裁定为终审裁定并自即日起生效。

审　判　长　×××
审　判　员　×××
审　判　员　×××

××××年××月××日
（院印）

法官助理　×××
书　记　员　×××

说明：

一、本样式根据《人民法院破产程序法律文书样式（试行）》中文书样式 84 民事裁定书（维持或撤销不予受理和解申请的裁定用）修改而来，根据《中华人民共和国企业破产法》第十二条第一款和《最高人民法院关于适用〈中华人民共和国民事诉讼法〉的解释》第三百三十条制定，供二审人民法院收到不服一审不予受理和解申请裁定提起上诉的案件之后，裁定驳回上诉或撤销原裁定时使用。

二、上诉人基本情况的写法与诉讼文书样式相同。

三、如果一审裁定是针对债务人在人民法院受理破产申请后宣告破产前提出的和解申请作出的，则案号仍为（××××）×破终×号，相应首部应为上诉人×××不服××××人民法院（××××）××破×号之×民事裁定，向本院提起上诉。裁定主文应为："一、撤销××××人民法院（××××）××破×号之×民事裁定；二、由××××人民法院裁定×××和解。"

四、本裁定书应送达上诉人。

3. 公告（受理破产申请后宣告债务人破产前裁定债务人和解用）

××××人民法院
公告

（××××）××破×号之×

本院于××××年××月××日裁定受理×××（债务人名称）破产清算一案，并于××××年××月××日指定×××担任×××（债务人名称）管理人。××××年××月××日，本院根据×××（债务人名称）的申请裁定×××（债务人名称）和解。

特此公告。

××××年××月××日
（院印）

破产法律文书样式

说明：

　　本样式根据《人民法院破产程序法律文书样式（试行）》中文书样式86公告（受理破产申请后宣告债务人破产前裁定债务人和解用）修改而来，根据《中华人民共和国企业破产法》第九十六条第一款制定，供人民法院在受理破产申请后、宣告债务人破产前，根据债务人的申请，裁定债务人和解后发布公告时使用。

4. 民事裁定书（认可或不予认可和解协议用）

××××人民法院
民事裁定书

（××××）××破×号之×

　　申请人：……（写明债务人名称等基本情况）。

　　××××年××月××日，×××（债务人名称）向本院提出申请，称和解协议已经第×次债权人会议通过，请求本院裁定予以认可。

　　本院查明：……（写明债权人会议召开与和解协议草案表决等情况）

　　本院认为，……（写明认可或不认可的理由）。依照……（写明所依据的法律条款项）规定，裁定如下：

　　一、认可×××（债务人名称）和解协议；

　　二、终止×××（债务人名称）和解程序。

　　本裁定自即日起生效。

　　或者：

　　一、驳回×××（债务人名称）的申请；

　　二、终止×××（债务人名称）和解程序；

　　三、宣告×××（债务人名称）破产。

　　本裁定自即日起生效。

审　判　长　×××
审　判　员　×××

审 判 员 ×××

××××年××月××日
（院印）

法官助理 ×××
书 记 员 ×××

附：和解协议

说明：

一、本样式根据《中华人民共和国企业破产法》第九十八条、第九十九条制定，供人民法院裁定认可或不认可和解协议时使用。

二、本裁定书应送达债务人、管理人、债权人及利害关系人。

解读

1. 本样式根据《人民法院破产程序法律文书样式（试行）》中文书样式88民事裁定书（认可或不予认可和解协议用）修改而来。

2. 新增"本院查明"及具体内容。

5. 民事裁定书（和解协议草案未获通过时裁定终止和解程序用）

×××× 人民法院
民事裁定书

（××××）×× 破 × 号之 ×

申请人：×××（债务人名称）管理人。

代表人：×××，该管理人负责人。

××××年××月××日，本院根据×××（债务人名称）的申请，裁定受理×××（债务人名称）和解一案。……（写明和解协议草案经债

破产法律文书样式

权人会议表决未获通过的具体情况）。依照《中华人民共和国企业破产法》第九十九条规定，裁定如下：

一、终止×××（债务人名称）和解程序；

二、宣告×××（债务人名称）破产。

本裁定自即日起生效。

          审　判　长　×××
          审　判　员　×××
          审　判　员　×××

          ××××年××月××日
            （院印）

          法官助理　×××
          书　记　员　×××

说明：

一、本样式根据《人民法院破产程序法律文书样式（试行）》中文书样式89民事裁定书（和解协议草案未获通过时裁定终止和解程序用）修改而来，根据《中华人民共和国企业破产法》第九十九条制定，供人民法院在和解协议草案未获通过时裁定终止和解程序时使用。

二、本裁定书应送达债务人、管理人并通知债权人。

6. 民事裁定书（确认和解协议无效用）

××××人民法院
民事裁定书

（××××）××破×号之×

申请人：……（写明姓名或名称等基本情况）。

××××年××月××日，申请人×××以……为由，请求本院确认第×次债权人会议通过的和解协议无效。

本院查明：……（写明债务人在和解协议成立过程中存在欺诈或者其他违法行为具体事实）。

本院认为，……（写明对和解协议效力的审查意见及理由）。依照……（写明所依据的法律条款项）规定，裁定如下：

一、撤销本院（××××）××破×号之×民事裁定；

二、×××（债务人名称）和解协议无效；

三、宣告×××（债务人名称）破产。

本裁定自即日起生效。

或者：

驳回×××（申请人姓名或名称）的申请。

本裁定自即日起生效。

审　判　长　×××
审　判　员　×××
审　判　员　×××

××××年××月××日
（院印）

法 官 助 理　×××
书　记　员　×××

破产法律文书样式

说明：
　　一、本样式根据《中华人民共和国企业破产法》第一百零三条制定，供人民法院确认和解协议无效时使用。
　　二、申请人应为利害关系人，其基本情况的写法与诉讼文书样式相同。
　　三、裁定确认和解协议无效的，应将本裁定书送达债务人、管理人并通知债权人。驳回申请的，应将本裁定书送达申请人。

解读
　　1. 本样式根据《人民法院破产程序法律文书样式（试行）》中文书样式90民事裁定书（确认和解协议无效用）修改而来。
　　2. 明确"本院查明"的具体内容。
　　3. 裁定主文将"撤销本院（××××）××破×号之×民事裁定书"修改为"撤销本院（××××）××破×号之×民事裁定"。
　　修改理由：《民事诉讼法》第一百七十七条第一款第一项、第二项规定："第二审人民法院对上诉案件，经过审理，按照下列情形，分别处理：（一）原判决、裁定认定事实清楚，适用法律正确的，以判决、裁定方式驳回上诉，维持原判决、裁定；（二）原判决、裁定认定事实错误或者适用法律错误的，以判决、裁定方式依法改判、撤销或者变更。"可见，裁定主文应予撤销的系"裁定"而非"裁定书"，故予以修改。之后相同情况不再另行说明理由。

7. 民事裁定书（终止和解协议的执行用）

××××人民法院
民事裁定书

（××××）××破×号之×

　　申请人：……（写明姓名或名称等基本情况）。
　　××××年××月××日，申请人×××以……为由，请求本院裁定终止×××（债务人名称）和解协议的执行。

本院查明：……（写明债务人不能执行或不执行和解协议的事实）。

本院认为，……（写明审查意见及理由）。依照《中华人民共和国企业破产法》第一百零四条第一款规定，裁定如下：

一、终止×××（债务人名称）和解协议的执行；

二、宣告×××（债务人名称）破产。

或者：

驳回×××（申请人姓名或名称）的申请。

本裁定自即日起生效。

审　判　长　×××
审　判　员　×××
审　判　员　×××

××××年××月××日
（院印）

法　官　助　理　×××
书　记　员　×××

说明：

一、本样式根据《人民法院破产程序法律文书样式（试行）》中文书样式91民事裁定书（终止和解协议的执行用）修改而来，根据《中华人民共和国企业破产法》第一百零四条第一款制定，供人民法院根据和解债权人的申请裁定终止和解协议的执行并宣告债务人破产时使用。

二、申请人基本情况的写法与诉讼文书样式相同。

三、本决定书应送达债务人、管理人并通知债权人。

8. 民事裁定书（认可或不认可债务人与全体债权人自行达成的协议用）

××× 人民法院
民事裁定书

（××××）×× 破 × 号之 ×

申请人：……（写明名称等基本情况）。

×××× 年 ×× 月 ×× 日，申请人 ××× 以……为由请求本院裁定认可 ××× 协议。

本院查明：……（写明债务人与全体债权人就债权和债务的处理自行达成协议的具体情况）。

本院认为，……（写明认可或不认可的理由）。依照《中华人民共和国企业破产法》第一百零五条规定，裁定如下：

一、认可 ××× 协议；

二、终结 ×××（债务人名称）破产程序。

本裁定自即日起生效。

或者：

驳回 ×××（债务人名称）的申请。

本裁定自即日起生效。

审　判　长　×××
审　判　员　×××
审　判　员　×××

×××× 年 ×× 月 ×× 日
（院印）

法　官　助　理　×××
书　记　员　×××

附：××× 协议

说明：

一、本样式根据《中华人民共和国企业破产法》第一百零五条制定，供人民法院认可债务人与全体债权人自行达成的协议并终结破产程序时使用。

二、申请人应为债务人，其基本情况的写法与诉讼文书样式相同。

三、若宣告破产后裁定认可协议的，应在裁定书的首部增加宣告破产的事实，并在裁定主文中一并撤销宣告破产的裁定，具体表述为：撤销本院（××××）××破×号之×民事裁定。

四、裁定认可的，应将裁定书送达债务人、管理人并通知债权人。裁定驳回的，应将裁定书送达申请人。

解读

1. 本样式根据《人民法院破产程序法律文书样式（试行）》中文书样式92民事裁定书（认可债务人与全体债权人自行达成的协议用）修改而来。

2. 明确"本院查明"的具体内容。

3. 将说明三中的"民事裁定书"修改为"民事裁定"。

4. 债务人与全体债权人就债权债务的处理自行协议和解的达成不受债务人是否被宣告破产的影响，其法律性质就是一般的民事和解，因为其是建立在全体债权人一致同意的基础上，破产程序的启动并不排除民事和解的适用。

9. 公告（认可和解协议并终止和解程序用）

××××人民法院
公告

（××××）××破×号之×

××××年××月××日，本院根据×××（债务人名称）的申请，

破产法律文书样式

依照《中华人民共和国企业破产法》第九十八条规定，作出（××××）××破×号之×民事裁定，认可×××（债务人名称）和解协议并终止×××（债务人名称）和解程序。

　　特此公告。

××××年××月××日
（院印）

说明：

　　本样式根据《人民法院破产程序法律文书样式（试行）》中文书样式93公告（认可和解协议并终止和解程序用）修改而来，根据《中华人民共和国企业破产法》第九十八条制定，供人民法院裁定认可和解协议并终止和解程序后发布公告时使用。

10. 公告（终止和解程序并宣告债务人破产用）

××××人民法院
公告

（××××）××破×号之×

　　因……（写明终止原因），××××年××月××日，本院依照《中华人民共和国企业破产法》第九十九条规定，作出（××××）××破×号之×民事裁定，终止×××（债务人名称）和解程序并宣告×××（债务人名称）破产。

　　特此公告。

××××年××月××日
（院印）

124

说明：

本样式根据《人民法院破产程序法律文书样式（试行）》中文书样式 94 公告（终止和解程序并宣告债务人破产用）修改而来，根据《中华人民共和国企业破产法》第九十九条制定，供人民法院裁定终止和解程序并宣告债务人破产后发布公告时使用。

五、清算

（一）宣告破产

1. 民事裁定书（宣告债务人破产用）

××××人民法院
民事裁定书

（××××）××破×号之×

申请人：×××（债务人名称）管理人。

代表人：×××，该管理人负责人。

××××年××月××日，×××（破产清算的申请人姓名或名称）以……为由向本院申请对×××（债务人名称）进行破产清算，本院于××××年××月××日裁定受理。××××年××月××日，×××（债务人名称）管理人向本院申请宣告×××（债务人名称）破产。

本院查明：……（写明债权人会议召开情况、资产负债数额等财产状况以及不能清偿到期债务情况）。

破产法律文书样式

  本院认为，……（写明宣告破产的理由）。依照……（写明所依据的法律条款项）规定，裁定如下：

  宣告×××（债务人名称）破产。

  本裁定自即日起生效。

审 判 长 ×××
审 判 员 ×××
审 判 员 ×××

××××年××月××日
（院印）

法 官 助 理 ×××
书 记 员 ×××

说明：

  一、本样式供人民法院依据《中华人民共和国企业破产法》第一百零七条规定裁定宣告债务人破产时使用。

  二、本裁定书应自作出之日起五日内送达债务人、管理人，十日内通知已知债权人。

解读

  1. 本样式根据《人民法院破产程序法律文书样式（试行）》中文书样式 36 民事裁定书（宣告债务人破产用）修改而来。

  2. 增加申请人及提出申请的内容。

  增加申请人内容：申请人：×××（债务人名称）管理人。代表人：×××，该管理人负责人。

  增加申请人提出申请的内容："××××年××月××日，×××（债务人名称）管理人向本院申请宣告×××（债务人名称）破产。"

  增加理由：《全国法院破产审判工作会议纪要》第 23 条 "破产宣告的条件" 规定："人民法院受理破产清算申请后，第一次债权人会议上无人提出重整或和解申请的，管理人应当在债权审核确认和必要的审计、资产评估后，及时向人民法院提出宣告破产的申请。人民法院受理破产和解或重整申请后，债务人出现应当宣告破产的法定原因时，人民法院应当依法宣告债务人破产。"第 24 条"破产宣告的程序及转换限制"规定："相关主体向人民法院提出宣告破产申请的，人民法院应当自收到申请之日起七日内作出破产宣告裁定并进行公告。"据此可以看出，宣告破产需要由相关主体向人民法院提出申请，因此有必要增加申请人及提出申请的内容。

3. 明确"本院查明"的具体内容。

2. 民事裁定书（不足清偿破产费用时宣告债务人破产并终结破产程序用）

××××人民法院
民事裁定书

（××××）××破×号之×

申请人：×××（债务人名称）管理人。

代表人：×××，该管理人负责人。

××××年××月××日，×××（债务人名称）管理人向本院提出申请，称……（写明债务人财产不足以清偿破产费用的事实），请求本院宣告×××（债务人名称）破产并终结×××（债务人名称）破产清算程序。

本院查明：……（写明债务人财产状况以及债务人财产不足以清偿破产费用的情况）。

本院认为，……（写明宣告债务人破产并终结破产程序的理由）。依照《中华人民共和国企业破产法》第四十三条、第一百零七条规定，裁定如下：

一、宣告×××（债务人名称）破产；

二、终结×××（债务人名称）破产程序。

本裁定自即日起生效。

破产法律文书样式

>   审 判 长　×××
>   审 判 员　×××
>   审 判 员　×××
>
>   ××××年××月××日
>   （院印）
>
>   法官助理　×××
>   书 记 员　×××

说明：

一、本样式供人民法院依据《中华人民共和国企业破产法》第四十三条、第一百零七条规定裁定宣告债务人破产并终结破产程序时使用。

二、本裁定书应自作出之日起五日内送达债务人、管理人，十日内通知已知债权人。

解读

1. 本样式根据《人民法院破产程序法律文书样式（试行）》中文书样式37民事裁定书（不足清偿破产费用时宣告债务人破产并终结破产程序用）修改而来。

2. 添加"申请人代表人"。

3. 增加本院查明：写明债务人财产状况以及债务人财产不足以清偿破产费用的情况。

增加理由：《企业破产法》第四十三条规定："债务人财产不足以清偿破产费用的，管理人应当提请人民法院终结破产程序。"《全国法院破产审判工作会议纪要》第23条"破产宣告的条件"规定："人民法院受理破产清算申请后，第一次债权人会议上无人提出重整或和解申请的，管理人应当在债权审核确认和必要的审计、资产评估后，及时向人民法院提出宣告破产的申请。人民法院受理破产和解或重整申请后，债务人出现应当宣告破产的法定原因时，人民法院应当依法宣告债务人破产。"本裁定书是在债务人破产财产不足以清偿破产费用时，宣告债务人破产并终结破产程序用，因此有必要增加本院查明，写明债务人财产状况以及债务人财产不足以清偿破产费用的情况。同时添加后的文书还与民事裁定书（宣告债务人破产用）的结构与内容保持一致。

4. 案件由来将"请求本院终结×××（债务人名称）破产清算程序"修改为"请求本院宣告×××（债务人名称）破产并终结×××（债务人名称）破产清算程序"。

修改理由：依据《全国法院破产审判工作会议纪要》第23条"破产宣告的条件"及第24条"破产宣告的程序及转换限制"的规定，宣告破产需要由相关主体向人民法院提出申请，因此有必要在案件由来中修改请求事项，增加宣告×××（债务人名称）破产的内容。

3. 公告（宣告债务人破产用）

××××人民法院
公告

（××××）××破×号之×

××××年××月××日，本院根据×××（申请人姓名或名称）的申请裁定受理×××（债务人名称）破产清算一案。本院查明：……（写明债务人的资产负债情况）。本院认为，……（写明宣告破产的理由）。依照……（写明判决所依据的法律条款项）规定，本院于××××年××月××日裁定宣告×××（债务人名称）破产。

特此公告。

××××年××月××日
（院印）

说明：

本样式根据《人民法院破产程序法律文书样式（试行）》中文书样式38公告（宣告债务人破产用）修改而来，根据《中华人民共和国企业破产法》第一百零七条制定，供人民法院裁定宣告债务人破产后发布公告使用。

（二）宣告破产后

4. 民事裁定书（认可或不认可债权人会议未通过的破产财产变价方案用）

××××人民法院
民事裁定书

（××××）××破×号之×

申请人：×××（债务人名称）管理人。

代表人：×××，该管理人负责人。

××××年××月××日，×××（债务人名称）管理人向本院提出申请，称其拟订的《×××（债务人名称）破产财产的变价方案》经债权人会议表决未通过，请求本院依法裁定。

本院认为，……（写明对方案的审查意见及理由）。依照……（写明所依据的法律条款项）规定，裁定如下：

认可×××（债务人名称）管理人制作的《×××（债务人名称）破产财产的变价方案》。

债权人如不服本裁定，可自本裁定宣布之日起十五日内向本院申请复议。复议期间不停止裁定的执行。

或者：

一、不予认可《×××（债务人名称）破产财产的变价方案》；

二、由×××（债务人名称）管理人重新制作。

审　判　长　×××

审　判　员　×××
审　判　员　×××

××××年××月××日
（院印）

法官助理　×××
书　记　员　×××

附：《×××（债务人名称）破产财产的变价方案》

说明：

一、本样式根据《中华人民共和国企业破产法》第六十五条第一款制定，供债权人会议未通过破产财产的变价方案时，人民法院裁定用。

二、法院裁定不予认可时，债权人无申请复议权。

解读

1. 本样式根据《人民法院破产程序法律文书样式（试行）》中文书样式41民事裁定书（通过破产财产的变价方案用）修改而来。

2. 将文书标题"通过破产财产的变价方案用"修改为"认可或不认可债权人会议未通过的财产变价方案用"。

修改理由：根据《企业破产法》第六十一条、第六十五条第一款规定，破产财产的变价方案经债权人会议表决未通过的，由人民法院裁定。裁定结果包括"认可"和"不予认可"两类。据此，对文书标题进行了明确。

3. 裁定主文表述将"对×××（债务人名称）管理人制作的《×××（债务人名称）破产财产的变价方案》，本院予以认可"修改为"认可×××（债务人名称）管理人制作的《×××（债务人名称）破产财产的变价方案》"。

修改理由：对文书样式中，裁定主文关于"认可"或"不予认可"型的表述方式予以统一。

4. 裁定作出的方式。

删除了说明部分第2项"本裁定主要采取口头裁定并当场宣布的方式

告知债权人"。

删除理由：根据2021年修正后的《民事诉讼法》第一百五十七条规定，裁定可以适用口头裁定方式作出，并记入笔录。未通过的破产财产变价方案系经债权人会议表决程序，对其作出认可或不予认可的裁定不宜采取口头裁定方式作出，故删除该说明内容。

5. 民事裁定书（认可或不认可债权人会议未通过的破产财产分配方案用）

××××人民法院
民事裁定书

（××××）××破×号之×

申请人：×××（债务人名称）管理人。

代表人：×××，该管理人负责人。

××××年××月××日，×××（债务人名称）管理人向本院提出申请，称其拟订的《×××（债务人名称）破产财产的分配方案》经债权人会议两次表决仍未通过，请求本院依法裁定。

本院认为，……（写明对方案的审查意见及理由）。依照……（写明所依据的法律条款项）规定，裁定如下：

认可×××（债务人名称）管理人制作的《×××（债务人名称）破产财产的分配方案》。

债权额占无财产担保的债权总金额二分之一以上的债权人如不服本裁定，可自本裁定宣布之日起十五日内向本院申请复议。复议期间不停止裁定的执行。

或者：

一、不予认可《×××（债务人名称）破产财产的分配方案》；

二、由×××（债务人名称）管理人重新制作。

审　判　长　　×××
审　判　员　　×××

审　判　员　×××

××××年××月××日
（院印）

法官助理　×××
书　记　员　×××

附：《×××（债务人名称）破产财产的分配方案》

说明：

一、本样式根据《中华人民共和国企业破产法》第六十五条第二款制定，供债权人会议未通过破产财产的分配方案时，人民法院裁定通过用。

二、法院裁定不予认可时，债权人无申请复议权。

解读

1. 本样式根据《人民法院破产程序法律文书样式（试行）》中文书样式 42 民事裁定书（通过破产财产的分配方案用）修改而来。

2. 将文书标题"通过破产财产的分配方案用"修改为"认可或不认可债权人会议未通过的破产财产分配方案用"。

修改理由：根据《企业破产法》第六十一条、第六十五条第二款规定，破产财产的分配方案经债权人会议二次表决仍未通过的，由人民法院裁定，裁定结果包括"认可"和"不予认可"两类。据此，对文书标题进行了明确。

3. 将裁定主文表述"对×××（债务人名称）管理人制作的《×××（债务人名称）破产财产的分配方案》，本院予以认可"修改为"认可×××（债务人名称）管理人制作的《×××（债务人名称）破产财产的分配方案》"。

修改理由：对文书样式中，裁定主文关于"认可"或"不予认可"型的表述方式予以统一。

4. 删除了说明部分第 2 项"本裁定主要采取口头裁定并当场宣布的方式告知债权人"。

破产法律文书样式

删除理由：根据《民事诉讼法》第一百五十七条规定，裁定可以适用口头裁定方式作出，并计入笔录。未通过的破产财产分配方案系经债权人会议表决程序，对其作出认可或不予认可的裁定不宜采取口头裁定方式作出，故删除该说明内容。

6. 民事裁定书（认可或不认可债权人会议表决通过的破产财产分配方案用）

××××人民法院
民事裁定书
（××××）××破×号之×

申请人：×××（债务人名称）管理人。

代表人：×××，该管理人负责人。

××××年××月××日，×××（债务人名称）管理人向本院提出申请，称其拟订的《×××（债务人名称）破产财产的分配方案》已经第×次债权人会议通过，请求本院裁定认可。

本院认为，……（写明认可或不认可的理由）。依照……（写明所依据的法律条款项）规定，裁定如下：

认可第×次债权人会议通过的《×××（债务人名称）破产财产的分配方案》。

本裁定自即日起生效。

或者：

一、不予认可第×次债权人会议通过的《×××（债务人名称）破产财产的分配方案》；

二、由×××（债务人名称）管理人重新制作。

审　判　长　×××
审　判　员　×××
审　判　员　×××

　　　　　　　　　××××年××月××日
　　　　　　　　　　　（院印）

　　　　　　　　　法 官 助 理　×××
　　　　　　　　　书 　记 　员　×××

附：《×××（债务人名称）破产财产的分配方案》

说明：
　　本样式根据《中华人民共和国企业破产法》第一百一十五条制定，供人民法院根据管理人的申请裁定认可或不认可破产财产分配方案时使用。

解读

　　1. 本样式根据《人民法院破产程序法律文书样式（试行）》中文书样式 44 民事裁定书（认可破产财产分配方案用）修改而来。
　　2. 将文书标题"认可破产财产分配方案用"修改为"认可或不认可债权人会议表决通过的破产财产分配方案用"。
　　修改理由：根据《企业破产法》第一百一十六条规定，破产财产分配方案需经人民法院裁定认可后，由管理人执行。经债权人会议表决通过的破产财产分配方案应由人民法院裁定认可，裁定结果包括"认可"和"不予认可"两类。据此，对文书标题进行了明确。
　　3. 将裁定主文表述"对×××（债务人名称）管理人制作的《×××（债务人名称）破产财产的分配方案》，本院予以认可"修改为"认可第×次债权人会议通过的《×××（债务人名称）破产财产的分配方案》"。将"对第×次债权人会议通过的《×××（债务人名称）破产财产的分配方案》本院不予认可"修改为"不予认可第×次债权人会议通过的《×××（债务人名称）破产财产的分配方案》"。
　　修改理由：对文书样式中，裁定主文关于"认可"或"不予认可"型的表述方式予以统一。

7. 民事裁定书（维持或撤销本院民事裁定书用）

××××人民法院
民事裁定书

（××××）××破×号之×

申请复议人：……（写明姓名或名称等基本情况）。

申请复议人不服本院××××年××月××日作出的（××××）××破×号之×民事裁定，向本院提出复议申请，请求……（写明申请人的请求及理由）。

本院认为，……（写明审查意见及理由）。依照……（写明所依据的法律条款项）规定，裁定如下：

驳回申请，维持原裁定。

或者：

一、撤销本院（××××）××破×号之×民事裁定；

二、由×××（债务人名称）管理人重新制作。

审　判　长　×××
审　判　员　×××
审　判　员　×××

××××年××月××日
（院印）

法　官　助　理　×××
书　记　员　×××

说明：

一、本样式根据《中华人民共和国企业破产法》第六十六条制定，供人民法院收到债权人不服本院关于通过债务人财产的管理方案、破产财产的变价方案、破产财产的分配方案的民事裁定书而提出复议申请后，裁定维持或撤销原裁定时使用。

二、当事人基本情况的写法与诉讼文书样式相同。

三、审查复议申请时，应另行组成合议庭。

> **解读**
>
> 本样式根据《人民法院破产程序法律文书样式（试行）》中文书样式 43 复议决定书（维持或撤销本院民事裁定书用）修改而来。
>
> 修改理由：对于裁定的复议，应该适用裁定，而非决定书。原文书样式中"复议决定书"应该是笔误。

8. 民事裁定书（终结破产清算程序用）

××××人民法院
民事裁定书

（××××）××破×号之×

申请人：×××（债务人名称）管理人。

代表人：×××，该管理人负责人。

××××年××月××日，×××（债务人名称）管理人向本院提出申请，称……（写明依据的事实和理由），请求本院终结×××（债务人名称）破产程序。

本院认为，……（写明同意终结的理由）。依照……（写明所依据的法律条款项）规定，裁定如下：

终结×××（债务人名称）破产清算程序。

本裁定自即日起生效。

审　判　长　×××
审　判　员　×××
审　判　员　×××

　　　　　　　　　　××××年××月××日
　　　　　　　　　　　　（院印）

　　　　　　　　　　法官助理　×××
　　　　　　　　　　书 记 员　×××

说明：
　　一、本样式根据《中华人民共和国企业破产法》第一百零八条、第一百二十条制定，供人民法院根据管理人的申请裁定终结破产程序时使用。
　　二、本裁定书应送达债务人、管理人并通知债权人。

解读

　　1. 本样式根据《人民法院破产程序法律文书样式（试行）》中文书样式45民事裁定书（终结破产程序用）修改而来。
　　2. 明确裁定主文。将"终结×××（债务人名称）破产程序。"修改为"终结×××（债务人名称）破产清算程序。"
　　修改理由：本文书样式系根据《企业破产法》第一百零八条、第一百二十条规定制定，仅适用于破产清算程序，裁定主文修改后更加明确。

9. 公告（终结破产清算程序用）

××××人民法院
公告

（××××）××破×号之×

　　因……（写明终结原因），依照……（写明所依据的法律条款项）规定，本院于××××年××月××日裁定终结×××（债务人名称）破产清算程序。

特此公告。

×××× 年 ×× 月 ×× 日
（院印）

说明：

本样式根据《中华人民共和国企业破产法》第一百零五条、第一百零八条、第一百二十条制定，供人民法院裁定终结破产程序后发布公告时使用。

> 解读

1. 本样式根据《人民法院破产程序法律文书样式（试行）》中文书样式 46 公告（终结破产程序用）修改而来。

2. 将裁定主文"裁定终结×××（债务人名称）破产程序"修改为"裁定终结×××（债务人名称）破产清算程序"。

10. 民事裁定书（追加分配破产财产用）

×××× 人民法院
民事裁定书

（××××）×× 破 × 号之 ×

申请人：……（写明姓名或名称等基本情况）。

×××× 年 ×× 月 ×× 日，×××（申请人姓名或名称）向本院提出申请称，……（写明有关事实及理由），请求本院按照《×××（债务人名称）破产程序终结后可能追加分配的方案》进行追加分配。

本院查明：……［写明破产程序终结的时间、新发现或追回财产的时间、数额、类型以及变价等情况和《×××（债务人名称）破产程序终结后可能追加分配的方案》的主要内容等］。

破产法律文书样式

本院认为，……（写明同意或不同意的理由）。依照《中华人民共和国企业破产法》第一百二十三条规定，裁定如下：

按第 × 次债权人会议通过的《×××（债务人名称）破产程序终结后可能追加分配的方案》进行第 × 次分配。

或者：

一、驳回×××（申请人姓名或名称）的申请；

二、有关财产上交国库。

本裁定自即日起生效。

审　判　长　×××
审　判　员　×××
审　判　员　×××

××××年××月××日
（院印）

法官助理　×××
书　记　员　×××

说明：

　　一、本样式根据《中华人民共和国企业破产法》第一百二十三条制定，供人民法院根据债权人的申请决定追加或不追加分配破产财产时使用。

　　二、申请人基本情况的写法与诉讼文书样式相同。

　　三、本裁定书应送达申请人、管理人。

解读

　　1. 本样式根据《人民法院破产程序法律文书样式（试行）》文书样式48民事裁定书（追加分配破产财产用）修改而来。

　　2. 明确"本院查明"的具体内容。

　　3. 将《×××（债务人名称）破产财产的分配方案》修改为《×××（债务人名称）破产程序终结后可能追加分配的方案》。

修改理由：《最高人民法院关于推进破产案件依法高效审理的意见》第17条第1款规定："在第一次债权人会议上，管理人可以将债务人财产变价方案、分配方案以及破产程序终结后可能追加分配的方案一并提交债权人会议表决。"可见，破产程序终结后可能追加分配的方案有别于债务人破产财产分配方案，修改后以示区分。

六、关联企业实质合并破产

1. 民事裁定书（实质合并破产清算/重整用）

×××× 人民法院
民事裁定书

（××××）×× 破 × 号

申请人：×××（债务人名称）管理人。
代表人：×××，该管理人负责人。
申请人：××× 管理人。
代表人：×××，该管理人负责人。
被申请人：……（写明名称及基本情况）。
法定代表人：×××，该公司 ××××（职务）。
被申请人：……（写明名称及基本情况）。
法定代表人：×××，该公司 ××××。
×××× 年 ×× 月 ×× 日，×××（债务人名称）管理人、×××（债务人名称）管理人以 ×××、××× 存在法人人格高度混同，具有实质合并破产必要性为由，申请 ×××、××× 实质合并破产。

141

本院查明：××××年××月××日，本院作出（××××）××破申×号民事裁定，受理×××对×××的破产××申请，并于××××年××月××日作出（××××）××破×号决定，指定××××所担任×××管理人。××××年××月××日，本院作出（××××）××破申×号民事裁定，受理×××对×××的破产××申请，并于××××年××月××日作出（××××）××破×号决定，指定×××担任×××管理人。

根据管理人调查，×××与×××名义上是独立法人，但存在法人人格高度混同、区分各关联企业财产的成本过高、严重损害债权人公平清偿利益的情况。主要表现在以下几个方面：

一、财产混同。……。

二、经营场所混同。……

三、债务混同。……。

四、人员混同。……。

五、业务混同。……。

……

管理人认为，×××与×××在人员、财产、生产经营等方面存在严重的人格混同现象，区分成本过高，符合实质合并的条件。

本院认为，……（写明法院认为需要实质合并或者不需要实质合并的理由）

综上，×××与×××法人人格高度混同、区分各关联公司财产的成本过高、严重损害债权人公平清偿利益，对其合并破产有利于保护全体债权人的公平清偿利益，应对×××与×××进行实质合并破产。依照《中华人民共和国企业破产法》第一条、第二条、第七条，《中华人民共和国民事诉讼法》第一百五十七条第一款第十一项规定，裁定如下：

对×××、×××进行实质合并破产（重整/清算/和解）。

如不服本裁定，可以自本裁定送达之日起十五日内，向××××人民法院申请复议。复议期间不停止裁定的执行。

或者：

驳回×××管理人、×××管理人的申请。

审　判　长　×××

　　　　　　审　判　员　　×××
　　　　　　审　判　员　　×××

　　　　　　××××年××月××日
　　　　　　　　（院印）

　　　　　　法 官 助 理　　×××
　　　　　　书　记　员　　×××

说明：

　　一、本样式根据《全国法院破产审判工作会议纪要》第32条至第39条规定，供人民法院裁定关联企业实质合并破产时使用。

　　二、本裁定书应自作出之日起五日内送达债务人、管理人，十日内通知已知债权人。

　　三、若是实质合并重整，查明内容和本院认为内容应增加"是否为重整需要"。

　　四、最高人民法院2021年9月18日发布第29批共3件指导性案例，均为企业实质合并破产案例，供各级人民法院审判类似案件时参照。指导案例163号《江苏省纺织工业（集团）进出口有限公司及其五家子公司实质合并破产重整案》，明确了在关联企业成员之间出现法人人格高度混同、区分各关联企业成员财产成本过高、严重损害债权人公平清偿利益等情况下，人民法院可依申请适用关联企业实质合并破产方式进行审理。采用实质合并破产方式的，各关联企业成员之间的债权债务归于消灭，各成员的财产作为合并后统一的破产财产，由各成员的债权人作为一个整体在同一程序中按照法定清偿顺位公平受偿。该案例对明确关联企业实质合并破产重整的条件及人民法院裁定企业实质合并破产重整后对各关联企业债权债务的处理等法律适用具有积极意义。指导案例164号《江苏苏醇酒业有限公司及关联公司实质合并破产重整案》，明确了在破产重整过程中，破产企业面临核心优质资产灭失、机器设备闲置贬损等风险，管理人申请由投资人先行投入部分资金进行试生产，有利于保障各方当事人利益的，人民法院可以准许。该案例创设了人民法院在审理破产重整案时，允许投资人对具备条件的企业试生产的规则及标准，符合破产保护理念，对保护各方当事人权益等具有积极意义。指

破产法律文书样式

导案例 165 号《重庆金江印染有限公司、重庆川江针纺有限公司破产管理人申请实质合并破产清算案》，明确人民法院审理关联企业破产清算案件，发现关联企业之间存在法人人格高度混同、区分各关联企业财产的成本过高、严重损害债权人公平清偿利益时，可依申请举行听证后对已进入破产程序的关联企业进行实质合并破产清算。该案例为正确适用法律，依法保护清算各方合法权益，确定实质合并破产清算进一步明确了基本规则。

2. 民事裁定书（实质合并破产复议用）

××××人民法院
民事裁定书

（××××）××民他×号

复议申请人：×××，……。
法定代理人/指定代理人/法定代表人/主要负责人：×××，……。
委托诉讼代理人：×××，……。
实质合并申请人：×××，……。
实质合并被申请人（除复议申请人外）：×××，……。
（以上写明复议申请人、实质合并申请人、实质合并被申请人和其他诉讼参加人的姓名或者名称等基本情况）

复议申请人×××不服××××人民法院（××××）××破×号民事裁定，向本院申请复议。本院受理后，依法组成合议庭进行审查，［举行听证的，写明：并于××××年××月××日举行了听证，×××（当事人、利害关系人或委托诉讼代理人）参加了听证，并提交了书面意见。］现已审查终结。

……（简要写明关联企业受理破产的过程）。

××××人民法院查明：……（写明实质合并破产审理法院查明的事实）。

××××人民法院认为，……（写明实质合并破产审理法院的理由）。

×××向本院申请复议称，……（写明申请复议的请求、事实和理由）。

144

×××称，……（写明其他当事人或利害关系人的意见）。

本院查明：……（写明查明的事实）。

本院认为，……（写明争议焦点，根据认定的案件事实和相关法律，对复议请求进行分析评判，说明理由）。依照《中华人民共和国民事诉讼法》第一百五十七条第一款第十一项规定，裁定如下：

（实质合并破产裁定认定事实清楚，适用法律正确，结果应予维持的，写明：）

驳回×××复议申请，维持××××人民法院（××××）××破×号民事裁定。

（实质合并破产裁定认定事实错误，或者适用法律错误，结果应予纠正的，写明：）

一、撤销××××人民法院（××××）××破×号民事裁定。

二、驳回×××（实质合并申请人）的申请。

本裁定为终审裁定。

审　判　长　　×××
审　判　员　　×××
审　判　员　　×××

××××年××月××日
（院印）

法官助理　　×××
书　记　员　　×××

说明：

本样式系新增，供人民法院审查利害关系人提出的实质合并破产复议申请时使用。

本样式中，列明"复议申请人"，其他当事人和利害关系人不列为"被复议人"，仍列为实质合并申请人、实质合并被申请人。在"复议申请人"后的括号内注明其原当事人或利害关系人的身份，如"复议申请人（利害关系人）"。

破产法律文书样式

解读

对实质合并破产复议申请审查案件的"类型代字",各地做法不一,有"民他""破终""破监"等。本书建议立"民他"。理由是:《最高人民法院关于调整强制清算与破产案件类型划分的通知》,破产案件分为破产申请审查案件、破产上诉案件、破产监督案件、破产(审理)案件,"类型代字"分别为"破申""破终""破监""破"。但没有破产复议案件及其类型代字。破产复议案件,与前述的四类案件均不相同,已有的"破申""破终""破监""破"四中类型代字均不宜使用。破产复议案件,在最高人民法院没有明确作出规定前,可以归入法〔2015〕137号通知确定的案件类型中的"其他民事案件",类型代字用"民他"。

3. 决定书(关联企业协调审理时指定管理人用)

××××人民法院
决定书

(××××)××破×号

××××年××月××日,本院作出(××××)××破申×号民事裁定,受理×××(债权人姓名或名称)对×××(债务人名称)的破产清算(或重整)申请〔或者受理×××(债务人名称)的破产清算(或重整、和解)申请〕。因×××(债务人名称)与×××(关联企业名称)是关联企业,多个破产程序需进行协调审理,且××××人民法院已于××××年××月××日裁定受理×××(关联企业名称)破产清算/重整/和解一案,并已指定×××担任×××(关联企业名称)管理人。依照《中华人民共和国企业破产法》第二十二条第一款、第二十四条,《最高人民法院关于审理企业破产案件指定管理人的规定》第十五条、第十六条规定,指定×××担任×××(债务人名称)管理人,

×××为管理人负责人。

管理人应当勤勉尽责，忠实执行职务，履行《中华人民共和国企业破产法》规定的管理人的各项职责，向人民法院报告工作，并接受债权人会议和债权人委员会的监督。管理人职责如下：

（一）接管债务人的财产、印章和账簿、文书等资料；

（二）调查债务人财产状况，制作财产状况报告；

（三）决定债务人的内部管理事务；

（四）决定债务人的日常开支和其他必要开支；

（五）在第一次债权人会议召开之前，决定继续或者停止债务人的营业；

（六）管理和处分债务人的财产；

（七）代表债务人参加诉讼、仲裁或者其他法律程序；

（八）提议召开债权人会议；

（九）本院认为管理人应当履行的其他职责。

××××年××月××日
（院印）

说明：

一、本样式供人民法院对多个破产程序进行协调审理，决定由在先进入破产程序的债务人的管理人担任在后进入破产程序的债务人的管理人时使用。

二、《全国法院破产审判工作会议纪要》第38条规定："多个关联企业成员均存在破产原因但不符合实质合并条件的，人民法院可根据相关主体的申请对多个破产程序进行协调审理，并可根据程序协调的需要，综合考虑破产案件审理的效率、破产申请的先后顺序、成员负债规模大小、核心控制企业住所地等因素，由共同的上级法院确定一家法院集中管辖。"指定相同的管理人为协调审理的方式之一。

三、本决定书应送达管理人、破产申请人、债务人及债务人的企业登记机关。

4. 请示（因管辖权争议报请指定管辖用）

关于……（写明当事人及案由）一案报请指定管辖的请示

（××××）××破×号

××××人民法院：

××××年××月××日，本院作出（××××）××破申×号民事裁定，受理×××（债权人姓名或名称）对×××（债务人名称）的破产清算（或重整）申请［或者受理×××（债务人名称）的破产清算（或重整、和解）申请］。××××人民法院已于××××年××月××日裁定受理×××（关联企业名称）破产清算/重整/和解一案。因×××（债务人名称）与×××（关联企业名称）是关联企业，多个破产程序需进行集中管辖、协调审理（或者实质合并审理）。两地人民法院之间因管辖权发生争议，协商未果。

我院经审查认为，……（写明事实和理由）。

依照《中华人民共和国企业破产法》第四条，《中华人民共和国民事诉讼法》第三十八条第二款规定，报请你院指定管辖。

以上请示，请批复。

附：案卷×宗

××××年××月××日
（院印）

说明：

一、本样式供人民法院对多个破产程序进行集中管辖、协调审理或者实质合并审理时，多个法院之间对管辖权发生争议，报请共同的上级人民法院指定管辖时使用。

二、《全国法院破产审判工作会议纪要》第35条规定："采用实质合并方式审理关联企业破产案件的，应由关联企业中的核心控制企业住所地人民法院管辖。核心控制企业不明确的，由关联企业主要财产所在地人民法院管辖。多个法院之间对管辖权发生争议的，应当报请共同的上级人民法院指定管辖。"第 38 条规定："多个关联企业成员均存在破产原因但不符合实质合并条件的，人民法院可根据相关主体的申请对多个破产程序进行协调审理，并可根据程序协调的需要，综合考虑破产案件审理的效率、破产申请的先后顺序、成员负债规模大小、核心控制企业住所地等因素，由共同的上级法院确定一家法院集中管辖。"

三、根据《最高人民法院关于适用〈中华人民共和国民事诉讼法〉的解释》第四十条第二款的规定："报请上级人民法院指定管辖时，应当逐级进行。"结合《最高人民法院关于推进破产案件依法高效审理的意见》第 4 条规定："根据《全国法院破产审判工作会议纪要》第 38 条的规定，需要由一家人民法院集中管辖多个关联企业非实质合并破产案件，相关人民法院之间就管辖发生争议的，应当协商解决。协商不成的，由双方逐级报请上级人民法院协调处理，必要时报请共同的上级人民法院。请求上级人民法院协调处理的，应当提交已经进行协商的有关说明及材料。经过协商、协调，发生争议的人民法院达成一致意见的，应当形成书面纪要，双方遵照执行。其中有关事项依法需报请共同的上级人民法院作出裁定或者批准的，按照有关规定办理。"即发生争议的法院协商不成，应当逐级报请上级法院，每一级法院都应当先协商，均协商不成，方可报共同的上级法院指定管辖。

七、执转破法律文书样式

1. 决定书（决定移送破产审查用）

××××人民法院
决定书

（××××）××执×号

本院在执行×××（申请执行人名称）与×××（被执行人名称）××纠纷一案中，查明被执行人×××不能清偿到期债务，并且资产不足以清偿全部债务（或者明显缺乏清偿能力）。现×××（申请执行人或者被执行人）书面同意/申请将该案移送破产审查。依照《中华人民共和国企业破产法》第二条第一款、《最高人民法院关于适用〈中华人民共和国民事诉讼法〉的解释》第五百一十一条规定，决定如下：

将申请人×××与被执行人×××的（××××）××执×号执行案件移送××××人民法院进行破产审查。

本决定一经作出即生效。

附：移送材料清单
1. 执转破移送表
2. 财产清单
3. 债务清单
4. 征询意见通知书或申请书

××××年××月××日
（院印）

说明：

一、本样式根据《最高人民法院关于适用〈中华人民共和国民事诉讼法〉的解释》第五百一十一条、《最高人民法院关于执行案件移送破产审查若干问题的指导意见》第7条、《全国法院破产审判工作会议纪要》第40条制定，供执行法院决定将执行案件移送破产审查时使用。

二、本决定书应自作出之日起五日内送达申请执行人和被执行人。

三、如是同一法院内部移送，本决定主文为"将申请人××与被执行人×××的（××××）××执×号执行案件移送破产审查。"

四、根据《重庆市第五中级人民法院关于执行案件移送破产审查工作的实施办法》，本决定书后附移送清单，并在下文中采用令状式表格方式明确移送清单模板，方便各执行法院参照适用，简化操作流程，提高移送效率。

2. 执转破移送表

××××人民法院

执转破移送表

执行法院		案号	
承办人		联系方式	
破产程序选择	破产清算□	重整□	和解□
申请执行人		住所地	
		联系电话	
被执行人		住所地或主要经营地	
		联系电话	
执行依据	（附生效法律文书）		
本案执行情况	本案执行标的金额××元，已执行到位××元，未清偿××元。		

破产法律文书样式

续表

被执行人财产情况	概括填写"四查"情况，或附财产清单、"四查"材料
被执行人债务情况	涉及债权人××人，债权总金额××元，未执行到位金额××元。
移送破产审查理由	不能清偿到期债务，且资产不足以清偿全部债务/明显缺乏清偿能力。
合议庭意见	××××年××月××日
执行局（庭）意见	××××年××月××日
执行法院院长意见	××××年××月××日
执行法院移送人签章	××××年××月××日 破产申请审查法院接收人签章 ××××年××月××日
备注	

注：该表一式两份，执行法院和本院各一份。
如是本院内部移送，分别加盖执行局和破产审判庭印章。

3. 财产清单

×××（债务人名称）财产清单

收入、银行存款、现金、有价证券：
土地使用权、房屋等不动产：
交通运输工具、机器设备、产品、原材料等动产：
债权、股权、投资权益、基金、知识产权等财产性权利：
其他财产情况：

注：也可以直接提供"四查"材料。

4. 债务清单

×××（债务人名称）债务清单

序号	执行案号	债权人	债权数额	未清偿情况	债权性质
1					
2					
3					
4					
5					
6					
7					
8					
9					
总计					

注：执行法院就已知债务情况进行填写。

5. 征询意见通知书（征询申请执行人意见用）

××××人民法院
征询意见通知书

（××××）××执×号

×××（申请执行人名称）：

本院在执行涉及×××（被执行人名称）相关执行案中查明，被执行人×××不能清偿到期债务，且资产不足以清偿全部债务（或者明显缺乏清偿能力），符合《中华人民共和国企业破产法》第二条第一款规定的情形。根据《最高人民法院关于适用〈中华人民共和国民事诉讼法〉的解释》第五百一十一条规定，现向你（单位）征询是否同意将被执行人×××的（××××）××执×号案件移送破产审查，请在收到本通知书后5日向本院回复书面意见，并可以选择破产清算或者重整程序。逾期未回复的，视为不同意将该案移送破产审查。

××××年××月××日
（院印）

....

我（单位）同意□将被执行人×××（被执行人名称）的（××××）××执×号案件移送破产审查，并申请对被执行人×××（被执行人名称）进行破产清算□/重整□。

我（单位）不同意□将被执行人×××（被执行人名称）的（××××）××执×号案件移送破产审查。

申请执行人：（签字或盖章）
××××年××月××日

说明：

本样式依据《最高人民法院关于执行案件移送破产审查若干问题的指导意见》第4条规定，供执行法院发现被执行人符合破产原因时，询问申请执行人是否同意将案件移送破产审查时使用。

6. 征询意见通知书（征询被执行人意见用）

××××人民法院
征询意见通知书

（××××）××执×号

×××（被执行人名称）：

　　本院在执行涉及你（公司或单位）相关执行案中查明，你（公司或单位）不能清偿到期债务，且资产不足以清偿全部债务（或者明显缺乏清偿能力），符合《中华人民共和国企业破产法》第二条第一款规定的情形。根据《最高人民法院关于适用〈中华人民共和国民事诉讼法〉的解释》第五百一十一条规定，现向你（公司或单位）征询是否同意将（××××）××执×号案件移送破产审查，请在收到本通知书后5日向本院回复书面意见，并可以选择破产清算、重整或者和解程序。逾期未回复的，视为不同意将该案移送破产审查。

××××人民法院
××××年××月××日
（院印）

....

　　我（公司或单位）同意□将我（公司或单位）的（××××）××执×号案件移送破产审查，并申请对我公司进行破产清算□/重整□/和解□。
　　我（公司或单位）不同意□将我（公司或单位）的（××××）××执×号案件移送破产审查。

被执行人：（签章）
××××年××月××日

说明：

　　本样式根据《最高人民法院关于执行案件移送破产审查若干问题的指导意见》第 4 条制定，供执行法院发现被执行人符合破产原因时，询问被执行人是否同意将案件移送破产审查时使用。

7. 申请书（申请执行人申请执转破用）

申请书

××××人民法院：

　　贵院在执行×××（申请执行人姓名或名称）申请执行×××（被执行人名称）一案中，因被执行人×××已资不抵债（或明显缺乏清偿能力），申请人×××自愿申请贵院将被执行人的（××××）××执×号案件移送破产审查。并申请对被执行人×××进行破产清算□／重整□。

　　此致

申请人（申请执行人）：（签章）
××××年××月××日

8. 申请书（被执行人申请执转破用）

申请书

××××人民法院：

　　贵院在执行×××（申请执行人姓名或名称）申请×××（被执行人名称）一案中，因我（公司或单位）已资不抵债（或明显缺乏清偿能力），我（公司或单位）自愿申请贵院将我（公司或单位）的（××××）××执×号案件移送破产审查。并申请对我（公司或单位）进行破产清算□/重整□/和解□。

此致

申请人（被执行人）：（签章）
××××年××月××日

八、破产衍生诉讼文书样式

1. 民事判决书（请求撤销个别清偿行为纠纷一审用）

×××× 人民法院
民事判决书

（××××）×× 民初 × 号

原告：×××，（债务人名称）管理人。
被告：×××……（写明姓名或名称等基本情况）。
第三人：×××，……。
（以上写明当事人和其他诉讼参加人的姓名或者名称等基本信息）

原告×××与被告×××请求撤销个别清偿行为纠纷一案，本院于××××年××月××日立案后，依法适用普通/简易程序，公开/因涉及……（写明不公开开庭的理由）不公开开庭进行了审理。原告×××、被告×××（写明当事人和其他诉讼参加人的诉讼地位和姓名或者名称）到庭参加诉讼。本案现已审理终结。

×××向本院提出诉讼请求：1.……；2.……（明确原告的诉讼请求）。

事实和理由：……（概述原告主张的事实和理由）。

×××辩称，……（概述被告答辩意见）。

×××诉/述称，……（概述第三人陈述意见）。

当事人围绕诉讼请求依法提交了证据，本院组织当事人进行了证据交换和质证。对当事人无异议的证据，本院予以确认并在卷佐证。对有争议的证据和事实，本院认定如下：1……；2……（写明法院是否采信证据，事实认定的意见和理由）。

本院认为，……（写明争议焦点，根据认定的事实和相关法律，对当事人的诉讼请求作出分析评判，说明理由）。

综上所述，……（对当事人的诉讼请求是否支持进行总结评述）。依照《中华人民共和国……法》第×条、……（写明法律文件名称及其条款项序号）规定，判决如下：

一、……；

二、……。

（以上分项写明判决结果）

如果未按本判决指定的期间履行给付金钱义务，应当依照《中华人民共和国民事诉讼法》第二百六十条规定，加倍支付迟延履行期间的债务利息（没有给付金钱义务的，不写）。

案件受理费……元，由……负担（写明当事人姓名或者名称、负担金额）。

如不服本判决，可以在判决书送达之日起十五日内，向本院递交上诉状，并按照对方当事人或者代表人的人数提出副本，上诉于××××人民法院。

审　判　长　×××
审　判　员　×××
审　判　员　×××

××××年××月××日
（院印）

法官助理　×××
书　记　员　×××

说明：

一、本样式根据《中华人民共和国企业破产法》第三十二条、第三十四条，《最高人民法院关于适用〈中华人民共和国企业破产法〉若干问题的规定（二）》第九条、第十条、第十二条、第十四条、第十五条、第十六条制定，供人民法院审理请求撤销个别清偿行为纠纷后进行一审判决时使用。

二、应区分不同管理人类型分别确定原告：管理人为个人的，原告应列为担任管理人的律师或者注册会计师；管理人为中介机构的，原告应列为担任管理人的律师事务所、会计师事务所或者破产清算事务所；管理人为清算组的，原告应列为（债务人名称）清算组，身份标明为该企业管理人。律师事务所等中介机构或者清算组作为原告的，还应当将中介机构管理人负责人或者清算组组长列为诉讼代表人。

三、被告及第三人基本情况的写法与《人民法院民事裁判文书制作规范》规定一致。

四、请求撤销个别清偿行为纠纷的被告为受益人。

2. 民事判决书（请求确认债务人无效行为纠纷一审用）

××××人民法院
民事判决书

（××××）××民初×号

原告：×××，（债务人名称）管理人。
被告：×××……（写明姓名或名称等基本情况）。
第三人：×××，……。
（以上写明当事人和其他诉讼参加人的姓名或者名称等基本信息）

原告×××与被告×××、第三人×××请求确认债务人无效行为纠纷一案，本院于××××年××月××日立案后，依法适用普通/简易程序，公开/因涉及……（写明不公开开庭的理由）不公开开庭进行了审理。原告×××、被告×××（写明当事人和其他诉讼参加人的诉讼地位和姓名或者名称）到庭参加诉讼。本案现已审理终结。

×××向本院提出诉讼请求：1……；2……（明确原告的诉讼请求）。

事实和理由：……（概述原告主张的事实和理由）。

×××辩称，……（概述被告答辩意见）。

×××诉／述称，……（概述第三人陈述意见）。

当事人围绕诉讼请求依法提交了证据，本院组织当事人进行了证据交换和质证。对当事人无异议的证据，本院予以确认并在卷佐证。对有争议的证据和事实，本院认定如下：1……；2……（写明法院是否采信证据，事实认定的意见和理由）。

本院认为，……（写明争议焦点，根据认定的事实和相关法律，对当事人的诉讼请求作出分析评判，说明理由）。

综上所述，……（对当事人的诉讼请求是否支持进行总结评述）。依照《中华人民共和国……法》第×条、……（写明法律文件名称及其条款项序号）规定，判决如下：

一、……；

二、……。

（以上分项写明判决结果）

如果未按本判决指定的期间履行给付金钱义务，应当依照《中华人民共和国民事诉讼法》第二百六十条规定，加倍支付迟延履行期间的债务利息（没有给付金钱义务的，不写）。

案件受理费……元，由……负担（写明当事人姓名或者名称、负担金额）。

如不服本判决，可以在判决书送达之日起十五日内，向本院递交上诉状，并按照对方当事人或者代表人的人数提出副本，上诉于××××人民法院。

审　判　长　×××
审　判　员　×××
审　判　员　×××

××××年××月××日
（院印）

法官助理　×××
书 记 员　×××

说明：
　　一、本样式根据《中华人民共和国企业破产法》第三十三条、第三十四条，《最高人民法院关于适用〈中华人民共和国企业破产法〉若干问题的规定（二）》第十七条制定，供人民法院审理请求确认债务人无效行为纠纷后进行一审判决时使用。
　　二、应区分不同管理人类型分别确定原告：管理人为个人的，原告应列为担任管理人的律师或者注册会计师；管理人为中介机构的，原告应列为担任管理人的律师事务所、会计师事务所或者破产清算事务所；管理人为清算组的，原告应列为（债务人名称）清算组，身份标明为该企业管理人。律师事务所等中介机构或者清算组作为原告的，还应当将中介机构管理人负责人或者清算组组长列为诉讼代表人。
　　三、被告及第三人基本情况的写法与《人民法院民事裁判文书制作规范》规定一致。
　　四、请求确认债务人无效行为纠纷的被告为无效行为的相对人。

3. 民事判决书（破产撤销权纠纷一审用）

××××人民法院
民事判决书

（××××）××民初×号

　　原告：×××，（债务人名称）管理人。
　　被告：×××……（写明姓名或名称等基本情况）。
　　第三人：×××，……。
　　（以上写明当事人和其他诉讼参加人的姓名或者名称等基本信息）
　　原告×××与被告×××破产撤销权纠纷一案，本院于××××

年××月××日立案后，依法适用普通／简易程序，公开／因涉及……（写明不公开开庭的理由）不公开开庭进行了审理。原告×××、被告×××（写明当事人和其他诉讼参加人的诉讼地位和姓名或者名称）到庭参加诉讼。本案现已审理终结。

  ×××向本院提出诉讼请求：1……；2……（明确原告的诉讼请求）。

  事实和理由：……（概述原告主张的事实和理由）。

  ×××辩称，……（概述被告答辩意见）。

  ×××诉／述称，……（概述第三人陈述意见）。

当事人围绕诉讼请求依法提交了证据，本院组织当事人进行了证据交换和质证。对当事人无异议的证据，本院予以确认并在卷佐证。对有争议的证据和事实，本院认定如下：1……；2……（写明法院是否采信证据，事实认定的意见和理由）。

  本院认为，……（写明争议焦点，根据认定的事实和相关法律，对当事人的诉讼请求作出分析评判，说明理由）。

  综上所述，……（对当事人的诉讼请求是否支持进行总结评述）。依照《中华人民共和国……法》第×条、……（写明法律文件名称及其条款项序号）规定，判决如下：

  一、……；

  二、……。

（以上分项写明判决结果）

  如果未按本判决指定的期间履行给付金钱义务，应当依照《中华人民共和国民事诉讼法》第二百六十条规定，加倍支付迟延履行期间的债务利息（没有给付金钱义务的，不写）。

  案件受理费……元，由……负担（写明当事人姓名或者名称、负担金额）。

  如不服本判决，可以在判决书送达之日起十五日内，向本院递交上诉状，并按照对方当事人或者代表人的人数提出副本，上诉于××××人民法院。

审　判　长　×××

审　判　员　×××

审　判　员　×××

××××年××月××日
（院印）

法官助理　×××
书　记　员　×××

说明：

　　一、本样式根据《中华人民共和国企业破产法》第三十一条、第一百二十三条，《最高人民法院关于适用〈中华人民共和国企业破产法〉若干问题的规定（二）》第九条至第十三条制定，供人民法院审理破产撤销权纠纷后进行一审判决时使用。

　　二、应区分不同管理人类型分别确定原告：管理人为个人的，原告应列为担任管理人的律师或者注册会计师；管理人为中介机构的，原告应列为担任管理人的律师事务所、会计师事务所或者破产清算事务所；管理人为清算组的，原告应列为（债务人名称）清算组，身份标明为该企业管理人。律师事务所等中介机构或者清算组作为原告的，还应当将中介机构管理人负责人或者清算组组长列为诉讼代表人。

　　三、根据《最高人民法院关于适用〈中华人民共和国企业破产法〉若干问题的规定（二）》第十三条第一款规定："破产申请受理后，管理人未依据企业破产法第三十一条的规定请求撤销债务人无偿转让财产、以明显不合理价格交易、放弃债权行为的，债权人依据民法典第五百三十八条、第五百三十九条等规定提起诉讼，请求撤销债务人上述行为并将因此追回的财产归入债务人财产的，人民法院应予受理。"债权人提起债权人撤销权纠纷的，应当以债务人和受益人为被告。

　　四、被告及第三人基本情况的写法与《人民法院民事裁判文书制作规范》规定一致。

　　五、破产撤销权纠纷的被告为受益人。

4. 民事判决书（管理人作为被告的衍生诉讼一审用）

×××× 人民法院
民事判决书

（××××）×× 民初 × 号

原告：……（写明姓名或名称等基本情况）。
被告：×××，（债务人名称）管理人；或者×××，（债务人名称）清算组管理人成员。
（以上写明当事人和其他诉讼参加人的姓名或者名称等基本信息）

原告×××与被告×××、第三人×××管理人责任纠纷一案，本院于××××年××月××日立案后，依法适用普通/简易程序，公开/因涉及……（写明不公开开庭的理由）不公开开庭进行了审理。原告×××、被告×××（写明当事人和其他诉讼参加人的诉讼地位和姓名或者名称）到庭参加诉讼。本案现已审理终结。

×××向本院提出诉讼请求：1.……；2.……（明确原告的诉讼请求）。事实和理由：……（概述原告主张的事实和理由）。

×××辩称，……（概述被告答辩意见）。

×××诉/述称，……（概述第三人陈述意见）。

当事人围绕诉讼请求依法提交了证据，本院组织当事人进行了证据交换和质证。对当事人无异议的证据，本院予以确认并在卷佐证。对有争议的证据和事实，本院认定如下：1.……；2.……（写明法院是否采信证据，事实认定的意见和理由）。

本院认为，……（写明争议焦点，根据认定的事实和相关法律，对当事人的诉讼请求作出分析评判，说明理由）。

综上所述，……（对当事人的诉讼请求是否支持进行总结评述）。依照《中华人民共和国……法》第 × 条、……（写明法律文件名称及其条款项序号）规定，判决如下：

一、……；
二、……。
（以上分项写明判决结果）

如果未按本判决指定的期间履行给付金钱义务，应当依照《中华人民共和国民事诉讼法》第二百六十条规定，加倍支付迟延履行期间的债务利息（没有给付金钱义务的，不写）。

案件受理费……元，由……负担（写明当事人姓名或者名称、负担金额）。

如不服本判决，可以在判决书送达之日起十五日内，向本院递交上诉状，并按照对方当事人或者代表人的人数提出副本，上诉于××××人民法院。

审　判　长　×××
审　判　员　×××
审　判　员　×××

××××年××月××日
（院印）

法官助理　×××
书　记　员　×××

说明：

一、本样式根据《中华人民共和国企业破产法》第一百三十条制定，供人民法院审理管理人责任纠纷后进行一审判决时使用。

二、应区分不同管理人类型分别确定被告：管理人为个人的，被告应列为担任管理人的律师或者注册会计师；管理人为中介机构的，被告应列为担任管理人的律师事务所、会计师事务所或者破产清算事务所；管理人为清算组的，被告应列为清算组各成员。

三、原告包括因管理人不当履行职责而遭受损害的债权人、债务人或者第三人。原告基本情况的写法与《人民法院民事裁判文书制作规范》规定一致。

5. 民事判决书（对外追收债权纠纷一审用）

××× 人民法院
民事判决书

（××××）××民初×号

原告：×××（债务人名称），住所地……

诉讼代表人：×××，该企业管理人（或管理人负责人）。

被告：……（写明姓名或名称等基本情况）。

第三人：……（写明姓名或名称等基本情况）。

（以上写明当事人和其他诉讼参加人的姓名或者名称等基本信息）

原告×××与被告×××、第三人×××对外追收债权纠纷一案，本院于××××年××月××日立案后，依法适用普通/简易程序，公开/因涉及……（写明不公开开庭的理由）不公开开庭进行了审理。原告×××、被告×××（写明当事人和其他诉讼参加人的诉讼地位和姓名或者名称）到庭参加诉讼。本案现已审理终结。

×××向本院提出诉讼请求：1.……；2.……（明确原告的诉讼请求）。事实和理由：……（概述原告主张的事实和理由）。

×××辩称，……（概述被告答辩意见）。

×××诉/述称，……（概述第三人陈述意见）。

当事人围绕诉讼请求依法提交了证据，本院组织当事人进行了证据交换和质证。对当事人无异议的证据，本院予以确认并在卷佐证。对有争议的证据和事实，本院认定如下：1.……；2.……（写明法院是否采信证据，事实认定的意见和理由）。

本院认为，……（写明争议焦点，根据认定的事实和相关法律，对当事人的诉讼请求作出分析评判，说明理由）。

综上所述，……（对当事人的诉讼请求是否支持进行总结评述）。依照《中华人民共和国……法》第×条、……（写明法律文件名称及其条款项序号）规定，判决如下：

一、……；

二、……。

（以上分项写明判决结果）

如果未按本判决指定的期间履行给付金钱义务，应当依照《中华人民共和国民事诉讼法》第二百六十条规定，加倍支付迟延履行期间的债务利息（没有给付金钱义务的，不写）。

案件受理费……元，由……负担（写明当事人姓名或者名称、负担金额）。

如不服本判决，可以在判决书送达之日起十五日内，向本院递交上诉状，并按照对方当事人或者代表人的人数提出副本，上诉于××××人民法院。

审　判　长　×××
审　判　员　×××
审　判　员　×××

××××年××月××日
（院印）

法　官　助　理　×××
书　记　员　×××

说明：

一、本样式根据《中华人民共和国企业破产法》第十七条，《最高人民法院关于适用〈中华人民共和国企业破产法〉若干问题的规定（二）》第二十三条制定，供人民法院审理对外追收债权纠纷后进行一审判决时使用。

二、当债务人的管理人为个人管理人时，其诉讼代表人为担任管理人的律师或者注册会计师；当管理人为中介机构或者清算组时，其诉讼代表人为管理人的负责人或者清算组组长。

三、被告及第三人基本情况的写法与《人民法院民事裁判文书制作规范》规定一致。

6. 民事判决书（追收未缴出资纠纷一审用）

××××人民法院
民事判决书

（××××）××民初×号

原告：×××（债务人名称），住所地……

诉讼代表人：×××，该企业管理人（或管理人负责人）。

被告：×××……（写明姓名或名称等基本情况）。

第三人：……（写明姓名或名称等基本情况）。

原告×××与被告×××、第三人×××追收未缴出资纠纷一案，本院于××××年××月××日立案后，依法适用普通/简易程序，公开/因涉及……（写明不公开开庭的理由）不公开开庭进行了审理。原告×××、被告×××（写明当事人和其他诉讼参加人的诉讼地位和姓名或者名称）到庭参加诉讼。本案现已审理终结。

×××向本院提出诉讼请求：1.……；2.……（明确原告的诉讼请求）。事实和理由：……（概述原告主张的事实和理由）。

×××辩称，……（概述被告答辩意见）。

×××诉/述称，……（概述第三人陈述意见）。

当事人围绕诉讼请求依法提交了证据，本院组织当事人进行了证据交换和质证。对当事人无异议的证据，本院予以确认并在卷佐证。对有争议的证据和事实，本院认定如下：1.……；2.……（写明法院是否采信证据，事实认定的意见和理由）。

本院认为，……（写明争议焦点，根据认定的事实和相关法律，对当事人的诉讼请求作出分析评判，说明理由）。

综上所述，……（对当事人的诉讼请求是否支持进行总结评述）。依照《中华人民共和国……法》第×条、……（写明法律文件名称及其条款项序号）规定，判决如下：

一、……；

二、……。

（以上分项写明判决结果）

如果未按本判决指定的期间履行给付金钱义务，应当依照《中华人民共和国民事诉讼法》第二百六十条规定，加倍支付迟延履行期间的债务利息（没有给付金钱义务的，不写）。

案件受理费……元，由……负担（写明当事人姓名或者名称、负担金额）。

如不服本判决，可以在判决书送达之日起十五日内，向本院递交上诉状，并按照对方当事人或者代表人的人数提出副本，上诉于××××人民法院。

审　判　长　×××
审　判　员　×××
审　判　员　×××

××××年××月××日
（院印）

法　官　助　理　×××
书　记　员　×××

说明：

一、本样式根据《中华人民共和国企业破产法》第三十五条，《最高人民法院关于适用〈中华人民共和国企业破产法〉若干问题的规定（二）》第二十条、第二十三条，《最高人民法院关于适用〈中华人民共和国公司法〉若干问题的规定（三）》第十三条、第十八条、第二十条制定，供人民法院审理追收未缴出资纠纷后进行一审判决时使用。

二、当债务人的管理人为个人管理人时，其诉讼代表人为担任管理人的律师或者注册会计师；当管理人为中介机构或者清算组时，其诉讼代表人为管理人的负责人或者清算组组长。

三、被告及第三人基本情况的写法与《人民法院民事裁判文书制作规范》规定一致。

7. 民事判决书（追收抽逃出资纠纷一审用）

××××人民法院
民事判决书

（××××）××民初×号

原告：×××（债务人名称），住所地……

诉讼代表人：×××，该企业管理人（或管理人负责人）。

被告：×××……（写明姓名或名称等基本情况）。

第三人：……（写明姓名或名称等基本情况）。

原告×××与被告×××、第三人×××追收抽逃出资纠纷一案，本院于××××年××月××日立案后，依法适用普通/简易程序，公开/因涉及……（写明不公开开庭的理由）不公开开庭进行了审理。原告×××、被告×××（写明当事人和其他诉讼参加人的诉讼地位和姓名或者名称）到庭参加诉讼。本案现已审理终结。

×××向本院提出诉讼请求：1.……；2.……（明确原告的诉讼请求）。

事实和理由：……（概述原告主张的事实和理由）。

×××辩称，……（概述被告答辩意见）。

×××诉/述称，……（概述第三人陈述意见）。

当事人围绕诉讼请求依法提交了证据，本院组织当事人进行了证据交换和质证。对当事人无异议的证据，本院予以确认并在卷佐证。对有争议的证据和事实，本院认定如下：1.……；2.……（写明法院是否采信证据，事实认定的意见和理由）。

本院认为，……（写明争议焦点，根据认定的事实和相关法律，对当事人的诉讼请求作出分析评判，说明理由）。

综上所述，……（对当事人的诉讼请求是否支持进行总结评述）。依照《中华人民共和国……法》第×条、……（写明法律文件名称及其条款项序号）规定，判决如下：

一、……；

二、……。

（以上分项写明判决结果）

如果未按本判决指定的期间履行给付金钱义务，应当依照《中华人民共和国民事诉讼法》第二百六十条规定，加倍支付迟延履行期间的债务利息（没有给付金钱义务的，不写）。

案件受理费……元，由……负担（写明当事人姓名或者名称、负担金额）。

如不服本判决，可以在判决书送达之日起十五日内，向本院递交上诉状，并按照对方当事人或者代表人的人数提出副本，上诉于××××人民法院。

审　判　长　×××
审　判　员　×××
审　判　员　×××

××××年××月××日
（院印）

法官助理　×××
书　记　员　×××

说明：

一、本样式根据《中华人民共和国公司法》第三十五条、第九十一条，《最高人民法院关于适用〈中华人民共和国公司法〉若干问题的规定（三）》第十二条、第十四条，《最高人民法院关于适用〈中华人民共和国企业破产法〉若干问题的规定（二）》第二十条、第二十三条制定，供人民法院审理追收抽逃出资纠纷后进行一审判决时使用。

二、当债务人的管理人为个人管理人时，其诉讼代表人为担任管理人的律师或者注册会计师；当管理人为中介机构或者清算组时，其诉讼代表人为管理人的负责人或者清算组组长。

三、被告及第三人基本情况的写法与《人民法院民事裁判文书制作规范》规定一致。

8. 民事判决书（追收非正常收入纠纷一审用）

××××人民法院
民事判决书

（××××）××民初×号

原告：×××（债务人名称），住所地……

诉讼代表人：×××，该企业管理人（或管理人负责人）。

被告：×××……（写明姓名或名称等基本情况）。

第三人：……（写明姓名或名称等基本情况）。

原告×××与被告×××、第三人×××追收非正常收入纠纷一案，本院于××××年××月××日立案后，依法适用普通/简易程序，公开/因涉及……（写明不公开开庭的理由）不公开开庭进行了审理。原告×××、被告×××（写明当事人和其他诉讼参加人的诉讼地位和姓名或者名称）到庭参加诉讼。本案现已审理终结。

×××向本院提出诉讼请求：1.……；2.……（明确原告的诉讼请求）。事实和理由：……（概述原告主张的事实和理由）。

×××辩称，……（概述被告答辩意见）。

×××诉/述称，……（概述第三人陈述意见）。

当事人围绕诉讼请求依法提交了证据，本院组织当事人进行了证据交换和质证。对当事人无异议的证据，本院予以确认并在卷佐证。对有争议的证据和事实，本院认定如下：1.……；2.……（写明法院是否采信证据，事实认定的意见和理由）。

本院认为，……（写明争议焦点，根据认定的事实和相关法律，对当事人的诉讼请求作出分析评判，说明理由）。

综上所述，……（对当事人的诉讼请求是否支持进行总结评述）。依照《中华人民共和国……法》第×条、……（写明法律文件名称及其条款项序号）规定，判决如下：

一、……；

二、……。

（以上分项写明判决结果）

如果未按本判决指定的期间履行给付金钱义务，应当依照《中华人民共和国民事诉讼法》第二百六十条规定，加倍支付迟延履行期间的债务利息（没有给付金钱义务的，不写）。

案件受理费……元，由……负担（写明当事人姓名或者名称、负担金额）。

如不服本判决，可以在判决书送达之日起十五日内，向本院递交上诉状，并按照对方当事人或者代表人的人数提出副本，上诉于××××人民法院。

　　　　　　　　　　　　审　判　长　×××
　　　　　　　　　　　　审　判　员　×××
　　　　　　　　　　　　审　判　员　×××

　　　　　　　　　　　　××××年××月××日
　　　　　　　　　　　　　　（院印）

　　　　　　　　　　　　法　官　助　理　×××
　　　　　　　　　　　　书　记　员　×××

说明：

　　一、本样式根据《中华人民共和国企业破产法》第三十六条，《中华人民共和国公司法》第一百四十七条，《最高人民法院关于适用〈中华人民共和国企业破产法〉若干问题的规定（二）》第二十四条制定，供人民法院审理追收非正常收入纠纷后进行一审判决时使用。

　　二、虽然案由是"追收非正常收入"纠纷，但根据《中华人民共和国企业破产法》第三十六条规定，管理人因追收债务人董事、监事和高级管理人员利用职权侵占的企业财产而引发诉讼，也应适用"追收非正常收入"纠纷的案由，也即予以扩张解释。因为追收非正常收入与追收被侵占的企业财产，虽可能表现为不同类型请求权的行使，但其目的均在于否定企业的董事、监事和高级管理人员利用职权侵害企业财产而导致债权人整体可清偿利益不当减少，故均应由管理人追回。

　　三、当债务人的管理人为个人管理人时，其诉讼代表人为担任管理人的律师或者注册会计师；当管理人为中介机构或者清算组时，其诉讼代表人为管理人的负责人或者清算组组长。

四、被告及第三人基本情况的写法与《人民法院民事裁判文书制作规范》规定一致。

9. 民事判决书（损害债务人利益赔偿纠纷一审用）

××××人民法院
民事判决书

（××××）××民初×号

原告：×××（债务人名称），住所地……

诉讼代表人：×××，该企业管理人（或管理人负责人）。

被告：×××……（写明姓名或名称等基本情况）。

第三人：……（写明姓名或名称等基本情况）。

原告×××与被告×××、第三人×××损害债务人利益赔偿纠纷一案，本院于××××年××月××日立案后，依法适用普通/简易程序，公开/因涉及……（写明不公开开庭的理由）不公开开庭进行了审理。原告×××、被告×××、第三人×××（写明当事人和其他诉讼参加人的诉讼地位和姓名或者名称）到庭参加诉讼。本案现已审理终结。

×××向本院提出诉讼请求：1……；2……（明确原告的诉讼请求）。

事实和理由：……（概述原告主张的事实和理由）。

×××辩称，……（概述被告答辩意见）。

×××诉/述称，……（概述第三人陈述意见）。

当事人围绕诉讼请求依法提交了证据，本院组织当事人进行了证据交换和质证。对当事人无异议的证据，本院予以确认并在卷佐证。对有争议的证据和事实，本院认定如下：1……；2……（写明法院是否采信证据，事实认定的意见和理由）。

本院认为，……（写明争议焦点，根据认定的事实和相关法律，对当事人的诉讼请求作出分析评判，说明理由）。

综上所述，……（对当事人的诉讼请求是否支持进行总结评述）。依照《中华人民共和国……法》第×条、……（写明法律文件名称及其条款项序号）规定，判决如下：

一、……；

二、……。

（以上分项写明判决结果）

如果未按本判决指定的期间履行给付金钱义务，应当依照《中华人民共和国民事诉讼法》第二百六十条规定，加倍支付迟延履行期间的债务利息（没有给付金钱义务的，不写）。

案件受理费……元，由……负担（写明当事人姓名或者名称、负担金额）。

如不服本判决，可以在判决书送达之日起十五日内，向本院递交上诉状，并按照对方当事人或者代表人的人数提出副本，上诉于××××人民法院。

审　判　长　×××
审　判　员　×××
审　判　员　×××

××××年××月××日
（院印）

法　官　助　理　×××
书　记　员　×××

说明：

一、本样式根据《中华人民共和国企业破产法》第一百二十五条、第一百二十八条，《中华人民共和国公司法》第一百四十八条、第一百四十九条制定，供人民法院审理损害债务人利益赔偿纠纷后进行一审判决时使用。

二、当债务人的管理人为个人管理人时，其诉讼代表人为担任管理人的律师或者注册会计师；当管理人为中介机构或者清算组时，其诉讼代表人为管理人的负责人或者清算组组长。

破产法律文书样式

三、被告及第三人基本情况的写法与《人民法院民事裁判文书制作规范》规定一致。

10. 民事判决书（破产债权确认纠纷一审用）

××××人民法院
民事判决书

（××××）××民初×号

原告：……（写明姓名或名称等基本情况）。
被告：×××（债务人名称），住所地……
诉讼代表人：×××，该企业管理人（或管理人负责人）。
第三人：……（写明姓名或名称等基本情况）。

原告×××与被告×××、第三人×××破产债权确认纠纷一案，本院于××××年××月××日立案后，依法适用普通/简易程序，公开/因涉及……（写明不公开开庭的理由）不公开开庭进行了审理。原告×××、被告×××、第三人×××（写明当事人和其他诉讼参加人的诉讼地位和姓名或者名称）到庭参加诉讼。本案现已审理终结。

×××向本院提出诉讼请求：1.……；2.……（明确原告的诉讼请求）。

事实和理由：……（概述原告主张的事实和理由）。

×××辩称，……（概述被告答辩意见）。

×××诉/述称，……（概述第三人陈述意见）。

当事人围绕诉讼请求依法提交了证据，本院组织当事人进行了证据交换和质证。对当事人无异议的证据，本院予以确认并在卷佐证。对有争议的证据和事实，本院认定如下：1.……；2.……（写明法院是否采信证据，事实认定的意见和理由）。

本院认为，……（写明争议焦点，根据认定的事实和相关法律，对当事人的诉讼请求作出分析评判，说明理由）。

综上所述，……（对当事人的诉讼请求是否支持进行总结评述）。依照《中华人民共和国……法》第×条、……（写明法律文件名称及其条款项序号）规定，判决如下：

一、……；

二、……。

（以上分项写明判决结果）

如果未按本判决指定的期间履行给付金钱义务，应当依照《中华人民共和国民事诉讼法》第二百六十条规定，加倍支付迟延履行期间的债务利息（没有给付金钱义务的，不写）。

案件受理费……元，由……负担（写明当事人姓名或者名称、负担金额）。

如不服本判决，可以在判决书送达之日起十五日内，向本院递交上诉状，并按照对方当事人或者代表人的人数提出副本，上诉于××××人民法院。

审　判　长　×××
审　判　员　×××
审　判　员　×××

××××年××月××日
（院印）

法　官　助　理　×××
书　记　员　　×××

说明：

一、本样式根据《中华人民共和国企业破产法》第四十八条、第五十六条、第五十七条、第五十八条，《最高人民法院关于适用〈中华人民共和国企业破产法〉若干问题的规定（三）》第六条至第九条制定，供人民法院审理破产债权确认纠纷后进行一审判决时使用。

二、破产债权确认纠纷又分为职工破产债权确认纠纷和普通破产债权确认纠纷。破产债权确认纠纷的原告可能是对自己债权有异议的债权人，此时被告为债务人；也可能是对他人债权有异议的债权人，此时的被告为债务人和相关债权人。

三、当债务人的管理人为个人管理人时，其诉讼代表人为担任管理人的律师或者注册会计师；当管理人为中介机构或者清算组时，其诉讼代表人为管理人的负责人或者清算组组长。

四、原告及第三人基本情况的写法与《人民法院民事裁判文书制作规范》规定一致。

11. 民事判决书（取回权纠纷一审用）

××× 人民法院
民事判决书

（××××）×× 民初 × 号

原告：……（写明姓名或名称等基本情况）。

被告：×××（债务人名称），住所地……

诉讼代表人：×××，该企业管理人（或管理人负责人）。

第三人：……（写明姓名或名称等基本情况）。

原告 ××× 与被告 ×××、第三人 ××× 取回权纠纷一案，本院于 ×××× 年 ×× 月 ×× 日立案后，依法适用普通/简易程序，公开/因涉及……（写明不公开开庭的理由）不公开开庭进行了审理。原告 ×××、被告 ×××、第三人 ×××（写明当事人和其他诉讼参加人的诉讼地位和姓名或者名称）到庭参加诉讼。本案现已审理终结。

××× 向本院提出诉讼请求：1.……；2.……（明确原告的诉讼请求）。事实和理由：……（概述原告主张的事实和理由）。

××× 辩称，……（概述被告答辩意见）。

××× 诉/述称，……（概述第三人陈述意见）。

当事人围绕诉讼请求依法提交了证据，本院组织当事人进行了证据交换和质证。对当事人无异议的证据，本院予以确认并在卷佐证。对有争议的证据和事实，本院认定如下：1.……；2.……（写明法院是否采信证据，事实认定的意见和理由）。

　　本院认为，……（写明争议焦点，根据认定的事实和相关法律，对当事人的诉讼请求作出分析评判，说明理由）。

　　综上所述，……（对当事人的诉讼请求是否支持进行总结评述）。依照《中华人民共和国……法》第×条、……（写明法律文件名称及其条款项序号）规定，判决如下：

　　一、……；

　　二、……。

（以上分项写明判决结果）

　　如果未按本判决指定的期间履行给付金钱义务，应当依照《中华人民共和国民事诉讼法》第二百六十条规定，加倍支付迟延履行期间的债务利息（没有给付金钱义务的，不写）。

　　案件受理费……元，由……负担（写明当事人姓名或者名称、负担金额）。

　　如不服本判决，可以在判决书送达之日起十五日内，向本院递交上诉状，并按照对方当事人或者代表人的人数提出副本，上诉于××××人民法院。

审　判　长　×××
审　判　员　×××
审　判　员　×××

××××年××月××日
（院印）

法官助理　×××
书　记　员　×××

说明：

　　一、取回权纠纷又分为一般取回权纠纷和出卖人取回权纠纷。本样式根据《中华人民共和国企业破产法》第三十八条、第三十九条，《最高人民法院关于适用〈中华人民共和国企业破产法〉若干问题的规定（二）》

第二十六条至第三十二条、第三十八条至第四十条制定，供人民法院审理取回权纠纷后进行一审判决时使用。

二、当债务人的管理人为个人管理人时，其诉讼代表人为担任管理人的律师或者注册会计师；当管理人为中介机构或者清算组时，其诉讼代表人为管理人的负责人或者清算组组长。

三、原告基本情况的写法与《人民法院民事裁判文书制作规范》规定一致。

12. 民事判决书（破产抵销权纠纷一审用）

××××人民法院
民事判决书

（××××）××民初×号

原告：……（写明姓名或名称等基本情况）。

被告：×××（债务人名称），住所地……

诉讼代表人：×××，该企业管理人（或管理人负责人）。

第三人：……（写明姓名或名称等基本情况）。

原告×××与被告×××、第三人×××破产抵销权纠纷一案，本院于××××年××月××日立案后，依法适用普通/简易程序，公开/因涉及……（写明不公开开庭的理由）不公开开庭进行了审理。原告×××、被告×××、第三人×××（写明当事人和其他诉讼参加人的诉讼地位和姓名或者名称）到庭参加诉讼。本案现已审理终结。

×××向本院提出诉讼请求：1.……；2.……（明确原告的诉讼请求）。

事实和理由：……（概述原告主张的事实和理由）。

×××辩称，……（概述被告答辩意见）。

×××诉/述称，……（概述第三人陈述意见）。

当事人围绕诉讼请求依法提交了证据，本院组织当事人进行了证据交换和质证。对当事人无异议的证据，本院予以确认并在卷佐证。对有争议的证据和事实，本院认定如下：1.……；2.……（写明法院是否采信证据，事实认定的意见和理由）。

本院认为，……（写明争议焦点，根据认定的事实和相关法律，对当事人的诉讼请求作出分析评判，说明理由）。

综上所述，……（对当事人的诉讼请求是否支持进行总结评述）。依照《中华人民共和国……法》第×条、……（写明法律文件名称及其条款项序号）规定，判决如下：

一、……；

二、……。

（以上分项写明判决结果）

如果未按本判决指定的期间履行给付金钱义务，应当依照《中华人民共和国民事诉讼法》第二百六十条规定，加倍支付迟延履行期间的债务利息（没有给付金钱义务的，不写）。

案件受理费……元，由……负担（写明当事人姓名或者名称、负担金额）。

如不服本判决，可以在判决书送达之日起十五日内，向本院递交上诉状，并按照对方当事人或者代表人的人数提出副本，上诉于××××人民法院。

审　判　长　×××
审　判　员　×××
审　判　员　×××

××××年××月××日
（院印）

法　官　助　理　×××
书　记　员　×××

说明：

一、本样式根据《中华人民共和国企业破产法》第四十条，《最高人民法院关于适用〈中华人民共和国企业破产法〉若干问题的规定（二）》

第四十一条至第四十六条制定，供人民法院审理破产抵销权纠纷后进行一审判决时使用。

二、当债务人的管理人为个人管理人时，其诉讼代表人为担任管理人的律师或者注册会计师；当管理人为中介机构或者清算组时，其诉讼代表人为管理人的负责人或者清算组组长。

三、原告及第三人基本情况的写法与《人民法院民事裁判文书制作规范》规定一致。

13. 民事判决书（别除权纠纷一审用）

××××人民法院
民事判决书

（××××）××民初×号

原告：……（写明姓名或名称等基本情况）。

被告：×××（债务人名称），住所地……

诉讼代表人：×××，该企业管理人（或管理人负责人）。

第三人：……（写明姓名或名称等基本情况）。

原告×××与被告×××、第三人×××别除权纠纷一案，本院于××××年××月××日立案后，依法适用普通/简易程序，公开/因涉及……（写明不公开开庭的理由）不公开开庭进行了审理。原告×××、被告×××、第三人×××（写明当事人和其他诉讼参加人的诉讼地位和姓名或者名称）到庭参加诉讼。本案现已审理终结。

×××向本院提出诉讼请求：1.……；2.……（明确原告的诉讼请求）。事实和理由：……（概述原告主张的事实和理由）。

×××辩称，……（概述被告答辩意见）。

×××诉/述称，……（概述第三人陈述意见）。

当事人围绕诉讼请求依法提交了证据，本院组织当事人进行了证据交换和质证。对当事人无异议的证据，本院予以确认并在卷佐证。对有争议的证据和事实，本院认定如下：1.……；2.……（写明法院是否采信证据，事实认定的意见和理由）。

本院认为，……（写明争议焦点，根据认定的事实和相关法律，对当事人的诉讼请求作出分析评判，说明理由）。

综上所述，……（对当事人的诉讼请求是否支持进行总结评述）。依照《中华人民共和国……法》第×条、……（写明法律文件名称及其条款项序号）规定，判决如下：

一、……；

二、……。

（以上分项写明判决结果）

如果未按本判决指定的期间履行给付金钱义务，应当依照《中华人民共和国民事诉讼法》第二百六十条规定，加倍支付迟延履行期间的债务利息（没有给付金钱义务的，不写）。

案件受理费……元，由……负担（写明当事人姓名或者名称、负担金额）。

如不服本判决，可以在判决书送达之日起十五日内，向本院递交上诉状，并按照对方当事人或者代表人的人数提出副本，上诉于××××人民法院。

审　判　长　×××
审　判　员　×××
审　判　员　×××

××××年××月××日
（院印）

法　官　助　理　×××
书　记　员　×××

说明：

一、本样式根据《中华人民共和国企业破产法》第一百零九条制定，供人民法院审理别除权纠纷后进行一审判决时使用。

破产法律文书样式

二、当债务人的管理人为个人管理人时，其诉讼代表人为担任管理人的律师或者注册会计师；当管理人为中介机构或者清算组时，其诉讼代表人为管理人的负责人或者清算组组长。

三、原告及第三人基本情况的写法与《人民法院民事裁判文书制作规范》规定一致。

四、因管理人原因造成担保标的物灭失而导致别除权消灭的，担保物权人由此取得的损害赔偿请求权属于共益债务，此类纠纷不属于别除权纠纷，应根据具体致害行为确定案由。

管理人用破产法律文书样式

一、通用类法律文书样式

1. 关于管理人团队成员名单的报告

关于管理人团队成员名单的报告

（××××）×× 破管字第 × 号

××× 人民法院：

×××人民法院于××××年××月××日作出（××××）××破申×号之×民事裁定，裁定受理×××（债务人名称）重整/和解/破产清算一案，并于××××年××月××日作出（××××）××破×号之×决定，指定×××担任管理人，×××为管理人负责人。

根据案件实际情况，现将管理人团队负责人、团队成员、团队分工情况及有关事项报告贵院。

一、案件负责人

姓名：×××

职业身份：×××

联系方式：××××××××××

职责：×××××××××××

二、管理人团队成员

姓名：×××

职业身份：×××

联系方式：××××××××××

职责：×××××××××××

……

三、管理人办公地点

××省××市××区××路×××××××

特此报告。

附件：身份证明、执业证或职业资格证复印件

$\qquad\qquad\qquad\qquad\qquad\qquad$××××

$\qquad\qquad\qquad\qquad\qquad$××××年××月××日

说明：

一、本样式系新增，依据实践中管理人在接受受理破产案件的人民法院指定后，组建团队，确定案件负责人和团队成员并将相关事项向法院报备时拟定。

二、《重庆破产法庭　重庆市破产管理人协会破产案件管理人工作指引（试行）》第十四条第一款规定："管理人接受人民法院指定后，应当指派管理人团队履行职责，在收到指定管理人决定书之日起3日内将团队成员名单报人民法院备案。团队成员名单应当列明负责人、团队分工情况及有效联系方式，并附身份证明、执业证或职业资格证的复印件。"

三、由于在拟定本文书时还未刻制管理人印章，因此，本文书落款处应该加盖担任管理人的社会中介机构印章或自然人签名。

2. 关于管理人印章备案的报告

关于管理人印章备案的报告

（××××）××破管字第×号

××××人民法院：

××××人民法院于××××年××月××日作出（××××）××破申×号之×民事裁定，裁定受理×××（债务人名称）重整/和解/破产清算一案，并于××××年××月××日作出（××××）××破×号之×决定，指定×××担任管理人。

为便于工作开展，管理人于××××年××月××日在×××公

安局刻制了×××（债务人名称）管理人印章、×××（债务人名称）管理人财务专用章各一枚，现就印章信息向贵院汇报，以供贵院封样备案。

印章名称	×××（债务人名称）管理人印章、财务专用章
印模	
启用时间	××××年××月××日

特此报告。

××××
××××年××月××日

说明：

　　一、本样式系新增，根据《最高人民法院关于审理企业破产案件指定管理人的规定》第二十九条第一款制定。

　　二、管理人印章是对外行使管理人职责的法律身份标识。实践中管理人通常需刻制管理人公章［印模字样为×××（债务人名称）管理人］、财务专用章［印模字样为×××（债务人名称）管理人财务专用章］。

　　三、由于在拟定本文书时还未刻制管理人印章，因此，本文书落款处应该加盖担任管理人的社会中介机构的印章或自然人的签名。

3. 关于管理人银行账户备案的报告

关于管理人银行账户备案的报告

（××××）××破管字第×号

××××人民法院：

　　××××人民法院于××××年××月××日作出（××××）××破申×号之×民事裁定，裁定受理×××（债务人名称）重整/和解/破产清算一案，并于××××年××月××日作出（××××）

××破×号之×决定，指定×××担任管理人。

为便于工作开展，管理人于××××年××月××日开立了管理人银行账户，现就管理人银行账户信息向贵院报告，以供贵院封样备案。

账户名称	×××（债务人名称）管理人
单位负责人	
开户银行	
银行账号	

特此报告。

附件：开户银行许可证复印件

（管理人印鉴）
××××年××月××日

说明：

一、本样式系新增，参照《中华全国律师协会律师担任破产管理人业务操作指引》第 10 条制定。管理人应在向人民法院备案启用印章后，持人民法院受理破产申请的裁定书、人民法院指定管理人的决定书和身份证明等材料，到银行申请开立单独的管理人账户。如债务人无资金或财产的，可以暂缓或不开立账户。管理人账户开立后，管理人应当将债务人的银行存款划入管理人账户。管理人依法履行职责时发生的所有资金收支，均应当通过管理人账户进行。

二、开立管理人银行账户是管理人前期工作事项中的重点工作之一。除经初步调查未发现债务人任何财产的案件，管理人可以暂缓或不开立银行账户外，管理人应在刻章后及时开立管理人银行账户。管理人银行账户受人民法院监督。实践中，管理人按人民法院要求定时向人民法院汇报账户变动情况。

4. 通知书（要求债务人的债务人清偿债务用）

通知书

（××××）×× 破管字第 × 号

×××（债务人的债务人名称/姓名）：

×××× 人民法院于 ×××× 年 ×× 月 ×× 日作出（××××）×× 破申 × 号之 × 民事裁定，裁定受理 ×××（债务人名称）重整/和解/破产清算一案，并于 ×××× 年 ×× 月 ×× 日作出（××××）×× 破 × 号之 × 决定，指定 ××× 担任管理人。

根据管理人掌握的材料，截至 ×××× 年 ×× 月 ×× 日你单位/你因 _____ 事项（列明债务事由），尚欠 ×××（债务人名称）××× 元（大写：_____ 元）（若债务不计算利息，债务计算截止点则为该固定时间点；若债务计算利息，则该时点一般为发出通知之日，还需说明该时点后至债务人的债务人还清所欠债务之日止的债务利息计算标准）。

根据《中华人民共和国企业破产法》第十七条规定，请你单位/你于接到本通知之日起 × 日内，向管理人清偿所欠债务。债务清偿款应汇入：××× 银行（列明开户单位和银行账号）。

若你单位/你对本通知书列明的债务持有异议，可在接到本通知书之日起 × 日内向管理人书面提出，并附相关证据，以便管理人核实。

若你单位/你在破产申请受理后仍向 ×××（债务人名称）清偿债务，使 ×××（债务人名称）的债权人受到损失的，不免除你单位/你继续清偿债务的义务。

特此通知。

附件：1. 受理破产申请裁定书复印件一份
      2. 指定管理人的决定书复印件一份
      3. 管理人联系方式：_____

（管理人印鉴）
×××× 年 ×× 月 ×× 日

破产法律文书样式

说明：

一、本样式根据《中华人民共和国企业破产法》第十七条制定。通知书由管理人向债务人的债务人发送。

二、通知书应当载明债务人的债务人恶意清偿的法律后果。

> 解读

1. 本样式根据《管理人破产程序法律文书样式（试行）》（最高人民法院于 2011 年 10 月 13 日印发）中文书样式 1 通知书（要求债务人的债务人清偿债务用）修改而来。

2. 删去第一段"×××（债务人名称）因 _____（写明破产原因），×××（申请人名称/姓名）于××××年××月××日向××××人民法院提出对×××（债务人名称）进行重整/和解/破产清算的申请［债务人自行申请破产的，写××债务人名称）因 _____（写明破产原因），于××××年××月××日向××××人民法院提出重整/和解/破产清算申请］。该段在受理破产裁定中已有叙述。之后的文书作相同处理，不再累述。

3. 增加"截至××××年××月××日"是因为部分债权不计算利息的，则该时点为固定时点，截至该时点的债权是固定的；部分债权需计算利息的，则该时点应为发出通知之日，除了说明截至该时点的债权金额，还需在通知中说明该时点后至债务人的债务人还清所欠债务之日止的债务利息计算标准。

5. 通知书（要求债务人财产的持有人交付财产用）

通知书

（××××）××破管字第×号

×××（债务人财产的持有人名称/姓名）：

××××人民法院于××××年××月××日作出（××××）

×破申×号之×民事裁定，裁定受理×××（债务人名称）重整/和解/破产清算一案，并于××××年××月××日作出（××××）××破×号之×决定，指定×××担任管理人。

根据管理人掌握的材料，你单位/你因_____（列明事由）占有×××（债务人名称）的下列财产（列明财产种类、数量等）：

1._____；

2._____；

……

根据《中华人民共和国企业破产法》第十七条规定，请你单位/你于接到本通知书之日起七日内，向管理人交付上述财产。财产应交至：_____。（根据财产形态，按实际情况处理）

若你单位/你对本通知书项下要求交付财产的有无或者交付财产种类、数量等持有异议，可在收到本通知书之日起七日内向管理人书面提出，并附相关合法、有效的证据，以便管理人核实。

若你单位/你在破产申请受理后仍向×××（债务人名称）交付财产，使×××（债务人名称）的债权人受到损失的，不免除你单位/你继续交付财产的义务。

特此通知。

附件：1. 受理破产申请裁定书复印件一份

2. 指定管理人的决定书复印件一份

3. 管理人联系方式_____

（管理人印鉴）

××××年××月××日

说明：

一、本样式根据《管理人破产程序法律文书样式（试行）》中文书样式2通知书（要求债务人财产的持有人交付财产用）修改而来，根据《中华人民共和国企业破产法》第十七条制定。通知书由管理人向持有债务人财产的相对人发送。

二、通知书应当载明财产持有人恶意向债务人交付财产的法律后果。

6. 通知书（解除双方均未履行完毕的合同用）

通知书

（××××)××破管字第×号

×××（合同相对人名称/姓名）：

　　××××人民法院于××××年××月××日作出（××××）××破申×号之×民事裁定，裁定受理×××（债务人名称）重整/和解/破产清算一案，并于××××年××月××日作出（××××）××破×号之×决定，指定×××担任管理人。

　　根据管理人掌握的材料，在法院裁定受理破产申请前，×××（债务人名称）于××××年××月××日与你单位/你签订了《_____合同》。现双方均未履行完毕上述合同，_____（简述合同履行情况）。

　　根据《中华人民共和国企业破产法》第十八条规定，管理人决定解除上述合同。你单位/你如因上述合同解除产生损失的，可以因合同解除所产生的损害赔偿请求权向管理人申报债权。

　　特此通知。

　　附件：1. 受理破产申请裁定书复印件一份

　　　　　2. 指定管理人的决定书复印件一份

　　　　　3. 合同复印件一份

　　　　　4. 管理人联系方式_____

（管理人印鉴）

××××年××月××日

说明：

　　一、本样式根据《管理人破产程序法律文书样式（试行）》中文书样式3通知书（解除双方均未履行完毕的合同用）修改而来，根据《中华人民共和国企业破产法》第十八条、第五十三条制定。

　　二、本通知书由管理人向双方均未履行完毕合同的相对方发送。通知书应当载明合同相对人有权就合同解除所产生的损害赔偿请求权申报债权。

7. 通知书（继续履行双方均未履行完毕的合同用）

通知书

（××××）×× 破管字第 × 号

×××（合同相对人名称/姓名）：

　　×××人民法院于××××年××月××日作出（××××）××破申×号之×民事裁定，裁定受理×××（债务人名称）重整/和解/破产清算一案，并于××××年××月××日作出（××××）××破×号之×决定书，指定×××担任管理人。

　　根据管理人掌握的材料，在法院裁定受理破产申请前，×××（债务人名称）于××××年××月××日与你单位/你签订了《＿＿＿＿合同》。现双方均未履行完毕上述合同，＿＿＿＿（简述合同履行情况）。

　　根据《中华人民共和国企业破产法》第十八条规定，管理人决定继续履行上述合同，＿＿＿＿（简述要求相对方继续履行的合同义务）。

　　特此通知。

　　附件：1. 受理破产申请裁定书复印件一份
　　　　　2. 指定管理人的决定书复印件一份
　　　　　3. 合同复印件一份
　　　　　4. 管理人联系方式＿＿＿＿＿＿

（管理人印鉴）
××××年××月××日

说明：

　　一、本样式根据《中华人民共和国企业破产法》第十八条制定。

　　二、结合《中华人民共和国企业破产法》第二十六条、第六十九条第一款第七项、《最高人民法院关于适用〈中华人民共和国企业破产法〉若干问题的规定（三）》第十五条规定，若双方均未履行完毕的合同价值较大，继续履行属于债务人重大财产的，第一次债权人会议之前决定继续履行，应当经过人民法院许可，第一次债权人会议之后，应当事先制作财产管理或者变价方案并提交债权人会议进行表决。

三、本通知书由管理人向双方均未履行完毕合同的相对方发送。通知书应当载明要求相对人继续履行的合同义务。

> **解读**
>
> 1. 本样式根据《管理人破产程序法律文书样式（试行）》中文书样式 4 通知书（继续履行双方均未履行完毕的合同用）修改而来。
>
> 2. 新增一条说明，明确继续履行合同属于处分重大财产的，应当经人民法院许可或者债权人会议表决。

8. 通知书（继续履行合同提供担保用）

通知书

（××××）×× 破管字第 × 号

×××（合同相对人名称/姓名）：

××××人民法院于××××年××月××日作出（××××）×× 破申 × 号之 × 民事裁定，裁定受理×××（债务人名称）重整/和解/破产清算一案，并于××××年××月××日作出（××××）×× 破 × 号之 × 决定，指定×××担任管理人。

本管理人于××××年××月××日向你单位/你发送（××××）×× 破管字第 × 号《通知书》，决定继续履行×××（债务人名称）于××××年××月××日与你单位/你签订的《＿＿＿＿＿＿＿合同》。你单位/你于××××年××月××日要求本管理人提供担保。

根据《中华人民共和国企业破产法》第十八条第二款之规定，本管理人现提供下列担保：

提供保证人的：

列明保证人的姓名或名称，保证方式，保证担保的范围，保证期间等。

提供物的担保的：

列明担保人的姓名或名称，担保方式，担保物的情况，担保范围等。

你单位/你对管理人提供的担保无异议的，请于××××年××月××日与本管理人签订担保合同。

特此通知。

附件：1. 保证人基本情况或者担保物权利凭证复印件等相关资料

    2. 管理人联系方式：_____

（管理人印鉴）
××××年××月××日

说明：

一、本样式根据《中华人民共和国企业破产法》第十八条第二款制定。

二、结合《中华人民共和国企业破产法》第二十六条、第六十九条第一款第五项、《最高人民法院关于适用〈中华人民共和国企业破产法〉若干问题的规定（三）》第十五条规定，若双方均未履行完毕的合同价值较大，为继续履行提供的担保属于债务人重大财产处分的，第一次债权人会议之前决定为继续履行提供担保的，应当经过人民法院许可，第一次债权人会议之后，应当事先制作财产管理或者变价方案并提交债权人会议进行表决。

三、本通知书由管理人向合同相对方发送。

解读

1. 本样式根据《管理人破产程序法律文书样式（试行）》中文书样式5通知书（继续履行合同提供担保用）修改而来。

2. 新增一条说明，明确为继续履行合同提供担保属于处分重大财产的，应当经人民法院许可或者债权人会议表决。

破产法律文书样式

9. 通知书（回复相对人催告继续履行合同用）

通知书

（××××）××破管字第×号

×××（合同相对人姓名或名称）：

你单位/你于××××年××月××日向本管理人发送的×××（合同相对人所发送关于继续履行合同的催告函件名称）已收到。经管理人核实，在法院裁定受理破产申请前，×××（债务人名称）确于××××年××月××日与你单位/你签订了《＿＿＿＿＿＿合同》，且目前双方均未履行完毕，＿＿＿＿＿＿（简述合同履行情况）。

同意继续履行合同的：本管理人认为，＿＿＿＿＿＿（简述同意继续履行的理由），根据《中华人民共和国企业破产法》第十八条规定，管理人决定继续履行上述合同。

同意继续履行合同，但商请延期的：本管理人认为，＿＿＿＿＿＿（简述同意继续履行合同，但需要延期的理由），根据《中华人民共和国企业破产法》第十八条规定，管理人商请将上述合同延期至×××年××月××日履行。

不同意继续履行合同，决定解除的：本管理人认为，＿＿＿＿＿＿（简述不同意继续履行的理由），根据《中华人民共和国企业破产法》第十八条规定，管理人决定解除上述合同。你单位/你如因上述合同解除所产生损失的，可以因合同解除所产生的损害赔偿请求权向管理人申报债权。

特此通知。

（管理人印鉴）

××××年××月××日

说明：

一、本样式根据《管理人破产程序法律文书样式（试行）》中文书样式6通知书（回复相对人催告继续履行合同用）修改而来，根据《中华人民共和国企业破产法》第十八条制定。

二、本通知书是管理人接到相对人发出的要求继续履行双方均未履行完毕的合同的催告函，在核实有关情况后，决定同意继续履行合同，或者同意继续履行合同但商请延期，或者不同意继续履行决定解除合同的回复。本通知书应当在收到催告函之日起三十日内向合同相对人发出。

10. 告知函（解除财产保全措施用）

告知函

（××××）××破管字第×号

×××（作出财产保全措施的人民法院或者单位）：

××××人民法院于××××年××月××日作出（××××）××破申×号之×民事裁定，裁定受理×××（债务人名称）重整/和解/破产清算一案，并于××××年××月××日作出（××××）××破×号之×决定，指定×××担任管理人。

根据管理人掌握的材料，贵院/贵单位于××××年××月××日对×××（债务人名称）的下列财产采取了保全措施：

1.＿＿＿＿＿＿＿＿＿＿＿＿＿＿；
2.＿＿＿＿＿＿＿＿＿＿＿＿＿＿；
……

根据《中华人民共和国企业破产法》第十九条规定，人民法院受理破产申请后，有关债务人财产的保全措施应当解除，但贵院/贵单位至今尚未解除对×××（债务人名称）财产所采取的保全措施，现特函请贵院/贵单位解除对×××（债务人名称）财产的保全措施。

特此告知。

附件：1. 受理破产申请裁定书复印件一份
　　　2. 指定管理人的决定书复印件一份
　　　3. 财产保全措施相关资料复印件一套
　　　4. 破产案件受理法院联系方式：＿＿＿＿＿

5. 管理人联系方式：_____

（管理人印鉴）
××××年××月××日

说明：

一、本样式根据《管理人破产程序法律文书样式（试行）》中文书样式7告知函（解除财产保全措施用）修改而来，根据《中华人民共和国企业破产法》第十九条制定。

二、根据《中华人民共和国企业破产法》第十九条的规定，破产申请受理后，对债务人财产采取保全措施的相关法院或者单位无须等待破产案件受理法院或者管理人的通知，即应主动解除财产保全措施。但由于实践中可能存在相关法院或者单位不知道破产申请已经受理，或者虽然知道但不主动解除财产保全措施的情况，故本文书样式确定由管理人直接向相关法院或者单位发送告知函，以此提示相关法院或者单位有关债务人的破产申请已经受理，相关财产保全措施应予解除。如果相关法院或者单位接到告知函后仍不解除财产保全措施的，管理人可以请求破产案件受理法院协调解决。

11. 告知函（中止执行程序用）

告知函

（××××）××破管字第×号

××××人民法院（执行案件受理人民法院）：

××××人民法院于××××年××月××日作出（××××）××破申×号之×民事裁定，裁定受理×××（债务人名称）重整/和解/破产清算一案，并于××××年××月××日作出（××××）××破×号之×决定，指定×××担任管理人。

根据管理人掌握的材料，贵院于××××年××月××日受理了×××（强制执行申请人名称/姓名）对×××（债务人名称）申请强制执行一案，案号为××××，执行内容和执行状态为：_____。

根据《中华人民共和国企业破产法》第十九条规定，人民法院受理破产申请后，有关债务人财产的执行程序应当中止，但贵院至今尚未中止对×××（债务人名称）的执行，现特函请贵院裁定中止对×××（债务人名称）的执行程序。

特此告知。

附件：1. 受理破产申请裁定书复印件一份
　　　2. 指定管理人的决定书复印件一份
　　　3. 强制执行案件相关资料复印件一套
　　　4. 破产案件受理法院联系方式：_____
　　　5. 管理人联系方式：_____

（管理人印鉴）
××××年××月××日

说明：

一、本样式根据《中华人民共和国企业破产法》第十九条制定。

二、根据《中华人民共和国企业破产法》第十九条的规定，破产申请受理后，对债务人财产采取执行措施的相关法院，无需等待破产案件受理法院或者管理人的通知，即应主动中止执行程序。但由于实践中可能存在相关法院不知道破产申请已经受理，或者虽然知道但不主动中止执行程序的情况，故本文书样式确定由管理人直接向相关法院发送告知函，以此提示相关法院，有关债务人的破产申请已经受理，相关执行程序应当中止。如果相关法院接到告知函后仍不中止执行程序的，管理人可以请求破产案件受理法院协调解决。

解读

1. 本样式根据《管理人破产程序法律文书样式（试行）》中文书样式8告知函（中止执行程序用）修改而来。

2. 将"_____（简述案件执行状态）"位置进行调整。

12. 告知函（告知相关法院／仲裁机构中止法律程序用）

告知函

（××××）××破管字第×号

×××（受理有关债务人诉讼或仲裁的人民法院或仲裁机构名称）：

　　××××人民法院于××××年××月××日作出（××××）××破申×号之×民事裁定，裁定受理×××（债务人名称）重整／和解／破产清算一案，并于××××年××月××日作出（××××）××破×号之×决定，指定×××担任管理人。

　　根据管理人掌握的材料，贵院／贵仲裁委员会于××××年××月××日受理了有关×××（债务人名称）的民事诉讼／仲裁案件，案号为××××，目前尚未审理终结。根据《中华人民共和国企业破产法》第二十条规定，该民事诉讼／仲裁应当在破产申请受理后中止。但贵院／贵仲裁委员会尚未中止对上述民事诉讼／仲裁案件的审理。

　　根据《中华人民共和国企业破产法》第二十条规定，现函告贵院／贵仲裁委员会裁定中止上述对×××（债务人名称）的民事诉讼／仲裁程序。

　　特此告知。

　　附件：1. 受理破产申请裁定书复印件一份
　　　　　2. 指定管理人的决定书复印件一份
　　　　　3. 管理人联系方式：＿＿＿＿＿＿＿

（管理人印鉴）
××××年××月××日

说明：

　　一、本样式根据《中华人民共和国企业破产法》第二十条制定。

　　二、根据《中华人民共和国企业破产法》第二十条的规定，破产申请受理后，有关债务人的民事诉讼或者仲裁尚未终止的，相关法院或者仲裁机构无需等待破产案件受理法院或者管理人的通知，即应主动中止民事诉讼或者仲裁程序。但由于实践中可能存在相关法院或者仲裁机构不知道破产申请已经受理，或者虽然知道但不主动中止法律程序的情况，故本文书样式确定由管理人直接向相关法院或者仲裁机构发送告知函，以此提示相关法院或者仲裁机构，有关债务人的破产申请已经受理，相关法律程序应当中止。如果相关法院或者仲裁机构接到告知函后仍不中止法律程序的，管理人可以请求破产案件受理法院协调解决。

> **解读**
>
> 1. 本样式根据《管理人破产程序法律文书样式（试行）》中文书样式9告知函（告知相关法院/仲裁机构中止法律程序用）修改而来。
> 2. 将"根据《中华人民共和国企业破产法》第二十条规定，现函告贵院/贵仲裁委员会裁定中止上述对×××（债务人名称）的民事诉讼/仲裁程序"一段提行。

13. 告知函（告知相关法院/仲裁机构可以恢复法律程序用）

告知函

（××××）××破管字第×号

×××（受理有关债务人诉讼或仲裁的人民法院或仲裁机构名称）：

××××人民法院于××××年××月××日作出（××××）××破申×号民事裁定，裁定受理×××（债务人名称）重整/和解/破产清算一案，并于××××年××月××日作出（××××）××破×号之×决定，指定×××担任管理人。

根据管理人掌握的材料，贵院/贵仲裁委员会已中止了关于×××（债务人名称）的案号为××××的民事诉讼/仲裁案件的审理。现管理人已接管债务人的财产，根据《中华人民共和国企业破产法》第二十条规定，请贵院/贵仲裁委员会恢复对上述民事诉讼/仲裁案件的审理。

特此告知。

附件：1. 受理破产申请裁定书复印件一份

2. 指定管理人的决定书复印件一份

3. 管理人联系方式：_____

（管理人印鉴）

××××年××月××日

说明：

一、本样式根据《中华人民共和国企业破产法》第二十条制定。

二、管理人应当在接管债务人财产后及时发送本告知函，告知相关法院或者仲裁机构继续进行原来中止的法律程序。

解读

1. 本样式根据《管理人破产程序法律文书样式（试行）》10 告知函（告知相关法院/仲裁机构可以恢复法律程序用）修改而来。

2. 《全国法院民商事审判工作会议纪要》第 110 条在《企业破产法》第二十条的基础上，将"在管理人接管债务人的财产后，该诉讼或者仲裁继续进行"描述为"在管理人接管债务人财产和诉讼事务后继续进行"，增加了"诉讼事务"。最高人民法院民事审判第二庭编著的《〈全国法院民商事审判工作会议纪要〉理解与适用》一书中对其的理解是，此处"诉讼事务"具体指"诉讼材料"，即认为对恢复既有民事诉讼时间的把握还应以不影响管理人参加诉讼并能够行使诉讼权利为原则。具体标准可以是管理人已经掌握了诉讼材料。若管理人已经掌握了诉讼材料，应可推断其已接管财产，至于接管财产的工作进行了多少，在所不问①。因此，若管理人已经掌握了诉讼材料，应认为其已接管了财产。但是对于"三无"企业，管理人未接管到任何财产及诉讼材料的，管理人可根据对方当事人提供的证据材料参与诉讼或仲裁程序。

---

① 最高人民法院民事审判第二庭编著:《〈全国法院民商事审判工作会议纪要〉理解与适用》，人民法院出版社 2019 年版，第 561 页。

14. 关于提请人民法院许可聘用工作人员的报告

关于提请人民法院许可聘用工作人员的报告

（××××）×× 破管字第 × 号

××××人民法院：

本管理人在破产管理工作中，根据《中华人民共和国企业破产法》第二十八条规定，拟聘请以下人员作为×××（债务人名称）（重整／和解／破产清算）案件的工作人员：

1. 拟聘工作人员姓名_____；工作内容：_____；拟聘请期限为自××××年××月××日至××××年××月××日止；拟聘请费用为×××元；聘用理由：_____。

2. 拟聘工作人员姓名_____；工作内容：_____；拟聘请期限为自××××年××月××日至××××年××月××日止；拟聘请费用为×××元；聘用理由：_____。

……

特此报告。

附件：1. 拟签订的《聘用合同》复印件
　　　2. 拟聘请工作人员简历复印件
　　　3. 拟聘请工作人员证件复印件
　　　4. 拟聘请工作人员联系方式：_____

（管理人印鉴）

××××年××月××日

说明：

一、本样式根据《管理人破产程序法律文书样式（试行）》中文书样式 11 关于提请人民法院许可聘用工作人员的报告修改而来，根据《中华人民共和国企业破产法》第二十八条第一款制定。

二、破产案件审理过程中，法院与管理人处于监督与被监督的关系。因此，聘用申请应当列明聘用理由、聘用岗位职责、聘用费用标准等，供法院许可时参考。

三、拟聘用工作人员有多名的，逐一列明姓名、拟聘岗位、聘用期限及费用等。

15. 关于提请人民法院许可选聘××××机构的报告

关于提请人民法院许可选聘××××机构的报告

（××××）××破管字第×号

××××人民法院：

××××人民法院于××××年××月××日作出（××××）××破申×号民事裁定，裁定受理×××（债务人名称）重整/和解/破产清算一案，并于××××年××月××日作出（××××）××破×号之×决定，指定×××担任管理人。

根据案件需要，管理人拟通过公开竞争/邀请竞争的方式选聘审计/评估/鉴定/重大诉讼代理/拍卖辅助等其他社会中介机构。选聘办法详见附件《××××机构选聘办法》。

特此报告。

附件：《××××机构选聘办法》

（管理人印鉴）

××××年××月××日

说明：

本样式系新增，根据《全国法院破产审判工作会议纪要》第11条、《最高人民法院关于推进破产案件依法高效审理的意见》第9条、《重庆破产法庭 重庆市破产管理人协会关于管理人选聘其他社会中介机构的工作指引（试行）》第三条制定。

16. ××××机构选聘办法

××××机构选聘办法

（××××）××破管字第×号

为规范选聘审计/评估/鉴定/重大诉讼代理/拍卖辅助等其他社会中介机构的工作，提高破产效率，降低破产成本，根据《中华人民共和国企业破产法》及其相关规定，制定本选聘办法。

一、委托事项

说明管理人委托中介机构的范围。

二、其他社会中介机构和派出人员的受托条件

说明中介机构及派出人员的基本情况、资质、从业经验等情况，拟派出人员的人数、项目负责人及其他人员的工作安排等。

三、委托内容

说明具体的委托事项及内容。

四、完成时限

说明工作的开始日和完成日。

五、评选规则和程序

说明评选的方式、评选委员会的组成和人数、评选的流程、时间等。

六、签约时间

说明管理人与中介机构签订委托合同的时间。

七、违约责任

说明中介机构违反合同约定应承担的违约责任及管理人的监督职责。

八、其他事项

（管理人印鉴）

××××年××月××日

说明：

本样式系新增，根据《最高人民法院关于推进破产案件依法高效审理的意见》第9条、《重庆破产法庭　重庆市破产管理人协会关于管理人选

> 破产法律文书样式

聘其他社会中介机构的工作指引（试行）》第一条、第三条、第四条第二款、第四条第三款、第七条、第八条制定。本文书对管理人委托中介机构的委托范围、委托内容、委托方式和选聘规则与流程等事项进行了明确。

17. 关于提请人民法院许可继续／停止债务人营业的报告

关于提请人民法院许可
继续／停止债务人营业的报告

（××××）×× 破管字第 × 号

×××× 人民法院／×××（债务人名称）债权人会议：

　　本管理人在接管债务人财产后，经调查认为，债务人继续营业将有利于／不利于广大债权人、职工和相关各方的利益，决定继续／停止债务人的营业，详细内容见附件《关于继续／停止债务人营业的方案》。

　　报请法院的：

　　现根据《中华人民共和国企业破产法》第二十六条规定，请贵院予以许可。

　　报请债权人会议的：

　　现根据《中华人民共和国企业破产法》第六十一条第一款第五项规定，提请债权人会议表决。

　　特此报告。

　　附：《关于继续／停止债务人营业的方案》

（管理人印鉴）
×××× 年 ×× 月 ×× 日

说明：

　　一、本样式根据《中华人民共和国企业破产法》第二十五条第一款第五项、第二十六条或者第六十一条第一款第五项制定，由管理人决定是否继续债务人的营业，并报请人民法院许可，或者报请债权人会议表决。

二、第一次债权人会议召开之前，管理人决定继续或者停止债务人的营业的，应当根据《中华人民共和国企业破产法》第二十五条第一款第五项、第二十六条规定，向受理破产案件的法院提出申请报告，由法院批准许可。第一次债权人会议召开后决定债务人的营业继续或者停止的，则应当根据《中华人民共和国企业破产法》第六十一条第一款第五项规定，提交债权人会议表决。

三、鉴于继续或停止债务人营业的理由比较复杂，因此，本文书应附详细方案。

解读

1. 本样式根据《管理人破产程序法律文书样式（试行）》中文书样式12关于提请人民法院许可继续/停止债务人营业的报告修改而来。

2. 将"详细理由见附件《关于继续/停止债务人营业的分析报告》"改为"详细内容见附件《关于继续/停止债务人营业的方案》"，"方案"重在分析继续/停止债务人营业的必要性、可行性，以及相关措施。

18. 关于拟实施处分债务人财产行为的报告

关于拟实施处分债务人财产行为的报告

（××××）×× 破管字第 × 号

××××人民法院/×××（债务人名称）债权人委员会：

一、拟实施处分行为的依据

本管理人在履行职责过程中，依据《中华人民共和国企业破产法》第二十六条/第六十一条第一款第八、九项规定/第六十一条第一款第十一项规定拟实施《中华人民共和国企业破产法》第六十九条规定的处分行为。

二、拟实施行为的具体内容

破产法律文书样式

　　列明处分行为的具体内容，包括涉及的金额、行为的相对方、实施的时间等。

　　三、行为的实施方式和程序

　　四、实施该行为的原因

　　五、对债务人财产的影响

　　六、其他需要报告的事项

　　第一次债权人会议召开之前：

　　因上述行为属于《中华人民共和国企业破产法》第六十九条第一款规定的行为之一，且第一次债权人会议尚未召开，现根据《中华人民共和国企业破产法》第二十六条规定，请贵院予以许可。

　　第一次债权人会议召开之后，经过债权人会议表决通过，报告债权人委员会的：

　　因上述行为属于《中华人民共和国企业破产法》第六十九条第一款规定的行为之一，现根据该条规定，向债权人委员会报告。

　　第一次债权人会议召开之后，经过债权人会议表决通过，报告人民法院的：

　　因上述行为属于《中华人民共和国企业破产法》第六十九条第一款规定的行为之一，且债权人会议未设立债权人委员会，现根据《中华人民共和国企业破产法》第六十九条第二款规定，向贵院报告。

（管理人印鉴）
××××年××月××日

说明：

　　一、本样式根据《中华人民共和国企业破产法》第二十六条、第六十一条第一款第八项、第九项、第十一项、第六十九条，《最高人民法院关于适用〈中华人民共和国企业破产法〉若干问题的规定（三）》第十五条制定。

　　二、第一次债权人会议召开前，管理人若实施《中华人民共和国企业破产法》第六十九条所规定之行为时，应当向破产案件受理法院提交申请报告，需法院许可后方可实施相应行为。

　　三、第一次债权人会议召开后，处分债务人财产的，都需要债权人会议通过，若该财产属于重大财产，则需要按照《中华人民共和国企业破产法》第六十九条规定，已成立债权人委员会的，向债权人委员会提交报告；未设立债权人委员会的，应向法院及时报告。债权人委员会或者人民法院同意管理人所报告行为的，出具批准意见；不同意所报告行为的，可以向管理人提出意见。

解读

1. 本样式根据《管理人破产程序法律文书样式（试行）》中文书样式13关于拟实施处分债务人财产行为的报告修改而来。

2. 新增了实施处分行为的法律依据：《企业破产法》第二十六条和第六十一条第一款第八项、第九项、第十一项。如果已经宣告破产，则应当是《企业破产法》第六十一条第一款第八项或者第九项，如果还没有宣告破产，则应当是第十一项。结合《企业破产法》第六十一条、第六十九条、第二十五条、第二十六条的规定，第一次债权人会议之后，处分债务人的财产，都需要有债权人会议的决议。若该财产属于重大财产，则需要按照《企业破产法》第六十九条规定，报告人民法院或者债权人委员会。

3. 结合《最高人民法院关于适用〈中华人民共和国企业破产法〉若干问题的规定（三）》第十五条规定，管理人处分企业破产法第六十九条规定的债务人重大财产的，应当事先制作财产管理或变价方案并提交债权人会议表决。

19. 关于提请人民法院确定管理人报酬方案的报告

关于提请人民法院确定管理人报酬方案的报告

（××××）××破管字第×号

××××人民法院：

本管理人接受贵院指定后，对×××（债务人名称）可供清偿的财产

价值和管理人工作量进行了预测,并初步制作了《管理人报酬方案》。方案主要内容如下:

一、债务人可供清偿的财产情况

截至目前,根据管理人掌握的材料,×××(债务人名称)不包括担保物在内的最终可供清偿的财产价值约为××元,担保物价值约为××元。

二、管理人报酬比例

根据不包括担保权人优先受偿的担保物价值在内的债务人最终可供清偿的财产总金额价值及对管理人工作量所作的预测[详见附件《管理人工作量预测报告(或者竞争管理人报价书)》],依照《最高人民法院关于审理企业破产案件确定管理人报酬的规定》第二条规定,确定管理人在以下比例限制范围内分段确定管理人报酬:

(一)不超过一百万元(含本数,下同)的,在12%以下确定;

(二)超过一百万元至五百万元的部分,在10%以下确定;

(三)超过五百万元至一千万元的部分,在8%以下确定;

(四)超过一千万元至五千万元的部分,在6%以下确定;

(五)超过五千万元至一亿元的部分,在3%以下确定;

(六)超过一亿元至五亿元的部分,在1%以下确定;

(七)超过五亿元的部分,在0.5%以下确定。

三、管理人报酬收取时间

一次性收取的:

本方案确定管理人一次性收取报酬,收取时间为破产财产最后分配之前。

分期收取的:

本方案确定管理人在破产程序期间分期收取报酬,收取时间分别为:

第一次:_____;

第二次:_____;

第三次:_____;

……

四、管理担保物的费用

破产程序期间,管理人对担保物的维护、变现、交付等管理工作付出合理劳动的,由管理人与担保权人协商确定管理人在担保物变现价值范围内收取报酬的比例及收取时间。管理人与担保权人就上述报酬数额不能协商一致的，由人民法院确定。

五、其他需要说明的问题

......

现根据《最高人民法院关于审理企业破产案件确定管理人报酬的规定》第四条规定，请贵院予以确定。

附件：1.《管理人报酬方案》

2.《管理人工作量预测报告（或者竞争管理人报价书）》

（管理人印鉴）

××××年××月××日

说明：

一、本样式根据《管理人破产程序法律文书样式（试行）》中文书样式14关于提请人民法院确定管理人报酬方案的报告修改而来，根据《中华人民共和国企业破产法》第二十八条及《最高人民法院关于审理企业破产案件确定管理人报酬的规定》第二条、第四条制定，管理人根据对债务人可供清偿的财产价值和管理人工作量的预测，制作报酬方案报人民法院初步确定。

二、管理人工作量预测报告应当列明管理人投入的工作团队人数、工作时间预测、工作重点和难点等。破产重整或者和解案件，管理人还应当列明管理人对重整、和解工作的贡献。

三、采取公开竞争方式指定管理人的，管理人报酬依据中介机构竞争担任管理人时的报价确定。

四、管理人与担保权人就管理人对担保物的维护、变现、交付等管理工作付出合理劳动应收取的报酬数额不能协商一致的，由人民法院确定的担保物变现收取的报酬比例不得超过《最高人民法院关于审理企业破产案件确定管理人报酬的规定》第二条规定报酬比例限制范围的10%。

20. 关于提请债权人会议审查管理人报酬方案的报告

关于提请债权人会议审查管理人报酬方案的报告

（××××）××破管字第×号

×××（债务人名称）债权人会议：

  本管理人根据对×××（债务人名称）可供清偿的财产价值和管理人工作量所作的预测，于××××年××月××日制作《管理人报酬方案》报请××××人民法院确定。××××人民法院于××××年××月××日初步确定了《管理人报酬方案》并通知本管理人。现本管理人根据《中华人民共和国企业破产法》第六十一条第一款第二项、《最高人民法院关于审理企业破产案件确定管理人报酬的规定》第六条第二款规定，向第一次债权人会议报告，请债权人会议审查。

  附件：××××人民法院确定的《管理人报酬方案》

（管理人印鉴）
××××年××月××日

说明：

  本样式根据《管理人破产程序法律文书样式（试行）》中文书样式15关于提请债权人会议审查管理人报酬方案的报告修改而来，根据《中华人民共和国企业破产法》第六十一条第一款第二项、《最高人民法院关于审理企业破产案件确定管理人报酬的规定》第六条第二款制定。管理人报酬方案在人民法院确定后由管理人报告第一次债权人会议，由债权人会议审查。债权人会议有意见的，有权向人民法院提出。

21. 关于提请人民法院调整管理人报酬方案的报告

关于提请人民法院调整管理人报酬方案的报告

（××××)××破管字第×号

××××人民法院：

本管理人于××××年××月××日制作了×××（债务人名称）破产案的《管理人报酬方案》报请贵院确定。贵院于××××年××月××日初步确定了《管理人报酬方案》并通知本管理人。本管理人于××××年××月××日向第一次债权人会议报告了《管理人报酬方案》的内容，债权人会议对方案提出了调整意见。

现本管理人与债权人会议就调整报酬方案内容已协商一致并形成债权人会议决议，调整内容如下：

一、_____；
二、_____；
……

调整理由如下：

一、_____；
二、_____；
……

根据《最高人民法院关于审理企业破产案件确定管理人报酬的规定》第七条第一款规定，请求贵院核准以上调整内容。

特此报告。

附件：债权人会议关于调整管理人报酬方案的决议

（管理人印鉴）

××××年××月××日

说明：

一、本样式根据《管理人破产程序法律文书样式（试行）》中文书样式16关于提请人民法院调整管理人报酬的报告修改而来，根据《最高人民法院关于审理企业破产案件确定管理人报酬的规定》第七条第一款制定，管理人与债权人会议就调整管理人报酬方案内容协商一致后，提请人民法院核准。

二、本文书应当列明调整管理人报酬方案的理由，并附债权人会议关于调整管理人报酬方案的决议。

22. 关于调整管理人报酬方案的报告

关于调整管理人报酬方案的报告

（××××）××破管字第 × 号

×××（债务人名称）债权人委员会/债权人会议主席：

本管理人于××××年××月××日收到××××人民法院关于调整管理人报酬方案的通知，对管理人报酬方案调整内容如下：

一、_____；
二、_____；
……

根据《最高人民法院关于审理企业破产案件确定管理人报酬的规定》第八条第二款规定，现向债权人委员会/债权人会议主席报告。

附件：××××人民法院关于管理人报酬方案调整的通知

（管理人印鉴）
××××年××月××日

说明：

本样式根据《管理人破产程序法律文书样式（试行）》中文书样式17关于提请债权人会议调整管理人报酬方案的报告修改而来，根据《最高人民法院关于审理企业破产案件确定管理人报酬的规定》第八条第二款制定。管理人自收到人民法院关于调整管理人报酬方案的通知起三日内向债权人委员会或者债权人会议主席报告管理人报酬方案调整内容。

23. 关于提请人民法院准予管理人收取报酬的报告

关于提请人民法院准予管理人收取报酬的报告

（××××）×× 破管字第 × 号

××××人民法院：

　　×××（债务人名称）破产一案《管理人报酬方案》已由贵院确定，并报告第一次债权人会议审查通过。（报酬方案经过调整的适用：×××（债务人名称）破产案《管理人报酬方案》由贵院初步确定后，本管理人报告第一次债权人会议审查，债权人会议提出了调整意见。本管理人与债权人会议就调整管理人报酬方案内容协商一致后报贵院核准，贵院于××××年××月××日确定对该报酬方案进行调整。）

　　截至××××年××月××日，×××（债务人名称）可供清偿的财产情况为＿＿＿＿＿＿，管理人已完成＿＿＿＿＿＿（履行职责情况）。根据《管理人报酬方案》，可收取第 × 期（或者全部）报酬×× 元。

　　本管理人现根据《最高人民法院关于审理企业破产案件确定管理人报酬的规定》第十一条规定，申请收取报酬×× 元，请贵院予以核准。

　　特此报告。

　　附件：《管理人报酬方案》（报酬方案经过调整的，再附《××××人民法院关于管理人报酬方案调整的通知》）

（管理人印鉴）
××××年××月××日

说明：

　　一、本样式根据《管理人破产程序法律文书样式（试行）》中文书样式18关于提请人民法院准予管理人收取报酬的报告修改而来，根据《最高人民法院关于审理企业破产案件确定管理人报酬的规定》第十一条制定。

　　二、关于管理人履行职责的情况，分期收取的，简要写明收取报酬时管理人完成的工作；最后一次性收取的，简要写明管理人职务执行完成的情况。

24. 通知书（要求追回债务人财产用）

通知书

（××××）××破管字第×号

×××（占有债务人财产的相对人名称/姓名）：

×××人民法院于××××年××月××日作出（××××）××破申×号之×民事裁定，裁定受理×××（债务人名称）重整/和解/破产清算一案，并于××××年××月××日作出（××××）××破×号之×决定，指定×××担任管理人。

根据管理人调查，×××（债务人名称）存在下列行为（列明行为时间、内容等）：

1._____；

2._____；

……

根据《中华人民共和国企业破产法》第三十一条/第三十二条/第三十三条规定，本管理人认为上述行为应当予以撤销（或者被确认无效）。你单位/你基于上述行为取得的×××（债务人名称）财产（列明财产名称和数量）应当予以返还。现本管理人要求你单位/你于接到本通知书之日起×日内，向本管理人返还上述财产（列明返还财产的方式和地点；返还财产有困难的，可以要求相对人支付或者补足与财产等值的价款）。

如你单位/你对本通知内容有异议，可在接到本通知书之日起×日内向本管理人提出，并附相关证据，配合管理人核实。如你单位/你未在规定期限内向本管理人返还×××（债务人名称）财产，且未提出异议，本管理人将向人民法院提起撤销之诉/确认无效之诉。

特此通知。

附件：1. 受理破产申请裁定书复印件一份

2. 指定管理人的决定书复印件一份

3. 相对人占有债务人财产的证据

4. 管理人联系方式：_____

（管理人印鉴）

××××年××月××日

说明：

一、本样式根据《中华人民共和国企业破产法》第三十四条制定。由管理人向占有债务人财产的相对人发送。

二、相对人无权占有债务人财产的情形，主要是指《中华人民共和国企业破产法》第三十一条、第三十二条或者第三十三条规定的"无偿受让财产""以明显不合理的价格进行交易受让财产""以债务人财产代物清偿的方式接受提前清偿或者个别清偿""为逃避债务而占有被隐匿、转移的财产"等行为，管理人应当依法撤销或者确认行为无效，并通知相对人返还基于上述行为取得的债务人财产。财产返还确有困难的，可以要求相对人支付或者补足与财产等值的价款。

三、相对人拒不返还取得的债务人财产，管理人可以向人民法院提起撤销之诉或者确认无效之诉。

解读

本样式根据《管理人破产程序法律文书样式（试行）》中文书样式19通知书（要求追回债务人财产用）修改而来。增加"占有债务人财产的相对人未在规定期限内向管理人返还债务人财产，且未提出异议的，管理人将向人民法院提起撤销之诉/确认无效之诉"相关内容。

25. 通知书（要求相对人撤销担保用）

通知书

（××××）××破管字第×号

×××（相对人名称/姓名）：

××××人民法院于××××年××月××日作出（××××）

×破申×号之×民事裁定，裁定受理×××（债务人名称）重整/和解/破产清算一案，并于××××年××月××日作出（××××）××破×号之×决定，指定×××担任管理人。

人民法院受理破产申请前一年内，对无担保债务提供担保时适用：

根据管理人调查，×××（债务人名称）对你单位/你原负有无财产担保债务＿＿＿＿＿＿＿（列明债务金额），但×××（债务人名称）于××××年××月××日以其自有财产（列明财产名称）为该债务提供了财产担保。根据《中华人民共和国企业破产法》第三十一条规定，本管理人现要求你单位/你配合撤销对该债务提供的财产担保。

人民法院受理破产申请前一年内，对担保不足值债务追加担保时适用：

根据管理人调查，×××（债务人名称）对你单位/你原负有财产担保债务＿＿＿＿＿＿＿（列明债务金额），×××（债务人名称）于××××年××月××日以其自有财产（列明财产名称1）为该债务提供了财产担保，但××（列明财产名称1）价值不能覆盖×××（债务人名称）对你单位/你原负有的财产担保债务，×××（债务人名称）于××××年××月××日又以其自有财产（列明财产名称2）为该债务提供了财产担保。根据《中华人民共和国企业破产法》第三十一条规定，本管理人现要求你单位/你配合撤销对该债务追加的财产担保。

如你单位/你对本通知内容有异议，可在接到本通知书之日起×日内向本管理人提出，并附相关证据，配合管理人核实。如你单位/你无正当理由拒不撤销的，管理人将向人民法院提起撤销之诉。

特此通知。

附件：1. 受理破产申请裁定书复印件一份
　　　2. 指定管理人的决定书复印件一份
　　　3. 债务设定财产担保的证据材料
　　　4. 管理人联系方式：＿＿＿＿＿＿＿＿＿＿

（管理人印鉴）

××××年××月××日

说明：

一、本样式根据《中华人民共和国企业破产法》第三十一条第三项制定。由管理人向对债务设定财产担保的相对人发送。

二、对没有财产担保的债务提供财产担保的行为，管理人可先要求相对人撤销，如涂销物权担保登记、返还质押物等。相对人无正当理由拒不撤销的，管理人有权向人民法院提起撤销之诉。

> 解读

1. 本样式根据《管理人破产程序法律文书样式（试行）》中文书样式20通知书（要求相对人撤销担保用）修改而来。

2. 将"要求你公司/你撤销对该债务提供的财产担保"修改为"要求你单位/你配合撤销对该债务提供的财产担保"。增加了"配合"二字，更符合本义。

3. 在人民法院受理破产申请前一年内，债务人对无财产担保债务提供担保或者对担保不足值债务追加担保的，本样式分别进行了细化完善。

26. 通知书（要求债务人的出资人补缴出资用）

通知书

（××××）×× 破管字第 × 号

×××（债务人的出资人名称/姓名）：

××× 人民法院于 ×××× 年 ×× 月 ×× 日作出（××××）×× 破申 × 号之 × 民事裁定，裁定受理 ×××（债务人名称）重整/和解/破产清算一案，并于 ×××× 年 ×× 月 ×× 日作出（××××）×× 破 × 号之 × 决定，指定 ××× 担任管理人。

根据管理人调查，你单位/你作为 ×××（债务人名称）的出资人，认缴出资额为：_____（货币种类）×× 元（大写：_____），认缴方式为：_____，你单位/你应当于 ×××× 年 ×× 月 ×× 日前足额缴纳上述出资。

　　截至本通知书发出之日，你单位/你上述出资义务尚未履行完毕，（以货币出资的）尚有_____（货币种类）××元（大写：_____）未缴纳/（以非货币财产出资的）_____尚未办理财产权转移手续。

　　根据《中华人民共和国企业破产法》第三十五条规定，你单位/你应当缴纳全部所认缴的出资，而不受出资期限的限制。现通知你单位/你于接到本通知书之日起×日内，向本管理人缴纳上述未缴出资（列明管理人的开户银行、账户和账号）/办理财产权转移手续。

　　如对本通知书中所列出资缴纳义务的有无、数额、形式等有异议，你单位/你可于接到本通知书之日起×日内向本管理人提出，并附相关证据，配合管理人核实。如你单位/你无正当理由拒不履行出资义务的，管理人将代表债务人向人民法院提起诉讼，要求你单位/你补缴出资。

　　特此通知。

　　附件：1. 受理破产申请裁定书复印件一份
　　　　　2. 指定管理人的决定书复印件一份
　　　　　3. 出资人未足额交纳出资的证据材料
　　　　　4. 管理人联系方式：_____

（管理人印鉴）

××××年××月××日

说明：

　　本样式根据《管理人破产程序法律文书样式（试行）》中文书样式21通知书（要求债务人的出资人补缴出资用）修改而来，根据《中华人民共和国企业破产法》第三十五条制定。由管理人向出资义务未履行完毕的出资人发送。

27. 通知书（要求债务人的高管返还财产用）

通知书

（××××）×× 破管字第 × 号

×××（高管姓名）：

　　×××人民法院于××××年××月××日作出（××××）××破申×号之×民事裁定，裁定受理×××（债务人名称）重整/和解/破产清算一案，并于××××年××月××日作出（××××）××破×号之×决定，指定×××担任管理人。

　　根据管理人调查，在你担任×××（债务人名称）×××（职位）期间，获取非正常收入××元（或者侵占了企业的财产），具体为：

　　1._____（列明各笔非正常收入金额、时间及认定理由）；

　　2._____（列明被侵占的企业财产及认定理由）；

　　……

　　根据《中华人民共和国企业破产法》第三十六条规定，现要求你于接到本通知书之日起×日内，向本管理人返还你收取的上述非正常收入（或者侵占的企业财产）（列明返还收入或者财产的方式和地点）。

　　如对上述通知内容有异议，可在接到本通知书之日起×日内向本管理人提出，并附相关证据，配合管理人核实。如你无正当理由拒不返还非正常收入（或者侵占的企业财产）的，管理人将向人民法院提起诉讼，要求你返还财产。

　　特此通知。

　　附件：1. 受理破产申请裁定书复印件一份

　　　　　2. 指定管理人的决定书复印件一份

　　　　　3. 高管非正常收入清单或者被侵占的财产清单

　　　　　4. 管理人联系方式：_____

（管理人印鉴）

××××年××月××日

破产法律文书样式

说明：

　　一、本样式根据《管理人破产程序法律文书样式（试行）》中文书样式 22 通知书（要求债务人的高管返还财产用）修改而来，依据的法律是《中华人民共和国企业破产法》第三十六条规定，即："债务人的董事、监事和高级管理人员利用职权从企业获取的非正常收入和侵占的企业财产，管理人应当追回。"供管理人要求债务人的董事、监事和高级管理人员返还利用职权获取的非正常收入或者侵占的企业财产时使用。

　　二、《最高人民法院关于适用〈中华人民共和国企业破产法〉若干问题的规定（二）》第二十四条规定："债务人有企业破产法第二条第一款规定的情形时，债务人的董事、监事和高级管理人员利用职权获取的以下收入，人民法院应当认定为企业破产法第三十六条规定的非正常收入：（一）绩效奖金；（二）普遍拖欠职工工资情况下获取的工资性收入；（三）其他非正常收入。债务人的董事、监事和高级管理人员拒不向管理人返还上述债务人财产，管理人主张上述人员予以返还的，人民法院应予支持。债务人的董事、监事和高级管理人员因返还第一款第（一）项、第（三）项非正常收入形成的债权，可以作为普通破产债权清偿。因返还第一款第（二）项非正常收入形成的债权，依据企业破产法第一百一十三条第三款的规定，按照该企业职工平均工资计算的部分作为拖欠职工工资清偿；高出该企业职工平均工资计算的部分，可以作为普通破产债权清偿。"债务人的董事、监事和高级管理人员返还利用职权获取的非正常收入或者侵占的企业财产时返还的，相关债权按照《最高人民法院关于适用〈中华人民共和国企业破产法〉若干问题的规定（二）》第二十四条的规定处理。

28. 通知书（要求取回担保物用）

通知书

（××××）××破管字第 × 号

×××（质权人或留置权人名称/姓名）：

××××人民法院于××××年××月××日作出（××××）××破申×号之×民事裁定，裁定受理×××（债务人名称）重整/和解/破产清算一案，并于××××年××月××日作出（××××）××破×号之×决定，指定×××担任管理人。

根据管理人掌握的材料，×××（债务人名称）所有的×××（担保物名称）因_____（简述设定质押或者被留置的原因），尚在你处质押（或留置）。

根据《中华人民共和国企业破产法》第三十七条第一款规定，管理人拟通过以下方式，取回上述担保物：

1. 清偿债务，_____（简述清偿内容）；

2. 提供替代担保，_____（替代担保方式，简述替代担保物的名称、价值、现状等情况）。

清偿债务方式下适用：

你单位/你应当在收到本通知书之日起×日内，告知本管理人债务履行方式，并在本管理人清偿债务后×日内，解除对上述担保物的质押（或留置），返还本管理人（列明财产交付地点和方式，质押办理登记的，应当要求质权人协助办理质押登记涂销手续）。

提供替代担保方式下适用：

你单位/你应当在接到本通知书之日起×日内，与本管理人共同办理替代担保的设定手续，并在替代担保设定后立即解除对原担保物的质押（或留置），返还本管理人（列明财产交付地点和方式，质押办理登记的，应当要求质权人协助办理质押登记涂销手续）。

你单位/你如对本通知涉及的主债务、担保物等情况有异议，可于接到本通知书之日起×日内向本管理人提出，并附相关证据，配合管理人核实。

特此通知。

破产法律文书样式

附件：1. 受理破产申请裁定书复印件一份
2. 指定管理人的决定书复印件一份
3. 主债务合同复印件
4. 担保物的权属证明复印件
5. 管理人联系方式：_____

（管理人印鉴）
××××年××月××日

说明：

一、本样式根据《管理人破产程序法律文书样式（试行）》中文书样式23通知书（要求取回担保物用）修改而来，依据的法律是《中华人民共和国企业破产法》第三十七条第一款规定，即："人民法院受理破产申请后，管理人可以通过清偿债务或者提供为债权人接受的担保，取回质物、留置物。"供管理人要求取回债权人占有的质物或者留置物时使用。

二、《最高人民法院关于适用〈中华人民共和国企业破产法〉若干问题的规定（二）》第二十五条规定："管理人拟通过清偿债务或者提供担保取回质物、留置物，或者与质权人、留置权人协议以质物、留置物折价清偿债务等方式，进行对债权人利益有重大影响的财产处分行为的，应当及时报告债权人委员会。未设立债权人委员会的，管理人应当及时报告人民法院。"管理人在取回担保物时，应及时报告债权人委员会，未设立债权人委员会的，应及时报告人民法院。

29. 通知书（决定是否同意权利人取回财产用）

通知书

（××××）××破管字第×号

×××（申请取回人名称/姓名）：

同意取回时适用：

你单位/你关于要求取回_____（要求取回的标的物名称、数量）的申请收悉。经审核，你单位/你符合取回条件。根据《中华人民共和国企业破产法》第三十八条规定，同意你单位/你取回上述财产。你单位/你依法应当向管理人支付的费用为××元（列明各笔费用的金额及认定应当支付的理由）。你单位/你可于接到本通知书之日起×日内与本管理人接洽办理取回手续。

不同意取回时适用：

你单位/你关于要求取回_____（要求取回的标的物名称、数量）的申请收悉。经查明，_____（简述查明事实）。本管理人认为，你单位/你不符合取回条件（简述理由）。因此，本管理人不同意你单位/你取回上述财产的要求。你单位/你如有异议，可以×××（债务人名称）为被告向人民法院提起诉讼，请求行使取回权。

特此通知。

附件：1. 指定管理人的决定书复印件一份
　　　2. 财产权属证明（不同意取回时附）
　　　3. 管理人联系方式：_____

（管理人印鉴）

××××年××月××日

说明：

一、本样式根据《管理人破产程序法律文书样式（试行）》中文书样式 24 通知书（决定是否同意权利人取回财产用）修改而来，依据的法律是《中华人民共和国企业破产法》第三十八条规定，即："人民法院受理破产申请时，债务人占有的不属于债务人的财产，该财产的权利人可以通过管理人取回。但是本法另有规定的除外。"供管理人同意或者不同意相关权利人要求取回债务人占有的财产时使用。

二、管理人拒绝权利人取回财产的，应当列明管理人查明权利人无权取回的事实和理由。例如，财产属于债务人所有，或者财产不属于权利人等。管理人拒绝取回的，权利人可以通过确权诉讼解决对于取回标的物的权属争议。

三、《最高人民法院关于适用〈中华人民共和国企业破产法〉若干问题的规定（二）》第二十六条规定："权利人依据企业破产法第三十八条的规定行使取回权，应当在破产财产变价方案或者和解协议、重整计划草案提交债权人会议表决前向管理人提出。权利人在上述期限后主张取回相关财产的，应当承担延迟行使取回权增加的相关费用。"权利人应当在破产财产变价方案或者和解协议、重整计划草案提交债权人会议表决前行使取回权，否则应当承担延迟行使取回权增加的相关费用。

四、《最高人民法院关于适用〈中华人民共和国企业破产法〉若干问题的规定（二）》第二十七条规定："权利人依据企业破产法第三十八条的规定向管理人主张取回相关财产，管理人不予认可，权利人以债务人为被告向人民法院提起诉讼请求行使取回权的，人民法院应予受理。"如管理人不认可权利人行使取回权的主张，权利人可以债务人为被告向人民法院提起诉讼请求行使取回权。

五、《最高人民法院关于适用〈中华人民共和国企业破产法〉若干问题的规定（二）》第二十八条规定："权利人行使取回权时未依法向管理人支付相关的加工费、保管费、托运费、委托费、代销费等费用，管理人拒绝其取回相关财产的，人民法院应予支持。"权利人行使取回权时未依法向管理人支付相关的加工费、保管费、托运费、委托费、代销费等费用，管理人可以拒绝其取回相关财产。

30. 通知书（要求出卖人交付在途标的物用）

通知书

（××××）×× 破管字第 × 号

×××（出卖人名称/姓名）：

　　×××人民法院于××××年××月××日作出（××××）××破申×号之×民事裁定，裁定受理×××（债务人名称）重整/和解/破产清算一案，并于××××年××月××日作出（××××）××破×号之×决定，指定×××担任管理人。

　　根据管理人掌握的材料，在人民法院受理破产申请前，×××（债务人名称）于××××年××月××日与你单位/你签订了《_____》（买卖合同名称），约定由×××（债务人名称）向你单位/你购买_____（简述买卖标的物名称和数量）。现你单位/你已于××××年××月××日发运上述买卖标的物，货物尚在运途中，货款尚未结清。

　　根据《中华人民共和国企业破产法》第三十九条规定，本管理人决定依照《_____》（买卖合同名称）的约定，向你单位/你支付全部合同价款共计××元，请你单位/你在收到货款后继续交付上述买卖合同标的物，于××××年××月××日前将货物发至_____（交货地点）。

　　你单位/你如对本通知中的合同、合同标的物、合同价款等情况有异议，可在接到本通知书之日起×日内向管理人书面提出，并附相关证据，配合管理人核实。

　　特此通知。

　　附件：1. 受理破产申请裁定书复印件一份
　　　　　2. 指定管理人的决定书复印件一份
　　　　　3.《_____》（买卖合同名称）复印件一份及发送货物的相关凭证
　　　　　4. 管理人联系方式：_____

（管理人印鉴）

××××年××月××日

说明：

　　一、本样式根据《管理人破产程序法律文书样式（试行）》中文书样式 25 通知书（要求出卖人交付在途标的物用）修改而来，依据的法律是《中华人民共和国企业破产法》第三十九条规定，即："人民法院受理破产申请时，出卖人已将买卖标的物向作为买受人的债务人发运，债务人尚未收到且未付清全部价款的，出卖人可以取回在运途中的标的物。但是，管理人可以支付全部价款，请求出卖人交付标的物。"供管理人决定支付全部价款，请求出卖人交付在途买卖标的物时使用。

　　二、《最高人民法院关于适用〈中华人民共和国企业破产法〉若干问题的规定（二）》第三十九条规定："出卖人依据企业破产法第三十九条的规定，通过通知承运人或者实际占有人中止运输、返还货物、变更到达地，或者将货物交给其他收货人等方式，对在运途中标的物主张了取回权但未能实现，或者在货物未达管理人前已向管理人主张取回在运途中标的物，在买卖标的物到达管理人后，出卖人向管理人主张取回的，管理人应予准许。出卖人对在运途中标的物未及时行使取回权，在买卖标的物到达管理人后向管理人行使在运途中标的物取回权的，管理人不应准许。"

31. 通知书（是否同意抵销用）

通知书

（××××）×× 破管字第 × 号

×××（主张抵销的债权人名称/姓名）：

　　你单位/你关于主张抵销＿＿＿＿＿＿（主张抵销的债务内容）的通知收悉。经本管理人核实：＿＿＿＿＿＿（简述核实的内容）。

　　对抵销主张无异议时适用：

　　根据《中华人民共和国企业破产法》第四十条规定，本管理人对你单位/你的抵销主张无异议，抵销自本管理人收到你单位/你主张抵销的通知之日（即××××年××月××日）起生效。

经抵销，你单位/你尚欠债务人××元，请你单位/你于收到本通知书之日起×日内通过本管理人向债务人进行清偿，债务清偿款应汇入：××银行（列明开户单位和银行账号）。（抵销后债务人欠申请抵销人债务的，写明债务人尚欠你单位/你债务××元。）

对抵销主张有异议时适用：

本管理人认为，_____（简述不得抵销的理由），根据《中华人民共和国企业破产法》第四十条规定，你单位/你的抵销主张不成立。

如你单位/你对管理人上述结论有异议，可于接到本通知书之日起×日内向本管理人提出，并附相关证据，配合管理人核实。如经核实，管理人对你单位/你的抵销主张仍有异议，且你单位/你不予撤回的，管理人将向人民法院提起抵销无效之诉。

特此通知。

附件：1. 指定管理人的决定书复印件一份
　　　2. 申请人对债务人负有的债务不得抵销的证据（对抵销主张有异议时用）
　　　3. 管理人联系方式：_____

（管理人印鉴）
××××年××月××日

说明：

一、本样式依据的法律是《中华人民共和国企业破产法》第四十条之规定，由管理人收到债权人主张抵销的通知后向债权人发送。

二、《最高人民法院关于适用〈中华人民共和国企业破产法〉若干问题的规定（二）》第四十一条至第四十六条破产抵销权相关问题进行了规定。

解读

本样式根据《管理人破产程序法律文书样式（试行）》中文书样式26通知书（是否同意抵销用）修改而来，根据《最高人民法院关于适用〈中华人民共和国企业破产法〉若干问题的规定（二）》的用词，将"同意抵销""不同意抵销"修改为"对抵销主张无异议""对抵销主张有异议"。

32. 关于破产费用、共益债务清偿情况的报告

关于破产费用、共益债务清偿情况的报告

（××××）×× 破管字第 × 号

×××（债务人名称）债权人会议：

本管理人接受指定后，依法履行了相应职责。经管理人查实，自 ×××× 人民法院受理 ×××（债务人名称）破产申请之日起至 ×××× 年 ×× 月 ×× 日止，共发生破产费用、共益债务合计 ×× 元，其中：

一、破产费用共计 ×× 元，已清偿 ×× 元。（不足以全部清偿的，写明未清偿金额）破产费用明细如下：

（1）破产案件诉讼费用：_____；

（2）管理、变价、分配债务人财产的费用：_____；

（3）管理人聘用工作人员的费用：_____；

（4）管理人执行职务的费用、报酬：_____；

（5）其他：_____。

（需列明前述各项费用的发生金额、明细与清偿情况）

二、共益债务共计 ×× 元，已清偿 ×× 元。（不足以全部清偿的，写明未清偿金额）共益债务明细如下：

（1）因管理人或者债务人请求对方当事人履行双方均未履行完毕的合同所产生的债务：_____；

（2）债务人财产受无因管理所产生的债务：_____；

（3）因债务人不当得利所产生的债务：_____；

（4）为债务人继续营业而应支付的劳动报酬和社会保险费用以及由此产生的其他债务：_____；

（5）管理人或者相关人员执行职务致人损害所产生的债务：_____；

（6）债务人财产致人损害所产生的债务：_____；

（7）其他费用：_____。

（需列明前述各项费用的发生金额、明细与清偿情况）

以上破产费用和共益债务清偿情况，请债权人会议审查。

特此报告。

附件：1. 破产费用发生与清偿情况明细表

2. 共益债务发生与清偿情况明细表

（管理人印鉴）

××××年××月××日

附件1

破产费用发生与清偿情况明细表

序号	类别	发生额（单位：元）	清偿额（单位：元）
1	破产案件的诉讼费用		
2	管理、变价和分配债务人财产的费用		
3	管理人执行职务的费用、报酬和聘用工作人员的费用		
4	其他		
合计			

附件2

共益债务发生与清偿情况明细表

序号	类别	发生额（单位：元）	清偿额（单位：元）
1	因管理人或者债务人请求对方当事人履行双方均未履行完毕的合同所产生的债务		
2	债务人财产受无因管理所产生的债务		
3	因债务人不当得利所产生的债务		
4	为债务人继续营业而应支付的劳动报酬和社会保险费用以及由此产生的其他债务		
5	管理人或者相关人员执行职务致人损害所产生的债务		
6	债务人财产致人损害所产生的债务		
7	其他		
合计			

说明：

一、本样式根据《管理人破产程序法律文书样式（试行）》中文书样式27关于破产费用、共益债务清偿情况的报告修改而来，依据的法律是《中华人民共和国企业破产法》第四十一条、第四十二条、第四十三条、第六十一条第一款第二项之规定，供管理人制作后提请债权人会议审查时使用。

二、《最高人民法院关于适用〈中华人民共和国企业破产法〉若干问题的规定（三）》第一条、《最高人民法院关于审理企业破产案件确定管理人报酬的规定》第十四条、《全国法院破产审判工作会议纪要》（法〔2018〕53号）第11条等规定也涉及破产费用的问题。

三、根据《中华人民共和国企业破产法》第四十三条第四款规定，债务人财产不足以清偿破产费用的，管理人应当提请人民法院终结破产程序。

33. 关于债务人财产不足以清偿破产费用提请人民法院终结破产程序的报告

关于债务人财产不足以清偿破产费用
提请人民法院终结破产程序的报告

（××××）××破管字第×号

××××人民法院：

贵院于××××年××月××日作出（××××）××破申×号之×民事裁定，裁定受理×××（债务人名称）重整/和解/破产清算一案，并于××××年××月××日作出（××××）××破×号之×决定，指定×××担任管理人。

截至××××年××月××日，本案发生的破产费用共计××元，实际清偿××元，尚余××元未支付，另预期发生破产费用××元，主要为××等（列明费用项）。现债务人可供清偿的财产共计××元，债务人财产已经不足以清偿破产费用。

现根据《中华人民共和国企业破产法》第四十三条第四款规定，提请贵院裁定宣告×××（债务人名称）破产，并终结破产程序。

特此报告。

附件：1. 破产费用及共益债务发生与清偿情况报告及明细表一份
　　　2. 债务人财产状况报告一份

（管理人印鉴）

××××年××月××日

说明：

一、本样式根据《管理人破产程序法律文书样式（试行）》中文书样式 28 关于债务人财产不足以清偿破产费用提请人民法院终结破产程序的报告修改而来，依据的法律是《中华人民共和国企业破产法》第四十三条第四款之规定，即："债务人财产不足以清偿破产费用的，管理人应当提请人民法院终结破产程序……"由管理人向人民法院提交。

二、债务人财产不足以清偿破产费用时，债务人已经具备宣告破产的条件，除人民法院已经宣告债务人破产外，管理人以债务人财产不足以清偿破产费用为由申请终结破产程序的同时，应当一并申请宣告破产。

解读

具备《企业破产法》第二条第一款规定情形，人民法院即可以宣告破产。之所以不是所有案件都在受理破产清算申请的同时宣告破产，是考虑到还有可能通过破产和解、破产重整，使债务人与债权人就债务清偿达成协议，避免债务人被宣告破产。[1]《全国法院破产审判工作会议纪要》（法〔2018〕53号）第23条"破产宣告的条件"规定："人民法院受理破产清算申请后，第一次债权人会议上无人提出重整或和解申请的，管理人应当在债权审核确认和必要的审计、资产评估后，及时向人民法院提出宣告破产的申请。人民法院受理破产和解或重整申请后，债务人出现应当宣告破

---

[1] 参见安建主编、全国人大常委会法制工作委员会编：《中华人民共和国企业破产法释义》，法律出版社2006年版，第144页。

产的法定原因时，人民法院应当依法宣告债务人破产。"

34.关于×××（债务人名称）职工债权的公示

关于×××（债务人名称）职工债权的公示

（××××）××破管字第×号

　　×××（债务人名称）因_____（写明破产原因），根据×××（申请人名称/姓名）的申请，××××人民法院于××××年××月××日作出（××××）××破申×号之×民事裁定，裁定受理×××（债务人名称）重整/和解/破产清算一案。××××人民法院于××××年××月××日作出（××××）××破×号之×决定，指定×××担任管理人。

　　经管理人调查审核，确认×××（债务人名称）共有在册职工×名，截至××××年××月××日，尚欠职工的工资和医疗、伤残补助、抚恤费用，应当划入职工个人账户的基本养老保险、基本医疗保险费用，以及法律、行政法规规定应当支付给职工的补偿金（以上统称职工债权）的总金额为××元（详见职工债权清单）。现根据《中华人民共和国企业破产法》第四十八条的规定，予以公示。公示日期至××××年××月××日止。

　　职工从公示之日至公示日期届满起×日内对本公示所附清单记载的债权有异议的，可以向管理人提出更正申请并提交相关证明材料。

　　特此公示。

　　附件：1.×××（债务人名称）职工债权清单
　　　　　2.管理人联系方式：_____

（管理人印鉴）
××××年××月××日

附件：

					×××（债务人名称）职工债权清单						
序号	姓名	年龄	工作岗位	入职时间	离职时间	欠付工资	医疗、伤残补助	抚恤费用	应当划入个人账户的基本养老保险	基本医疗保险费用	经济补偿金	备注
1	张三											
2	李四											
……	……											

说明：

一、本样式根据《管理人破产程序法律文书样式（试行）》中文书样式29关于×××（债务人名称）职工债权的公示修改而来，依据的法律是《中华人民共和国企业破产法》第四十八条第二款之规定，即："债务人所欠职工的工资和医疗、伤残补助、抚恤费用，所欠的应当划入职工个人账户的基本养老保险、基本医疗保险费用，以及法律、行政法规规定应当支付给职工的补偿金，不必申报，由管理人调查后列出清单并予以公示。职工对清单记载有异议的，可以要求管理人更正；管理人不予更正的，职工可以向人民法院提起诉讼。"由管理人调查确认职工债权后，列出清单予以公示。

二、《中华人民共和国企业破产法》对职工债权清单的公示期未作规定，管理人可以根据案情需要、职工人数具体掌握。但公示期届满之后，职工对清单记载有异议的，仍可以要求管理人更正。规定公示期的意义，在于提示职工及时行使自己的异议权，提高破产案件的审理效率。

三、职工债权清单应当以表格形式逐一列明每位职工债权人的姓名、年龄、工作岗位、入职时间、离职时间、工作年限及企业欠付的金额、性质（如工资、社保）、拖欠时间等具体情况。

四、管理人调查后发现无职工债权的，对于无职工债权的情况也应当公示。

五、根据《最高人民法院关于企业破产案件信息公开的规定（试行）》（法发〔2016〕19号，下同）第七条的规定："人民法院、破产管理人可以在破产重整案件信息网发布破产程序有关公告。人民法院、破产管理人在

破产法律文书样式

其他媒体发布公告的，同时要在破产重整案件信息网发布公告。人民法院、破产管理人在破产重整案件信息网发布的公告具有法律效力。"因此职工债权公示可以在债务人所在地、报纸等进行发布，但应当同时在破产重整案件信息网发布。

35. 通知书（回复职工对债权清单的异议用）

通知书

（××××)××破管字第×号

×××（职工姓名）：

你对管理人于××××年××月××日公示的（××××)×破管×字第×号《关于×××（债务人名称）职工债权的公示》所附的职工债权清单中有关×××（职工姓名）的异议材料已收悉。

异议理由：（简要陈述异议人具体对债权性质、债权金额、年限等哪些方面的异议）

不予变更的情形下适用：

经管理人核实，认为_____（列明不予变更的理由），故决定维持公示记载的债权，不予更正。如你对不予更正决定仍有异议的，可于收到本通知书之日起15日内向××××人民法院提起诉讼。

准予变更的情形下适用：

经管理人核实，认为_____（列明同意变更或部分变更的理由），故决定变更公示记载的债权，变更后×××（职工姓名）的债权金额为××元。如你对变更决定仍有异议的，可于收到本通知书之日起15日内向××××人民法院提起诉讼。

特此通知。

（管理人印鉴）

××××年××月××日

说明：

　　一、本样式根据《管理人破产程序法律文书样式（试行）》样式30通知书（回复职工对债权清单的异议用）修改而来，依据的法律是《中华人民共和国企业破产法》第四十八条之规定，即：职工对经公示的职工债权清单有异议的，可以要求管理人更正。系管理人对职工异议是否更正的书面答复，文书应直接送达提出异议的债务人职工。职工仍持异议的，可以向人民法院提起诉讼。由管理人向提出异议的职工发送。

　　二、职工提出的异议，可以针对本人的债权金额，也可以针对清单记载的其他职工的债权金额。

　　三、管理人对职工提出的异议，可以不予更正、部分更正或者准予更正。职工对管理人的决定仍然有异议的，可以向人民法院提起诉讼。

　　四、管理人对变更后的职工债权，应当予以重新公示。

36. 关于提请债权人会议核查债权的报告（第一次债权人会议用）

关于提请债权人会议核查债权的报告

（××××）××破管字第×号

×××（债务人名称）债权人会议：

　　××××人民法院于××××年××月××日作出（××××）×破×号决定，指定×××担任×××（债务人名称）一案的管理人。

　　一、债权申报情况

　　本案的债权申报期限经××××人民法院确定，自××××年××月××日起至××××年××月××日止。债权申报期限内，共有×户债权人申报×笔债权，申报的债权总金额为××元。

　　其中，对债务人的特定财产享有担保权的债权共×笔，总金额为××元；税款债权共×笔，总金额为××元；普通债权共×笔，总金额为××元；劣后债权共×笔，总金额为××元。（根据实际情况进行列示）

二、债权审核情况

管理人收到债权申报材料后，对申报的债权登记造册，并逐一进行了审查，审查后编制了债权表。

对编入债权表内的债权，管理人认为成立的共×户×笔，总金额为××元。其中，对债务人的特定财产享有担保权的债权共×笔，总金额为××元；税款债权共×笔，总金额为××元；普通债权共×笔，总金额为××元；劣后债权共×笔，总金额为××元。（根据实际情况进行列示）

对编入债权表内的债权，管理人认为不成立的共×户×笔，债权申报总金额为××元。其中，主张对债务人的特定财产享有担保权的债权共×笔，总金额为××元；税款债权共×笔，总金额为××元；普通债权共×笔，总金额为××元；劣后债权共×笔，总金额为××元。（根据实际情况进行列示）

另经管理人调查，职工债权共×笔，总金额为××元。

三、预计债权

预计债权×户，预计债权金额××元。其中，正在诉讼的债权×户×笔，申报金额共计××元；附生效/解除条件的债权×户×笔，申报金额××元。

预计债权待人民法院/仲裁机构作出生效法律文书后进行确认；附生效/解除条件的债权待条件成就后进行确认。

四、异议债权的救济途径

债务人、债权人对债权表记载的债权有异议的，应当说明理由和法律依据。经管理人解释或调整后，异议人仍然不服的，或者管理人不予解释或调整的，异议人应当在本次债权人会议核查结束后十五日内，向××××人民法院提起债权确认的诉讼。当事人之间在破产申请受理前订立有仲裁条款或仲裁协议的，应当向选定的仲裁机构申请确认债权债务关系。逾期未提起诉讼的视为对管理人的意见无异议。对于无异议的债权，经管理人申请，由人民法院裁定确认。

现根据《中华人民共和国企业破产法》第五十八条第一款规定，将债权表提交第一次债权人会议核查。

特此报告。

附件：1. 指定管理人的决定书复印件一份
2. 债权申报登记册及债权表一份

（管理人印鉴）

××××年××月××日

附件1：××××人民法院（××××）×破×号决定书（略）

附件2：债权申报登记册、债权表

债权申报登记册

序号	申报人姓名或名称	债权类型	本金	利息（违约金）	合计金额	有无财产担保	证据	联系方式	备注
		金融债权、民间借贷、货款……							是否连带债权等

债权表

序号	申报人姓名或名称	申报情况			管理人审查确认			核减情况			备注
		债权性质	本金	利息	合计	债权性质	本金	利息	合计	债权性质	本金	利息	合计	写明有无担保（担保物的具体情况）、是否超过诉讼时效期间、是否超过强制执行期间等

说明：

一、本样式根据《管理人破产程序法律文书样式（试行）》中文书样式31关于提请债权人会议核查债权的报告修改而来，依据的法律是《中华人民共和国企业破产法》第五十七条、第五十八条第一款，《最高人民法院关于适用〈中华人民共和国企业破产法〉若干问题的规定（三）》第六条之规定，供管理人将编制债权表提交第一次债权人会议核查时使用。

二、申报的债权无论是否属于破产债权，均应当登记入册。管理人对申报的债权进行审查后编制债权表。

三、对管理人审查认为成立和不成立的债权，均应编入债权表，但应当予以分别记载。根据《最高人民法院关于适用〈中华人民共和国企业破产法〉若干问题的规定（三）》第六条第二款规定，债权表应当列明债权的性质、数额、有无担保、是否超过诉讼时效期间、是否超过强制执行期间等情况。

　　四、管理人对于债权人申报债权进行审查的核心在于两点：(1)确定所申报债权的性质，系担保债权、税款债权、购房户债权、建设工程款债权还是普通债权等，经过法院裁定确认以后的债权的性质决定了其在后续破产分配程序中的清偿顺位；(2)确定所申报债权的金额，比如本金、利息、违约金的数额，经过法院裁定确认的债权的金额决定了其在后续破产分配程序中同顺位债权的清偿比例。

37. 关于提请债权人会议核查债权的报告（第一次债权人会议之后的债权人会议用）

关于提请债权人会议核查债权的报告

（××××）×× 破管字第 × 号

　　×××（债务人名称）债权人会议：

　　××× 人民法院于 ×××× 年 ×× 月 ×× 日作出（××××）× 破 × 号决定，指定 ××× 担任 ×××（债务人名称）一案的管理人。本案于 ×××× 年 ×× 月 ×× 日召开了第一次债权人会议。

　　第一次债权人会议后，部分债权人对债权表中记载的债权金额或性质提出了异议，部分债权人补充申报了债权，管理人现将异议债权和补充申报债权的审核情况报告如下：

　　一、债权申报及审核的总情况

　　截至 ×××× 年 ×× 月 ×× 日（第二次债权人会议召开之日），已向管理人申报的债权为 × 户 × 笔，申报总金额 ×××× 元。管理人确认债权 × 户 × 笔，确认债权总金额 ×××× 元。其中：

　　第一次债权人会议核查的债权中，无异议债权共 × 户 × 笔，无异议债权金额 ×××× 元，管理人已报 ×××× 人民法院裁定。

　　第一次债权人会议后，管理人复核异议债权后，管理人进行调整的债权×户×笔。

补充申报的债权××户×笔，补充申报的债权金额××××元，管理人确认债权××户×笔，确认债权金额××××元。

预计债权××户×笔，预计债权金额××××元。

二、异议债权核查情况

第一次债权人会议后，对于没有异议的部分债权，管理人已经报请××××人民法院裁定，对于有异议的部分债权，会后逐一进行了复核。管理人新审查确认的债权以及根据新事实、新证据进行调整的债权共计××户债权人。

三、补充申报债权核查情况

截至××××年××月××日（第二次债权人会议召开之日），已向管理人补充申报的债权为×户×笔，申报总金额××××元，其中：有财产担保债权×笔，申报金额×××元；税款债权×笔，申报金额××××元；普通债权×笔，申报金额××××元；劣后债权×笔，申报金额××××元。（根据实际情况进行列示）

经管理人审查，管理人认为成立的共×户×笔，确认总金额为××元。其中：有财产担保债权×户×笔，确认债权金额××××元；税款债权×户×笔，确认债权金额××××元；普通债权×户×笔，确认债权金额××××元；劣后债权×户×笔，确认债权金额××××元；预计债权×户×笔，预计债权金额×××元。（根据实际情况进行列示）

除以上确认的债权外，不予确认的债权×户×笔，金额××××元。

四、异议债权的救济途径

债务人、债权人对补充申报的债权核查表和异议债权核查表记载的债权有异议的，应当说明理由和法律依据。经管理人解释或调整后，异议人仍然不服的，或者管理人不予解释或调整的，异议人应当在本次债权人会议核查结束后十五日内向××××人民法院提起债权确认的诉讼。当事人之间在破产申请受理前订立有仲裁条款或仲裁协议的，应当向选定的仲裁机构申请确认债权债务关系。逾期未提起诉讼的视为对管理人的意见无异议。对于无异议的债权，经管理人申请，由人民法院裁定确认。

特此报告。

附件：1. 异议债权核查表
   2. 补充申报债权核查表

（管理人印鉴）

××××年××月××日

说明：

　　一、本样式系新增，依据的法律是《中华人民共和国企业破产法》第五十六条、第五十八条，《最高人民法院关于适用〈中华人民共和国企业破产法〉若干问题的规定（三）》第六条、第八条之规定，在人民法院确定的债权申报期限内，债权人未申报债权的，可以在破产财产最后分配前补充申报。

　　二、第一次债权人会议后，经债权人提出异议或者管理人依职权审查可能对部分债权人的债权金额及性质作出调整，债权申报期内未申报的债权人可能补充申报债权，对于这些调整过以及补充申报的债权，管理人应当按照《中华人民共和国企业破产法》第五十八条第一款之规定提交债权人会议核查。

　　三、对于调整后的债权，以调整之后的债权金额作为审定金额。

38. 关于提请人民法院确认无异议债权的报告

关于提请人民法院确认无异议债权的报告

（××××）××破管字第×号

××××人民法院：

　　根据《中华人民共和国企业破产法》第五十八条第一款规定，本管理人于××××年××月××日将编制的债权表提交第一次债权人会议核查。同时，本管理人于××××年××月××日将编制的债权表送交债务人核对。

　　经核查、核对，债权人、债务人对债权表中记载的共×户×笔债权无异议（详见无异议债权清单）。其中有财产担保债权×户×笔，债权金额××××元；税款债权×户×笔，债权金额××××元；普通债

权×户×笔，债权金额××××元；劣后债权×户×笔，债权金额××××元。（根据实际情况进行列示）

根据《中华人民共和国企业破产法》第五十八条第二款之规定，申请贵院裁定确认债权表记载的无异议债权。

特此报告。

附件：1. 债权申报登记册及债权表各一份
   2. 第一次债权人会议对债权表的核查结果的报告
   3. 债务人债权核对确认书
   4. 债权表中的无异议债权清单

（管理人印鉴）
××××年××月××日

附件1：

债权申报登记册

序号	申报人姓名或名称	债权类型	本金	利息（违约金）	合计金额	有无财产担保	证据	联系方式	备注
		金融债权、民间借贷、货款……							是否连带债权等

债权表

序号	申报人姓名或名称	申报情况			管理人审查确认			核减情况			备注
		债权性质	本金	利息	合计	债权性质	本金	利息	合计	债权性质	本金	利息	合计	写明有无担保（担保物的具体情况）、是否超过诉讼时效期间、是否超过强制执行期间等

附件2：（略）

附件3：(略)

附件4：无异议债权清单

序号	债权人姓名或者名称	债权金额	债权性质	备注

说明：

一、本样式根据《管理人破产程序法律文书样式（试行）》中文书样式32关于提请人民法院确认无异议债权的报告修改而来，依据的法律是《中华人民共和国企业破产法》第五十八条第二款之规定，即："债务人、债权人对债权表记载的债权无异议的，由人民法院裁定确认。"由管理人将债权表提请人民法院裁定确认。

二、管理人提请人民法院裁定确认的债权表，由第一次债权人会议核查的同时，应当事先送交债务人的原法定代表人或其他高级管理人员核对，听取债务人的意见。如果债务人有关人员下落不明，则以情况说明代替。

三、债权人、债务人对债权表记载的债权均无异议的，管理人应当提请人民法院裁定确认无异议债权。

39. 关于提请人民法院确认无异议债权的报告（第一次债权人会议之后的债权人会议核查的债权用）

关于提请人民法院确认无异议债权的报告

（××××）××破管字第×号

××××人民法院：

在贵院确定的债权申报期内，有×户债权人申报了×笔债权，申报的债权总金额×××元。管理人对申报的债权进行了审查，并编制了债权表。经贵院召集，×××（债务人名称）第一次债权人会议于××××年××月××日召开。管理人将编制的债权表提交第一次债权人会议核查。同时，本管理人于××××年××月××日将编制的债权表送交债务人核对。［若第一次债权人会议后有补充申报的，写明：第一次债权人会议后，有×户债权人补充申报了×笔债权，补充申报的债权总金额×××元，管理人编制了补充申报的债权表，于××××年××月××日（通过××××方式）提交债权人会议核查；若第一次债权人会议有债权人提出异议，管理人根据异议进行了调整，则写明：根据第一次债权人会议后债权人提出的异议，管理人对×××等×户债权人的×笔债权进行了调整，编制了调整后的债权表，于××××年××月××日（通过×××方式）提交债权人会议核查］，经核查、核对，债权人、债务人对（前述）债权表中记载的×××等×户债权人的×笔无异议（详见无异议债权表），前述无异议债权总金额××元。其中，有财产担保债权×户×笔，债权金额×元；职工债权×户×笔，债权金额×元；税款债权×户×笔，债权金额×元；普通债权×户×笔，债权金额×元；劣后债权×户×笔，债权金额×元。（根据实际情况进行列示）根据《中华人民共和国企业破产法》第五十八条第二款规定，申请贵院裁定确认债权表记载的无异议债权。

　　特此报告。

　　附件：1. 债权申报登记册及债权表各一份
　　　　　2. 关于第×次债权人会议对债权表的核查结果的报告
　　　　　3. 债务人核对意见
　　　　　4. 无异议债权表

（管理人印鉴）
××××年××月××日

说明：

　　一、本样式系新增，依据的法律是《中华人民共和国企业破产法》第五十八条第二款之规定，即："债务人、债权人对债权表记载的债权无异议的，由人民法院裁定确认。"供管理人将债权表提请人民法院裁定确认时使用。

　　二、管理人提请人民法院裁定确认的债权表，应当由债权人会议核查，核查结果主要写明在法定期限内有没有人提出异议，异议的结果，哪些债权无人提出异议。同时，应当事先送交债务人的原法定代表人或其他高级管理人员核对，听取债务人的意见。如果债务人有关人员下落不明，则以情况说明代替。

三、债权人、债务人对债权表记载的债权均无异议的，管理人应当提请人民法院裁定确认无异议债权。

40. 关于第 × 次债权人会议对债权表的核查结果的报告

关于第 × 次债权人会议对债权表的核查结果的报告

（××××）×× 破管字第 × 号

××××人民法院、×××（债务人名称）债权人会议：

在××××人民法院确定的债权申报期内，有 × 户债权人申报了 × 笔债权，申报的债权总金额 ××× 元。管理人对申报的债权进行了审查，并编制了债权表。经 ×××× 召集，×××（债务人名称）第 × 次债权人会议于 ×××× 年 ×× 月 ×× 日召开。〔若是之后的债权人会议，则写：经 ××× 提议，×××（债务人名称）第 × 次债权人会议于 ×××× 年 ×× 月 ×× 日召开〕管理人将编制的债权表提交第 × 次债权人会议核查。现将第 × 次债权人会议对债权表的核查结果报告如下：

一、对于管理人认为成立，予以确认的债权的核查结果

对编入债权表内的债权，管理人认为成立的共 × 户 × 笔，总金额为 ×× 元。其中，有财产担保债权 × 户 × 笔，金额为 ×× 元；税款债权 × 户 × 笔，金额为 ×× 元；普通债权 × 户 × 笔，金额为 ×× 元；劣后债权 × 户 × 笔，金额为 ×× 元。

（一）无人提出异议的债权

对 ××× 等 × 户债权人的 × 笔债权，无人在法定期间内提出异议（超过法定期间提出异议的也应当予以说明）。该部分债权管理人将提请人民法院裁定确认。

（二）有人提出异议的债权

1. 管理人认为异议不成立，解释后无异议的债权

×××（异议人名称或姓名）对×××（申报人名称或姓名）申报的债权提出异议，管理人经审查认为其异议不成立，经管理人解释后，异议人表示再无异议（或者：异议人未在法定期间内向人民法院提起债权确认的诉讼）。该部分债权管理人将提请人民法院裁定确认。

2. 管理人认为异议不成立，解释后异议人仍不服的债权

×××（异议人名称或姓名）对×××（申报人名称或姓名）申报的债权提出异议，管理人经审查认为其异议不成立，经管理人解释后，异议人仍然不服，已经向人民法院提起债权确认的诉讼。该部分债权管理人依法暂缓确认。

3. 管理人认为异议成立，申报人对调整无异议的债权

×××（异议人名称或姓名）对自己申报的债权提出异议，管理人经审查认为其异议成立，已经进行调整（主要是金额调高或者性质进行调整），申报人对调整无异议（或者：申报人未在法定期间内向人民法院提起债权确认的诉讼）。对该债权人申报的债权，无异议的部分，管理人将提请人民法院裁定确认；管理人调整的部分，管理人将提交下一次债权人会议进行核查。（根据案情，也可再次核查后，一并申请法院确认）

×××（异议人名称或姓名）对×××（申报人名称或姓名）申报的债权提出异议，管理人经审查认为其异议成立，已经进行调整（包括调减和否认），申报人对调整无异议（或者：申报人未在法定期间内向人民法院提起债权确认的诉讼）。对于调整后的债权（指调减）后的债权，管理人将提请人民法院裁定确认。

4. 管理人认为异议成立，申报人对调整有异议的债权

×××（异议人名称或姓名）对×××（申报人名称或姓名）申报的债权提出异议，管理人经审查认为其异议成立，已经进行调整（包括调减和否认），申报人对调整的部分有异议，已在法定期间内向人民法院提起债权确认的诉讼。管理人对调减后的债权，管理人将提请人民法院裁定确认；对于调减的部分债权，管理人依法暂缓确认。（根据案情，也可等诉讼结束后，一并申请法院确认）

二、对于管理人认为不成立，予以否认的债权的核查结果

对编入债权表内的债权，管理人认为不成立的共×户×笔，总金额为××元。其中，有财产担保债权×户×笔，金额为××元；税款债权×户×笔，金额为××元；普通债权×户×笔，金额为××元；

劣后债权 × 户 × 笔，金额为 × × 元。

（一）管理人认为申报人的异议成立的债权

第 × 次债权人会议后，× × × 等债权人补充提交了相关证据材料，管理人经审查认为其债权成立，可以确认。该部分债权管理人将提交下一次债权人会议进行核查。

（二）管理人认为申报人异议不成立的债权

第 × 次债权人会议后，× × × 等债权人补充提交了相关证据材料，管理人经审查认为其债权仍不成立，不予确认。申报人对此无异议（或者：申报人未在法定期间内向人民法院提起债权确认的诉讼）。

第 × 次债权人会议后，× × × 等债权人补充提交了相关证据材料，管理人经审查认为其债权仍不成立，不予确认。申报人对此有异议，已在法定期间内向人民法院提起债权确认的诉讼。该部分债权管理人依法暂缓确认。

......

特此报告。

（管理人印鉴）

× × × × 年 × × 月 × × 日

说明：

一、本样式系新增，属于文书样式关于提请人民法院确认无异议债权的报告的附件之一。

二、管理人提请人民法院裁定确认的债权表，应当由债权人会议核查，核查结果主要写明在法定期限内有没有人提出异议，异议的结果，哪些债权无人提出异议。同时，应当事先送交债务人的原法定代表人或其他高级管理人员核对，听取债务人的意见。如果债务人有关人员下落不明，则以情况说明代替。

41. 管理人执行职务的工作报告

管理人执行职务的工作报告

（××××）×× 破管字第 × 号

×××（债务人名称）债权人会议：

　　××××人民法院于××××年××月××日作出（××××）××破申×号之×民事裁定，裁定受理×××（债务人名称）重整／和解／破产清算一案，并于××××年××月××日作出（××××）××破×号之×决定书，指定×××担任管理人。

　　管理人接受指定后，依据《中华人民共和国企业破产法》（以下简称企业破产法）规定，勤勉忠实地履行了管理人职责，现将有关执行职务的情况报告如下：

　　一、债务人／破产人（企业）的基本情况

　　1.企业的设立日期、性质、住所地、法定代表人姓名；

　　2.企业注册资本、出资人及出资比例；

　　3.企业生产经营范围；

　　4.企业员工状况；

　　5.企业资产财务状况；

　　6.企业目前状态。

　　二、执行职务的具体情况

　　（一）执行职务的准备工作

　　1.管理人团队的组成情况；

　　2.管理人内部规章制度的建立情况；

　　3.聘请工作人员情况。

　　（二）接管债务人财产的基本情况

　　1.接管时间；

　　2.财产接管状况；

　　3.双方均未履行完毕的合同履行或者解除情况；

　　4.需保留劳动关系的职工情况；

5. 需解除劳动合同的人员状况及安置方案、工资和补偿金数额。

（三）债权申报通知、登记及审核情况

1. 债权申报通知情况；

2. 登记的各类债权户数和总金额；

3. 认为成立的各类债权户数和总金额；

4. 认为不成立的各类债权户数和总金额；

5. 职工债权笔数和总金额；

6. 异议债权的基本情况。

（四）债务人对外债权、投资的清收情况

1. 要求债务人的债务人或财产持有人清偿债务或者交付财产的情况；

2. 对外债权的清收情况；

3. 分支机构及对外投资以及处置方式、权益收回的基本情况。

（五）有关债务人的民事诉讼和仲裁情况

1. 民事诉讼与仲裁情况；

2. 有关债务人财产的保全措施解除情况；

3. 有关债务人财产的执行程序中止情况。

（六）有关债务人财产的追收情况

1. 依据《企业破产法》第三十四条追回财产的情况；

2. 请求出资人补缴出资款的情况；

3. 追回高管非正常收入和侵占财产的情况；

4. 取回担保物的情况；

5. 取回在途买卖标的物的情况。

（七）管理人处分债务人财产的基本情况

1. 债务人财产评估情况；

2. 债务人财产的处置（包括拍卖、变卖情况）。

（八）资产审计、评估工作情况

1. 聘请审计或评估机构专项审计或评估情况；

2. 对审计后资产、负债情况的确认。

三、接受债权人会议和债权人委员会监督的基本情况

……

特此报告。

附件：相关报告材料

（管理人印鉴）

××××年××月××日

说明：

一、本样式根据《管理人破产程序法律文书样式（试行）》中文书样式33管理人执行职务的工作报告修改而来，依据的法律是《中华人民共和国企业破产法》第二十三条第二款之规定，即："管理人应当列席债权人会议，向债权人会议报告职务执行情况，并回答询问。"由管理人递交债权人会议。

二、本文书应当详细列明管理人接受指定后，在工作准备、财产接管、债权债务清理、债权申报登记、财产处分等方面的职务执行情况。相关职务执行情况有具体报告的，应当作为本文书的附件一并递交债权人会议。

三、管理人处分债务人财产的行为指《中华人民共和国企业破产法》第六十九条规定的行为，涉及的规定包括《中华人民共和国企业破产法》第十八条、第二十六条、第三十七条、第七十五条第二款，《最高人民法院关于适用〈中华人民共和国企业破产法〉若干问题的规定（二）》第二十五条，《最高人民法院关于适用〈中华人民共和国企业破产法〉若干问题的规定（三）》第二条、第十五条等。

42. 关于×××（债务人名称）财产状况的报告

关于×××（债务人名称）财产状况的报告

（××××）××破管字第×号

×××（债务人名称）债权人会议：

××××人民法院于××××年××月××日作出（××××）××破申×号之×民事裁定，裁定受理×××（债务人名称）重整/

和解／破产清算一案，并于××××年××月××日作出（××××）××破×号之×决定，指定×××担任管理人。

本管理人接受指定后，按照《中华人民共和国企业破产法》规定，对×××（债务人名称）的财产状况进行了调查，现报告如下：

一、×××（债务人名称）基本情况

1. 企业的设立日期、性质、住所地、法定代表人姓名
2. 企业注册资本、出资人及出资比例，出资到位情况
3. 企业生产经营范围
4. 企业目前状态

二、×××（债务人名称）的资产、负债及相关情况

列明×××（债务人名称）截至××××年××月××日的财产总金额，并附财产清单，同时列明财产对应的权利负担情况（如已售、抵押等）。

（委托审计机构审计的，列明审计情况）

列明×××（债务人名称）截至××××年××月××日的负债总金额。

三、关联方关系及其往来余额

列明关联企业名称及与×××（债务人名称）的关系，并列明往来款科目、余额和性质。

四、其他事项

（一）双方当事人均未履行完毕的合同

列明合同名称、订立日期、合同金额、合同履行状态等情况。

（二）影响债务人财产变现能力的情况

列明财产的状况、保管费用、变现障碍等情况。

（三）其他债务人财产可能出现的增减情况

列明管理人行使撤销权、确认无效、追缴注册资本，债权人行使抵销权及管理人审查情况等。

特此报告。

附件：财产清单

（管理人印鉴）

××××年××月××日

说明：

一、本样式根据《管理人破产程序法律文书样式（试行）》中文书样式 34 关于×××（债务人名称）财产状况的报告修改而来，依据的法律是《中华人民共和国企业破产法》第二十五条之规定，即：管理人履行下列职责：……（二）调查债务人财产状况，制作财产状况报告。由管理人调查债务人财产状况后所制作，并提交债权人会议。

二、本文书应当附财产明细清单。

43. 关于提请债权人会议审议×××（债务人名称）财产管理方案的报告

关于提请债权人会议审议×××（债务人名称）
财产管理方案的报告

（××××）××破管字第×号

×××（债务人名称）债权人会议：

××××人民法院于××××年××月××日作出（××××）××破申×号之×民事裁定，裁定受理×××（债务人名称）重整／和解／破产清算一案，并于××××年××月××日作出（××××）××破×号之×决定，指定×××担任管理人。

本管理人接受指定后，于××××年××月××日接管了债务人财产，并制定了《×××（债务人名称）财产管理方案》。（写明方案中具体做法的原因和理由）

现提交《×××（债务人名称）财产管理方案》供债权人会议审议、表决。

特此报告。

附件：《×××（债务人名称）财产管理方案》

（管理人印鉴）

××××年××月××日

说明：

一、本样式根据《管理人破产程序法律文书样式（试行）》中文书样式 35 关于×××（债务人名称）财产管理方案的报告修改而来，依据的法律是《中华人民共和国企业破产法》第六十一条第一款第八项之规定，由管理人提交债权人会议审议。

二、对于需要表决的事项，原则上应当采用"报告＋方案"的形式。方案作为报告的附件。报告说明拟定方案的理由，方案简明扼要说明具体做法。

44.×××（债务人名称）财产管理方案

×××（债务人名称）财产管理方案

一、债务人财产接管情况

（一）接管的具体步骤

列明接管的时间、措施；制定的接收方案；包括交付财产通知、接管通知、《接管清单》等在内的各类接管文件。

（二）接管的债务人财产及资料汇总

1. 实物资产

2. 无形资产

3. 有价证券

4. 尚未履行完毕的合同

5. 债务人的诉讼、仲裁案件的材料

6. 财产权属证书

7. 印章、证照

8. 财务账册、银行存款凭证等财务资料

9. 债务人银行账户资料

10. 人事档案

11. 文书档案

12. 其他接管的财产

（三）未接管债务人财产及资料汇总

列明财产清单及未接管原因。

二、债务人财产的管理

（一）对接管财产的管理措施

1. 列明各项有关债务人财产管理的规章制度，例如：《债务人财产保管和使用办法》《债务人印章和资料的保管和使用办法》《债务人财务收支管理办法和标准》等；

2. 列明债务人财产、账簿、文书、资料的保管措施以及是否会发生破产费用等；

3. 列明债务人财产的安全保卫措施以及是否会发生破产费用等。

（二）未接管财产的追回措施

列明未接管财产的追回方案。

附件：1.《财产接管清单》《财产状况报告》等材料
   2. 各类财产管理的规章制度

说明：

  一、本样式根据《管理人破产程序法律文书样式（试行）》中文书样式 35 关于×××（债务人名称）财产管理方案的报告修改而来，依据的法律是《中华人民共和国企业破产法》第六十一条第一款第八项之规定，由管理人向债权人会议提交。

  二、本文书应当列明财产接管的具体情况，财产接管后的保管、处分等管理制度和措施，以及对未接管财产如何进一步接管，或者如何追回被他人占有的债务人财产的具体方案。

45. 通知书（通知召开债权人会议用）

通知书

（××××)××破管字第×号

×××（债权人名称/姓名）：

×××人民法院于××××年××月××日作出（××××）××破申×号之×民事裁定，裁定受理×××（债务人名称）重整/和解/破产清算一案，并于××××年××月××日作出（××××）××破×号之×决定，指定×××担任管理人。

现经××××人民法院决定（或经债权人会议主席决定），定于××××年××月××日××时在××（会议召开地点）召开×××（债务人名称）重整/和解/破产清算一案第×次债权人会议，就_____事项（概述会议议题，详见附件）进行表决，请你单位/你准时参加。

参会人员须提交下列证件：

1. 债权人系自然人的，提交身份证原件和复印件；

2. 债权人是机构（单位）的，提交营业执照副本原件和复印件，以及法定代表人的身份证原件和复印件；

3. 委托他人出席的，提交授权委托书及委托代理人身份证原件和复印件；委托代理人是律师的还应提交律师事务所的指派函原件及律师执业证原件和复印件。

特此通知。

附件：1. 债权人会议议程
2. 债权人会议议题清单

（管理人印鉴）
××××年××月××日

说明：

一、本样式根据《管理人破产程序法律文书样式（试行）》中文书样式 36 通知书（通知召开债权人会议用）修改而来，依据的法律是《中华人民共和国企业破产法》第六十三条之规定，即："召开债权人会议，管理人应当提前十五日通知已知的债权人。"供管理人通知债权人参加债权人会议时使用。结合《中华人民共和国企业破产法》第十四条第一款、第二款第六项，第六十二条第一款，第一次债权人会议由人民法院（委托管理人）通知；之后的债权人会议由管理人通知。

二、根据《中华人民共和国企业破产法》第六十二条之规定，第一次债权人会议由人民法院召集，以后的债权人会议由人民法院认为必要时决定召开，或者由债权人会议主席收到提议后决定召开。

三、会议通知内容应当注明参加债权人会议应当携带的身份证明材料，并介绍会议主要议题。

46. 关于提议召开债权人会议的报告

关于提议召开债权人会议的报告

（××××）××破管字第×号

×××（债务人名称）债权人会议主席：

现因_____（列明具体原因），本管理人根据《中华人民共和国企业破产法》第六十二条第二款规定，提议于××××年××月××日召开第×次债权人会议，就以下事项进行表决：

1._____（列明提请债权人会议表决的议题名称）；
2._____；
......

特此报告。

（管理人印鉴）
××××年××月××日

说明：

一、本样式根据《管理人破产程序法律文书样式（试行）》中文书样式 37 关于提议召开债权人会议的报告修改而来，依据的法律是《中华人民共和国企业破产法》第六十二条第二款之规定，即：（第一次债权人会议）"以后的债权人会议，在人民法院认为必要时，或者管理人、债权人委员会、占债权总额四分之一以上的债权人向债权人会议主席提议时召开。"由管理人向债权人会议主席提交。

二、报告应当列明提请债权人会议表决的议题。

47. 关于提请人民法院裁定××方案的报告（提请人民法院裁定债权人会议表决未通过方案用）

关于提请人民法院裁定××方案的报告

（××××）××破管字第×号

××××人民法院：

经一次表决的：

根据《中华人民共和国企业破产法》第六十一条第一款规定，本管理人于××××年××月××日将《×××（债务人名称）财产管理方案》/《×××（破产人名称）破产财产变价方案》提交第×次债权人会议表决，因_____（列明未获通过的理由），方案未获通过。现根据《中华人民共和国企业破产法》第六十五条第一款之规定，提请贵院裁定认可《×××（债务人名称）财产管理方案》/《×××（破产人名称）破产财产变价方案》。

经二次表决的：

根据《中华人民共和国企业破产法》第六十一条第一款规定，本管理人于××××年××月××日将《×××（破产人名称）破产财产分配方案》提交第×次债权人会议表决，因_____（列明未获通过的理由），方案未获通过。根据《中华人民共和国企业破产法》第六十五条第二款规定，本管理人又于××××年××月×日将《×××（破产人名称）破产财产分配方案》提交第×次债权人会议二次表决，仍未获通过。现根据《中华人民共和国企业破产法》第六十五条第二款规定，提请贵院裁定认可《×××（破产人名称）破产财产分配方案》。

特此报告。

附件：1. 提交表决的《债务人财产管理方案》《破产财产变价方案》或《破产财产分配方案》

2. 债权人会议表决记录及结果

（管理人印鉴）
××××年××月××日

说明：

一、本样式根据《管理人破产程序法律文书样式（试行）》中文书样式38关于提请人民法院裁定××方案的报告（提请人民法院裁定债权人会议表决未通过方案用）修改而来，依据的法律是《中华人民共和国企业破产法》第六十五条第一款和第二款之规定，即："本法第六十一条第一款第八项、第九项所列事项，经债权人会议表决未通过的，由人民法院裁定。""本法第六十一条第一款第十项所列事项，经债权人会议二次表决仍未通过的，由人民法院裁定。"供管理人将有关债权人会议表决未通过的方案提请人民法院裁定时使用。

二、《中华人民共和国企业破产法》第六十一条第一款第八项所列事项为"通过债务人财产的管理方案"、第九项所列事项为"通过破产财产的变价方案"，第十项所列事项为"通过破产财产的分配方案"。

48. 债权人会议决议

×××（债务人名称）第 × 次债权人会议决议

（××××）×× 破管字第 × 号

会议时间：
会议地点：
参会人员：

第一次债权人会议：根据《中华人民共和国企业破产法》第六十二条第一款规定，由×××× 人民法院召集，于×××年××月××日召开第一次债权人会议。

第一次债权人会议之后的债权人会议：现因_____（列明具体原因），经_____（列明具体身份）向债权人会议主席提议，根据《中华人民共和国企业破产法》第六十二条第二款规定，于×××年××月××日召开第 × 次债权人会议。

应出席本次会议的债权人共 × 户，实际出席会议的 × 户，代表的债权金额为 × 元。其中，有财产担保的债权人 × 户，代表的债权金额为 × 元；无财产担保的债权人 × 户，代表的债权金额为 × 元。

本次会议审议事项为：

1._____；
2._____；
……

上述事项中第 × 项、第 × 项经由出席会议的有表决权的债权人过半数通过且其代表的债权额占无财产担保债权总额的二分之一以上通过，现形成债权人会议决议。根据《中华人民共和国企业破产法》第六十四条第三款规定，对于全体债权人均有约束力。

债权人会议主席签章
××××年××月××日

说明：

一、本样式系新增，依据的法律是《中华人民共和国企业破产法》第六十一条第二款之规定："债权人会议应当对所议事项的决议作成会议记录。"

二、根据《最高人民法院关于适用〈中华人民共和国企业破产法〉若干问题的规定（三）》第十一条第一款之规定，即："债权人会议的决议除现场表决外，可以由管理人事先将相关决议事项告知债权人，采取通信、网络投票等非现场方式进行表决。采取非现场方式进行表决的，管理人应当在债权人会议召开后的三日内，以信函、电子邮件、公告等方式将表决结果告知参与表决的债权人。"

三、决议应当列明提请债权人会议表决通过的事项。对于所议事项为独立的方案的，应将该方案作为附件。

49. 申请书（申请回避管理人指定用）

申请书

申请人：×××（编入管理人名册的社会中介机构的名称或自然人的姓名）
申请事项：
回避担任×××（债务人名称）管理人职务。
事实和理由：
贵院于××××年××月××日发布公告，拟选任×××（债务人名称）管理人。我/单位已经报名参与选任。现因……（披露利益冲突情况）。现申请回避担任×××（债务人名称）管理人职务。
此致
××××人民法院

申请人：
××××年××月××日

说明：

一、本样式系新增，根据《最高人民法院关于审理企业破产案件指定管理人的规定》第二十五条制定，供编入管理人名册的社会中介机构或自然人申请回避担任管理人时使用。

二、回避担任管理人的时间一般在进入指定管理人程序之后至管理人被指定之前。被指定为管理人后发现具有利益冲突的，可参照适用。

三、社会中介机构或者个人发现与本案有利害关系，即产生披露利益冲突的义务和主动申请回避的义务。人民法院认为社会中介机构或者个人与本案有利害关系的，不应指定该社会中介机构或者个人为本案管理人。

50. 申请书（申请辞去管理人职务用）

申请书

申请人：×××（担任管理人的社会中介机构的名称或自然人的姓名）
申请事项：
辞去×××（债务人名称）管理人职务。
事实和理由：
贵院于××××年××月××日作出（××××）××破申×号之×民事裁定，裁定受理×××（债务人名称）破产重整／和解／清算一案，并于××××年××月××日作出（××××）××破×号之×决定，指定我单位担任管理人。
现因……（写明辞去管理人职务的原因）。现辞去×××（债务人名称）管理人职务。
此致
××××人民法院

申请人：
××××年××月××日

说明：

本样式系新增，根据《中华人民共和国企业破产法》第二十九条、《最高人民法院关于审理企业破产案件指定管理人的规定》第三十五条制定。

二、预重整

1. 申请书（申请预重整备案用）

申请书

申请人：×××（债务人的基本情况）

申请事项：

1. ×××（债务人名称）在人民法院裁定受理重整申请前进行预重整；

2. 准许×××（债务人名称）聘任×××（中介机构名称）为预重整辅助机构。

事实和理由：

1. ×××（债务人具备重整原因的基本事实）；

2. 写明债务人重整所必需的财产有无已经被申请或即将被申请执行，有无被采取查封、冻结等强制措施，有无存在其他影响企业继续经营的情况。

3. ×××（写明申请预重整前，与债权人、出资人等利害关系人进行协商、谈判的说明，包括对第2项情况谈判的说明）；

4. ×××（如果申请前已经聘请了辅助机构，写明申请前聘请辅助机构相关情况的说明）。

此致

××××人民法院

附件：

破产法律文书样式

  1. 债权人的名单、债权金额以及债权清偿情况的报告
  2. 股东名单、持股比例等情况的报告
  3. 股东会同意进行预重整的决议
  4. 拟向利害关系人披露的信息（债务人重整所必需的财产有无已经被申请或即将被申请执行，有无被采取查封、冻结等强制措施，有无存在其他影响企业继续经营的情况）
  5. 与债权人、出资人等利害关系人进行协商、谈判的材料
  6. 聘用预重整辅助机构的材料
  7. ……（其他需要提交的材料）

申请人：

××××年××月××日

说明：
  根据《重庆市第五中级人民法院预重整指引（试行）》的规定，申请前聘任了辅助机构的，才需要写明第 2 项请求。

2. 预重整辅助机构推荐函

预重整辅助机构推荐函
（同意债务人推荐用）

×××（债务人名称）：
  我司（我单位／我）同意／推荐你单位聘任×××（中介机构名称）为预重整辅助机构。

×××（债权人姓名或名称）
××××年××月××日
（签名或盖章）

说明：

本样式根据《重庆市第五中级人民法院预重整工作指引（试行）》第二十条制定，供债权人与债务人协商预重整辅助机构时使用。

3. 聘任书（聘任预重整辅助机构用）

预重整辅助机构聘任书

×××（中介机构名称）：

经与×××等债权人协商，我单位决定聘任你单位为预重整辅助机构，协助我单位开展预重整工作。

聘任期内，预重整辅助机构应当履行下列职责：

（一）协助我单位开展预重整工作；

（二）调查我单位的基本情况；

（三）监督我单位自行管理财产和营业事务；

（四）协助我单位引入投资人；

（五）定期向人民法院报告预重整工作进展；

（六）协助我单位向人民法院提交预重整终结工作报告；

（七）根据人民法院的要求履行其他职责。

×××（债务人名称）

××××年××月××日

（法定代表人签字并加盖公章）

抄送：××××人民法院

说明：

本样式根据《重庆市第五中级人民法院预重整工作指引（试行）》第二十条、第二十一条制定，供债务人聘任预重整辅助机构时使用。

破产法律文书样式

4. 通知书（告知已知债权人用）

通知书
（告知已知债权人用）

×××（已知债权人姓名或名称）：

　　我单位因不能清偿到期债务，并且资产不足以清偿全部债务（或者明显缺乏清偿能力，或者有明显丧失清偿能力可能），已经具备重整原因。为尽早挽救企业，我单位决定进行预重整（若为破申阶段的预重整，则写：我单位已经向××××人民法院申请重整，并请求人民法院许可我单位在裁定受理重整申请前进行预重整）。

　　根据我单位自行清理，贵单位/贵方可能对我单位享有债权。请贵单位/贵方在××××年××月××日前，向我单位（通讯地址：＿＿＿＿；邮政编码：＿＿＿＿；联系电话：＿＿＿＿）申报债权，书面说明债权数额、有无财产担保及是否属于连带债权，并提供相关证据材料。

　　我单位定于××××年××月××日××时在＿＿＿＿（地点）召开第一次债权人会议，敬请贵方/贵单位参加。参加会议时应提交个人身份证明；委托代理人出席会议的，应提交授权委托书、委托代理人的身份证件或律师执业证，委托代理人是律师的还应提交律师事务所的指派函。（如系法人或非法人组织的，则改为"参加会议时应提交营业执照、法定代表人或负责人身份证明书；委托代理人出席会议的，应提交授权委托书、委托代理人的身份证件或律师执业证，委托代理人是律师的还应提交律师事务所的指派函"）

　　特此通知。

　　附件：债权申报须知

××××年××月××日
（公司盖印、法定代表人签字）

说明：

　　一、本样式参照破产程序中通知已知债权人的通知书制定，供债务人在预重整期间通知已知债权人时使用。

二、债权人会议主要由债务人作相关报告，披露相关信息，核查债权、对重组协议进行表决。

三、债务人应当将需审议、表决事项的具体内容提前三日告知已知债权人。

5. 公告（预重整用）

公告

（公告预重整用）

我单位因不能清偿到期债务，并且资产不足以清偿全部债务（或者明显缺乏清偿能力，或者有明显丧失清偿能力可能），已经具备重整原因。为尽早挽救企业，我单位决定进行预重整（若为破申阶段的预重整，则写：我单位已经向××××人民法院申请重整，并请求人民法院许可我单位在裁定受理重整申请前进行预重整）。

请我单位的债权人在××××年××月××日前，向我单位（通讯地址：＿＿＿＿＿；邮政编码：＿＿＿＿＿；联系电话：＿＿＿＿＿）申报债权，书面说明债权数额、有无财产担保及是否属于连带债权，并提供相关证据材料。

我单位定于××××年××月××日××时在＿＿＿＿＿（地点）召开第一次债权人会议，对重组协议进行表决，敬请贵方/贵单位参加。参加会议时应提交个人身份证明；委托代理人出席会议的，应提交授权委托书、委托代理人的身份证件或律师执业证，委托代理人是律师的还应提交律师事务所的指派函。（如系法人或非法人组织的，则改为"参加会议时应提交营业执照、法定代表人或负责人身份证明书；委托代理人出席会议的，应提交授权委托书、委托代理人的身份证件或律师执业证，委托代理人是律师的还应提交律师事务所的指派函。"）

特此通知。

附件：债权申报须知

破产法律文书样式

××× ××× ×××年××月××日
（公司盖印、法定代表人签字）

说明：
  一、本样式参照破产程序中在人民法院受理破产申请后发布的公告制定，供债务人在预重整期间公告预重整事宜及提前申报债权时使用。
  二、债权人会议主要由债务人作相关报告，披露相关信息，核查债权、对重组协议进行表决。
  三、债务人应当将需审议、表决事项的具体内容提前三日告知已知债权人。

6. 商请函（请求中止执行程序用）

商请函

（中止执行程序用）

（××××）××破管字第×号

×××（写明申请执行人姓名或者名称）：
  ×××（债务人名称）因_____（写明重整原因），正在进行债务重组（或预重整）。根据债务人掌握的材料，××××人民法院已于××××年××月××日受理了贵方对我单位提出的强制执行申请，案号为××××，执行内容为：_____。
  为保护全体债权人的利益，让我单位能够有一定缓冲时间与各位债权人就重组协议进行谈判，恳请贵方撤回执行申请，或者与我单位达成和解协议后撤销执行申请。

（债务人印鉴）
××××年××月××日

说明：

如果是在破申阶段的预重整，应附备案通知书。

7. 表决票

×××（债务人名称）重组协议
表决票

债务人名称：

债务人统一社会信用代码：

债权组别：

债权人名称/姓名：

表决的内容：×××（债务人名称）重组协议

同意	不同意

本人/本单位对重组协议的同意视为对重整申请受理后根据该重组协议制订的重整计划草案表决的同意。本人/本单位已经同意重组协议的，进入重整程序后，不再另行对重整计划草案进行表决。但重整计划草案对协议内容进行了修改并对债权人有不利影响，或者与有关债权人重大利益相关的除外。

债权人：（签名或盖章）

××××年××月××日

重要提示

尊敬的债权人：

×××（债务人名称）已经制作了重组协议，请您仔细阅读提示内容后进行表决（表决票附后）。

投票截止日期：　　年　　月　　日。北京时间：＿＿＿：＿＿＿。

请认真阅读重组协议及信息披露声明。

请您用此表决票来对×××（债务人名称）提出的重组协议作出同意或者不同意的表决。重组协议附在本表决票后。收回的表决票中，同一表决组的债权人过半数同意重组协议，并且其所代表的债权额占该组债权总金额的三分之二以上的，即为该组通过重组协议。各表决组均通过重组协议时，重组协议即为通过。×××（债务人名称）进入重整程序后，将根据该重组协议制订重整计划草案。

经人民法院裁定批准的重整计划，对所有债权人有约束力。

本表决票除接受或拒绝重组协议外，不得作为任何其他用途。

本表决票不能构成或被视为债权或股权的证明，或申明债权或股权权益的证明。如果债务人已经享有相应的抗辩权（包括但不限于诉讼时效抗辩），本表决票不视为债务人放弃抗辩权。

如果您对投票或投票程序有任何疑问，或您需要表决票，或额外的重组协议或者披露声明的副本，或其他相关材料，请通过＿＿＿＿＿＿方式联系［债务人或其代理人］。

债务人落款
××××年××月××日

说明：

本样式根据《重庆市第五中级人民法院预重整工作指引（试行）》第十五条制定，供债权人对重组协议进行表决时使用。

8. 表决结果通知书

<h2 style="text-align:center">表决结果通知书</h2>

×××（债务人名称）的债权人：

×××（债务人名称）拟订的《×××（债务人名称）重组协议》已由债权人会议表决通过。人民法院受理重整申请后，×××（债务人名称）将请求人民法院裁定批准根据该重组协议形成的重整计划草案。

或者：

×××（债务人名称）拟订的《×××（债务人名称）重组协议》，经债权人会议表决，未表决通过。

附件：×××（债务人名称）重组协议表决情况统计

×××（债务人名称）
××××年××月××日
（法定代表人签字，债务人盖章）

<h3 style="text-align:center">×××（债务人名称）重组协议表决情况统计</h3>

序号	债权组别	债权总金额	债权人人数	同意的债权额及占比	同意人数及占比	该组表决结果

说明：

本样式供债务人向债权人通报表决结果时使用。

9. 预重整信息披露总体报告

预重整信息披露总体报告

×××（债务人名称）的债权人：

我单位因不能清偿到期债务，并且资产不足以清偿全部债务（或者明显缺乏清偿能力，或者有明显丧失清偿能力可能），已经具备重整原因。为尽早挽救企业，我单位决定进行预重整（若为破申阶段的预重整，则写：我单位已经向××××人民法院申请重整，并请求人民法院许可我单位在裁定受理重整申请前进行预重整）。为充分保障债权人的知情权，现将我单位有关信息向贵方进行披露，以便贵方在充分掌握信息的基础上参与我单位的预重整程序。

一、债务人基本情况

1. 企业的设立日期、性质、住所地、法定代表人姓名；
2. 企业注册资本、出资人及出资比例；
3. 企业生产经营范围；
4. 企业员工状况；
5. 企业资产财务状况；
6. 企业目前状态。

（债务人的基本情况，应该在债务人向债权人表达预重整意愿时进行披露，预重整过程中，情况发生变化的，随时补充告知债权人）

二、债务人财产状况

分别列明债务人（尽可能审计、评估）货币（有价证券）资金、应收账款和预付账款、对外债权、对外投资、存货、固定资产、无形资产等各类财产的状况。

（债务人财产状况与第一部分的企业资产财务状况有部分重合，企业资产财务状况主要是账面资产，而此处的债务人财产状况指经过预重整辅助机构调查或者审计机构进行破产审计后得出的债务人财产状况，应当在完成调查后五日内向债权人进行披露）

三、债务人的负债情况

经清理对外负债情况。债务人目前有债权人共×户，总金额为××元。其中，有财产担保债权共×户，总金额为××元；税款债权共×户，

总金额为××元；普通债权共×户，总金额为××元；劣后债权共×户，总金额为××元（其中×户同时享有××债权和××债权）

（可单独列债权清理表，格式参照债权登记表）

（债务人的负债情况，在申报债权期限届满后十五日内向债权人披露）

四、债务人陷入财务困境的原因

（债务人陷入财务困境的原因，应当在告知债权人准备预重整时进行披露，预重整辅助机构调查后对原因进行补充的，及时补充披露）

五、不重整而直接进行破产清算的债权的可能受偿比例

（清算状态下的清偿比例，最迟与重组协议一并向债权人进行披露）

六、债务人的重整（重组）价值

七、债务人的重整（重组）可行性

八、预重整

（一）重组协议与重整计划草案的关系

（二）预重整的潜在风险及相关建议

九、重整计划草案（重组协议）的框架和主要内容（也可以将重组协议直接作为附件）

（一）债务人的经营方案

简述经营团队组成、经营计划、经营计划的可行性分析、经营目标等。

（二）债权分类和调整方案

简述经法院裁定确认的债权核查情况，并按债权类别介绍各类债权的金额和调整方案，说明债权调整的理由和实施途径。

（三）出资人权益调整方案

简述出资人情况及出资比例，介绍出资人权益调整方案，说明调整的理由和实施途径。

（四）债权受偿方案

简述各类债权的受偿途径和比例。

（五）重整计划的执行期限

说明确定重整计划执行期限的理由。

（六）重整计划执行的监督期限

说明重整计划执行监督措施及确定重整计划执行监督期限的理由。

（七）有利于债务人重整的其他方案

十、重整计划草案的重点与难点

突出说明重整计划实施中的重点与难点，介绍解决的方案和途径，以及重整计划实施过程中需要进一步工作的内容。

（五至十最迟与重组协议一并向债权人进行披露）

××××年××月××日

（公司盖印、法定代表人签字）

说明：

信息披露根据预重整的进度及时进行，在重组协议提交表决前，应当汇总信息披露的内容，形成总体报告。

10. 预重整终结工作报告

预重整终结工作报告

××××人民法院：

贵院已于××××年××月××日许可我单位在裁定受理重整申请前进行预重整。（若非破申阶段的预重整，则写我单位在申请破产前进行了预重整。）现预重整程序已经终结。现将预重整情况报告如下：

一、债务人基本情况

1. 企业的设立日期、性质、住所地、法定代表人姓名；

2. 企业注册资本、出资人及出资比例；

3. 企业生产经营范围；

二、债务人资产负债情况

经过预重整期间的核查，债务人资产负债情况如下：

（一）资产状况（对于需要通过处置变现的资产价值，要区分重整状态和清算的不同价值）

（二）负债情况（写明经申报、核查的债权确认情况，对于未申报的预计债权也应当进行明确）

三、不重整而直接进行破产清算的债权的可能受偿比例

四、债务人陷入财务困境的原因

（债务人陷入财务困境的原因，应该在告知债权人准备预重整时进行披露，预重整辅助机构调查后对原因进行补充的，及时补充披露）

五、预重整期间的经营状况

六、债务人的重整（重组）价值

七、债务人的重整（重组）可行性

八、重组协议提交表决的过程及结果

九、其他开展预重整的相关情况

××××年××月××日
（债务人、预重整辅助机构盖章）

三、重整

1. 通知书（重整期间决定是否同意取回财产用）

通知书

（××××）××破管字第×号

×××（要求取回财产的申请人名称/姓名）：

同意取回时适用：

你单位/你关于要求取回_____（取回标的物的名称、数量）的申请收悉。经本管理人审核，债务人占有上述财产时约定，_____（列明关于取回条件的约定）。因此，你单位/你的申请符合事先约定的条件，根据《中华人民共和国企业破产法》第七十六条规定，同意你单位/你取

破产法律文书样式

回上述财产。

　　你单位/你可于接到本通知书之日起×日内，向本管理人接洽办理上述财产的取回手续。

　　不同意取回时适用：

　　你单位/你关于要求取回_____（取回标的物的名称、数量）的申请收悉。经本管理人审核，债务人占有上述财产时约定，_____（列明关于取回条件的约定）。现因_____（列明相应情形），故你单位/你的申请不符合事先约定的条件，根据《中华人民共和国企业破产法》第七十六条规定，管理人不同意你单位/你取回上述财产。

　　如对管理人的决定有异议，你单位/你可于接到本通知书之日起×日内向本管理人提出，并附相关证据，配合管理人核实。

　　特此通知。

　　附件：债务人占有财产时关于取回条件约定的证据材料

（管理人印鉴）

××××年××月××日

说明：

　　一、本样式根据《管理人破产程序法律文书样式（试行）》中文书样式50通知书（重整期间决定是否同意取回财产用）修改而来，依据的法律是《中华人民共和国企业破产法》第七十六条之规定，即："债务人合法占有他人财产的，该财产的权利人在重整期间要求取回的，应当符合事先约定的条件。"由管理人向提出取回申请的财产权利人发送。

　　二、根据《最高人民法院关于适用〈中华人民共和国企业破产法〉若干问题的规定（二）》第二十六条规定，权利人在重整期间行使取回权，应当在重整计划草案提交债权人会议表决前向管理人提出。权利人在上述期限后主张取回相关财产的，应当承担延迟行使取回权增加的相关费用。

　　三、重整期间，财产权利人请求取回财产的，应当符合事先约定的条件。因此，本文书应当列明双方事先关于取回财产的约定条件。

2. 关于提请人民法院决定终止债务人自行管理的报告

关于提请人民法院决定终止债务人自行管理的报告

（××××）××破管字第 × 号

×××× 人民法院：

贵院于××××年××月××日作出（××××）××破×号之×决定，准许×××（债务人名称）在管理人的监督下自行管理财产和营业事务。管理人对债务人的自行管理行为进行监督过程中，发现债务人存在以下严重损害债权人利益的行为或者有其他不适宜自行管理情形：

1.＿＿＿＿＿＿＿＿；
2.＿＿＿＿＿＿＿＿；
……

经管理人提醒，×××（债务人名称）未能及时纠正其不当行为（或者其他不适宜自行管理情形未能改善）。

因×××（债务人名称）不适宜自行管理，管理人根据《中华人民共和国企业破产法》第七十三条第一款规定，请求贵院决定终止×××（债务人名称）自行管理财产和营业事务。

特此报告。

附件：债务人不适宜自行管理的相关材料

（管理人印鉴）
××××年××月××日

说明：

一、本样式系新增，供管理人在发现债务人存在严重损害债权人利益的行为或者有其他不适宜自行管理情形时，申请人民法院作出终止债务人自行管理的决定时使用。

二、根据《中华人民共和国企业破产法》第七十三条、《全国法院民商事审判工作会议纪要》第111条第3款规定，管理人应当对债务人的自行管理行为进行监督。管理人发现债务人不宜自行管理的，应当向法院申请终止债务人自行管理。

三、管理人发现债务人存在损害债权人利益的行为时，应当及时提醒债务人改正。债务人及时纠正的，管理人可以根据具体情况选择是否提出终止自行管理的申请。

3. 关于提请人民法院终止重整程序的报告

关于提请人民法院终止重整程序的报告

（××××）×× 破管字第 × 号

××××人民法院：

　　贵院于××××年××月××日作出（××××）××破申×号之×民事裁定，裁定受理债务人×××（债务人名称）重整一案。重整期间，管理人发现×××（债务人名称）存在下列情形，导致重整程序无法继续进行：

　　1.＿＿＿＿＿＿＿；
　　2.＿＿＿＿＿＿＿；
　　……

　　根据《中华人民共和国企业破产法》第七十八条规定，管理人申请贵院依法裁定终止×××（债务人名称）的重整程序，并宣告×××（债务人名称）破产。

　　特此报告。

　　附件：重整程序无法继续进行的证据材料

（管理人印鉴）

××××年××月××日

说明：

　　一、本样式根据《管理人破产程序法律文书样式（试行）》中文书样式 51 关于提请人民法院终止重整程序的报告修改而来，依据的法律是《中华人民共和国企业破产法》第七十八条之规定，由管理人发现重整债务人发生第七十八条规定的三种情形之一的，请求法院裁定终止重整程序，并宣告债务人破产。

二、本文书应当列明导致重整程序无法继续进行的具体情形。例如，重整债务人经营状况和财产状况继续发生恶化的，应当列明恶化的具体程度，并附相关的证据材料。

4. ×××（债务人名称）重整投资人招募公告

×××（债务人名称）重整投资人招募公告

××××年××月××日，××××人民法院作出（××××）××破申×号之×民事裁定，裁定受理×××（债务人名称）重整一案，并于××××年××月××日作出（××××）××破×号之×决定，指定×××担任管理人。

为尽快推进重整程序，实现债务人资产价值最大化，最大限度的维护债权人利益，现就×××（债务人名称）重整，管理人面向社会公开招募重整投资人。具体招募事宜公告如下：

一、企业基本情况

（一）市场主体登记信息

（简述债务人的登记情况，如出资情况、成立时间、股东情况、住所、经营范围等）。

（二）资产负债情况

（简述债务人的资产负债情况，如货币资金、应收账款、其他应收款、长期股权投资等资产项；短期借款、应付账款长期借款、应付债券等负债项）

二、投资方式

投资人可采取包括但不限于债权投资或股权投资方式对本项目进行重整投资，拟通过引入投资人获取重整资金，收购×××（债务人名称）的关联公司股权（包括但不限于开发房地产项目公司、收益较好的自持商业地产项目公司）以及相关公司对×××（债务人名称）的应付账款等。

（一）债权投资方式

投资人通过借款形式借入资金，按一定比例收取资金利息。资金使用期限为××年（根据重整计划确定期限），在重整计划执行过程中，根据项目推进情况可决定提前分期偿还。

（二）股权投资方式

投资人投入重整资金清偿各类债权，投资人可获得×××（债务人名称）全部或者部分股权。×××（债务人名称）应按照人民法院裁定批准的重整计划清偿债务等。

三、投资用途

（阐明投资的方向，投资的资金是用于清偿债务，还是用于生产经营等）

四、投资人报名基本条件

（一）投资人应为依法设立并有效存续的企业法人或非法人组织或有完全民事行为能力的自然人。

（二）投资人应具备较高的社会责任感和良好的商业信誉，在最近三年内无重大违法行为、无数额较大到期未清偿债务、未被列入失信被执行人（含机构投资人的法定代表人未被纳入失信执行人名单）。

（三）投资人应拥有较雄厚的资金实力、财务状况良好，能出具相应的资信证明或其他履约能力证明，拥有足够的资金实力进行重整投资。投资人××××年经审计的财务报告中资产规模不低于××亿元。

（四）投资人应当具备与其选择的投资方式相对应的资质条件。

（五）投资人既可以独立自行单独投资，也可以组成联合体投资，联合体成员中至少一方作为牵头方需要符合上述条件。组成联合体的各方不得再以自己名义单独或加入其他联合体参加本项目招募。联合体各成员间应当明确牵头方，说明成员组成、合作方式、职责分工及权利义务。

（六）具有经营同类业务的经验及背景者，在同等条件下优先。

五、投资人招募流程

（一）第一阶段：意向投资人报名，申请开展尽调工作

1. 管理人以公告、邀请等形式公开招募投资人，包括在网站、自媒体发布招募公告及向意向投资人发出邀请，报名截止时间为××××年××月××日××时，如果意向投资人在报名截止日前向管理人提交投

资意向书的，可最迟于××××年××月××日××时前向管理人提交证明符合第三条基本条件的企业资料（包括但不限于尽调申请书、营业执照、法定代表人身份证明书、授权委托书、资质证书、缴纳税收和社保证明、组织架构图、××××年审计报告、保密承诺函、投资者企业基本情况介绍、历史沿革、与重整投资规模相匹配的资信证明及履约能力证明等）。如为联合投资人，联合体各成员均须按以上要求提交材料，并且需说明各成员的角色分工、权利义务等。

2. 意向投资人应于报名当日向管理人指定的银行账户汇入尽调保证金××万元，未按规定缴纳尽调保证金的，将视为放弃尽调及投资人参选资格。

3. 意向投资人尽调时间不超过30日。管理人可根据需要对意向投资人开展反向尽调。

（二）第二阶段：管理人组织评审《重整投资方案》并确定投资人

1. 各意向投资人在完成尽职调查工作后30日内向管理人提交正式《重整投资方案》，该方案应当符合重整程序的相关要求，具体细节可与管理人联系。

2. 各意向投资人所提交的上述资料和《重整投资方案》经管理人审查合格后，管理人将通知意向投资人在10日内向管理人账户缴纳投资保证金××万元。未按规定缴纳投资保证金的，意向投资人自动丧失参与×××（债务人名称）重整后续程序的资格。

3. 管理人将组织成立评选委员会，制定评审规则，对意向投资人提交的正式《重整投资方案》进行评选，确定中选投资人、备选投资人。管理人与中选投资人签署《投资协议》后该意向投资人正式成为×××（债务人名称）投资人。中选投资人所缴纳的尽调保证金及投资保证金均将转为重整资金，从其根据《投资协议》规定应支付的款项中等额抵扣。

六、尽调保证金及投资保证金的退还

（一）尽调完成后未按期出具正式《重整投资方案》的意向投资人，管理人将在10工作日内无息退回尽调保证金。

（二）未中选的意向投资人（含备选投资人）缴纳的尽调保证金及投资保证金，管理人将于招募工作结束后10个工作日内无息退回。

（三）中选投资人在签订《投资协议》前，以明示或默示的方式单方退出，或未按约定投入重整资金，其缴纳的尽调保证金及投资保证金均不予退还。

（四）如中选投资人在投标中提交虚假资料，包括但不限于提供虚假业绩证明、虚假诚信证明等，将取消其中选投资人资格，已缴纳的尽调保证金及投资保证金均不予退还。

（五）意向投资人在缴纳投资保证金后，正式评选《重整投资方案》之前，明示放弃的，其缴纳的尽调保证金及投资保证金均无息退还。

（六）管理人未能根据《重整投资方案》与中选投资人签署《投资协议》并制定重整计划草案的，或重整计划草案未获债权人会议表决通过的，或重整计划草案未获人民法院裁定批准的，投资人缴纳的尽调保证金及投资保证金均无息退还。

七、特别说明

（一）本公告仅供参考，不构成管理人的任何保证，不作为投资建议，请投资者以尽职调查结果为投资依据，本公告最终解释权归管理人享有。

（二）管理人有权对本公告内容进行补遗，补遗内容将以书面形式送达至所有报名的投资人。

（三）意向投资人为一家或以上，即视为招募有效。

七、管理人联系人及联系方式

……

（管理人印鉴）

××××年××月××日

说明：

本样式系新增，供重整期间公开招募投资人用。

5. 关于提请审议重整计划草案的报告（管理人管理财产和营业事务用）

关于提请审议重整计划草案的报告

（××××）×× 破管字第 × 号

×××× 人民法院：
×××（债务人名称）债权人会议：

　　×××× 法院于 ×××× 年 ×× 月 ×× 日作出（××××）×× 破申 × 号之 × 民事裁定，裁定受理 ×××（债务人名称）重整一案，并于 ×××× 年 ×× 月 ×× 日作出（××××）×× 破 × 号之 × 决定，指定 ××× 担任管理人。

　　本管理人接受指定后，负责管理 ×××（债务人名称）财产和营业事务。根据《中华人民共和国企业破产法》第八十条第二款规定，管理人起草了《×××（债务人名称）重整计划草案》，现提交人民法院审查及债权人会议讨论表决。

　　对于方案中需要说明的问题报告如下：

　　一、重整计划草案起草的过程和可行性分析

　　简述重整计划草案起草的前期过程，重点分析重整计划草案实施的可行性。

　　二、重整计划草案的框架和主要内容

　　（一）债务人的经营方案

　　简述经营团队组成、经营计划、经营计划的可行性分析、经营目标等。

　　（二）债权分类和调整方案

　　简述经法院裁定确认的债权情况，并按债权类别介绍各类债权的金额和调整方案，说明债权调整的理由和实施途径。

　　（三）出资人权益调整方案

　　简述出资人情况及出资比例，介绍出资人权益调整方案，说明调整的理由和实施途径。

　　（四）债权受偿方案

　　简述各类债权的受偿途径和比例，并须特别说明如果不重整而直接进行破产清算的债权的可能受偿比例。

（五）重整计划的执行期限

说明确定重整计划执行期限的理由。

（六）重整计划执行的监督期限

说明重整计划执行监督措施及确定重整计划执行监督期限的理由。

（七）有利于债务人重整的其他方案

三、重整计划草案的重点与难点

突出说明重整计划实施中的重点与难点，介绍解决的方案和途径，以及重整计划实施过程中需要进一步工作的内容。

特此报告。

附件：重整计划草案

（管理人印鉴）

××××年××月××日

说明：

一、本样式根据《管理人破产程序法律文书样式（试行）》中文书样式52关于提请审议重整计划草案的报告修改而来，依据的法律是《中华人民共和国企业破产法》第七十九条、第八十条第二款、第八十四条第三款规定，由管理人制作后同时向受理破产案件的人民法院和债权人会议提交。

二、本文书应当对重整计划草案进行说明，就一些重要问题，例如债权调整、出资人权益调整、重整后的经营方案等进行介绍，同时本文书应当附重整计划草案。

解读

1. 根据《企业破产法》第七十九条第一款规定："债务人或者管理人应当自人民法院裁定债务人重整之日起六个月内，同时向人民法院和债权人会议提交重整计划草案。"第八十四条第一款规定："人民法院应当自收到重整计划草案之日起三十日内召开债权人会议，对重整计划草案进行表决。"据此，对于重整计划草案的提交和表决可以是两次债权人会议。为便于债权人即时行使表决权，向债权人会议提交重整计划草案可采用书面债权人会议方式。

2. 根据《最高人民法院关于适用〈中华人民共和国企业破产法〉若干问题的规定（三）》第十一条规定，债权人会议的决议除现场表决外，可以由管理人事先将相关决议事项告知债权人，采取通信、网络投票等非现场方式进行表决。采取非现场方式进行表决的，管理人应当在债权人会议召开后的三日内，以信函、电子邮件、公告等方式将表决结果告知参与表决的债权人。

3. 根据《最高人民法院关于推进破产案件依法高效审理的意见》以及《重庆市高级人民法院关于破产案件简化审理的工作规范》相关规定，债权人会议可以采用书面或网络方式召开。

6. 重整计划草案

×××（债务人名称）重整计划草案

释义

解释说明方案中涉及到的受理法院、债权人、基准日等缩略词及专有名词。

前言

简述企业重整背景以及重整计划草案制定过程中的法律支撑及技术支持等。

摘要

简述重整计划核心内容，如：制定方案的原则、投资人的引进、清偿方案等。

正文

一、经营方案

（一）×××（债务人名称）基本情况

（简述债务人的市场主体登记情况，如出资情况、成立时间、股东情况、住所、经营范围等）。

（二）经营情况，可结合审计结果进行披露

（简述债务人的实际经营情况）。

（三）资产情况，可结合评估结果进行披露

根据×××（债务人名称）××××年年度报告，截至××××年××月××日，×××(债务人名称)总资产×××元，总负债×××元，净资产×××元。

（四）负债情况，对债权审查进行披露

截至重整计划草案提交日，共计××家债权人向管理人申报××笔债权，申报金额合计×××元。管理人经对已申报债权进行依法审查，并依法提交×××人民法院裁定的债权如下：确认债权合计×××元，分别为有财产担保债权×××元、税款债权×××元、普通债权×××元、劣后债权×××元；不予确认债权×××元。初步审查确定的债权和暂缓确定债权×××元。

（五）假定清算条件下偿债能力分析

（简述清算条件下债务人的偿债能力）

（六）引入投资人

1. 投资人招募情况

××××年××月××日，管理人发布了《×××（债务人名称）重整投资人招募公告》，按照"公开、透明、择优、依法合规"原则，依法组织遴选评审工作，最终正式确定×××（投资人名称）为×××（债务人名称）的投资人。

2. 投资人的基本情况

（简述投资人的基本情况）

3. 主要投资安排

（简述投资人的投资方案）

（七）主营业务开展方案

（简述债务人主营业务开展方案）

（八）其他需要补充说明的方案

（简述债务人其他需要补充说明的方案）

二、债权分类

根据《中华人民共和国企业破产法》（简称《企业破产法》）等法律及规定，×××（债务人名称）债权将按照职工债权、税款债权、有财产担保债权、普通债权、劣后债权、出资人进行分类（根据实际情况确定是否设置小额债权），具体分类如下。

职工债权：指《企业破产法》第八十二条第一款第二项规定的×××（债务人名称）欠付的职工债权。

税款债权：指《企业破产法》第八十二条第一款第三项规定的×××（债务人名称）欠付的税款本金。

有财产担保债权：指《企业破产法》第八十二条第一款第一项规定的有财产担保债权，以及《民法典》第八百零七条规定的对债务人的特定建设工程享有建设工程价款优先受偿权的债权。

普通债权：指《企业破产法》第八十二条第一款第四项规定的，债权人对债务人享有的除有财产担保债权、职工债权、税款债权及劣后债权以外的其他债权。

劣后债权：指《全国法院破产审判工作会议纪要》（简称《破产审判会议纪要》）第28条规定的，在债务人进入重整前产生的民事惩罚性赔偿金、行政罚款、刑事罚金等惩罚性债权。

小额债权：指《企业破产法》第八十二条第二款规定的，人民法院在普通债权组中设立的小额债权。

出资人：指《企业破产法》第八十五条第二款的规定，重整计划涉及出资人权益调整事项的出资人。

三、债权调整方案

（一）职工债权：在本次重整中×××（是否做调整）。

（二）税款债权：在本次重整中×××（是否做调整）。

（三）有财产担保债权：本次重整中×××（是否做调整）。

（四）普通债权：在本次重整中×××（是否做调整）。

（五）劣后债权：在本次重整中×××（是否做调整）。

（六）小额债权：在本次重整中×××（是否做调整）。

（七）出资人：

1. 出资人权益调整的必要性

（简述方案是否对出资人权益进行调整）

2. 出资人权益调整的原则

（简述方案对出资人权益调整的原则）

3. 出资人权益调整内容

（简述方案对出资人权益调整的具体内容）

4. 出资人组组成

根据《企业破产法》第八十五条第二款的规定，重整计划涉及出资人权益调整事项的，应当设出资人组对该事项进行表决。

出资人组由登记机关登记在册的全体股东组成。上述股东在出资人权益调整方案实施完毕前由于交易或非交易等原因导致持股情况发生变动的，出资人权益调整方案的效力及于其股权的受让方及承继人。×××（股东名称）因涉及部分出资人权益调整，依法设立出资人组表决。

（二）调整后的债权情况

1. 职工债权

经管理人调查，×××（债务人名称）的职工债权总金额约×××元。

2. 税款债权

×××（债务人名称）欠付税款债权金额共计约×××元。

3. 有财产担保债权

×××（债务人名称）有财产担保的债权共计约×××元。

4. 普通债权

×××（债务人名称）普通债权共计约×××元。

5. 劣后债权

×××（债务人名称）劣后债权共计约×××元。

6. 小额债权

×××（债务人名称）小额债权共计约×××元。

7. 预计债权

根据管理人审查结果以及预估结果，×××（债权人名称）的预计债权约×××元，将根据预估的债权分类预留偿债资金。

四、债权受偿方案

（一）偿债资金及财产来源

（简述偿债资金及财产来源）

（二）具体偿债方案

（简述具体清偿方案）

（三）预计债权及劣后债权的清偿方案

（简述预计债权及劣后债权的清偿方案）

五、有利于债务人重整的其他方案

（简述有利于债务人重整的其他方案）

六、重整计划的执行期限及执行完毕的标准

（一）执行主体

根据《企业破产法》第八十九条的规定，经法院裁定批准的重整计划由债务人负责执行，即×××（债务人名称）是本重整计划的执行主体。

（二）执行期限

本重整计划的执行期限为自法院裁定批准重整计划之日起××个月。重整计划执行期限内，×××（债务人名称）应严格依照本重整计划的规定清偿债务，并优先支付重整费用。

（三）执行期限的延长

如非债务人自身原因，致使本重整计划无法在上述期限内执行完毕，债务人应于执行期限届满前××日内向××××人民法院提交延长重整计划执行期限的申请，并根据××××人民法院批准的执行期限继续执行。

本重整计划提前执行完毕的，执行期限在执行完毕之日到期。

（四）执行完毕的标准

（简述重整计划执行完毕的标准）

（五）协助执行

就本重整计划执行过程中需要有关单位协助执行的包括但不限于抵质押登记变更或注销、股权登记变更、财产限制措施解除等事项，债务人可向××××人民法院提出申请，请求××××人民法院向有关单位出具要求其协助执行的司法文书，支持本重整计划的执行。

七、重整计划执行的监督

（一）监督主体

根据《企业破产法》第九十条的规定，管理人负责监督债务人执行重整计划。制定监督计划，并报告人民法院。在本重整计划监督期限内，债务人应接受管理人的监督。本重整计划执行的监督期限内，×××（债务人名称）应接受管理人的监督，及时向管理人报告重整计划执行情况、公司财务状况以及重大经营决策、资产处置等事项，并配合管理人的各项监督工作。

（二）监督期限

本重整计划执行的监督期限与重整计划执行期限一致。若×××（债务人名称）申请延长执行期限的，管理人亦将申请延长监督期限。

（三）监督期限的延长

根据本重整计划执行的实际情况，需要延长管理人监督重整计划执行期限的，由管理人向××××人民法院提交延长重整计划执行监督期限的申请，并根据××××人民法院批准的期限继续履行监督职责。

（四）监督期限的终止

在监督期限届满或债务人执行完毕重整计划时，管理人将向法院提交监督报告；自监督报告提交之日起，管理人的监督职责终止。

八、关于执行重整计划的其他事宜

（一）重整计划生效条件及效力

1. 重整计划的生效条件

根据《企业破产法》第八十四条至第八十七条之相关规定，重整计划草案由各表决组表决通过，并经法院裁定批准后生效，或虽有表决组未表决通过但经法院裁定批准后生效。

2. 重整计划的效力

本重整计划一经法院裁定，即对×××（债务人名称）、全体债权人、战略投资人、全体出资人等均具有约束力。本重整计划对相关方权利义务的规定效力及于该项权利义务的承继方或受让方。

（二）偿债资源的分配与执行

（简述各类偿债资源的分配与执行方案）

（三）偿债资源的预留、提存与处理

（简述偿债资源的预留、提存与处理）

（四）债权人对其他还款义务人的权利

根据《企业破产法》第九十二条的规定，债权人对债务人的保证人和其他连带债务人、主债务人所享有的权利，不受重整计划的影响。

（五）转让债权的清偿

债权人在重整受理日后对外转让债权的，受让人按照原债权人根据本重整计划就该笔债权可以获得的受偿资源受偿。

（六）重整费用的支付及共益债务的清偿

（简述重整费用的支付及共益债务的清偿事项）

（七）需要债权人支持配合事项

（简述债权人应当支持配合对债务人财产限制措施的解除、信用修复、提供足额发票等事项）

九、重整计划的解释与修正

（简述重整计划的解释以及变更等事项）

说明：

一、本样式根据《管理人破产程序法律文书样式（试行）》中文书样式 52 关于提请审议重整计划草案的报告修改而来，依据的法律是《中华人民共和国企业破产法》第八十一条。

二、根据《中华人民共和国企业破产法》第八十条规定，管理人负责管理财产和营业事务的，由管理人制作重整计划草案。

三、在参照适用时，结合每个案件不同情况进行调整细化。如重整计划的监督措施，可明确管理人的监督方式、监督事项、监督职责等内容。

7. 关于申请延期提交重整计划草案的报告（管理人管理财产和营业事务用）

关于申请延期提交重整计划草案的报告

（××××）××破管字第×号

××××人民法院：

贵院于××××年××月××日作出（××××）××破申×号之×民事裁定，裁定受理×××（债务人名称）重整一案，并于××××年××月××日作出（××××）××破×号之×决定，指定××担任管理人。

本管理人接受指定后，负责管理×××（债务人名称）财产和营业事务，并就重整计划草案的制作进行了充分研究。现管理人无法在贵院裁定重整之日起六个月内（即××××年××月××日前）按期提交重整计划草案，理由如下：

1.＿＿＿＿＿＿＿；
2.＿＿＿＿＿＿＿；
……

现根据《中华人民共和国企业破产法》第七十九条第二款规定，请求贵院裁定延期×个月，至××××年××月××日前提交重整计划草案。

特此报告。

（管理人印鉴）

××××年××月××日

说明：

一、本样式根据《管理人破产程序法律文书样式（试行）》中文书样式53关于申请延期提交重整计划草案的报告修改而来，依据的法律是《中华人民共和国企业破产法》第七十九条第二款规定，即："前款规定的（重整计划草案提交）期限届满，经债务人或者管理人请求，有正当理由的，人民法院可以裁定延期三个月。"

二、管理人应当向法院说明申请延期提交重整计划草案的正当理由，申请延长的期限最长不得超过三个月。

三、本文书仅适用于管理人制作重整计划草案的情况，如由债务人制作重整计划草案，应由债务人提出申请。

解读

一、根据《中华人民共和国企业破产法》第七十九条第二款规定，前款规定的（重整计划草案提交）期限届满，经债务人或者管理人请求，有正当理由的，人民法院可以裁定延期三个月。

二、根据《全国法院破产审判工作会议纪要》（法〔2018〕53号）第16条规定，人民法院要加强与管理人或债务人的沟通，引导其分析债务人陷于困境的原因，有针对性地制定重整计划草案，促使企业重新获得盈利能力，提高重整成功率。

三、《重庆市第五中级人民法院重整案件审理指引（试行）》第七十三条规定，债务人或管理人应当自人民法院裁定债务人重整之日起六个月内提交重整计划草案。债务人或管理人申请延长重整计划草案提交期限的，应当在期限届满十五日前提出，有正当理由的，人民法院可以裁定延期三个月。

8. 关于提请人民法院裁定批准重整计划的报告（请求批准经债权人会议表决通过的重整计划用）

关于提请人民法院裁定批准重整计划的报告

（××××）××破管字第×号

××××人民法院：

贵院受理的×××（债务人名称）重整一案，于××××年××月××日召开了第×次债权人会议。债权人会议依照债权分类对重整计划草案进行了分组表决（重整计划草案涉及出资权益调整的：并设出资人组进行了表决），各表决组均表决通过了重整计划草案。

根据《中华人民共和国企业破产法》第八十六条规定，管理人现提请贵院裁定批准该重整计划。

特此报告。

附件：1. 重整计划草案
　　　2. 债权人会议各表决组及出资人组（如有）表决结果
　　　3. 债权人会议对通过重整计划的决议所作的会议记录（或者债权人会议决议）

（管理人印鉴）
××××年××月××日

说明：

一、本样式根据《管理人破产程序法律文书样式（试行）》中文书样式54关于提请人民法院裁定批准重整计划的报告（请求批准经债权人会议表决通过的重整计划用）修改而来，依据的法律是《中华人民共和国企业破产法》第八十六条之规定，即："各表决组均通过重整计划草案时，重整计划即为通过。自重整计划通过之日起十日内，债务人或者管理人应当向人民法院提出批准重整计划的申请。"由管理人在各表决组通过重整计划草案后向人民法院提交。

二、重整计划草案涉及出资人权益调整事项的，重整计划草案还应当经过出资人组表决通过。

三、本文书应当附重整计划草案和表决结果。表决结果应当经债权人会议主席签字或者盖章确认。

9. 关于提请人民法院裁定批准重整计划草案的报告（请求批准经债权人会议表决未通过的重整计划草案用）

关于提请人民法院
裁定批准重整计划草案的报告

（××××）××破管字第×号

××××人民法院：

贵院受理的×××（债务人名称）重整一案，于××××年××月××日召开了第×次债权人会议。债权人会议依照债权分类对重整计划草案进行了分组表决（重整计划草案涉及出资权益调整的：并设出资人组进行了表决）。经表决，×××组通过了重整计划草案，×××组未通过重整计划草案。经债务人（或者管理人）与表决未通过的×××组协商，×××组拒绝再次表决（或者于××××年××月××日再次表决后，仍未通过重整计划草案）。

管理人认为，重整计划草案符合法院批准的条件，理由如下：

1.＿＿＿＿＿＿；

2.＿＿＿＿＿＿；

……

综上，根据《中华人民共和国企业破产法》第八十七条第二款规定，提请贵院裁定批准该重整计划草案。

特此报告。

附件：1. 重整计划草案
2. 各表决组第一次表决结果
3. ×××组拒绝再次表决文件或再次表决结果

4. 重整计划草案符合法院强制批准的相关证据材料

（管理人印鉴）

××××年××月××日

说明：

一、本样式根据《管理人破产程序法律文书样式（试行）》中文书样式55关于提请人民法院裁定批准重整计划草案的报告（请求批准经债权人会议表决未通过的重整计划草案用）修改而来，依据的法律是《中华人民共和国企业破产法》第八十七条第二款之规定，由管理人在未通过重整计划草案的表决组拒绝再次表决或者再次表决仍未通过重整计划草案，提请法院批准时提交。

二、报告应当详细阐述重整计划草案符合法院强制批准条件的理由。

三、报告应当附各表决组表决结果。

四、《全国法院破产审判工作会议纪要》第18条"重整计划草案强制批准的条件"规定："人民法院应当审慎适用企业破产法第八十七条第二款，不得滥用强制批准权。确需强制批准重整计划草案的，重整计划草案除应当符合企业破产法第八十七条第二款规定外，如债权人分多组的，还应当至少有一组已经通过重整计划草案，且各表决组中反对者能够获得的清偿利益不低于依照破产清算程序所能获得的利益。"

10. 关于重整计划执行情况的监督报告

关于重整计划执行情况的监督报告

（××××）××破管字第×号

××××人民法院：

贵院于××××年××月××日作出（××××）××破申×号之×民事裁定，裁定受理×××（债务人名称）重整一案，并于××××

破产法律文书样式

年××月××日作出（××××）××破×号之×民事裁定，裁定批准×××（债务人名称）的重整计划（或者重整计划草案）。

依据《中华人民共和国企业破产法》第九十条之规定，管理人对债务人重整计划的执行情况进行了监督，（简述监督期内，管理人采取的监督措施及债务人接受监督的情况）。根据重整计划的规定，监督期已于××××年××月××日届满。现管理人将债务人执行重整计划的相关情况报告如下：

一、重整计划的基本情况

简述重整计划的主要内容、执行期限、监督期限等。

二、重整计划执行情况

简述重整计划各部分内容的具体执行情况

列明经营方案、债权调整及受偿、出资人权益调整，以及其他重整方案的执行情况。未能执行或者未执行完毕的，应当说明理由及解决方案。

三、债务人的财务状况

简述债务人在重整期间的财务状况，包括：债务人的资产负债、销售（营业）额、成本、税后净利润、现金流量值等财务指标。反映债务人在重整前后的财务状况变化。

四、监督期满后债务人执行重整计划的建议

如果监督期限届满重整计划未执行完毕的，管理人可对监督期满后债务人继续执行重整计划提出建议。

特此报告。

附件：1. 重整计划
　　　2. 监督计划
　　　3. 债务人重整计划执行情况报告
　　　4. 债务人财务状况报告

（管理人印鉴）
××××年××月××日

说明：

一、本样式依据的法律是《中华人民共和国企业破产法》第九十条、第九十一条之规定，由管理人在重整计划执行监督期满后，报告人民法院。

二、本样式应当列明债务人执行重整计划的情况，以及重整计划执行的效果。

三、监督期限届满，重整计划未执行完毕的，管理人可以对债务人继续执行重整计划提出建议。

解读

一、删除"一、重整计划的基本情况中简述重整案件的受理日期、重整计划的批准情况、批准日期"部分。删除理由是本文书第一段已经作了简述，该部分略显重复，故删除。将"二、重整计划执行情况"中的"（一）重整计划的主要内容"增加至"一、重整计划的基本情况"中。

二、将"三、债务人的经营状况"及"该段简述部分中的经营状况"改为"财务状况"，附件部分也作同样修改。

修改理由：依据《中华人民共和国企业破产法》第九十条第二款之规定："在监督期内，债务人应当向管理人报告重整计划执行情况和债务人财务状况。"

三、附件中增加"监督计划"。管理人应依据"监督计划"实施对债务人企业执行重整计划的监督。根据《全国法院民商事审判工作会议纪要》第113条的规定，明确重整计划的执行期间和监督期间原则上应当一致，管理人在监督期间的工作量影响重整期间管理人报酬。部分地区的破产管理人工作指引，大多也规定管理人应当制定监督计划，明确监督方式、监督事项和监督职责，并报人民法院备案。如:《重庆破产法庭 重庆市破产管理人协会 破产案件管理人工作指引》第一百零八条第二款第一项之规定："管理人的监督职责主要包括:（一）制定监督计划并提交人民法院。监督计划应明确债务人的报告事项、报告时间和管理人的监督方式、监督事项。"

11. 关于申请延长重整计划执行监督期限的报告

关于申请延长重整计划执行监督期限的报告

（××××)××破管字第×号

××××人民法院：

　　贵院于××××年××月××日作出（××××）××破申×号之×民事裁定，裁定受理×××（债务人名称）重整一案，并于××××年××月××日作出（××××）××破×号之×民事裁定，裁定批准重整计划（或者重整计划草案），重整计划执行期限自××××年××月××日起至××××年××月××日止；重整计划执行监督期限自××××年××月××日起至××××年××月××日止。

　　重整计划执行监督期内，管理人依据《中华人民共和国企业破产法》第九十条之规定，对债务人执行重整计划的情况进行了监督。在重整计划执行过程中，管理人发现存在下列情形，认为需要延长重整计划执行监督期限：

　　1._____；

　　2._____；

　　……

　　为保障重整计划的顺利执行完毕，管理人根据《中华人民共和国企业破产法》第九十一条第三款之规定，申请法院裁定延长重整计划执行的监督期限×个月，即延长至××××年××月××日止。

　　特此报告。

（管理人印鉴）
××××年××月××日

说明：

　　一、本样式根据《管理人破产程序法律文书样式（试行）》中文书样式57关于申请延长重整计划执行监督期限的报告修改而来，依据的法律是《中华人民共和国企业破产法》第九十一条第三款之规定，由管理人在重整计划执行监督期限届满前，认为需要延长监督期限时向法院提交。

二、根据《全国法院民商事审判工作会议纪要》第113条规定，"重整计划的执行期间和监督期间原则上应当一致"。原则上管理人不存在申请延长重整计划执行监督期限的空间。在重整计划的执行期限延长时，监督期间也应该当然顺延。

12. 关于提请法院审查重整计划执行期间管理人监督计划的报告

关于提请法院审查重整计划执行期间管理人监督计划的报告

（××××）×× 破管字第 × 号

××××人民法院：

贵院于××××年××月××日作出（××××）××破申×号之×民事裁定，裁定受理×××（债务人名称）重整一案，并于××××年××月××日作出（××××）××破×号之×民事裁定，裁定批准×××（债务人名称）的重整计划（或者重整计划草案）。

依据《中华人民共和国企业破产法》第九十条规定，管理人对债务人重整计划的执行情况进行监督。现管理人将《重整计划执行期间管理人监督计划》提请法院审查备案。

特此报告。

附件：《重整计划执行期间管理人监督计划》

（管理人印鉴）

××××年××月××日

附件：

重整计划执行期间管理人监督计划

(××××)×× 破管字第 × 号

一、监督计划制定依据

依据《中华人民共和国企业破产法》及相关司法解释、重整计划内容制定本监督计划。

二、监督事项

对债务人执行重整计划的情况和债务人财务状况进行监督，即对重整计划中载明的经营方案、债权受偿方案、出资人权益调整方案等内容的执行情况和监督期内的债务人财务状况进行监督。

三、管理人的监督职责

（一）按监督计划要求债务人报告重整计划的执行情况和债务人的财务状况。

（二）发现债务人有违法或不当情形时，及时加以纠正。

（三）需要延长重整计划执行监督期限时，申请人民法院予以延长。

（四）监督期限届满时，向人民法院提交监督报告。

……

四、具体监督事项和方式

（一）对经营方案执行情况的监督

1. 对公章使用的监督

简述债务人的报告内容、时间，管理人的监督方式。

2. 对日常经营行为的监督

简述债务人的报告内容、时间，管理人的监督方式。

3. 对资金使用的监督

简述债务人的报告内容、时间，管理人的监督方式。

4. 对合同的监督

简述债务人的报告内容、时间，管理人的监督方式。

5. 对重大诉讼、仲裁案件的监督

简述债务人的报告内容、时间，管理人的监督方式。

6.对其他重大事项的监督

包括但不限于修改公司章程、增加或者减少注册资本，借款或者对外提供担保、重大经营事项或对外投资决策等。

简述债务人的报告内容、时间，管理人的监督方式。

（二）对债权受偿方案的监督

简述债务人的报告内容、时间，管理人的监督方式。

（三）对出资人权益调整方案的监督

简述债务人的报告内容、时间，管理人的监督方式。

（四）对债务人财务状况的监督

包括但不限于债务人的资产负债、销售（营业）额、成本、税后净利润、现金流量值等财务指标的监督。

简述债务人的报告内容、时间，管理人的监督方式。

……

五、对债务人违法或其他不当情形的处理

六、监督期限

（管理人印鉴）
××××年××月××日

说明：

一、本样式系新增，根据《中华人民共和国企业破产法》第八十一条规定:"重整计划草案应当包括下列内容:（一）债务人的经营方案;（二）债权分类;（三）债权调整方案;（四）债权受偿方案;（五）重整计划的执行期限;（六）重整计划执行的监督期限;（七）有利于债务人重整的其他方案。"第九十条第二款规定:"监督期内，债务人应当向管理人报告重整计划执行情况和债务人财务状况。"管理人的监督事项主要是结合债务人对重整计划的执行情况和债务人的财务状况来进行监督。而重整计划的执行情况主要是对重整计划的经营方案、债权受偿方案、出资人权益调整方案等是否按照重整计划的内容执行。本文书对监督事项的每一部分具体内容进行了细化。

二、参照《重庆破产法庭　重庆市破产管理人协会破产案件管理人工作指引》第一百零八条第二款规定:"管理人的监督职责主要包括:（一）制定监督计划并提交人民法院。监督计划应明确债务人的报告事项、报告时间和管理人的监督方式、监督事项。（二）按监督计划要求债务人报告重整计划的执行情况和债务人的财务状况。（三）发现债务人有违法或不当情形时，及时加以纠正。（四）需要延长重整计划执行监督期限时，申请人民法院予以延长。（五）监督期限届满时，向人民法院提交监督报告。"管理人拟定监督计划除了应该在计划中明确监督事项外，还应明确管理人监督职责监督期限。管理人应将监督计划报法院备案，并按照监督计划对债务人实施监督。

13. 关于提请人民法院裁定终止重整计划执行的报告

关于提请人民法院裁定终止重整计划执行的报告

（××××）××破管字第×号

××××人民法院：

贵院于××××年××月××日作出（××××）××破申×号之×民事裁定，裁定受理×××（债务人名称）重整一案，并于××××年××月××日作出（××××）××破×号之×民事裁定，裁定批准重整计划（或者重整计划草案），重整计划执行期限自××××年××月××日起至××××年××月××日止。

现经管理人调查，×××（债务人名称）出现下列不能执行（或不执行）重整计划的情况：

1.＿＿＿＿＿＿；
2.＿＿＿＿＿＿；
……

×××（债务人名称）出现下列不能执行（或不执行）重整计划的原因分析如下：

1.＿＿＿＿＿＿；
2.＿＿＿＿＿＿；
……

因×××（债务人名称）不能执行（或不执行）重整计划，管理人根据《中华人民共和国企业破产法》第九十三条第一款之规定，请求贵院裁定终止重整计划的执行，并宣告×××（债务人名称）破产。

特此报告。

附件：重整计划不能执行或者债务人不执行重整计划的相关材料

（管理人印鉴）

××××年××月××日

说明：

一、本样式根据《管理人破产程序法律文书样式（试行）》中文书样式58关于提请人民法院裁定终止重整计划执行的报告修改而来，依据的法律是《中华人民共和国企业破产法》第九十三条第一款之规定，由管理人在债务人不执行或者不能执行重整计划时向法院提交。

二、本样式应当具体说明债务人不能执行或不执行重整计划的具体情况和原因分析。

四、和解

1. 管理人执行职务的工作报告（和解程序用）

管理人执行职务的工作报告

（××××）××破管字第×号

××××人民法院：

贵院于××××年××月××日作出（××××）××破申×号之×

破产法律文书样式

民事裁定，裁定受理×××（债务人名称）和解一案，并于××××年××月××日作出（××××）××破×号之×决定，指定×××担任管理人。

××××年××月××日，×××（债务人名称）第×次债权人会议表决通过了债务人提出的和解协议。贵院于××××年××月××日作出（××××）××破×号之×民事裁定，裁定认可和解协议。

根据《中华人民共和国企业破产法》第九十八条之规定，本管理人已向债务人移交了财产和营业事务，现将管理人执行职务的情况报告如下：

一、债务人的基本情况

列明债务人的设立日期、性质、住所地、经营范围、注册资金、出资人及出资比例、财产状况等基本情况。

二、和解协议通过和人民法院裁定认可的基本情况

1. 和解协议的基本内容；
2. 债权人会议表决通过和解协议的基本情况；
3. 人民法院裁定认可和解协议的基本情况。

三、财产和营业事务移交的基本情况

四、其他需要报告的职务执行情况

……

特此报告。

附件：1. 和解协议
　　　2. 债权人会议对和解协议的表决结果
　　　3. 其他相关报告材料

（管理人印鉴）

××××年××月××日

说明：

一、本样式根据《管理人破产程序法律文书样式（试行）》中文书样式59管理人执行职务的工作报告（和解程序用）修改而来，依据的法律是《中华人民共和国企业破产法》第九十八条之规定，即："债权人会议通过和解协议的，由人民法院裁定认可，终止和解程序，并予以公告。管理人应当向债务人移交财产和营业事务，并向人民法院提交执行职务的报告。"由管理人向人民法院提交。

二、本样式应当列明管理人接受指定后，在工作准备、财产接管、债权债务清理、债权申报登记等方面的职务执行情况。重点报告和解协议通过情况及财产、营业事务移交情况。相关职务执行情况有具体报告的，应当作为本文书的附件一并提交。

2. 关于提请人民法院终止和解程序的报告

关于提请人民法院终止和解程序的报告

（××××）×× 破管字第 × 号

×××× 人民法院：

　　贵院于 ×××× 年 ×× 月 ×× 日作出（××××）×× 破申 × 号之 × 民事裁定，裁定受理债务人 ×××（债务人名称）和解一案。×××× 年 ×× 月 ×× 日召开了第 × 次债权人会议，债权人会议对和解协议进行了表决，……（写明表决结果）。

　　因和解协议草案经债权人会议表决未获得通过（或者已经债权人会议通过的和解协议未获得人民法院认可的）。根据《中华人民共和国企业破产法》第九十九条规定，管理人申请贵院依法裁定终止 ×××（债务人名称）的和解程序，并宣告 ×××（债务人名称）破产。

　　特此报告。

　　附件：表决情况说明

（管理人印鉴）
×××× 年 ×× 月 ×× 日

说明：

　　本样式系新增，根据《中华人民共和国企业破产法》第九十九条制定，供管理人在和解协议草案经债权人会议表决未获得通过，或者已经债权人会议通过的和解协议未获得人民法院认可时，申请人民法院终止和解程序，并宣告债务人破产用。

五、清算

1. 关于提请债权人会议审议破产财产变价方案的报告

关于提请债权人会议审议破产财产变价方案的报告

（××××）××破管字第×号

×××（破产人名称）债权人会议：

　　××××人民法院于××××年××月××日作出（××××）××破申×号之×民事裁定，裁定受理×××（债务人名称）重整/和解/破产清算一案，于××××年××月××日作出（××××）××破×号之×决定，指定×××担任管理人，于××××年××月××日作出（××××）××破×号之×民事裁定，宣告×××（债务人名称）破产。

　　管理人根据《中华人民共和国企业破产法》第一百一十一条规定，拟订《×××（破产人名称）破产财产变价方案》，提交债权人会议审议、表决。

　　现就方案中需要说明的问题报告如下：

　　一、（写明确定变价方式的具体理由。如采用非拍卖方式进行处置的，特别说明；对于起拍价未经评估或者不按评估价为基准的，特别说明）

　　二、变价方案的实施条件

　　如破产财产变价方案经债权人会议表决通过，同时十五日内无债权人对上述决议提出异议或者虽有债权人提出异议，但人民法院审查后并未裁定撤销该决议的，管理人可执行方案。

如破产财产变价方案经债权人会议表决未通过的，由人民法院裁定。债权人对人民法院作出的裁定不服的，可以自裁定宣布之日或者收到通知之日起十五日内向该人民法院申请复议。复议期间不停止裁定的执行。

特此报告。

附件：×××（破产人名称）破产财产变价方案

（管理人印鉴）

××××年××月××日

说明：

本样式根据《管理人破产程序法律文书样式（试行）》中文书样式39关于提请债权人会议审议破产财产变价方案的报告修改而来，依据的法律是《中华人民共和国企业破产法》第六十一条、第六十四条、第六十五条、第六十六条、第一百一十一条规定，由管理人提交债权人会议审议。

2. ×××（破产人名称）破产财产变价方案

《×××（破产人名称）破产财产变价方案》

（××××）××破管字第×号

一、变价原则

阐明本方案确定的破产财产变价原则。

二、破产财产状况

结合案情介绍破产财产的类型。

三、破产财产变价方案

分别列明各类债务人财产/破产财产的处置措施：

（一）对外债权、对外投资的处置

1. 经调查后发现确无追回可能或追收成本大于债权/投资本身的，报请债权人委员会/债权人会议审议，予以核销处理。

2. 经调查后，认为有追回可能或追收成本低于债权/投资本身的，通过诉讼或拍卖等方式进行催收。

3. 破产人的债务人已破产的，依法申报债权。

（二）存货、固定资产、无形资产的处置

1. 处置方式

资产变价采取网络公开拍卖方式进行，在×××网络拍卖平台进行变价，按照资产属性设置为组合或单独拍卖。上述资产的首次拍卖时间为××××年××月××日至××××年××月××日，起拍价通过定向询价/网络询价/委托评估等方式确定，其中×××资产包的起拍价为×元，×××资产包的起拍价为×元，保证金按照资产起拍价的×%确定，拍卖成交后保证金自动转为拍卖价款，剩余拍卖款项自拍卖成交后×天内交付。（根据实际情况进行列示）

2. 拍卖方式及公告期

资产拍卖采用增价拍卖，无人报名或报名后无人应价为流拍。资产流拍后，再次拍卖的起拍价降价幅度为前次起拍价的百分之×。首次拍卖公告期不少于×日，流拍后再次拍卖公告期不少于×日，自流拍之日起×个工作日内管理人再次启动网络拍卖程序。

3. 拍卖次数及以物抵债原则

结合案情介绍是否设置资产拍卖次数限制以及以物抵债原则。

（需要采取拍卖方式之外的变价措施的，列明相应的变价措施。）

（三）其他债务人财产/破产财产的处置

三、财产变价预计涉税情况

拍卖债务人财产买卖双方可能产生的税费及其他费用，税费承担原则以及以物抵债时的税费承担方式。

四、设定担保权的特定财产的变价处置方案

……

（管理人印鉴）

××××年××月××日

说明：

一、本样式根据《管理人破产程序法律文书样式（试行）》中文书样式40×××（破产人名称）破产财产变价方案修改而来，依据的法律是《中华人民共和国企业破产法》第六十一条、第一百一十一条规定，由管理人拟订后提交债权人会议审议。

二、根据《全国法院破产审判工作会议纪要》第26条规定，破产财产处置应当以价值最大化为原则，兼顾处置效率。人民法院要积极探索更为有效的破产财产处置方式和渠道，最大限度提升破产财产变价率。采用拍卖方式进行处置的，拍卖所得预计不足以支付评估拍卖费用，或者拍卖不成的，经债权人会议决议，可以采取作价变卖或实物分配方式。变卖或实物分配的方案经债权人会议两次表决仍未通过的，由人民法院裁定处理。

三、本样式须重点反映各类债务人财产/破产财产的价值、可变价状况，以及相应的变价原则和变价措施。

四、破产人为国有企业的，债务人财产/破产财产变价措施应当符合国有资产管理的相关规定。

五、货币和有价证券类之外的资产，变价措施一般应当采取网络拍卖方式。

3. 关于提请债权人会议审议破产财产分配方案的报告

关于提请债权人会议审议破产财产分配方案的报告

（××××）××破管字第×号

×××（破产人名称）债权人会议：

根据××××年××月××日第×次债权人会议表决通过/人民法院裁定认可的《×××（破产人名称）破产财产变价方案》，在法院的监督、指导下，本管理人已完成对破产财产的变价工作。现根据《中华人民共和国企业破产法》第一百一十三条、第一百一十四条、第一百一十五条等规定，拟订《×××（破产人名称）破产财产分配方案》，提交债权人会议审议、表决。

现就方案中需要说明的问题报告如下：

一、参与破产财产分配的主体

管理人初步确认/人民法院裁定确认的职工债权、税款债权及普通债权。债权尚未确定的债权人按照其待定债权金额及性质预留分配额度。

在人民法院确定的债权申报期限内，债权人未申报债权但在破产财产最后分配前补充申报的，可以参与尚未分配的破产财产分配。此前已进行的分配，不再进行补充分配。

二、追加分配的情形

管理人或债权人发现其他可供分配的财产的，管理人进行追加分配。追加分配方案由管理人根据《中华人民共和国企业破产法》第一百一十三条规定及本分配方案确定的相关规则制作，报告人民法院及债权人会议后予以执行。

三、分配方案的实施条件

如破产财产分配方案经债权人会议表决通过，同时十五日内无债权人对上述决议提出异议或者虽有债权人提出异议，但人民法院审查后并未裁定撤销该决议，在破产财产分配方案经人民法院裁定认可后，由管理人执行。

如破产财产分配方案经债权人会议二次表决未通过的，由人民法院裁定。债权额占无财产担保债权总额二分之一以上的债权人对人民法院作出的裁定不服的，可以自裁定宣布之日或者收到通知之日起十五日内向该人民法院申请复议。复议期间不停止裁定的执行。

特此报告。

附件：×××（破产人名称）破产财产分配方案

（管理人印鉴）

××××年××月××日

说明：

本样式依据的法律是《中华人民共和国企业破产法》第五十六条、第一百一十一条、第一百一十三条、第一百一十五条、第一百一十六条、第一百二十三条等规定，由管理人提交债权人会议审议。

4.×××（破产人名称）破产财产分配方案

×××（破产人名称）破产财产分配方案

（××××）××破管字第×号

一、参加破产财产分配的债权情况

简述参加破产财产分配的债权人人数、各类债权总金额等基本情况，详细列明参与分配的债权人名称或者姓名、住所、债权性质与债权额等情况。

二、可供分配的破产财产总金额

分别列明货币财产和非货币财产的变价额。直接分配非货币财产的，列明非货币财产的估价额。若有财产抵（质）押的，应予以列明。

三、破产财产分配的顺序、比例和数额

（一）破产费用和共益债务的清偿情况

列明各项破产费用和共益债务的数额，包括已发生的费用和未发生但需预留的费用。人民法院最终确定的管理人报酬及收取情况须特别列明。

（二）破产债权的分配

列明剩余的可供分配破产债权的破产财产数额，依《中华人民共和国企业破产法》第一百一十三条规定的顺序清偿。分别列明每一顺序债权的应清偿额、分配额、清偿比例等。

四、破产财产分配实施办法

（一）分配方式

一般以货币方式进行分配，由管理人根据各债权人提供的银行账号，实施银行转账支付。经人民法院裁定或要求协助执行查封、冻结的分配权益，管理人不予分配，依法处置。

（二）分配步骤

列明分配次数和时间，拟实施数次分配的，应当说明实施数次分配的理由。

（三）分配提存

列明破产财产分配额提存的情况，以及提存分配额的处置方案。

五、特定财产清偿方案

（一）有财产担保债权情况

（二）可供清偿的特定财产总金额

列明特定财产的变价总金额。

（三）特定财产清偿方案

特定财产的清偿方案。特定财产不足分配所有担保债权的，还应列明未受偿的担保债权数额。

说明：

一、本样式依据的法律是《中华人民共和国企业破产法》第一百一十一条、第一百一十三条、第一百一十五条等规定，由管理人拟订后提交债权人会议审议。

二、本样式应当列明不同破产财产的变价情况，以及不同清偿顺位债权人的分配额。破产财产的分配原则上应当以货币分配方式进行，但对于无法变价或者不宜变价的非货币财产，经债权人会议决议同意，可以进行实物分配。

三、未发生但需预留的破产费用包括分配公告费用、破产程序终结后的档案保管费用、提存费用等。

四、根据《最高人民法院关于审理企业破产案件确定管理人报酬的规定》第十条规定，最终确定的管理人报酬及收取情况，应当列入破产财产分配方案。

解读

1. 本样式根据《管理人破产程序法律文书样式（试行）》中文书样式42［×××（破产人名称）破产分配方案］修改而来。

2. 根据《全国法院破产审判工作会议纪要》第27条、第28条规定，由第三方垫付的职工债权，原则上按照垫付的职工债权性质进行清偿；由欠薪保障基金垫付的，应按照《企业破产法》第一百一十三条第一款第二项的顺序清偿。对于法律没有明确规定清偿顺序的债权，人民法院可以按照人身损害赔偿债权优先于财产性债权、私法债权优先于公法债权、补偿性债权优先于惩罚性债权的原则合理确定清偿顺序。因债务人侵权行为造成的人身损害赔偿，可以参照《企业破产法》第一百一十三条第一款第一项规定的顺序清偿，但其中涉及的惩罚性赔偿除外。破产财产依照《企业破产法》第一百一十三条规定的顺序清偿后仍有剩余的，可依次用于清偿破产受理前产生的民事惩罚性赔偿金、行政罚款、刑事罚金等惩罚性债权。

3. 删除了说明中第五项，关于"设定担保权的破产人特定财产不纳入破产财产"的相关内容在理论和实务中均有较大争议。

5. 关于提请人民法院裁定认可破产财产分配方案的报告（债权人会议表决通过时用）

关于提请人民法院裁定认可破产财产分配方案的报告

（××××）××破管字第×号

××××人民法院：

本管理人拟订的《×××（破产人名称）破产财产分配方案》已由××××年××月××日第×次债权人会议表决通过。现根据《中华人民共和国企业破产法》第一百一十五条第三款规定，提请贵院裁定认可。

特此报告。

附件：1. ×××（破产人名称）破产财产分配方案
　　　2. 债权人会议表决结果

（管理人印鉴）
××××年××月××日

说明：

本样式根据《管理人破产程序法律文书样式（试行）》中文书样式43关于提请人民法院裁定认可破产财产分配方案的报告修改而来，依据的法律是《中华人民共和国企业破产法》第一百一十五条第三款之规定，即："债权人会议通过破产财产分配方案后，由管理人将该方案提请人民法院裁定认可。"由管理人提请人民法院裁定认可。

破产法律文书样式

6.关于提请人民法院裁定认可破产财产分配方案的报告（债权人会议表决未通过时用）

关于提请人民法院裁定认可破产财产分配方案的报告

（××××）××破管字第×号

××××人民法院：

根据《中华人民共和国企业破产法》第六十一条第一款规定，本管理于××××年××月××日将《×××（破产人名称）破产财产分配方案》提交第×次债权人会议表决，未获通过。

管理人结合债权人的意见，对方案进行了调整，根据《中华人民共和国企业破产法》第六十五条第二款规定，本管理人又于××××年××月××日将调整后的《×××（破产人名称）破产财产分配方案》提交第×次债权人会议二次表决，仍未获通过。

管理人认为……（列明提请人民法院裁定认可的理由）

现根据《中华人民共和国企业破产法》第六十五条第二款规定，提请贵院裁定认可《×××（破产人名称）破产财产分配方案》。

特此报告。

附件：1.×××（破产人名称）破产财产分配方案

2.债权人会议表决结果

（管理人印鉴）

××××年××月××日

说明：

本样式系新增，依据的法律是《中华人民共和国企业破产法》第六十五条第二款之规定，即："本法第六十一条第一款第十项所列事项，经债权人会议二次表决仍未通过的，由人民法院裁定。"由管理人提请人民法院裁定认可。

7. 公告（破产财产中间分配用）

×××（破产人名称）破产财产分配公告

（××××）××破管字第×号

×××（破产人名称）债权人：

《×××（破产人名称）破产财产分配方案》已于××××年××月××日经第×次债权人会议表决通过，并于××××年××月××日经××××人民法院（××××）××破×号之×民事裁定书裁定认可，现根据《中华人民共和国企业破产法》第一百一十六条规定，由本管理人执行。

×××（破产人名称）破产财产分配预计共实施×次，本次分配为第×次分配，确定于××××年××月××日实施（列明分配实施方法），本次分配总金额为××元，其中……（列明不同清偿顺序债权的分配总金额）。

另有分配额××元，因＿＿＿＿＿＿＿（列明提存原因），暂予以提存。

特此公告。

附件：×××（破产人名称）破产债权清偿第×次分配明细表

（管理人印鉴）
××××年××月××日

附件

×××（破产人名称）破产债权清偿第×次分配明细表

序号	债权人名称	住所	债权性质	债权金额	本次分配清偿金额	备注
1						
2						
3						
…						
			合计			

破产法律文书样式

说明：
　　一、本样式根据《管理人破产程序法律文书样式（试行）》中文书样式44公告（破产财产中间分配用）修改而来，依据的法律是《中华人民共和国企业破产法》第一百一十六条规定，由管理人在对实施多次分配方案的中间分配时发布。

　　二、公告应当列明实施分配的方法。实施分配款项集中发放的，应当列明分配地点、分配时间、款项领取手续等；实施分配款项转账发放的，应当列明转账时间、款项受领条件等。

　　三、公告应当列明不同清偿顺序债权的分配总金额。例如欠付职工工资、医疗、伤残补助、抚恤费用及应当划入职工个人账户的基本养老保险、基本医疗保险费用与应当支付的补偿金的分配总金额为××元；欠缴的其他社会保险费用和税收的分配总金额为××元；普通债权的分配总金额为××元。

　　四、分配额暂予以提存的，公告应当载明提存情况。

　　五、公告应当通过全国企业破产重整案件信息网发布。

解读

　　《最高人民法院关于推进破产案件依法高效审理的意见》第17条规定："在第一次债权人会议上，管理人可以将债务人财产变价方案、分配方案以及破产程序终结后可能追加分配的方案一并提交债权人会议表决。债务人财产实际变价后，管理人可以根据债权人会议决议通过的分配规则计算具体分配数额，向债权人告知后进行分配，无需再行表决。"据此，债权人会议通过的财产分配方案主要确定分配规则，而无须确定每个债权人的具体分配数额。每个债权人的具体分配数额，需要通过公告的方式告知全体债权人。

8. 公告（破产财产最后分配用）

×××（破产人名称）破产财产分配公告

（××××）×× 破管字第 × 号

×××（破产人名称）债权人：

《×××（破产人名称）破产财产分配方案》已于××××年××月××日经第×次债权人会议表决通过，并于××××年××月××日经××××人民法院（××××）×× 破 × 号之 × 民事裁定书裁定认可，现根据《中华人民共和国企业破产法》第一百一十六条规定，由本管理人执行。

根据《×××（破产人名称）破产财产分配方案》确定的分配步骤，×××（破产人名称）破产财产预计实施×次分配，本次分配为最后分配（或者：×××（破产人名称）破产财产实施一次分配，本次分配即为最后分配），确定于××××年××月××日实施（列明分配实施方法）。

最后分配的分配总金额为××元，其中，……（列明不同清偿顺序债权的分配总金额）。

对附生效条件或者解除条件的债权提存分配额的处置：

在本次分配前，管理人对附生效条件/解除条件的共计××元的债权分配额进行了提存。在本次分配公告日，分配额共计××元的债权的生效条件仍未成就（或者解除条件已经成就），根据《中华人民共和国企业破产法》第一百一十七条第二款规定，提存的分配额应当分配给其他债权人；分配额共计××元的债权的生效条件已经成就（或者解除条件仍未成就），根据《中华人民共和国企业破产法》第一百一十七条第二款规定，提存的分配额应当交付给相应债权人。

对未受领的分配额的提存：

对本次分配前债权人未受领的破产财产分配额，以及本次分配债权人未受领的破产财产分配额，管理人将予以提存。债权人自本次公告之日起满二个月仍不领取的，视为放弃受领分配的权利，提存的分配额将根据《中华人民共和国企业破产法》第一百一十九条规定，分配给其他债权人。

破产法律文书样式

对诉讼或者仲裁未决的债权分配额的提存：

分配额共计××元的债权，因在本次分配公告日涉及债权确认的相关诉讼/仲裁尚未终结，根据《中华人民共和国企业破产法》第一百一十九条规定，管理人将分配额提存。自破产程序终结之日起满二年仍不能受领分配的，将由××××人民法院分配给其他债权人。

特此公告。

附件：×××（破产人名称）破产债权最后分配明细表

（管理人印鉴）

××××年××月××日

附件

×××（破产人名称）破产债权最后分配明细表

序号	债权人名称	住所	债权性质	债权金额	本次分配清偿金额	备注
1						
2						
3						
...						
合计						

说明：

一、本样式根据《管理人破产程序法律文书样式（试行）》中文书样式45公告（破产财产最后分配用）修改而来，依据的法律是《中华人民共和国企业破产法》第一百一十六条、第一百一十七条规定，由管理人在对破产财产实施最后分配时发布。

二、公告应当列明实施分配的方法，实施分配款项集中发放的，应当列明分配地点、分配时间、款项领取手续等；实施分配款项转账发放的，应当列明转账时间、款项受领条件等。

三、公告应当载明不同清偿顺序债权的分配总金额。例如欠付职工工资、医疗、伤残补助、抚恤费用及应当划入职工个人账户的基本养老保险、基本医疗保险费用与应当支付的补偿金的分配总金额为××元；欠缴的其他社会保险费用和税款的分配总金额为××元；普通债权的分配总金额为××元。

四、公告还应当载明提存分配额的最后分配情况。

五、公告应当通过全国企业破产重整案件信息网发布。

9. 关于破产财产分配执行情况的报告

关于破产财产分配执行情况的报告

（××××）××破管字第×号

××××人民法院：

根据贵院（×××）×破×号之×民事裁定书裁定认可的《×××（破产人名称）破产财产分配方案》，本管理人已于××××年××月××日将破产财产全部分配完结，现将分配情况报告如下：

一、可供分配的破产财产总金额

列明最终可供分配的破产财产总金额。

二、已经分配的破产财产

分别列明对破产人特定财产享有优先受偿权的债权；破产费用和共益债务；《中华人民共和国企业破产法》第一百一十三条规定的债权等不同清偿对象的分配总金额和支付情况。

具体的债权清偿金额详见附件1.《×××（破产人名称）破产财产分配表》。

三、提存的分配额及拟处置意见

列明未受领的破产财产分配额与因诉讼或者仲裁未决的债权分配额的提存情况。

具体的提存分配额详见附件2.《×××破产财产提存分配额情况表》。

四、特定财产清偿处置情况

……

特此报告。

破产法律文书样式

  附件：1.×××（破产人名称）破产财产分配表
     2.×××（破产人名称）破产财产提存分配额情况表

（管理人印鉴）
××××年××月××日

说明：

  一、本样式根据《管理人破产程序法律文书样式（试行）》中文书样式46关于破产财产分配执行情况的报告修改而来，依据的法律是《中华人民共和国企业破产法》第一百二十条第二款之规定，即："管理人在最后分配完结后，应当及时向人民法院提交破产财产分配报告。"由管理人制作后提交人民法院。

  二、破产财产分配报告应当根据破产财产清偿对象的不同，分别列明分配总金额及支付情况。设定担保权的特定财产分配情况应当单独列明；《中华人民共和国企业破产法》第一百一十三条规定的三类债权应当分别列明。债权分配总金额为零的，亦应当予以注明。例如破产费用分配总金额为××元，实际支付××元；普通债权分配总金额为××元，实际支付××元。

  三、分配报告还应当列明分配额提存的情况，包括提存受领人的详细情况，提存理由和相关事实，提存标的物的详细情况，提存存放地点或账户信息、联系方式、提存物给付条件等。

解读

  1.《全国法院破产审判工作会议纪要》第30条规定，人民法院终结破产清算程序应当以查明债务人财产状况、明确债务人财产的分配方案、确保破产债权获得依法清偿为基础。

  2.《重庆市高级人民法院关于破产案件简化审理的工作规范》第四十一条规定，破产财产分配完毕后，管理人应于三个工作日内向人民法院提交财产分配报告、清算工作报告，并申请终结破产程序。

10. 关于提请人民法院裁定终结破产程序的报告（无财产可供分配用）

关于提请人民法院裁定终结×××（破产人名称）
破产程序的报告

（××××）××破管字第×号

××××人民法院：

　　贵院于××××年××月××日作出（××××）××破×号之×民事裁定，宣告×××（破产人名称）破产。现经管理人调查，×××（破产人名称）无可供分配的破产财产。

　　根据《中华人民共和国企业破产法》第一百二十条第一款规定，管理人请求法院裁定终结×××（破产人名称）的破产程序。

　　特此报告。

　　附件：1. 破产人财产状况报告
　　　　　2. 破产费用和共益债务清偿报告

（管理人印鉴）
××××年××月××日

说明：

　　一、本样式根据《管理人破产程序法律文书样式（试行）》中文书样式47关于提请人民法院裁定终结破产程序的报告（无财产可供分配用）修改而来，依据的法律是《中华人民共和国企业破产法》第一百二十条第一款之规定，即："破产人无财产可供分配的，管理人应当请求人民法院裁定终结破产程序。"由管理人发现破产人无财产可供分配时，向人民法院提交。

　　二、管理人在请求人民法院裁定终结破产程序时，应当附破产人的财产状况报告，证明破产人确无可供分配的财产。

　　三、破产人无财产可供分配，是指破产人以特定财产清偿担保债权，破产财产清偿破产费用和共益债务之后，无其他财产可供分配。破产财产不足清偿破产费用的，则应当依照《中华人民共和国企业破产法》第四十三条第四款规定，提请法院终结破产程序。

四、本报告的前提为无破产财产可供分配，但根据《中华人民共和国企业破产法》第一百二十三条之规定，债权人在特定情况下可申请法院进行追加分配。

11. 关于提请人民法院裁定终结破产程序的报告（最后分配完结用）

关于提请人民法院裁定终结破产程序的报告

（××××）××破管字第×号

××××人民法院：

贵院于××××年××月××日作出（××××）××破×号之×民事裁定，宣告×××（破产人名称）破产，并于××××年××月××日裁定认可《×××（破产人名称）破产财产分配方案》。

现破产财产分配方案已执行完毕，最后分配已完结。根据《中华人民共和国企业破产法》第一百二十条第二款规定，管理人提请贵院裁定终结×××（破产人名称）的破产程序。

特此报告。

附件：关于破产财产分配执行情况的报告

（管理人印鉴）
××××年××月××日

说明：

一、本样式根据《管理人破产程序法律文书样式（试行）》中文书样式48关于提请人民法院裁定终结破产程序的报告（最后分配完结用）修改而来，依据的法律是《中华人民共和国企业破产法》第一百二十条第二款之规定，即："管理人在最后分配完结后，提请人民法院裁定终结破产程序。"由管理人在最后分配完结后，向人民法院提出。

二、提请裁定终结破产程序时，应当附破产财产分配执行情况报告。

三、本报告的前提在于破产财产分配方案已执行完毕，但根据《中华人民共和国企业破产法》第一百二十三条之规定，债权人在特定情况下可申请法院按照破产财产分配方案进行追加分配。

12. 关于管理人终止执行职务的报告

关于管理人终止执行职务的报告

（××××）×× 破管字第 × 号

×××× 人民法院：

×××× 年 ×× 月 ×× 日，贵院作出（××××）×× 破 × 号之 × 民事裁定，终结 ×××（破产人名称）的破产程序，管理人职务已全部执行完毕，现将有关情况报告如下：

一、破产财产的分配情况

简述破产财产的分配情况。无财产可供分配的，附破产人财产状况报告；最后分配完结的，附破产财产分配报告。

二、破产程序终结后的职务执行情况

说明破产程序终结后，管理人办理破产人市场主体、税务等注销登记手续的情况。

三、无未决诉讼或者仲裁的情况

说明破产人无未决诉讼或者仲裁程序。

四、档案移交保管情况

……

综上，根据《中华人民共和国企业破产法》第一百二十二条规定，管理人依法终止执行管理人职务。

特此报告。

破产法律文书样式

（管理人印鉴）
××××年××月××日

说明：

一、本样式根据《管理人破产程序法律文书样式（试行）》中文书样式 49 关于管理人终止执行职务的报告修改而来，依据的法律是《中华人民共和国企业破产法》第一百二十二条规定，由管理人终止执行职务时向人民法院报告。

二、报告主要列明破产程序终结情况，以及程序终结后管理人执行职务的情况，并说明无存在诉讼或者仲裁未决的情况。

三、根据《中华人民共和国企业破产法》第一百二十二条规定："管理人于办理注销登记完毕的次日终止执行职务。但是，存在诉讼或者仲裁未决情况的除外。"

六、关联企业实质合并破产

1. 申请书（管理人申请实质合并破产用）

申请书

申请人：×××（债务人名称）管理人。
被申请人：×××（债务人基本信息）。
被申请人：×××（债务人基本信息）。
申请事项：
对×××、×××进行实质合并破产（重整/清算/和解）。
事实和理由：

××××年××月××日，贵院作出（××××）××破申×号民事裁定，受理×××对×××的破产××申请，并于××××年××月××日作出（××××）××破×号决定，指定×××担任×××管理人。××××年××月××日，贵院作出（××××）××破申×号民事裁定，受理×××对×××的破产×××申请，并于××××年××月××日作出（××××）××破×号决定，指定×××担任×××管理人。

根据管理人调查，×××与×××名义上是独立法人，但存在法人人格高度混同、区分各关联企业财产的成本过高、严重损害债权人公平清偿利益的情况。主要表现在以下几个方面：

一、财产混同。……。

二、经营场所混同。……。

三、债务混同。……。

四、人员混同。……。

五、业务混同。……。

……

管理人认为，××××与××××在人员、财产、生产经营等方面存在严重的人格混同现象，区分成本过高，符合实质合并的条件。

此致
××××人民法院

申请人：
××××年××月××日

说明：

本样式根据《全国法院破产审判工作会议纪要》第32条制定，供管理人提出实质合并破产申请时使用。

2. 复议申请书（管理人对实质合并裁定提出复议用）

复议申请书

复议申请人：×××（债务人或者关联企业名称）管理人。

申请事项：

撤销××××人民法院（××××）……号对×××、×××进行实质合并破产（重整／清算／和解）的民事裁定。

事实和理由：

××××人民法院于××××年××月××日作出（××××）……号对×××、×××进行实质合并破产（重整／清算／和解）的民事裁定。……（写明申请复议的事实与理由）

此致

××××人民法院

附件：××××人民法院（××××）……号民事裁定书

复议申请人：

××××年××月××日

说明：

本样式系新增，根据《全国法院破产审判工作会议纪要》第34条制定。

当事人参考破产法律文书样式

一、当事人向人民法院提交的法律文书样式

1. 申请书（申请破产用）

破产申请书			
当事人身份信息			
申请人			
被申请人	名称		
	住所地		
	统一社会信用代码		
	法定代表人及其职务		
申请事项			
	□申请破产清算　　□申请破产重整　　□申请破产和解		
事实及理由			
不能清偿到期债务	债权债务关系依法成立		
	债务履行期限已经届满		
	债务人未完全清偿债务		
□全部资产不足以偿付全部负债	□债务人的资产负债表 □债务人的审计报告 □资产评估报告 □其他		
□明显缺乏清偿能力	□因资金严重不足或者财产不能变现等原因，无法清偿债务 □法定代表人下落不明且无其他人员负责管理财产，无法清偿债务 □经人民法院强制执行，无法清偿债务 □长期亏损且经营扭亏困难，无法清偿债务 □导致债务人丧失清偿能力的其他情形		

续表

	□债务人因经营困难暂停营业或有停业可能 □债务人存在大量待处理资产损失，致使实际资产的变现价值可能小于负债 □清偿已届清偿期的债务，将导致债务人难以继续经营 □导致债务人有明显丧失清偿能力可能的其他情形	
□明显缺乏清偿能力可能		
	申请人： 日期：	

说明：

  本样式系新增，根据《中华人民共和国企业破产法》第七条制定，供债务人或者债权人申请破产时使用。

解读

  根据法律规定，破产申请人可以分为以下四类。

  1. 债权人（《企业破产法》第七条第二款）。债权人需要举示债权凭证证明其债权人的身份。

  2. 债务人（《企业破产法》第七条第一款）。

  3. 负有清算责任的人（《企业破产法》第七条第三款）。负有清算责任的人，既可以是清算组，也可以是法律规定的清算义务人。如《民法典》第七十条第二款规定："法人的董事、理事等执行机构或者决策机构的成员为清算义务人。法律、行政法规另有规定的，依照其规定。"《公司法》第一百八十三条规定："公司因本法第一百八十条第（一）项、第（二）项、第（四）项、第（五）项规定而解散的，应当在解散事由出现之日起十五日内成立清算组，开始清算。有限责任公司的清算组由股东组成，股份有限公司的清算组由董事或者股东大会确定的人员组成。逾期不成立清算组进行清算的，债权人可以申请人民法院指定有关人员组成清算组进行清算。人民法院应当受理该申请，并及时组织清算组进行清算。"

  4. 国务院金融监督管理机构（《企业破产法》第一百三十四条第一款）。

2. 申请书（申请预重整备案用）

申请书

申请人：×××（债务人的基本情况）

申请事项：

1. ×××（债务人名称）在人民法院裁定受理重整申请前进行预重整；

2. 准许×××（债务人名称）聘任×××（中介机构名称）为预重整辅助机构。

事实和理由：

1. ×××（债务人具备重整原因的基本事实）；

2. 写明债务人重整所必需的财产有无已经被申请或即将被申请执行，有无被采取查封、冻结等强制措施，有无存在其他影响企业继续经营的情况。

3. ×××（写明申请预重整前，与债权人、出资人等利害关系人进行协商、谈判的说明，包括对第2项情况谈判的说明）；

4. ×××（如果申请前已经债务人和主要债权人推荐聘请了辅助机构，写明申请前聘请辅助机构相关情况的说明）。

此致

××××人民法院

附：

1. 债权人的名单、债权金额以及债权清偿情况的报告

2. 股东名单、持股比例等情况的报告

3. 股东会同意进行预重整的决议

4. 拟向利害关系人披露的信息（债务人重整所必需的财产有无已经被申请或即将被申请执行，有无被采取查封、冻结等强制措施，有无存在其他影响企业继续经营的情况）

5. 与债权人、出资人等利害关系人进行协商、谈判的材料

6. 聘用预重整辅助机构的材料（包括主要债权人推荐、债务人聘请等）

7. ……（其他需要提交的材料）

申请人：

××××年××月××日

破产法律文书样式

说明：

根据《重庆市第五中级人民法院预重整指引（试行）》申请前聘任了辅助机构的，才需要写明第2项请求。

3. 异议书（对破产申请提出异议用）

异议书

异议人：×××（债务人的基本情况）

对××××人民法院（××××）……破申……号×××（申请人姓名或名称）申请×××（债务人名称）破产重整/清算一案，异议如下：

……（写明具体的异议）。

证据和证据来源，证人姓名和住所：……

此致

××××人民法院

附：本异议书副本×份

异议人：（签章）
××××年××月××日

说明：

本样式根据《中华人民共和国企业破产法》第十条第一款制定，供债务人收到人民法院的通知后对债权人的破产申请提出异议时使用。

解读

债务人对破产申请提出异议，应当重点说明其不具备破产原因，并举示相关证据。一般可以对以下几个方面提出异议：（1）申请人不是债权人。（2）申请人的债权尚未到期。（3）债务人资大于债，且具备清偿能力。

4. 申请书（申请撤回破产申请用）

申请书

申请人：×××（申请人的基本情况）

申请事项：

撤回对×××（债务人名称）的破产重整/和解/清算申请。

事实和理由：

×××（申请人姓名或名称）申请×××（债务人名称）的破产重整/和解/清算一案，贵院正在审查［案号:（××××）××破申×号］，现申请人自愿撤回破产申请。望准许。

此致

××××人民法院

申请人：
××××年××月××日

说明：

本样式根据《中华人民共和国企业破产法》第九条制定，供破产申请人在受理破产前撤回破产申请时使用。

5. 授权委托书（债权人委托代理人出席债权人会议行使表决权用）

授权委托书

委托人：×××，男/女，××××年××月××日出生，×族，……（写明工作单位和职务或者职业），住……。联系方式：……。

或者：

委托单位：×××，住所……。

法定代表人或主要负责人：×××，……（写明职务），联系方式：……。

受委托人：×××，男／女，××××年××月××日出生，×族，……（写明工作单位和职务或者职业），住……。联系方式：……。受托人系委托人的……（写明受托人与委托人的关系）。

受委托人：×××，××律师事务所律师，联系方式：……。

现委托×××、×××在×××（写明债务人名称）破产重整／清算／和解一案中，作为我方出席债权人会议的委托诉讼代理人。

委托事项与权限如下：委托诉讼代理人×××的代理事项和权限：……

委托诉讼代理人×××的代理事项和权限：……

委托人：
××××年××月××日

说明：

本样式根据《中华人民共和国企业破产法》第五十九条第四款制定，供债权人委托代理人出席债权人会议，行使表决权时使用。

6. 上诉状（不服不予受理／驳回破产申请裁定上诉用）

上诉状

上诉人：×××（申请人的基本情况）

被上诉人：×××（债务人的基本情况）

×××与×××……申请破产重整／清算／和解一案，不服××××人民法院××××年××月××日作出的（××××）××破申×号民事裁定，现提起上诉。

上诉请求：

1.撤销×××人民法院（××××）××号之×民事裁定；

2.由××××人民法院裁定受理（继续审理）×××对×××……

破产重整／清算／和解申请。
　　上诉理由：
　　……
　　此致
××××人民法院

　　　　　　　　　　　　　　　申请人：
　　　　　　　　　　　　　××××年××月××日

说明：
　　本样式根据《中华人民共和国企业破产法》第十二条制定，供破产申请人不服一审法院不予受理或者驳回破产申请的裁定，向上一级人民法院提起上诉时使用。

7. 申请书（利害关系人申请参加听证用）

<h2 style="text-align:center">申请书</h2>

　　申请人：×××，男／女，××××年××月××日出生，×族，……（写明工作单位和职务或者职业），住……。联系方式：……。
　　法定代理人／指定代理人：×××，……。
　　委托诉讼代理人：×××，……。
　　（以上写明申请人和其他听证参加人的姓名或者名称等基本信息）
　　请求事项：以债权人（或者出资人、重整投资人等利害关系人）身份参加你院（××××）××破×号……（写明当事人和案由）一案的听证。
　　事实和理由：……（写明申请参加听证的事实和理由）。
　　此致
××××人民法院

破产法律文书样式

申请人（签名或者公章）

××××年××月××日

说明：

　　一、本样式供债权人、出资人、重整投资人等利害关系人向人民法院申请参加破产相关听证时使用。

　　二、《全国法院破产审判工作会议纪要》第15条"重整案件的听证程序"规定："对于债权债务关系复杂、债务规模较大，或者涉及上市公司重整的案件，人民法院在审查重整申请时，可以组织申请人、被申请人听证。债权人、出资人、重整投资人等利害关系人经人民法院准许，也可以参加听证。听证期间不计入重整申请审查期限。"第33条"实质合并申请的审查"规定："人民法院收到实质合并申请后，应当及时通知相关利害关系人并组织听证，听证时间不计入审查时间。人民法院在审查实质合并申请过程中，可以综合考虑关联企业之间资产的混同程度及其持续时间、各企业之间的利益关系、债权人整体清偿利益、增加企业重整的可能性等因素，在收到申请之日起三十日内作出是否实质合并审理的裁定。"

　　《最高人民法院关于审理上市公司破产重整案件工作座谈会纪要》第四条规定："会议认为，债权人提出重整申请，上市公司在法律规定的时间内提出异议，或者债权人、上市公司、出资人分别向人民法院提出破产清算申请和重整申请的，人民法院应当组织召开听证会。人民法院召开听证会的，应当于听证会召开前通知申请人、被申请人，并送达相关申请材料。公司债权人、出资人、实际控制人等利害关系人申请参加听证的，人民法院应当予以准许。人民法院应当就申请人是否具备申请资格、上市公司是否已经发生重整事由、上市公司是否具有重整可行性等内容进行听证。鉴于上市公司破产重整案件较为敏感，不仅涉及企业职工和二级市场众多投资者的利益安排，还涉及与地方政府和证券监管机构的沟通协调。因此，目前人民法院在裁定受理上市公司破产重整申请前，应当将相关材料逐级报送最高人民法院审查。"

　　除前述情形外，人民法院可以根据需要决定对破产申请审查等事项进行听证，债权人等利害关系人也可以申请参加听证。

　　三、申请人是法人或者非法人组织的，写明名称住所。另起一行写明法定代表人、主要负责人及其姓名、职务、联系方式。

8. 申请书（债务人有关人员申请离开住所地用）

申请书

　　申请人：×××，男／女，××××年××月××日出生，×族，住……。联系方式：……。
　　（以上写明债务人有关人员的姓名等基本信息）
　　请求事项：许可×××离开住所地。
　　事实和理由：……（写明离开住所地的目的、去往何处、何时返回等内容，并需承诺根据人民法院、管理人要求随时配合工作）。
　　此致
××××人民法院

申请人（签名）
××××年××月××日

说明：
　　本样式供债务人的有关人员向人民法院申请离开住所地时使用。

9. 申请书（申请恢复行使担保物权用）

申请书

　　申请人：×××（申请人的基本情况）
　　申请事项：
　　批准×××（申请人名称）恢复行使担保物权。
　　事实和理由：
　　贵院受理的×××（债务人名称）破产重整一案，×××（申请人姓名或者名称）对债务人名下×××（写明具体财产）享有××××担保物权。……（写明担保物有损坏或者价值明显减少的可能，足以危害担保权人权利，以及担保财产不是重整所必需等理由）。根据《中华人民共和国企业破产法》第七十五条第一款规定，×××（申请人姓名或者名称）现提请贵院裁定批准恢复行使担保物权。

此致
××××人民法院

申请人：
××××年××月××日

说明：
　　一、本样式系新增，根据《中华人民共和国企业破产法》第七十五条第一款制定，供担保物权人申请恢复行使担保权时使用。
　　二、适用时可参考《全国法院民商事审判工作会议纪要》第112条、《重庆破产法庭　重庆市破产管理人协会破产案件管理人工作指引（试行）》第九十七条第二款等规定。

10. 复议申请书（申请对不予批准恢复行使担保物权的裁定复议用）

复议申请书

复议申请人：×××（担保物权人的基本情况）

申请事项：

撤销××××人民法院（××××）……号不予批准恢复行使担保物权民事裁定；

事实和理由：

你院于××××年××月××日作出（××××）××破×号不予批准恢复行使担保物权的民事裁定（写明裁定的内容）。

……（写明申请复议的事实与理由）

此致
××××人民法院

附件：××××人民法院（××××）……号民事裁定书

复议申请人：
××××年××月××日

说明：

一、本样式系新增，根据《全国法院民商事审判工作会议纪要》第112条制定，供担保物权人不服不予批准恢复行使担保物权的裁定时，向作出裁定的人民法院申请复议时使用。

二、担保物权人不服不予批准恢复行使担保物权的裁定的，可以自收到裁定书之日起十日内，向作出裁定的人民法院申请复议。

11. 申请书（申请撤销债权人会议决议用）

申请书

申请人：×××（债权人的基本情况）

申请事项：

1. 撤销××××年××月××日债权人会议决议的第×项；
2. 责令债权人会议重新作出决议。

事实和理由：

债权人会议于××××年××月××日作出决议，……（写明决议的内容）。该决议第×项违反了……（写明法律依据），损害了申请人合法权益。根据《中华人民共和国企业破产法》第六十四条第二款规定，请求贵院撤销该决议，责令债权人会议依法重新作出决议。

此致

××××人民法院

附件：××××年××月××日债权人会议决议

申请人：
××××年××月××日

说明：

　　一、本样式系新增，根据《中华人民共和国企业破产法》第六十四条第二款制定，供债权人认为债权人会议的决议违反法律规定，损害其利益时，请求人民法院裁定撤销该决议时使用。

　　二、债权人对债权人会议决议有异议，应当自债权人会议作出决议之日起十五日内向人民法院申请撤销。

　　三、涉及的法律依据主要是《中华人民共和国企业破产法》第六十四条第二款、《最高人民法院关于适用〈中华人民共和国企业破产法〉若干问题的规定（三）》第十二条、《最高人民法院关于推进破产案件依法高效审理的意见》第12条。

12. 复议申请书（申请对认可未通过的财产管理／变价／分配方案的裁定复议用）

复议申请书

　　复议申请人：×××（债权人的基本情况）
　　申请事项：
　　撤销××××人民法院（××××）××破×号认可×××（债务人名称）财产管理／变价／分配方案民事裁定；
　　事实和理由：
　　你院于××××年××月××日作出（××××）××破×号认可×××（债务人名称）财产管理／变价／分配方案民事裁定（写明认可方案的内容）。
　　……（写明申请复议的事实与理由）
　　此致
　　××××人民法院
　　　　附件：××××人民法院（××××）××破×号民事裁定书

　　　　　　　　　　　　　　复议申请人：
　　　　　　　　　　　　　　××××年××月××日

说明：

　　一、本样式系新增，根据《中华人民共和国企业破产法》第六十六条制定，供债权人对人民法院裁定认可债权人会议未通过的财产管理、变价、分配方案的民事裁定不服的，向作出裁定的人民法院申请复议时使用。

　　二、复议申请人是法人或者非法人组织的，写明名称、住所、统一社会信用代码。另起一行写明法定代表人、主要负责人及其姓名、职务、联系方式。

　　三、债权人对认可债权人会议未通过的财产管理/变价/分配方案的民事裁定不服的，可以自裁定宣布之日或者收到通知之日起十五日内向作出裁定的人民法院申请复议。

13. 复议申请书（对实质合并裁定提出复议用）

复议申请书

　　复议申请人：×××（利害关系人的基本情况）
　　申请事项：
　　撤销××××人民法院（××××）……号对×××、×××进行实质合并破产（重整/清算/和解）的民事裁定。
　　事实和理由：
　　××××人民法院于××××年××月××日作出（××××）……号对×××、×××进行实质合并破产（重整/清算/和解）的民事裁定。
　　……（写明申请复议的事实与理由）
　　此致
××××人民法院
　　附件：××××人民法院（××××）……号民事裁定书

复议申请人：
××××年××月××日

破产法律文书样式

说明：

本样式系新增，根据《全国法院破产审判工作会议纪要》第 34 条制定。

14. 申请书（破产宣告前申请转入重整程序用）

申请书

申请人：×××（债务人／出资额占债务人注册资本十分之一以上的出资人的基本情况）

申请事项：

对×××（债务人名称）进行重整。

事实和理由：

贵院于××××年××月××日作出（××××）……号民事裁定，裁定受理×××（债务人名称）破产清算一案。申请人认为×××（债务人名称）具备重整价值和重整可能，申请贵院对×××（债务人名称）进行重整。具体理由如下：

一、……（申请人资格）

二、……（重整价值）

三、……（重整可能性）

……

此致

××××人民法院

申请人：

××××年××月××日

说明：

本样式系新增，根据《中华人民共和国企业破产法》第七十条第二款制定，供债务人或者出资额占债务人注册资本十分之一以上的出资人，在人民法院受理破产申请后、宣告债务人破产前申请债务人重整时使用。

15. 申请书（债务人申请自行管理财产和营业事务用）

申请书

申请人：×××（债务人的基本情况）

法定代表人：……（写明姓名、职务）

申请事项：

由×××（债务人名称）在管理人监督下自行管理财产和营业事务。

事实和理由：

贵院于××××年××月××日作出（××××）……号民事裁定，裁定受理×××（债务人名称）破产重整一案。申请人认为×××（债务人名称）具备自行管理财产和营业事务的条件。具体理由如下：

一、债务人的内部治理机制仍正常运转。……

二、债务人自行管理有利于债务人继续经营。……

三、债务人不存在隐匿、转移财产的行为。……

四、债务人不存在其他严重损害债权人利益的行为。……

综上，申请人认为，×××（债务人名称）具备自行管理财产和营业事务的条件，也愿意在管理人监督下自行管理财产和营业事务。望贵院批准。

此致

××××人民法院

申请人：

××××年××月××日

说明：

本样式系新增，根据《中华人民共和国企业破产法》第七十三条制定，供债务人在重整期间申请自行管理财产和营业事务时使用。

16. 终止债务人自行管理的申请

终止债务人自行管理的申请

××××人民法院：

贵院于××××年××月××日作出（××××）××破×号之×决定，准许×××（债务人名称）在管理人的监督下自行管理财产和营业事务。申请人对债务人的自行管理行为进行监督过程中，发现债务人存在以下严重损害债权人利益的行为或者有其他不适宜自行管理情形：

1. _____；
2. _____；
……

申请人已经将前述情况告知管理人，并要求管理人申请人民法院决定终止×××（债务人名称）自行管理财产和营业事务。管理人收到申请人的申请后，未及时回应（或者明确告知申请人其不会向人民提出申请等）。

申请人认为，×××（债务人名称）已经不适宜自行管理，请求贵院决定终止×××（债务人名称）自行管理财产和营业事务。

特此申请。

附件：债务人不适宜自行管理的相关材料

（债权人印鉴）

××××年××月××日

说明：

本样式由债权人等利害关系人发现债务人存在严重损害债权人利益的行为或者有其他不适宜自行管理情形，而管理人未申请人民法院作出终止决定的，债权人等利害关系人向人民法院提出申请时使用。

债务人有不适宜自行管理情形，终止申请原则上应当由管理人提出，管理人未提出申请，债权人等利害关系人可以向人民法院提出申请。《全国法院民商事审判工作会议纪要》第111条第3款对此已有明确规定。

17. 申请书（申请延长重整计划草案提交期限用）

申请书

（××××）×× 破管字第 × 号

×××× 人民法院：

　　贵院于 ×××× 年 ×× 月 ×× 日作出（××××）×× 破申 × 号之 × 民事裁定，裁定受理 ×××（债务人名称）重整一案，并于 ×××× 年 ×× 月 ×× 日作出（××××）×× 破 × 号之 × 决定，指定 ××× 担任管理人。经贵院批准，由 ×××（债务人名称）在管理人监督下自行管理财产和营业事务。

　　债务人就重整计划草案的制作进行了充分研究。现债务人无法在贵院裁定重整之日起六个月内（即 ×××× 年 ×× 月 ×× 日前）按期提交重整计划草案，理由如下：

　　1. _____；
　　2. _____；
　　……

　　现根据《中华人民共和国企业破产法》第七十九条第二款规定，请求贵院裁定延期 × 个月，至 ×××× 年 ×× 月 ×× 日前提交重整计划草案。

　　此致

（债务人印鉴）

×××× 年 ×× 月 ×× 日

说明：

　　一、本样式根据《中华人民共和国企业破产法》第七十九条第二款制定，供债务人自行管理，向人民法院申请延期提交重整计划草案时使用。

　　二、债务人应当向法院说明申请延期提交重整计划草案的正当理由，申请延长的期限最长不得超过三个月。

　　三、本样式仅适用于债务人制作重整计划草案的情况，如由管理人制作重整计划草案，应由管理人提出申请。

> **解读**
>
> 一、根据《企业破产法》第七十九条第二款规定："前款规定的（重整计划草案提交）期限届满，经债务人或者管理人请求，有正当理由的，人民法院可以裁定延期三个月。"
>
> 二、根据《全国法院破产审判工作会议纪要》第16条规定，人民法院要加强与管理人或债务人的沟通，引导其分析债务人陷于困境的原因，有针对性地制定重整计划草案，促使企业重新获得盈利能力，提高重整成功率。

18. 关于提请审议重整计划草案的报告（债务人管理财产和营业事务用）

关于提请审议重整计划草案的报告

（××××）××破管字第×号

××××人民法院：

×××（债务人名称）债权人会议：

××××法院于××××年××月××日作出（××××）××破申×号之×民事裁定，裁定受理×××（债务人名称）重整一案，并于××××年××月××日作出（××××）××破×号之×决定，指定×××担任管理人。

鉴于×××（债务人名称）尚在生产经营中，经申请，人民法院批准×××（债务人名称）在管理人的监督下自行管理财产和营业事务。根据《中华人民共和国企业破产法》第八十条第一款规定，债务人起草了《×××（债务人名称）重整计划草案》，现提交人民法院及债权人会议审议。对于方案中需要说明的问题报告如下：

一、重整计划草案起草的过程和可行性分析

简述重整计划草案起草的前期过程，重点分析重整计划草案实施的可行性。

二、重整计划草案的框架和主要内容

（一）债务人的经营方案

简述经营团队组成、经营计划、经营计划的可行性分析、经营目标等。

（二）债权分类和调整方案

简述经法院裁定确认的债权核查情况，并按债权类别介绍各类债权的金额和调整方案，说明债权调整的理由和实施途径。

（三）出资人权益调整方案

简述出资人情况及出资比例，介绍出资人权益调整方案，说明调整的理由和实施途径。

（四）债权受偿方案

简述各类债权的受偿途径和比例，并须特别说明如果不重整而直接进行破产清算的债权的可能受偿比例。

（五）重整计划的执行期限

说明确定重整计划执行期限的理由。

（六）重整计划执行的监督期限

说明重整计划执行监督措施及确定重整计划执行监督期限的理由。

（七）有利于债务人重整的其他方案

三、重整计划草案的重点与难点

突出说明重整计划实施中的重点与难点，介绍解决的方案和途径，以及重整计划实施过程中需要进一步工作的内容。

特此报告。

附件：重整计划草案

（债务人印鉴）

××××年××月××日

说明：

一、本样式根据《中华人民共和国企业破产法》第七十九条、第八十条第一款、第八十四条第三款制定，由债务人制作后同时向受理破产案件的人民法院和债权人会议提交。

二、本样式应当对重整计划草案进行说明，就一些重要问题，例如债权调整、出资人权益调整、重整后的经营方案等进行介绍，同时本样式应当附重整计划草案。

19. 申请书（债务人申请批准重整计划用）

申请书

申请人：×××（债务人的基本情况）

法定代表人：……（写明姓名、职务）

申请事项：

批准×××（债务人名称）重整计划。

事实和理由：

贵院受理的×××（债务人名称）重整/清算转重整一案，经贵院批准，由×××（债务人名称）在管理人监督下自行管理财产和营业事务。××××年××月××日召开了第×次债权人会议。债权人会议依照债权分类对重整计划草案进行了分组表决（重整计划草案涉及出资权益调整的：并设出资人组进行了表决），各表决组均表决通过了重整计划草案。

根据《中华人民共和国企业破产法》第八十六条规定，×××（债务人名称）现提请贵院裁定批准该重整计划。

此致

××××人民法院

申请人：
××××年××月××日

说明：

本样式系新增，根据《中华人民共和国企业破产法》第八十六条制定，供自行管理财产和营业事务的债务人在重整计划通过后向人民法院申请批准重整计划时使用。

20. 申请书（债务人申请批准重整计划草案用）

申请书

申请人：×××（债务人的基本情况）

法定代表人：……（写明姓名、职务）

申请事项：

批准×××（债务人名称）重整计划草案。

事实和理由：

贵院受理的×××（债务人名称）重整/清算转重整一案，经贵院批准，由×××（债务人名称）在管理人监督下自行管理财产和营业事务。××××年××月××日召开了第×次债权人会议。债权人会议依照债权分类对重整计划草案进行了分组表决（重整计划草案涉及出资权益调整的：并设出资人组进行了表决）。经表决，×××组通过了重整计划草案，×××组未通过重整计划草案。经债务人（或者管理人）与表决未通过的×××组协商，×××组拒绝再次表决（或者于××××年××月××日再次表决后，仍未通过重整计划草案）。

申请人认为，重整计划草案符合法院批准的条件，理由如下：

1. _____；
2. _____；
……

综上，根据《中华人民共和国企业破产法》第八十七条第二款规定，提请贵院裁定批准该重整计划草案。

此致

××××人民法院

申请人：

××××年××月××日

说明：

本样式系新增，根据《中华人民共和国企业破产法》第八十七条制定，供债务人在重整计划草案未通过时，向人民法院申请批准重整计划草案时使用。

21. 申请书（破产宣告前申请转入和解程序用）

申请书

申请人：×××（债务人的基本情况）
申请事项：
对×××（债务人名称）进行和解。
事实和理由：
贵院于××××年××月××日作出（××××）××破申×号民事裁定，裁定受理×××（债务人名称）破产清算一案。申请人认为×××（债务人名称）具备和解可能，申请贵院对×××（债务人名称）进行和解。具体理由如下：
　　……
　　此致
×××人民法院

申请人：
××××年××月××日

说明：
　　本样式系新增，根据《中华人民共和国企业破产法》第九十五条制定，供债务人在人民法院受理破产申请后、宣告债务人破产前申请和解时使用。

22. 申请书（债务人申请认可和解协议用）

申请书

申请人：×××（债务人的基本情况）
法定代表人：……（写明姓名、职务）

申请事项：

认可×××（债务人名称）和解协议。

事实和理由：

贵院受理的×××（债务人名称）和解/清算转和解一案，××××年××月××日召开了第×次债权人会议。债权人对和解协议进行了表决，……（写明表决结果），债权人会议表决通过了和解协议草案。

根据《中华人民共和国企业破产法》第九十八条规定，×××（债务人名称）现提请贵院裁定认可和解协议。

此致

×××人民法院

申请人：

××××年××月××日

说明：

本样式系新增，根据《中华人民共和国企业破产法》第九十八条制定，供债务人在债权人会议通过和解协议后向人民法院申请认可和解协议时使用。

23. 申请书（债务人申请认可自行和解协议用）

申请书

申请人：×××（债务人的基本情况）

法定代表人：……（写明姓名、职务）

申请事项：

认可×××（债务人名称）与全体债权人达成的协议。

事实和理由：

贵院受理的×××（债务人名称）破产重整/清算/和解一案。债务人与全体债权人就债权债务的处理自行达成协议。根据《中华人民共和国

353

企业破产法》第一百零五条规定，×××（债务人名称）现提请贵院裁定认可××××协议。

此致
××××人民法院

附件：××××协议

申请人：
××××年××月××日

说明：

本样式系新增，根据《中华人民共和国企业破产法》第一百零五条制定，供债务人在与全体债权人就债权债务的处理自行达成协议后，请求人民法院裁定认可该协议并终结破产程序时使用。

24. 申请书（申请变更重整计划用）

申请书

申请人：×××（申请人的基本情况）

申请事项：

批准变更×××（债务人名称）重整计划。

事实和理由：

贵院于××××年××月××日裁定批准×××（债务人名称）重整计划。因……（写明出现的国家政策调整、法律修改变化等特殊情况），导致原重整计划无法执行。××××年××月××日，×××（债务人名称）债权人会议决议同意变更重整计划。据此，×××（申请人名称）请求贵院批准变更重整计划。

此致
××××人民法院

附件：1. 债权人会议决议

2.……

申请人：

××××年××月××日

说明：

本样式系新增，根据《全国法院破产审判工作会议纪要》第19条制定。

25. 申请书（申请更换管理人用）

<h2 style="text-align:center">申请书</h2>

申请人：×××（债务人名称）债权人会议

申请事项：

更换×××（债务人名称）管理人。

事实和理由：

贵院于××××年××月××日作出（××××）××破申×号之×民事裁定，裁定受理×××（债务人名称）破产重整/和解/清算一案，并于××××年××月××日作出（××××）××破×号之×决定，指定×××（担任管理人的社会中介机构的名称或自然人的姓名）担任管理人。债权人会议认为，×××（担任管理人的社会中介机构的名称或自然人的姓名）不宜继续担任管理人，……（写明管理人不能依法、公正执行职务或者有其他不能胜任职务情形的具体理由）。××××年××月××日召开的债权人会议已经通过更换管理人的决议。现根据《中华人民共和国企业破产法》第二十二条第二款、……的规定，申请贵院更换管理人。

此致

××××人民法院

申请人：

××××年××月××日

破产法律文书样式

说明：

本样式系新增，根据《中华人民共和国企业破产法》第二十二条第二款、第六十一条第一款第二项，《最高人民法院关于审理企业破产案件指定管理人的规定》第三十一条制定。

26. 异议书（对管理人报酬提出异议用）

异议书

申请人：×××（债务人名称）债权人会议

申请事项：

调整×××（债务人名称）管理人报酬为……（写明具体的请求）。

事实和理由：

贵院于××××年××月××日作出（××××）××破申×号之×民事裁定，裁定受理×××（债务人名称）破产重整/和解/清算一案，并于××××年××月××日作出（××××）××破×号之×决定，指定×××（担任管理人的社会中介机构的名称或自然人的姓名）担任管理人。贵院确定的管理人报酬为……。债权人会议认为，……（写明应当调整管理人报酬的理由）。××××年××月××日召开的债权人会议已经通过调整管理人报酬的决议。现根据《中华人民共和国企业破产法》第六十一条第一款第二项、……的规定，申请贵院调整管理人报酬。

此致

××××人民法院

申请人：

××××年××月××日

说明：

本样式系新增，根据《中华人民共和国企业破产法》第六十一条第一

356

款第二项、《最高人民法院关于审理企业破产案件确定管理人报酬的规定》第十七条制定。

二、当事人向管理人提交的法律文书样式

1. 债权申报资料

×××（债务人名称）
破产重整／和解／清算案债权人申报书

申报人：
代理人：　　　　　　　　公民身份号码：
联系电话：　　　　　　　电子邮箱：
　　因×××（债务人名称）已被人民法院受理破产重整／和解／清算，特向管理人申报债权。申报金额××元，其中本金××元，违约金／利息等××元（利息计算至破产受理日止），其他债权××元，申报债权性质为：有财产担保债权／建设工程价款优先权／职工债权／税款债权／普通债权等。该笔债权非连带债权／或系连带债权，其他连带债权人为：××。
　　利息等计算方式及标准为：（可另附Excel计算表）。
　　债权发生的事实及理由：

（债权人签章）
××××年××月××日

附件：1. 债权申报材料目录
　　　2. 债权申报表

3. 营业执照及法定代表人（负责人）身份证明书

4. 授权委托书

5. 送达地址及银行账户确认书

6. 债权人承诺书

7. 虚假申报债权法律风险告知书

（债权人印鉴）

××××年××月××日

说明：

　　一、本样式根据《中华人民共和国企业破产法》第四十九条制定，债权人申报债权时，应当书面说明债权的数额和有无财产担保，并提交有关证据。申报的债权是连带债权的，应当说明。

　　二、本样式正反面打印并盖骑缝章。

附件1：债权申报材料目录

×××（债务人名称）
破产重整/和解/清算案债权人申报资料目录

债权人名称/姓名：　　　　　　　编号（管理人填写）：

债权人（签字/盖章）：　　　　　委托代理人（签字）：

序号	材料名称	页数	文件形式（勾选）	
			原件	复印件

续表

提交人承诺及声明：1. 以上证据复印件均与原件（物）一致，不存在变造、伪造等情形，如有变更或增加事项，必须在法定期限内提出，否则愿意承担相应的法律责任和后果。2. 债权人申报的债权及其提交的文件资料真实性、合法性及关联性，管理人签收材料时不予确认，具体确认程序和方式按法律规定另行办理。

提交时间：

附件2：债权申报表

×××（债务人名称）
破产重整/和解/清算案债权申报表

债权人名称/姓名		统一社会信用代码/身份证号	
法定代表人/负责人		联系方式	
委托代理人		联系方式	
接收债权人会议通知的指定手机号			
接收案件书面资料的通讯地址（收件人完整信息）			
电子邮箱			

续表

债务人性质	☐主债务人 ☐担保人	主债务人名称：	
申报债权情况	总金额：	申报债权性质	
	本金：		
	利息：		
	其他：		
有无担保（请勾选，下同） （如涉及多家担保，可另附表说明）	☐无 ☐有	担保人名称	
		担保金额	（小写/人民币）
		担保形式	☐抵押　　☐质押 ☐保证　　☐其他：
		担保范围	☐主债权　☐利息 ☐违约金 ☐损害赔偿金 ☐实现担保权的费用 ☐担保物保管费 ☐其他：
是否正在诉讼或仲裁	☐否 ☐是	有无申请执行	☐无　　☐有
有无生效判决、裁定或仲裁裁决		☐无　　☐有	

注：1.本债权申报表不构成无效债权（包括但不限于已过诉讼时效的债权等）的重新有效确认；2.申报利息及滞纳金时，计算截止日期为××××年××月××日；3.申报债权性质填写选项：有财产担保债权、建设工程优先债权、税款债权、普通债权、劣后债权；4.债权申报人如有多笔独立债权的，请逐笔进行申报；5.本债权申报登记表可双面打印，一式一份。

附件3：法定代表人（负责人）身份证明书

法定代表人（负责人）身份证明书

×××（身份证号：×××）在我单位任×××职务，为我单位的法定代表人（负责人）。

特此证明。

附件：法定代表人（负责人）身份证复印件（加盖债权人印章）

债权人（盖章）：

××××年××月××日

附件4：授权委托书

授权委托书

委托人：　　　　　法定代表人（负责人）：
住所地：　　　　　联系方式：
受托人1：　　　　公民身份号码：
工作单位：　　　　联系方式：
受托人2：　　　　公民身份号码：
工作单位：　　　　联系方式：

委托人就×××（债务人名称）破产重整/和解/清算案（以下简称"本案"），特委托上述受托人作为代理人，参加本案的破产重整/和解/清算程序。

一、代理人×××的代理权限为特别授权，包括但不限于：

1.向本案管理人申报债权，提交相关证明材料，处理与债权申报相关事宜；

2.签署、提交、领取、接收和转送有关本案的各类法律文件及其他文件资料；

3.参加本案债权人会议并代表委托人发表意见和行使表决权；

4.处理与本案相关的其他法律事务。

二、代理人×××的代理权限为一般授权，代理权限包括：

1.×××；

2.×××；

3.×××；

……

特此授权。

附件：受托人身份证复印件（加盖委托人印章）

委托人（盖章）：
法定代表人/负责人（签名）：
××××年××月××日

破产法律文书样式

附件 5：送达地址及银行账户确认书

×××破产重整／和解／清算案债权人送达地址及银行账户确认书

债权人名称	
管理人对债权人填写送达地址确认书的告知事项	1. 为便于申报人及时收到管理人各项文书，保证破产程序顺利进行，申报人应当如实提供确切的送达地址（送达地址包括邮寄地址、手机号码、电子邮箱地址）； 2. 确认的送达地址适用于各个破产程序，包括：破产清算、和解、重整，以及同期与破产事务相关的其他事项； 3. 申报人同意，管理人可以通过短信、电子邮件等方式告知债权人会议的开会方式、通知与破产事务相关的其他事项、送达相关文件等，相关通知及文件到达受送达人特定系统即视为送达，申报人应注意提供准确的手机号码、电子邮箱地址； 4. 如果送达地址有变更，应当及时告知管理人变更后的送达地址； 5. 如果提供的送达地址不准确，或不及时告知变更后的送达地址，使得与破产事务相关的通知、文书无法送达或未及时送达的，自文书、材料等邮寄退回或管理人按照申报人提供的手机号码、电子邮箱进行发送但发送失败之日视为送达之日，申报人应承担由此引起的一切法律后果； 6. 为便于申报人受领债权分配，申报人应当如实向管理人提供准确的银行账户，管理人根据方案等转入申报人提供的银行账户的款项，视为申报人受领。
送达地址	债权人确认下列地址为送达地址： 地址：　　　　　　　　　　　　　　　　　， 收件人：　　　　　　，电话：　　　　　　； 电子邮箱：　　　　　　　　　　　　　　。
银行账户	债权人确认下列银行账户为分配款项受领账户： 户名：　　　　　　　　　　　　　　　　　； 账（卡）号：　　　　　　　　　　　　　　； 开户行及行号：　　　　　　　　　　　　　；
债权人对自己送达地址的确认	我已经阅读并同意管理人对债权申报人填写送达地址及银行账户确认书的告知事项，并保证上述送达地址和银行账户是准确、有效的，如有不实或错误自行承担一切法律后果。 　　　　　　　　债权人或其代理人签名、盖章或捺印： 　　　　　　　　　　××××年××月××日
备注	

附件 6：债权人承诺书

承诺书

×××（债务人名称）管理人：

　　我公司／本人已收到×××（债务人名称）管理人的《虚假申报债权法律风险告知书》，我公司／本人承诺提交的所有债权申报材料无论盖章、签名与否，均真实、全面、准确、有效，所有复印件已与原件核对无异，如存在虚假申报一切法律后果自负。

承诺人（盖章／签字）：
××××年××月××日

附件 7：虚假申报债权法律风险告知书

虚假申报债权法律风险告知书

　　为维护司法秩序，保护公民、法人和非法人组织合法权益，帮助债权人避免申报风险，减少不必要的损失，根据《中华人民共和国企业破产法》《中华人民共和国刑法》以及《最高人民法院　最高人民检察院关于办理虚假诉讼刑事案件适用法律若干问题的解释》等规定，现将虚假申报风险告知如下：

　　一、申报债权时不得恶意串通、规避法律，不得损害国家利益、社会公共利益、第三人合法权益，不得以合法形式掩盖非法目的，如果因虚假申报而给债务人、其他债权人或任何第三人造成损害的，需承担相应的民事责任和其他法律责任。

　　二、在破产案件审理过程中申报捏造的债权的，妨害司法秩序或者严重侵害他人合法权益的，构成虚假诉讼罪，处三年以下有期徒刑、拘役或者管制，并处或者单处罚金；情节严重的，处三年以上七年以下有期徒刑，并处罚金。

　　单位犯前款罪的，对单位判处罚金，并对其直接负责的主管人员和其他直接责任人员（包括债权申报委托代理人），依照前款的规定处罚。

三、采取伪造证据、虚假陈述等手段，实施下列行为之一，捏造民商事法律关系，虚构民商事纠纷，向管理人申报债权的，应当认定为第二条规定的"在破产案件审理过程中申报捏造的债权"：

1. 与他人恶意串通，捏造债权债务关系的；
2. 与他人恶意串通，捏造债权债务关系和以物抵债协议的；
3. 与债务人的法定代表人、董事、监事、经理或者其他管理人员恶意串通，捏造公司、企业债务或者担保义务的；
4. 与债务人及相关人员恶意串通，捏造债权或者对查封、扣押、冻结财产的优先权、担保物权的；
5. 隐瞒债务偿还情况导致债权金额虚增的；
6. 以捏造的事实作出的仲裁裁决、公证债权文书或其他法律文书申报债权的；
7. 其他依法应当被认定为捏造的债权。

四、诉讼代理人、证人与他人通谋，代理虚假申报债权、故意作虚假证言，与当事人共同构成妨害司法罪的，依照共同犯罪的规定定罪处罚；同时构成妨害作证罪，帮助毁灭、伪造证据罪等犯罪的，依照处罚较重的规定定罪从重处罚。

2. 债权确认书（债权人用）

×××（债务人名称）
破产重整／清算／清算案债权确认书

召开债权人会议核查债权的：
×××（债务人名称）管理人：

××××年××月××日（债务人名称）破产重整／和解／清算案召开第×次债权人会议，会上对管理人制作的债权表记载的债权进行了核查，本人／单位对债权表记载的债权无异议。

根据《中华人民共和国企业破产法》第五十八条规定，确认债权表记载的债权金额及债权性质，同意报××××人民法院裁定确认。

特此告知。

书面核查债权的：

×××（债务人名称）管理人：

××××年××月××日（债务人名称）破产重整/和解/清算案以邮件/短信/网络（如钉钉群、微信群等）（书面核查债权的方式）对管理人制作的债权表记载的债权进行了核查，本人/单位对债权表记载的债权无异议。

根据《中华人民共和国企业破产法》第五十八条规定，确认债权表记载的债权金额及债权性质，同意报××××人民法院裁定确认。

特此告知。

（债权人印鉴）

××××年××月××日

说明：

本样式根据《中华人民共和国企业破产法》第五十八条第二款之规定制定，债务人、债权人对债权表记载的债权无异议的，由人民法院裁定确认。

3. 债权异议申请（债权人用）

×××（债务人名称）
破产重整/和解/清算案债权异议申请

召开债权人会议核查债权的：

×××（债务人名称）管理人：

××××年××月××日（债务人名称）破产重整/和解/清算案召开第×次债权人会议，会上我单位对管理人制作的债权表记载的债权进行了核查，对债权表记载的债权有异议。

根据《最高人民法院关于适用〈中华人民共和国企业破产法〉若干问题的规定（三）》第八条规定，债权人对债权表记载的债权有异议的，应当说明理由和法律依据，现将异议理由和相关法律依据提交给管理人。

　　特此申请。

　　书面核查债权的：

×××（债务人名称）管理人：

　　××××年××月××日（债务人名称）破产重整/和解/清算案以书面债权人会议方式对管理人制作的债权表记载的债权进行了核查，我单位对债权表记载的×××的债权有异议。

　　根据《最高人民法院关于适用〈中华人民共和国企业破产法〉若干问题的规定（三）》第八条规定，债权人对债权表记载的债权有异议的，应当说明理由和法律依据，现将异议理由和相关法律依据提交给管理人。

　　特此申请。

　　附件：债权异议表

（债权人印鉴）
××××年××月××日

说明：

　　本样式根据《最高人民法院关于适用〈中华人民共和国企业破产法〉若干问题的规定（三）》第八条制定，债权人对债权表记载的债权有异议的，应当说明理由和法律依据。

4. 债权异议表

债权异议表

异议人	
债务人名称	
异议人认为应当认定的债权性质	
异议人认为应当认定的债权金额	

续表

事实及理由
1. 债权性质异议依据
2. 本金依据及计算方式
3. 利息依据及计算方式
4. 其他费用依据及计算方式
5. 其他需修订事项 （包括但不限于对担保财产的有无和范围、是否超过诉讼时效期间或强制执行期间等事项的异议）
异议人（签名或签章）：　　　　　　提交时间：

说明：

　　一、本样式根据《最高人民法院关于适用〈中华人民共和国企业破产法〉若干问题的规定（三）》第六条、第八条制定，管理人应当对债权的性质、数额、担保财产、是否超过诉讼时效期间、是否超过强制执行期间等情况进行审查、编制债权表并提交债权人会议核查。若债务人、债权人对债权表记载的债权有异议的，应当说明理由和依据。

　　二、本文书样式是债务人、债权人对管理人的债权审查有异议时，向管理人提交的书面异议表，异议事项主要为债权性质、金额、担保财产、是否超过诉讼时效期间、是否超过强制执行期间等情况。

5. 债权核对确认书（债务人用）

<h3 style="text-align:center">债权核对确认书</h3>

×××（债务人名称）管理人：

　　截至××××年××月××日，管理人共接收××户债权人申报的××笔债权，债权总金额为××××元。管理人结合本单位提供的合

破产法律文书样式

同、账簿等资料，管理人审查确认了××户债权人申报的××笔债权，债权总金额为××××元，其中：

（简述各类债权审查确认情况，包括但不限于财产担保债权、税款债权、普通债权、劣后债权等）。

经本单位核实，本单位对管理人审查确认的债权性质及金额均无异议。

（债务人印鉴）
债务人法定代表人（签名或签章）：
提交时间：

说明：

一、本样式根据《中华人民共和国企业破产法》第五十八条，《最高人民法院关于适用〈中华人民共和国企业破产法〉若干问题的规定（三）》第六条、第八条制定，管理人应当对债权的性质、数额、担保财产、是否超过诉讼时效期间、是否超过强制执行期间等情况进行审查、编制债权表并提交债权人会议核查。若债务人对债权表记载的债权有异议，应当说明理由和依据。对于债务人、债权人对债权表记载的债权无异议的，由人民法院裁定确认。

二、本样式是管理人在向人民法院提请裁定确认无异议债权前，向债务人征求对债权表记载的债权的意见时，债务人在对债权表记载的债权无异议时向管理人出具的债权核对确认书，由债务人加盖公司印章，同时由法定代表人签字确认。债务人主要对债权性质、金额、担保财产、是否超过诉讼时效期间、是否超过强制执行期间等债权审查情况进行核对，若确认无误，向管理人出具本文书。

6. 职工债权表核查异议书

×××（债务人名称）破产重整／清算／和解案
职工债权表核查异议书

异议人	
债务人名称	
异议人认为应当认定的债权金额	
事实及理由	
1. 工资依据及计算方式：	
2. 医疗、伤残补助、抚恤费用依据及计算方式：	
3. 经济补偿金依据及计算方式：	
4. 其他费用依据及计算方式：	
5. 其他需修订事项：	
（请根据异议具体情况详细填写以上部分或全部项目，可专门附件说明）	

说明：

1. 异议债权编号请按债权表中所列编号填写，同一债权人对多笔债权提出异议的，请分别填写债权表核查异议书。

2. 管理人将根据债权人申报债权时提供的地址及联系方式进行异议回复，债权人如需变更地址及联系方式，应当提供盖章（机构债权人）或签字捺印（个人债权人）的《变更地址及联系方式确认书》。

异议人（签名或签章）：　　　　　　提交时间：

说明：

本样式依据的法律是《中华人民共和国企业破产法》第四十八条第二款之规定，即："债务人所欠职工的工资和医疗、伤残补助、抚恤费用，所欠的应当划入职工个人账户的基本养老保险、基本医疗保险费用，以及法律、行政法规规定应当支付给职工的补偿金，不必申报，由管理人调查后列出清单并予以公示。职工对清单记载有异议的，可以要求管理人更正；管理人不予更正的，职工可以向人民法院提起诉讼。"对管理人公示的职工债权有异议的，可以要求管理人更正。

7.职工债权确认书（首次审查即无异议用）

职工债权确认书

×××（债务人名称）管理人：

　　×××（债务人名称）管理人发布的《×××（债务人名称）职工债权表》本人（单位）已经收到，对于其中公示的本人的职工债权性质、金额均无异议。

　　特此确认。

职工债权人：
××××年××月××日

说明：

　　一、本样式依据的法律是《中华人民共和国企业破产法》第四十八条第二款之规定，即："债务人所欠职工的工资和医疗、伤残补助、抚恤费用，所欠的应当划入职工个人账户的基本养老保险、基本医疗保险费用，以及法律、行政法规规定应当支付给职工的补偿金，不必申报，由管理人调查后列出清单并予以公示。职工对清单记载有异议的，可以要求管理人更正；管理人不予更正的，职工可以向人民法院提起诉讼。"

　　二、对管理人公示的职工债权无异议的适用本文书。

8. 职工债权确认书（提出异议后用）

职工债权确认书

×××（债务人名称）管理人：

×××（债务人名称）管理人发布《×××（债务人名称）职工债权表》后，本人就本人/×××（对其他人的职工债权有异议的）向管理人提出异议，经管理人解释/调整后，本人（单位）对本人/×××（对其他人的职工债权有异议的）的职工债权性质、金额均无异议。

特此确认。

职工债权人：
××××年××月××日

说明：

一、本样式依据的法律是《中华人民共和国企业破产法》第四十八条第二款之规定，即："债务人所欠职工的工资和医疗、伤残补助、抚恤费用，所欠的应当划入职工个人账户的基本养老保险、基本医疗保险费用，以及法律、行政法规规定应当支付给职工的补偿金，不必申报，由管理人调查后列出清单并予以公示。职工对清单记载有异议的，可以要求管理人更正；管理人不予更正的，职工可以向人民法院提起诉讼。"

二、对管理人公示的职工债权有异议的，可以要求管理人更正，管理人调整后，对职工债权无异议时使用。

9. 债务抵销申请

债务抵销申请

×××（债务人名称）管理人：

　　本人/单位在×××（债务人名称）的破产申请受理前对其负有债务（简述债务发生的时间、内容、金额等）。

　　同时，经管理人审查，本人/单位对×××（债务人名称）享有债权（简述债权性质、债权金额）。

　　依据《中华人民共和国企业破产法》第四十条规定，向×××管理人提出债务抵销申请。

　　特此申请。

　　附件：债权人对债务人负有债务和享有债权的证据

×××（债权人名称）
××××年××月××日

说明：

　　一、本样式依据的法律是《中华人民共和国企业破产法》第四十条之规定，即："债权人在破产申请受理前对债务人负有债务的，可以向管理人主张抵销。但是，有下列情形之一的，不得抵销：（一）债务人的债务人在破产申请受理后取得他人对债务人的债权的；（二）债权人已知债务人有不能清偿到期债务或者破产申请的事实，对债务人负担债务的；但是，债权人因为法律规定或者有破产申请一年前所发生的原因而负担债务的除外；（三）债务人的债务人已知债务人有不能清偿到期债务或者破产申请的事实，对债务人取得债权的；但是，债务人的债务人因为法律规定或者有破产申请一年前所发生的原因而取得债权的除外。"《最高人民法院关于适用〈中华人民共和国企业破产法〉若干问题的规定（二）》第四十一条规定："债权人依据企业破产法第四十条的规定行使抵销权，应当向管理人提出抵销主张。管理人不得主动抵销债务人与债权人的互负债务，但抵销使债务人财产受益的除外。"债权人向管理人主张抵销的应当通过书面形式提出，并说明抵销的债权债务情况及提供相关证据材料。

二、本样式与《人民法院管理人破产程序工作文书样式（试行）》中文书样式 26 通知书（是否同意抵销用）相对应。

10. 债权转让通知书

债权转让通知书

×××（债务人名称）、×××（债务人名称）管理人：

　　根据《中华人民共和国民法典》及相关法律规定，以及本人/单位与×××（债权受让人）达成的债权转让协议，本人/单位已将对贵公司享有的债权（××合同项下债权金额：××元，债权性质：××债权）依法转让给×××（债权受让人），与此转让债权相关的其他权利也一并转让。请贵单位自接到本债权转让通知书后向×××（债权受让人）履行全部义务。

　　特此通知。

×××（债权人名称）
××××年××月××日

说明：

　　本样式根据《中华人民共和国民法典》第五百四十六条制定，债权人转让债权，未通知债务人的，该转让对债务人不发生效力，且债权转让的通知不得撤销，但是经受让人同意的除外。

11. 委托支付通知书

委托支付通知书

×××（债务人名称）管理人：

　　请贵单位将×××（债务人）应付我单位的××款项（金额为××元），支付给×××。

　　×××账户信息：

　　户名：××××

　　开户行：××××

　　账号：××××

　　特此委托。

×××（债权人名称）
××××年××月××日

12. 提议召开债权人会议申请书

提议召开债权人会议申请书

×××（债务人名称）债权人会议主席：

　　现因_____（列明具体原因），根据《中华人民共和国企业破产法》第六十二条第二款规定，提议于××××年××月××日召开第×次债权人会议，就以下事项进行表决：

　　1._____（列明提请债权人会议表决的议题名称）；

　　2._____；

　　……

　　特此申请。

申请人：

（签名或盖章）

××××年××月××日

说明：

　　本样式根据《中华人民共和国企业破产法》第六十二条第二款"以后的债权人会议，在人民法院认为必要时，或者管理人、债权人委员会、占债权总金额四分之一以上的债权人向债权人会议主席提议时召开"的规定制定。

13. 资料查阅申请书

×××（债务人名称）资料查阅申请书

×××（债务人名称）管理人：

　　×××（债权人名称）系×××（债务人名称）破产重整／和解／清算案的债权人。根据《最高人民法院关于适用〈中华人民共和国企业破产法〉若干问题的规定（三）》第十条规定，单个债权人有权查阅债务人财产状况报告、债权人会议决议、债权人委员会决议、管理人监督报告等资料并依法承担保密义务。现特向管理人申请查阅以下资料：

　　1.　　　　　　　　；

　　2.　　　　　　　　；

　　……

　　特此申请。

　　附件：1. 资料查阅申请单

　　　　　2. 保密承诺书

　　　　　3. 债权人身份证明文件

×××（债权人名称）

××××年××月××日

破产法律文书样式

说明：

1.本样式依据的法律是《最高人民法院关于适用〈中华人民共和国企业破产法〉若干问题的规定（三）》第十条之规定，即："单个债权人有权查阅债务人财产状况报告、债权人会议决议、债权人委员会决议、管理人监督报告等参与破产程序所必需的债务人财务和经营信息资料。管理人无正当理由不予提供的，债权人可以请求人民法院作出决定；人民法院应当在五日内作出决定。上述信息资料涉及商业秘密的，债权人应当依法承担保密义务或者签署保密协议；涉及国家秘密的应当依照相关法律规定处理。"

2.《最高人民法院关于审理企业破产案件指定管理人的规定》第三十条规定："受理企业破产案件的人民法院应当将指定管理人过程中形成的材料存入企业破产案件卷宗，债权人会议或者债权人委员会有权查阅。"

3.《重庆破产法庭债权人参与破产事务指引》第十三条规定："债权人有权查阅管理人制作的债权表、债权申报登记册及债权申报材料、债务人财产状况报告、债权人会议决议、债权人委员会决议、管理人监督报告等参与破产程序所必需的债务人财务和经营信息资料。管理人无正当理由不予提供的，债权人可以请求人民法院作出决定。"

附件1：资料查阅申请单

×××（债务人名称）
资料查阅申请单

查阅原因	
查阅档案名称、文号、份数	
查阅时间	
办理方式（查看/复印）	

续表

查阅人签字	
查阅部门负责人审核同意	
被查阅部门负责人审核同意	
分管领导审核同意	
备注（由档案管理员填写）	

14. 继续履行合同催告函

继续履行合同催告函

×××（债务人名称）管理人：

  ××××年××月××日×××（债务人名称）与本人/单位签订了《××合同》，合同约定：……（简述合同主要内容及合同履行情况），现上述合同双方均未履行完毕。××××年××月××日××人民法院受理了×××（债务人名称）破产重整/和解/清算一案。根据《中华人民共和国企业破产法》第十八条规定，管理人对破产申请受理前成立而债务人和对方当事人均未履行完毕的合同有权决定继续履行，现特向管理人催告继续履行该合同。

  特此函告。

  附件：1.《××合同》复印件一份

     2.本人/单位联系方式

×××（债权人名称）

××××年××月××日

说明：

一、本样式依据的法律是《中华人民共和国企业破产法》第十八条之规定，即："人民法院受理破产申请后，管理人对破产申请受理前成立而债务人和对方当事人均未履行完毕的合同有权决定解除或者继续履行，并通知对方当事人。管理人自破产申请受理之日起二个月内未通知对方当事人，或者自收到对方当事人催告之日起三十日内未答复的，视为解除合同。管理人决定继续履行合同的，对方当事人应当履行；但是，对方当事人有权要求管理人提供担保。管理人不提供担保的，视为解除合同。"

二、根据《最高人民法院关于适用〈中华人民共和国企业破产法〉若干问题的规定（二）》第三十四条规定，买卖合同双方当事人在合同中约定标的物所有权保留，在标的物所有权未依法转移给买受人前，一方当事人破产的，该买卖合同属于双方均未履行完毕的合同，管理人有权依据企业破产法第十八条的规定决定解除或者继续履行合同。

三、根据《重庆市第五中级人民法院企业破产案件审理指南（试行）》第三十九条规定，买卖合同双方当事人在合同中约定标的物所有权保留，在标的物所有权未依法转移给买受人前，一方当事人破产的，该买卖合同属于双方均未履行完毕的合同，管理人有权依据企业破产法第十八条的规定决定解除或者继续履行合同。

15. 财产取回申请书

财产取回申请书

×××（债务人名称）管理人：

××××年××月××日××××人民法院裁定受理×××（债务人名称）重整/和解/破产清算一案，×××（债务人名称）因……（列明事由）占有本人/单位的下列财产（列明财产种类、数量等）：

1.……；

2.……；

……

根据《中华人民共和国企业破产法》第三十八条规定，人民法院受理破产申请时，债务人占有的不属于债务人的财产，该财产的权利人可以通过管理人取回。特向管理人申请取回该财产，请管理人接到本通知书后向本人/单位交付上述财产。财产应交至：　　　　。（根据财产形态，按实际情况处理）

特此申请。

附件：1. 财产权属证明复印件一份
　　　2. 本人/单位联系方式

×××（申请人名称）
××××年××月××日

说明：

一、本样式依据的法律是《中华人民共和国企业破产法》第三十八条之规定，即："人民法院受理破产申请时，债务人占有的不属于债务人的财产，该财产的权利人可以通过管理人取回。"

二、根据《最高人民法院关于适用〈中华人民共和国企业破产法〉若干问题的规定（二）》第二十六条、第二十七条规定，权利人依据企业破产法第三十八条的规定行使取回权，应当在破产财产变价方案或者和解协议、重整计划草案提交债权人会议表决前向管理人提出。权利人在上述期限后主张取回相关财产的，应当承担延迟行使取回权增加的相关费用。管理人不予认可取回权的，权利人以债务人为被告向人民法院提起诉讼请求行使取回权的，人民法院应予受理。

16. 在运途中标的物取回申请书

在运途中标的物取回申请书

×××（债务人名称）管理人：

在人民法院受理×××（债务人名称）破产申请前，×××（债务人

破产法律文书样式

名称）于××××年××月××日与本人/单位签订了《_____》（买卖合同名称），约定由×××（债务人名称）向本人/单位购买_____（简述买卖标的物名称和数量）。本人/单位已于××××年××月××日发运上述买卖标的物，货物尚在运途中，货款尚未结清。

根据《中华人民共和国企业破产法》第三十九条规定，人民法院受理破产申请时，出卖人已将买卖标的物向作为买受人的债务人发运，债务人尚未收到且未付清全部价款的，出卖人可以取回在运途中的标的物，现特向管理人主张申请取回在运途中货物。

特此申请。

附件：1.《_____》（买卖合同名称）复印件一份及发送货物的相关凭证

2.本人/单位联系方式：_____

×××（申请人名称）
××××年××月××日

说明：

一、本文书样式依据的法律是《中华人民共和国企业破产法》第三十九条之规定，即："人民法院受理破产申请时，出卖人已将买卖标的物向作为买受人的债务人发运，债务人尚未收到且未付清全部价款的，出卖人可以取回在运途中的标的物。但是，管理人可以支付全部价款，请求出卖人交付标的物。"

二、本文书样式依据的法律是《最高人民法院关于适用〈中华人民共和国企业破产法〉若干问题的规定（二）》第三十九条，出卖人依据《中华人民共和国企业破产法》第三十九条的规定，通过通知承运人或者实际占有人中止运输、返还货物、变更到达地，或者将货物交给其他收货人等方式，对在运途中标的物主张了取回权但未能实现，或者在货物未达管理人前已向管理人主张取回在运途中标的物，在买卖标的物到达管理人后，出卖人向管理人主张取回的，管理人应予准许。出卖人对在运途中标的物未及时行使取回权，在买卖标的物到达管理人后向管理人行使在运途中标的物取回权的，管理人不应准许。

17. 重整期间取回财产申请

重整期间取回财产申请

×××（债务人名称）管理人：

　　本人/单位于××××年××月××日与×××（债务人名称）签订××协议，根据该协议的条款，×××（债务人名称）占有上述财产时约定_____（列明关于取回条件的约定）。之后本人/单位将×××（财产）交付于×××（债务人名称）。

　　现×××（债务人名称）进入破产重整程序，本人/单位认为上述财产的取回符合事先约定的条件，依据《中华人民共和国企业破产法》第七十六条规定，向管理人提出重整期间取回财产的申请，望管理人同意。

　　特此申请。

　　附件：债务人占有财产时关于取回条件约定的证据材料

×××（申请人名称）

××××年××月××日

说明：

　　一、本样式依据的法律是《中华人民共和国企业破产法》第七十六条之规定，即："债务人合法占有他人财产的，该财产的权利人在重整期间要求取回的，应当符合事先约定的条件。"《最高人民法院关于适用〈中华人民共和国企业破产法〉若干问题的规定（二）》第二十六条规定，权利人在重整期间行使取回权，应当在重整计划草案提交债权人会议表决前向管理人提出。权利人在上述期限后主张取回相关财产的，应当承担延迟行使取回权增加的相关费用。

　　二、本样式与《人民法院管理人破产程序法律文书样式（试行）》中文书样式50通知书（重整期间决定是否同意取回财产用）相对应。重整期间，财产权利人请求取回财产的，应当符合事先约定的条件。因此，本文书样式申请人应当列明双方事先关于取回财产的约定条件并提供相关的证据材料供管理人审查。

18. 请求管理人申请终止债务人自行管理人的申请

请求管理人申请终止债务人自行管理人的申请

×××（债务人名称）管理人：

××××人民法院于××××年××月××日作出（××××）××破×号之×决定，准许×××（债务人名称）在管理人的监督下自行管理财产和营业事务。申请人发现债务人存在以下严重损害债权人利益的行为或者有其他不适宜自行管理情形：

1.＿＿＿＿＿＿＿＿＿＿＿＿＿＿＿；
2.＿＿＿＿＿＿＿＿＿＿＿＿＿＿＿；
……

申请人认为，×××（债务人名称）已经不适宜继续自行管理。因管理人有监督债务人自行管理的职责，请求管理人尽快申请人民法院决定终止×××（债务人名称）自行管理财产和营业事务。

特此申请。

（债权人印鉴）
××××年××月××日

说明：

本样式供债权人等利害关系人发现债务人在自行管理时，存在严重损害债权人利益的行为或者有其他不适宜自行管理情形时，要求管理人向人民法院申请终止×××（债务人名称）自行管理财产和营业事务时使用。

19. 对管理人取回担保物的回复

对管理人取回担保物的回复

×××（债务人名称）管理人：

本人/单位于××××年××月××日收到管理人发出的（××××）××破管字第×号《通知书》，管理人拟通过清偿债务/提供替代的方式取回本人/单位的质押物/留置物。

现本人/单位愿意配合管理人取回担保物（同意时适用）：

清偿债务方式下适用：

本人/单位向管理人明确债务履行方式为_____（简述债务履行方式），在管理人清偿债务后×日内，解除对上述担保物的质押/留置，并返还管理人（列明财产交付地点和方式，质押办理登记的，应当协助管理人办理质押登记涂销手续）。

提供替代担保方式下适用：

本人/单位明确在收到《通知书》之日起×日内，与管理人共同办理替代担保的设定手续，并在替代担保设定后立即解除对原担保物的质押/留置，并返还管理人（列明财产交付地点和方式，质押办理登记的，应当协助管理人办理质押登记涂销手续）。

现本人/单位对管理人取回担保物的《通知书》有异议（有异议时适用）：

对主债务情况有异议（简述主债务内容、金额等情况）；

对担保物情况有异议（简述担保物的权利归属、现存状态等情况）

对其他情况有异议。

望管理人核实相关情况。

附件：1. 主债务合同复印件、履行情况等证据
　　　2. 担保物的权属证明、现存状态等证据

×××（债权人名称）
××××年××月××日

说明：

一、本样式依据的法律是《中华人民共和国企业破产法》第三十七条

之规定，即："人民法院受理破产申请后，管理人可以通过清偿债务或者提供为债权人接受的担保，取回质物、留置物。前款规定的债务清偿或者替代担保，在质物或者留置物的价值低于被担保的债权额时，以该质物或者留置物当时的市场价值为限。"

二、本样式与《人民法院管理人破产程序法律文书样式（试行）》中文书样式23通知书（要求取回担保物用）相对应，是债权人在收到管理人通知书后，对管理人取回担保物的回复，如果债权人同意，可以明确债务清偿方式或要求管理人提供替代担保，如果债权人不同意，可以对主债务情况、担保情况等向管理人提出异议。

20. 对管理人交付在途标的物的回复

对管理人交付在途标的物的回复

×××（债务人名称）管理人：

本人/单位于××××年××月××日收到管理人发出的（××××）××破管字第×号《通知书》，管理人拟要求本人/单位交付在途标的物。

现本人/单位愿意配合管理人交付在途标的物（同意时适用）：

本人/单位同意在收到管理人货款后继续交付买卖合同标的物，并于××××年××月××日前将货物发至_____（交货地点）。

本人/单位收款账户信息如下：
账户名：_____
账户号码：_____
开户行：_____

现本人/单位对管理人交付在途标的物的《通知书》有异议（有异议时适用）：

对合同标的物情况有异议（简述标的物内容、数量、型号等情况）；
对合同价款情况有异议（简述合同价款金额、付款方式等情况）；
对其他情况有异议。

望管理人核实相关情况。

附件：买卖合同复印件及发送货物的相关凭证

×××（出卖人名称）

××××年××月××日

说明：

一、本样式依据的法律是《中华人民共和国企业破产法》第三十九条之规定，即："人民法院受理破产申请时，出卖人已将买卖标的物向作为买受人的债务人发运，债务人尚未收到且未付清全部价款的，出卖人可以取回在运途中的标的物。但是，管理人可以支付全部价款，请求出卖人交付标的物。"管理人决定支付全部价款，可以请求出卖人交付在途标的物。

二、本样式与《人民法院管理人破产程序法律文书样式（试行）》中文书样式25通知书（要求出卖人交付在途标的物用）相对应，是出卖人回复对管理人取回在途标的物时使用。若出卖人同意的，可以提供收款方式，如果出卖人不同意，则向管理人提出异议。

21. 关于申请移交财产和营业事务的报告（表决通过重整计划/和解协议用）

×××（债务人名称）关于申请移交财产和营业事务的报告

×××（债务人名称）管理人：

××××年××月××日，召开了×××（债务人名称）第×次债权人会议，表决通过《×××（债务人名称）重整计划草案》《×××（债务人名称）和解协议》，××××人民法院于××××年××月××日裁定批准×××（债务人名称）重整计划，终止破产程序。

现特根据《中华人民共和国企业破产法》第八十九条/第九十八条规定向管理人申请移交×××（债务人名称）财产和营业事务。

重整计划/和解协议执行期间，×××（债务人名称）在管理人、人民法院、债权人的监督下，积极履行重整计划/和解协议的清偿义务，如实向管理人汇报清偿情况以及企业经营情况。

特此报告。

×××（债务人名称）
××××年××月××日

说明：

一、本样式依据的法律是《中华人民共和国企业破产法》第八十九条之规定，即："重整计划由债务人负责执行。人民法院裁定批准重整计划后，已接管财产和营业事务的管理人应当向债务人移交财产和营业事务。"重整计划由债务人负责执行的，应当向债务人移交财产和营业事务。

二、根据《中华人民共和国企业破产法》第九十八条规定："债权人会议通过和解协议的，由人民法院裁定认可，终止和解程序，并予以公告。管理人应当向债务人移交财产和营业事务，并向人民法院提交执行职务的报告。"和解程序可参照本样式。

三、本样式适用于经债权人会议表决通过重整计划或和解协议，经人民法院作出裁定批准重整计划/和解协议后，由债务人向管理人提出移交申请。

22. 关于申请移交财产和营业事务的报告（强制裁定批准重整计划草案用）

×××（债务人名称）关于申请移交财产和营业事务的报告

×××（债务人名称）管理人：

××××年××月××日，召开了×××（债务人名称）第×次债权人会议，表决未通过《××（债务人名称）重整计划草案》，后经××××人民法院于本人/单位××××年××月××日裁定批准××（债务人名称）重整计划，终止破产程序。

现特根据《中华人民共和国企业破产法》第八十九条规定向管理人申请移交×××（债务人名称）财产和营业事务。

重整计划执行期间，×××（债务人名称）在管理人、人民法院、债权人的监督下，积极、按时履行重整计划的清偿义务，如实向管理人报告重整计划执行情况和企业财务状况。

特此报告。

×××（债务人名称）
××××年××月××日

说明：

一、本样式系新增，依据的法律是《中华人民共和国企业破产法》第八十九条之规定，即："重整计划由债务人负责执行。人民法院裁定批准重整计划后，已接管财产和营业事务的管理人应当向债务人移交财产和营业事务。"重整计划由债务人负责执行的，应当向债务人移交财产和营业事务。

二、根据《中华人民共和国企业破产法》第九十八条规定："债权人会议通过和解协议的，由人民法院裁定认可，终止和解程序，并予以公告。管理人应当向债务人移交财产和营业事务，并向人民法院提交执行职务的报告。"和解程序可参照本样式。

三、本样式适用于债权人会议表决未通过，后经人民法院依据《中华人民共和国企业破产法》第八十七条第二款规定裁定批准的情形。

23. 重整期间招募投资人意向申请

×××（债务人名称）重整投资意向书

×××（债务人名称）管理人：

本人/单位根据××年××月××日与×××（债务人名称）管理人发布的×××（债务人名称）重整投资人招募公告，本人/单位认为符合重整投资人招募条件，现向管理人报名参加×××（债务人名称）重整招募投资人申请，并提交企业资料（包括但不限于尽调申请书、营业执照、法定代表人身份证明书、授权委托书、资质证书、缴纳税收和社保证明、组织架构图、×××年审计报告、保密承诺函、投资者企业基本情况介绍、历史沿革、与重整投资规模相匹配的资信证明及履约能力证明等，若存在联合投资人一并提交按以上要求的联合体其他成员的材料，包括各成员的角色分工、权利义务等）。望管理人同意。

特此申请。

附件：1. 企业资料
2. 保证金缴纳证明
3. 尽调申请

×××（申请人名称）
××××年××月××日

说明：

本样式系新增，在人民法院审理债务人重整案件中，根据意向投资人需要，结合前述管理人招募重整投资人公告文书样式对应拟制。

24. 重整计划执行情况和债务人财务状况的报告

×××（债务人名称）重整计划执行情况和财务状况的报告

×××（债务人名称）管理人：

××××年××月××日，召开了×××（债务人名称）第×次债权人会议，表决通过/未通过《×××（债务人名称）重整计划草案》，后经××××人民法院于××××年××月××日裁定批准×××（债务人名称）重整计划，终止重整程序。

根据重整计划的规定，执行期已于××××年××月××日届满。现将×××（债务人名称）执行重整计划和财务状况的相关情况报告如下：

一、重整计划执行情况

（一）重整计划的主要内容

主要列明方案中经营方案、各类债权的调整及清偿方案、出资人权益调整的具体方式。

（二）各部分内容的具体执行情况

关于上述内容分别列明执行情况，未能执行或未执行完毕的，应说明理由及解决方案。

二、企业财务状况

简述债务人在重整期间的财务状况，包括：债务人的资产负债、销售（营业）额、成本、税后净利润、现金流量值等经营指标。反映债务人在重整前后的财务状况变化。

三、重整计划方案的延期执行

结合自身经营、财务情况，对于非因债权人原因导致的未能执行或未执行完毕的，提出相应解决方案以及需要的相应时间。如需要延期的，在方案中测算相应延期的时间。

特此报告。

×××（债务人名称）

××××年××月××日

说明：

一、本样式系新增，法律依据是《中华人民共和国企业破产法》第九十条之规定，即："自人民法院裁定批准重整计划之日起，在重整计划规定的监督期内，由管理人监督重整计划的执行。在监督期内，债务人应当向管理人报告重整计划执行情况和债务人财务状况。"

二、本样式中应当详细说明债务人在重整计划执行过程中的情况，以及执行效果。

三、在重整执行期内，债务人系自行管理财产及营业事务，对于执行情况、预期效果最为了解，更利于解决方案的制定。

25. 放弃优先受偿权的通知书

放弃优先受偿权的通知书

×××（债务人名称）管理人：

本人/单位对×××（债务人名称）享有债权，债权金额为××元，债权性质为担保债权，对××（债务人的特定财产）享有担保权。现本人/单位自愿放弃对××（债务人的特定财产）的优先受偿权利。

特此通知。

×××（债权人名称）
××××年××月××日

26. 追加分配的申请

追加分配的申请

××××人民法院：

贵院于××××年××月××日裁定终结×××（债务人名称）破产程序，本人/单位发现有依法应当追回的财产/发现破产人有应当供分配的其他财产，财产情况为：××××。

现本人/单位根据《中华人民共和国企业破产法》第一百二十三条，请求人民法院按照破产财产分配方案进行追加分配。

特此申请。

×××（债权人名称）
××××年××月××日

说明：

本样式依据的法律是《中华人民共和国企业破产法》第一百二十三条，

根据该规定自根据该规定破产程序终结之日起二年内，发现有依法应当追回的财产或者发现破产人有应当供分配的其他财产的，债权人可以请求人民法院按照破产财产分配方案进行追加分配。

27. 行使优先购买权申请书

行使优先购买权申请书

×××（债务人名称）管理人：

　　股东行使股权优先购买权的：本人/单位系×××（债务人名称）股东，根据《中华人民共和国公司法》第七十二条之规定，申请对管理人拟处置的×××（债务人名称）股权在同等条件下享有优先购买权。

　　承租人行使房屋优先购买权的：本人/单位系××房屋的承租人，根据《中华人民共和国民法典》第七百二十六条规定，申请对管理人拟处置的×××房屋在同等条件下享有优先购买权。

　　小区业主行使车位优先购买权的：本人/单位系×××（债务人）开发的×××小区业主，根据《中华人民共和国民法典》第二百七十六条规定，申请对管理人拟处置的×××车位在同等条件下享有优先购买权。

　　共有人行使共有物优先购买权的：本人/单位与×××（债务人）系×××财产共有人，根据《中华人民共和国民法典》第三百零五条规定，申请对管理人拟处置的×××财产在同等条件下享有优先购买权。

　　特此申请。

　　附：相关主体享有优先受偿权的证据材料

×××（申请人名称）
××××年××月××日

破产法律文书样式

28. 变更地址及联系方式确认书

变更地址及联系方式确认书

债务人	
债权人	
变更后地址及联系方式	地址： 联系方式： 电子邮箱： 其他联系人： 其他联系方式：
债权人对变更地址及联系方式的确认	我（单位）确认，上述变更后的地址及联系方式真实、准确、有效，取代我（单位）申报债权时提供的地址及联系方式，将用于参与本案后续程序。 债权人签名或盖章： ××××年××月××日
备注	

提交时间：

附录

最高人民法院
关于印发《人民法院破产程序法律文书样式（试行）》的通知

2011年10月13日

各省、自治区、直辖市高级人民法院，解放军军事法院，新疆维吾尔自治区高级人民法院生产建设兵团分院：

为了更好地指导各级人民法院正确适用《中华人民共和国企业破产法》及相关司法解释，规范人民法院破产程序法律文书，提高人民法院审理企业破产案件质量，最高人民法院制作了《人民法院破产程序法律文书样式（试行）》，现予以印发，并就适用该文书样式的有关问题通知如下：

一、关于本文书样式的体例

针对破产程序各阶段和相关程序的工作内容，按照简洁、实用、便利的原则，文书样式分为"通用类文书"、"破产清算程序用文书"、"重整程序用文书"、"和解程序用文书"以及适用于破产衍生诉讼一审程序的"破产衍生诉讼用文书"五类共105个文书样式。各文书样式均包括文书主文和制作说明两部分。文书主文是文书的核心部分，包括文书名称、文号、名头、主文、落款、附件[①]等部分。制作说明是文书样式的辅助部分，主要列明制作文书样式的法律依据以及文书制作中需要注意的问题，以有利于人民法院正确制作、使用文书。

二、关于相关案件的案号和各文书样式的文号

1.破产案件的案号

破产案件的案号为"（××××）×破字第×号"[②]。人民法院审理一

[①] 编者注：根据《人民法院民事裁判文书制作规范》规定，文书由标题、正文、落款三部分组成。标题包括法院名称、文书名称和案号。正文包括首部、事实、理由、裁判依据、裁判主文、尾部。落款包括署名和日期。

[②] 编者注：《最高人民法院关于人民法院案件案号的若干规定》（2018年修正）第三条第一款规定："案号各基本要素的编排规格为：'（'+收案年度+'）'+法院代字+专门审判代字+类型代字+案件编号+'号'。"即破产案件的案号为"（××××）×破×号。"

个债务人的破产案件,包括破产申请受理前后,以及破产清算与重整、和解之间相互转化程序前后,均应使用同一案号。

"(××××)×破字第×号"中的"(××××)",应列明人民法院受理破产案件的年份;"(××××)×破字第×号"中的"×",应列明审理破产案件法院的简称[①];"(××××)×破字第×号"中的"×",应列明该破产案件的案号。

2. 破产案件中出具的各类文书的文号

鉴于破产案件进展中程序不同和出具的各文书性质不同,人民法院在审理一个破产案件中将出具众多的民事裁定书、决定书、通知、公告和复函等各类文书,为体现相关文书出具的不同阶段以及各类文书的排序,人民法院在审理破产案件时,应当在上述案号的基础上,在所出具有关文书的文号上分别以"预"、"初"、"-×"等予以标识。具体如下:

"(××××)×破(预)字第×号"中的"(预)",体现该文书出具在破产申请受理前,即人民法院裁定受理破产清算、重整、和解申请前制作的各类法律文书,以及作出的不予受理和受理上述申请的民事裁定书,均以"(××××)×破(预)字第×号"确定文号。人民法院裁定受理破产申请后,则应以"(××××)×破字第×号"确定文号。[②]

"(××××)×破初字第×号"中的"初",体现该文书系审理破产案件的人民法院作出的一审裁定。根据企业破产法的规定,申请人不服该裁定的可向上一级人民法院提起上诉。此类文号涉及人民法院作出的不予受理破产申请和驳回破产申请两类民事裁定书。[③]

"(××××)×破字第×-×号"中的"-×",体现不同文书的编排序号。如人民法院在审理一个破产案件中作出的所有民事裁定书,应

---

① 编者注:根据《最高人民法院关于人民法院案件案号的若干规定》(2018年修正)的附件2《各级法院代字表》中,为各法院明确了"法院代字",案号中不再使用法院的简称。

② 编者注:根据《最高人民法院关于调整强制清算与破产案件类型划分的通知》(法〔2016〕237号)及其附件《强制清算与破产案件类型及代字标准》,破产申请审查与受理后的破产程序分列案件类型,即对破产申请审查单独作为一类案件。破产申请审查案件的类型代字为"破申",破产案件的类型代字为"破"。

③ 编者注:人民法院作出的不予受理破产申请的民事裁定书使用的类型代字为"破申",作出的驳回破产申请的民事裁定书使用的类型代字为"破",而不再是"破初"。

当分别以"(××××)×破字第×-1号"民事裁定书、"(××××)×破字第×-2号"民事裁定书、"(××××)×破字第×-3号"民事裁定书……依次编号;作出的所有决定书,应当分别以"(××××)×破字第×-1号"决定书、"(××××)×破字第×-2号"决定书、"(××××)×破字第×-3号"决定书……依次编号,等等。编排序号不受破产申请受理前后的影响,如破产申请受理前最后编号为"(××××)×破(预)字第×-5号"民事裁定书的,破产申请受理后应直接以"(××××)×破字第×-6号"民事裁定书依次编号。①

3. 上一级人民法院审理相关案件的案号

受理破产案件的人民法院作出的不予受理或者驳回破产申请的民事裁定书,以及拘留、罚款决定书,根据法律规定可以分别向上一级人民法院提起上诉或申请复议。上一级人民法院对于这类案件应当分别以"(××××)×破(预)终字第×号"、"(××××)×破终字第×号"②,以及"(××××)×破复字第×号"③确定案号。其中,"(××××)×破(预)终字第×号"中的"(××××)",应列明二审法院受理破产案件的年份;"(××××)×破(预)终字第×号"中的"×",应列明二审法院的简称;"(××××)×破(预)终字第×号"中的"×",应列明该二审案件的案号。其他两类文书同理。

4. 破产衍生诉讼案件的案号

根据企业破产法的规定,破产申请受理后有关债务人的实体权利义务等发生争议的,均应另行向受理破产申请的人民法院提起诉讼,即为破产衍生诉讼。因破产衍生诉讼独立于破产案件,系普通民商事案件,因此,

---

① 编者注:《最高人民法院关于在同一案件多个裁判文书上规范使用案号有关事项的通知》(法〔2016〕27号)第一条规定:"同一案件的案号具有唯一性,各级法院应规范案号在案件裁判文书上的使用。对同一案件出现的多个同类裁判文书,首份裁判文书直接使用案号,第二份开始可在案号后缀'之一''之二'……以示区别。"

② 编者注:根据《最高人民法院关于调整强制清算与破产案件类型划分的通知》(法〔2016〕237号)第三条规定:"对不予受理、驳回强制清算申请或破产申请等裁定的上诉审理,作为强制清算与破产上诉案件,下设两个小类:强制清算上诉案件、破产上诉案件。"其附件《强制清算与破产案件类型及代字标准》规定,破产上诉案件的类型代字为"破终"。

③ 编者注:《最高人民法院关于人民法院案件案号的若干规定》(2018年修正)附件1:《人民法院案件类型及其代字标准》中司法制裁复议案件类型代字为"司惩复"。

其一审均应以"（××××）×民初字第×号"确定案号，二审均应以"（××××）×民终字第×号"确定案号。[①]

三、关于本文书样式的适用

人民法院适用企业破产法审理相关案件涉及的文书样式十分复杂，且在实践中会不断遇到新情况新问题，此次下发的仅是其中常用的、具有代表性的文书样式，且有的文书样式尚待相关司法解释颁布后再作补充与完善。因此，实践中如遇未列出的文书，可参考这些常用样式，根据案件具体情况变通适用。

请各高级人民法院注意收集辖区内人民法院在适用本文书样式中发现的问题并提出改进建议，及时报告最高人民法院民事审判第二庭。

特此通知。

最高人民法院
关于印发《管理人破产程序工作文书样式（试行）》的通知

2011年10月13日

各省、自治区、直辖市高级人民法院，解放军军事法院，新疆维吾尔自治区高级人民法院生产建设兵团分院：

为了进一步明确破产程序中管理人的工作职责，统一管理人工作的文书格式，促进管理人正确履行职务，提高管理人的工作效率和质量，最高人民法院制订了《管理人破产程序工作文书样式（试行）》，现予以印发，并就该文书样式的有关问题通知如下：

[①] 编者注：《最高人民法院关于人民法院案件案号的若干规定》（2018年修正）第三条第一款规定："案号各基本要素的编排规格为：'（'+收案年度+'）'+法院代字+专门审判代字+类型代字+案件编号+'号'。"即一审民商事案件案号为"（××××）×民初×号"，二审民商事案件案号为"（××××）×民终×号"。

一、关于文书样式的体例

针对破产程序各阶段管理人的工作内容，按照简洁、实用、便利的原则，文书样式分为"通用类文书"、"破产清算程序用文书"、"重整程序用文书"、"和解程序用文书"四大类共计 59 个文书样式。各文书样式均包括文书主文和制作说明两部分。文书主文是文书的核心部分，包括文书名称、文号、名头、主文、落款、附件等部分。制作说明是文书样式的辅助部分，主要列明制作文书样式的法律依据以及文书制作中需要注意的问题，以有利于管理人正确制作、使用文书样式。

二、关于本文书样式的文号

管理人破产程序工作文书文号统一为（××××）××破管字第×号。"（××××）××破管字第×号"中的"（××××）"，应列明人民法院指定管理人的年份；"（××××）××破管字第×号"中的"××"，应列明破产企业的简称，简称一般为 2～4 个字；"（××××）××破管字第×号"中的序号"×"，应列明按文书制作时间先后编排的序号。

三、关于文书样式的适用

管理人在执行职务过程中需要制作大量的工作文书，涉及的文书样式十分复杂，且在实践中会不断遇到新情况新问题，此次下发的仅是其中常用的、具有代表性的样式，且有的文书样式尚待相关司法解释颁布后再作补充完善。因此，实践中如遇未列出的文书，可参考这些常用样式，根据案件具体情况变通适用。

请各高级人民法院注意收集辖区内管理人在适用本文书样式中发现的问题并提出改进建议，及时报告最高人民法院民事审判第二庭。

特此通知。

破产法律文书样式

最高人民法院
关于调整强制清算与破产案件类型划分的通知

2016年7月6日　　　　　　　　　　法〔2016〕237号

各省、自治区、直辖市高级人民法院，解放军军事法院，新疆维吾尔自治区高级人民法院生产建设兵团分院：

　　为满足强制清算、破产案件的审判工作需要，根据《最高人民法院关于人民法院案件案号的若干规定》第七条、第十四条规定，决定对强制清算、破产案件类型单独分类（详见附件《强制清算与破产案件类型及代字标准》）。现将调整内容及有关事项通知如下：

　　一、强制清算、破产案件从民事案件中分出，单独作为一大类案件，一级类型名称整合为强制清算与破产案件。

　　二、将强制清算、破产申请审查与受理后的强制清算、破产程序分列案件类型，即对强制清算或破产申请审查单独作为一类案件。

　　三、对不予受理、驳回强制清算申请或破产申请等裁定的上诉审理，作为强制清算与破产上诉案件，下设两个小类：强制清算上诉案件、破产上诉案件。

　　四、对强制清算或破产申请的不予受理、驳回申请裁定以及强制清算与破产上诉案件的监督，作为强制清算与破产监督案件，下设两小类：强制清算监督案件、破产监督案件。

　　五、强制清算、破产案件类型划分及代字新标准于2016年8月1日起施行。2016年8月1日前已编立的案件案号不变。

　　特此通知。

　　附件：强制清算与破产案件类型及代字标准

附件

强制清算与破产案件类型划分及代字标准

类型新名称	类型代字
十一、强制清算与破产案件	
（一）强制清算与破产申请审查案件	
01. 强制清算申请审查案件	清申
02. 破产申请审查案件	破申
（二）强制清算与破产上诉案件	
01. 强制清算上诉案件	清终
02. 破产上诉案件	破终
（三）强制清算与破产监督案件	
01. 强制清算监督案件	清监
02. 破产监督案件	破监
（四）强制清算案件	强清
（五）破产案件	
01. 破产清算案件 02. 破产重整案件 03. 破产和解案件	破

最高人民法院
关于印发《人民法院民事裁判文书制作规范》《民事诉讼文书样式》的通知

2016年6月28日　　　　　　　　法〔2016〕221号

各省、自治区、直辖市高级人民法院，解放军军事法院，新疆维吾尔自治区高级人民法院生产建设兵团分院：

为进一步规范和统一民事裁判文书写作标准，提高民事诉讼文书质量，最高人民法院制定了《人民法院民事裁判文书制作规范》《民事诉讼文书样式》。该两份文件已于 2016 年 2 月 22 日经最高人民法院审判委员会第 1679 次会议通过，现予印发，自 2016 年 8 月 1 日起施行。请认真遵照执行。

人民法院民事裁判文书制作规范

为指导全国法院民事裁判文书的制作，确保文书撰写做到格式统一、要素齐全、结构完整、繁简得当、逻辑严密、用语准确，提高文书质量，制定本规范。

一、基本要素

文书由标题、正文、落款三部分组成。

标题包括法院名称、文书名称和案号。

正文包括首部、事实、理由、裁判依据、裁判主文、尾部。首部包括诉讼参加人及其基本情况，案件由来和审理经过等；事实包括当事人的诉讼请求、事实和理由，人民法院认定的证据及事实；理由是根据认定的案件事实和法律依据，对当事人的诉讼请求是否成立进行分析评述，阐明理由；裁判依据是人民法院作出裁判所依据的实体法和程序法条文；裁判主文是人民法院对案件实体、程序问题作出的明确、具体、完整的处理决定；尾部包括诉讼费用负担和告知事项。

落款包括署名和日期。

二、标题

标题由法院名称、文书名称和案号构成，例如："××××人民法院民事判决书（民事调解书、民事裁定书）+案号"。

（一）法院名称

法院名称一般应与院印的文字一致。基层人民法院、中级人民法院名称前应冠以省、自治区、直辖市的名称，但军事法院、海事法院、铁路运输法院、知识产权法院等专门人民法院除外。

涉外裁判文书，法院名称前一般应冠以"中华人民共和国"国名；案件当事人中如果没有外国人、无国籍人、外国企业或组织的，地方人民法院、专门人民法院制作的裁判文书标题中的法院名称无需冠以"中华人民共和国"。

（二）案号

案号由收案年度、法院代字、类型代字、案件编号组成。

案号 = "（" + 收案年度 + "）" + 法院代字 + 类型代字 + 案件编号 + "号"。

案号的编制、使用应根据《最高人民法院关于人民法院案件案号的若干规定》等执行。

三、正文

（一）当事人的基本情况

1. 当事人的基本情况包括：诉讼地位和基本信息。

2. 当事人是自然人的，应当写明其姓名、性别、出生年月日、民族、职业或者工作单位和职务、住所。姓名、性别等身份事项以居民身份证、户籍证明为准。

当事人职业或者工作单位和职务不明确的，可以不表述。

当事人住所以其户籍所在地为准；离开户籍所在地有经常居住地的，经常居住地为住所。连续两个当事人的住所相同的，应当分别表述，不用"住所同上"的表述。

3. 有法定代理人或指定代理人的，应当在当事人之后另起一行写明其姓名、性别、职业或工作单位和职务、住所，并在姓名后用括号注明其与当事人的关系。代理人为单位的，写明其名称及其参加诉讼人员的基本信息。

4. 当事人是法人的，写明名称和住所，并另起一行写明法定代表人的姓名和职务。当事人是其他组织的，写明名称和住所，并另起一行写明负责人的姓名和职务。

当事人是个体工商户的，写明经营者的姓名、性别、出生年月日、民族、住所；起有字号的，以营业执照上登记的字号为当事人，并写明该字号经营者的基本信息。

当事人是起字号的个人合伙的，在其姓名之后用括号注明"系……（写明字号）合伙人"。

5. 法人、其他组织、个体工商户、个人合伙的名称应写全称，以其注册登记文件记载的内容为准。

6. 法人或者其他组织的住所是指法人或者其他组织的主要办事机构所在地；主要办事机构所在地不明确的，法人或者其他组织的注册地或者登记地为住所。

7. 当事人为外国人的,应当写明其经过翻译的中文姓名或者名称和住所,并用括号注明其外文姓名或者名称和住所。

外国自然人应当注明其国籍。国籍应当用全称。无国籍人,应当注明无国籍。

港澳台地区的居民在姓名后写明"香港特别行政区居民""澳门特别行政区居民"或"台湾地区居民"。

外国自然人的姓名、性别等基本信息以其护照等身份证明文件记载的内容为准;外国法人或者其他组织的名称、住所等基本信息以其注册登记文件记载的内容为准。

8. 港澳地区当事人的住所,应当冠以"香港特别行政区""澳门特别行政区"。

台湾地区当事人的住所,应当冠以"台湾地区"。

9. 当事人有曾用名,且该曾用名与本案有关联的,裁判文书在当事人现用名之后用括号注明曾用名。

诉讼过程中当事人姓名或名称变更的,裁判文书应当列明变更后的姓名或名称,变更前姓名或名称无需在此处列明。对于姓名或者名称变更的事实,在查明事实部分写明。

10. 诉讼过程中,当事人权利义务继受人参加诉讼的,诉讼地位从其承继的诉讼地位。裁判文书中,继受人为当事人;被继受人在当事人部分不写,在案件由来中写明继受事实。

11. 在代表人诉讼中,被代表或者登记权利的当事人人数众多的,可以采取名单附后的方式表述,"原告×××等×人(名单附后)"。

当事人自行参加诉讼的,要写明其诉讼地位及基本信息。

12. 当事人诉讼地位在前,其后写当事人姓名或者名称,两者之间用冒号。当事人姓名或者名称之后,用逗号。

(二)委托诉讼代理人的基本情况

1. 当事人有委托诉讼代理人的,应当在当事人之后另起一行写明为"委托诉讼代理人",并写明委托诉讼代理人的姓名和其他基本情况。有两个委托诉讼代理人的,分行分别写明。

2. 当事人委托近亲属或者本单位工作人员担任委托诉讼代理人的,应当列在第一位,委托外单位的人员或者律师等担任委托诉讼代理人的列在第二位。

3.当事人委托本单位人员作为委托诉讼代理人的,写明姓名、性别及其工作人员身份。其身份信息可表述为"该单位(如公司、机构、委员会、厂等)工作人员"。

4.律师、基层法律服务工作者担任委托诉讼代理人的,写明律师、基层法律服务工作者的姓名,所在律师事务所的名称、法律服务所的名称及执业身份。其身份信息表述为"××律师事务所律师""××法律服务所法律工作者"。属于提供法律援助的,应当写明法律援助情况。

5.委托诉讼代理人是当事人近亲属的,应当在姓名后用括号注明其与当事人的关系,写明住所。代理人是当事人所在社区、单位以及有关社会团体推荐的公民的,写明姓名、性别、住所,并在住所之后注明具体由何社区、单位、社会团体推荐。

6.委托诉讼代理人变更的,裁判文书首部只列写变更后的委托诉讼代理人。对于变更的事实可根据需要写明。

7.委托诉讼代理人后用冒号,再写委托诉讼代理人姓名。委托诉讼代理人姓名后用逗号。

(三)当事人的诉讼地位

1.一审民事案件当事人的诉讼地位表述为"原告""被告"和"第三人"。先写原告,后写被告,再写第三人。有多个原告、被告、第三人的,按照起诉状列明的顺序写。起诉状中未列明的当事人,按照参加诉讼的时间顺序写。

提出反诉的,需在本诉称谓后用括号注明反诉原告、反诉被告。反诉情况在案件由来和事实部分写明。

2.二审民事案件当事人的诉讼地位表述为"上诉人""被上诉人""第三人""原审原告""原审被告""原审第三人"。先写上诉人,再写被上诉人,后写其他当事人。其他当事人按照原审诉讼地位和顺序写明。被上诉人也提出上诉的,列为"上诉人"。

上诉人和被上诉人之后,用括号注明原审诉讼地位。

3.再审民事案件当事人的诉讼地位表述为"再审申请人""被申请人"。其他当事人按照原审诉讼地位表述,例如,一审终审的,列为"原审原告""原审被告""原审第三人";二审终审的,列为"二审上诉人""二审被上诉人"等。

再审申请人、被申请人和其他当事人诉讼地位之后,用括号注明一审、二审诉讼地位。

抗诉再审案件(再审检察建议案件),应当写明抗诉机关(再审检察建议机关)及申诉人与被申诉人的诉讼地位。案件由来部分写明检察机关出庭人员的基本情况。对于检察机关因国家利益、社会公共利益受损而依职权启动程序的案件,应列明当事人的原审诉讼地位。

4. 第三人撤销之诉案件,当事人的诉讼地位表述为"原告""被告""第三人"。"被告"之后用括号注明原审诉讼地位。

5. 执行异议之诉案件,当事人的诉讼地位表述为"原告""被告""第三人",并用括号注明当事人在执行异议程序中的诉讼地位。

6. 特别程序案件,当事人的诉讼地位表述为"申请人"。有被申请人的,应当写明被申请人。

选民资格案件,当事人的诉讼地位表述为"起诉人"。

7. 督促程序案件,当事人的诉讼地位表述为"申请人""被申请人"。

公示催告程序案件,当事人的诉讼地位表述为"申请人";有权利申报人的,表述为"申报人"。申请撤销除权判决的案件,当事人表述为"原告""被告"。

8. 保全案件,当事人的诉讼地位表述为"申请人""被申请人"。

9. 复议案件,当事人的诉讼地位表述为"复议申请人""被申请人"。

10. 执行案件,执行实施案件,当事人的诉讼地位表述为"申请执行人""被执行人"。

执行异议案件,提出异议的当事人或者利害关系人的诉讼地位表述为"异议人",异议人之后用括号注明案件当事人或利害关系人,其他未提出异议的当事人亦应分别列明。

案外人异议案件,当事人的诉讼地位表述为"案外人""申请执行人""被执行人"。

(四)案件由来和审理经过

1. 案件由来部分简要写明案件名称与来源。

2. 案件名称是当事人与案由的概括。民事一审案件名称表述为"原告×××与被告×××……(写明案由)一案"。

诉讼参加人名称过长的,可以在案件由来部分第一次出现时用括号注明其简称,表述为"(以下简称×××)"。裁判文书中其他单位或组织名称过长的，也可在首次表述时用括号注明其简称。

诉讼参加人的简称应当规范，需能够准确反映其名称的特点。

3. 案由应当准确反映案件所涉及的民事法律关系的性质，符合最高人民法院有关民事案件案由的规定。

经审理认为立案案由不当的，以经审理确定的案由为准，但应在本院认为部分予以说明。

4. 民事一审案件来源包括：

（1）新收；

（2）有新的事实、证据重新起诉；

（3）上级人民法院发回重审；

（4）上级人民法院指令立案受理；

（5）上级人民法院指定审理；

（6）上级人民法院指定管辖；

（7）其他人民法院移送管辖；

（8）提级管辖。

5. 书写一审案件来源的总体要求是：

（1）新收、重新起诉的，应当写明起诉人；

（2）上级法院指定管辖、本院提级管辖的，除应当写明起诉人外，还应写明报请上级人民法院指定管辖（报请移送上级人民法院）日期或者下级法院报请指定管辖（下级法院报请移送）日期，以及上级法院或者本院作出管辖裁定日期；

（3）上级法院发回重审、上级法院指令受理、上级法院指定审理、移送管辖的，应当写明原审法院作出裁判的案号及日期，上诉人，上级法院作出裁判的案号及日期、裁判结果，说明引起本案的起因。

6. 一审案件来源为上级人民法院发回重审的，发回重审的案件应当写明"原告×××与被告×××……（写明案由）一案，本院于××××年××月××日作出……（写明案号）民事判决。×××不服该判决，向××××法院提起上诉。××××法院于××××年××月××日作出……（写明案号）裁定，发回重审。本院依法另行组成合议庭……"。

7. 审理经过部分应写明立案日期及庭审情况。

8. 立案日期表述为："本院于××××年××月××日立案后"。

9. 庭审情况包括适用程序、程序转换、审理方式、参加庭审人员等。

10. 适用程序包括普通程序、简易程序、小额诉讼程序和非讼程序。

非讼程序包括特别程序、督促程序、公示催告程序等。

11. 民事一审案件由简易程序（小额诉讼程序）转为普通程序的，审理经过表述为："于××××年××月××日公开／因涉及……不公开（写明不公开开庭的理由）开庭审理了本案，经审理发现有不宜适用简易程序（小额诉讼程序）的情形，裁定转为普通程序，于××××年××月××日再次公开／不公开开庭审理了本案"。

12. 审理方式包括开庭审理和不开庭审理。开庭审理包括公开开庭和不公开开庭。

不公开开庭的情形包括：

（1）因涉及国家秘密不公开开庭；

（2）因涉及个人隐私不公开开庭；

（3）因涉及商业秘密，经当事人申请，决定不公开开庭；

（4）因离婚，经当事人申请，决定不公开开庭；

（5）法律另有规定的。

13. 开庭审理的应写明当事人出庭参加诉讼情况（包括未出庭或者中途退庭情况）；不开庭的，不写。不开庭审理的，应写明不开庭的原因。

14. 当事人未到庭应诉或者中途退庭的，写明经传票传唤，无正当理由拒不到庭或者未经法庭许可中途退庭的情况。

15. 一审庭审情况表述为："本院于××××年××月××日公开／因涉及……（写明不公开开庭的理由）不公开开庭审理了本案，原告×××及其诉讼代理人×××，被告×××及其诉讼代理人×××等到庭参加诉讼。"

16. 对于审理中其他程序性事项，如中止诉讼情况应当写明。对中止诉讼情形，表述为："因……（写明中止诉讼事由），于××××年××月××日裁定中止诉讼，××××年××月××日恢复诉讼。"

（五）事实

1. 裁判文书的事实主要包括：原告起诉的诉讼请求、事实和理由，被告答辩的事实和理由，法院认定的事实和据以定案的证据。

2. 事实首先写明当事人的诉辩意见。按照原告、被告、第三人的顺序依次表述当事人的起诉意见、答辩意见、陈述意见。诉辩意见应当先写明诉讼请求，再写事实和理由。

二审案件先写明当事人的上诉请求等诉辩意见。然后再概述一审当事人的诉讼请求，人民法院认定的事实、裁判理由、裁判结果。

再审案件应当先写明当事人的再审请求等诉辩意见，然后再简要写明原审基本情况。生效判决为一审判决的，原审基本情况应概述一审诉讼请求、法院认定的事实、裁判理由和裁判结果；生效判决为二审判决的，原审基本情况先概述一审诉讼请求、法院认定的事实和裁判结果，再写明二审上诉请求、认定的事实、裁判理由和裁判结果。

3.诉辩意见不需原文照抄当事人的起诉状或答辩状、代理词内容或起诉、答辩时提供的证据，应当全案考虑当事人在法庭上的诉辩意见和提供的证据综合表述。

4.当事人在法庭辩论终结前变更诉讼请求或者提出新的请求的，应当在诉称部分中写明。

5.被告承认原告主张的全部事实的，写明"×××承认×××主张的事实"。被告承认原告主张的部分事实的，写明"×××承认×××主张的……事实"。

被告承认全部诉讼请求的，写明："×××承认×××的全部诉讼请求"。被告承认部分诉讼请求的，写明被告承认原告的部分诉讼请求的具体内容。

6.在诉辩意见之后，另起一段简要写明当事人举证、质证的一般情况，表述为："本案当事人围绕诉讼请求依法提交了证据，本院组织当事人进行了证据交换和质证。"

7.当事人举证质证一般情况后直接写明人民法院对证据和事实的认定情况。对当事人所提交的证据原则上不一一列明，可以附录全案证据或者证据目录。

对当事人无争议的证据，写明"对当事人无异议的证据，本院予以确认并在卷佐证"。对有争议的证据，应当写明争议的证据名称及人民法院对争议证据认定的意见和理由；对有争议的事实，应当写明事实认定意见和理由。

8.对于人民法院调取的证据、鉴定意见，经庭审质证后，按照当事人是否有争议分别写明。对逾期提交的证据、非法证据等不予采纳的，应当说明理由。

9.争议证据认定和事实认定，可以合并写，也可以分开写。分开写的，在证据的审查认定之后,另起一段概括写明法院认定的基本事实,表述为:"根据当事人陈述和经审查确认的证据,本院认定事实如下:……"。

10. 认定的事实,应当重点围绕当事人争议的事实展开。按照民事举证责任分配和证明标准,根据审查认定的证据有无证明力、证明力大小,对待证事实存在与否进行认定。要说明事实认定的结果、认定的理由以及审查判断证据的过程。

11. 认定事实的书写方式应根据案件的具体情况,层次清楚,重点突出,繁简得当,避免遗漏与当事人争议有关的事实。一般按时间先后顺序叙述,或者对法律关系或请求权认定相关的事实着重叙述,对其他事实则可归纳、概括叙述。

综述事实时,可以划分段落层次,亦可根据情况以"另查明"为引语叙述其他相关事实。

12. 召开庭前会议时或者在庭审时归纳争议焦点的,应当写明争议焦点。争议焦点的摆放位置,可以根据争议的内容处理。争议焦点中有证据和事实内容的,可以在当事人诉辩意见之后在当事人争议的证据和事实中写明。争议焦点主要是法律适用问题的,可以在本院认为部分,先写明争议焦点。

13. 适用外国法的,应当叙述查明外国法的事实。

(六)理由

1. 理由部分的核心内容是针对当事人的诉讼请求,根据认定的案件事实,依照法律规定,明确当事人争议的法律关系,阐述原告请求权是否成立,依法应当如何处理。裁判文书说理要做到论理透彻,逻辑严密,精炼易懂,用语准确。

2. 理由部分以"本院认为"作为开头,其后直接写明具体意见。

3. 理由部分应当明确纠纷的性质、案由。原审确定案由错误,二审或者再审予以改正的,应在此部分首先进行叙述并阐明理由。

4. 说理应当围绕争议焦点展开,逐一进行分析论证,层次明确。对争议的法律适用问题,应当根据案件的性质、争议的法律关系、认定的事实,依照法律、司法解释规定的法律适用规则进行分析,作出认定,阐明支持或不予支持的理由。

5. 争议焦点之外,涉及当事人诉讼请求能否成立或者与本案裁判结果有关的问题,也应在说理部分一并进行分析论证。

6. 理由部分需要援引法律、法规、司法解释时,应当准确、完整地写明规范性法律文件的名称、条款项序号和条文内容，不得只引用法律条款项序号，在裁判文书后附相关条文。引用法律条款中的项的，一律使用汉字不加括号，例如："第一项"。

7.正在审理的案件在基本案情和法律适用方面与最高人民法院颁布的指导性案例相类似的，应当将指导性案例作为裁判理由引述，并写明指导性案例的编号和裁判要点。

8.司法指导性文件体现的原则和精神，可在理由部分予以阐述或者援引。

9.在说理最后，可以另起一段，以"综上所述"引出，对当事人的诉讼请求是否支持进行评述。

（七）裁判依据

1.引用法律、法规、司法解释时，应当严格适用《最高人民法院关于裁判文书引用法律、法规等规范性法律文件的规定》。

2.引用多个法律文件的，顺序如下：法律及法律解释、行政法规、地方性法规、自治条例或者单行条例、司法解释；同时引用两部以上法律的，应当先引用基本法律，后引用其他法律；同时引用实体法和程序法的，先引用实体法，后引用程序法。

3.确需引用的规范性文件之间存在冲突，根据《中华人民共和国立法法》等有关法律规定无法选择适用的，应依法提请有决定权的机关作出裁决，不得自行在裁判文书中认定相关规范性法律文件的效力。

4.裁判文书不得引用宪法和各级人民法院关于审判工作的指导性文件、会议纪要、各审判业务庭的答复意见以及人民法院与有关部门联合下发的文件作为裁判依据，但其体现的原则和精神可以在说理部分予以阐述。

5.引用最高人民法院的司法解释时，应当按照公告公布的格式书写。

6.指导性案例不作为裁判依据引用。

（八）裁判主文

1.裁判主文中当事人名称应当使用全称。

2.裁判主文内容必须明确、具体、便于执行。

3.多名当事人承担责任的，应当写明各当事人承担责任的形式、范围。

4.有多项给付内容的，应当先写明各项目的名称、金额，再写明累计金额。如："交通费……元、误工费……元、……，合计……元"。

5.当事人互负给付义务且内容相同的，应当另起一段写明抵付情况。

6. 对于金钱给付的利息，应当明确利息计算的起止点、计息本金及利率。

7. 一审判决未明确履行期限的，二审判决应当予以纠正。

判决承担利息，当事人提出具体请求数额的，二审法院可以根据当事人请求的数额作出相应判决；当事人没有提出具体请求数额的，可以表述为"按×××利率，自××××年××月××日起计算至××××年××月××日止"。

（九）尾部

1. 尾部应当写明诉讼费用的负担和告知事项。

2. 诉讼费用包括案件受理费和其他诉讼费用。收取诉讼费用的，写明诉讼费用的负担情况。如："案件受理费……元，由……负担；申请费……元，由……负担"。

3. 诉讼费用不属于诉讼争议的事项，不列入裁判主文，在判决主文后另起一段写明。

4. 一审判决中具有金钱给付义务的，应当在所有判项之后另起一行写明："如果未按本判决指定的期间履行给付金钱义务，应当依照《中华人民共和国民事诉讼法》第二百五十三条[①]的规定，加倍支付迟延履行期间的债务利息。"二审判决具有金钱给付义务的，属于二审改判的，无论一审判决是否写入了上述告知内容，均应在所有判项之后另起一行写明上述告知内容。二审维持原判的判决，如果一审判决已经写明上述告知内容，可不再重复告知。

5. 对依法可以上诉的一审判决，在尾部表述为："如不服本判决，可以在判决书送达之日起十五日内，向本院递交上诉状，并按对方当事人的人数或者代表人的人数提出副本，上诉于××××人民法院。"

6. 对一审不予受理、驳回起诉、管辖权异议的裁定，尾部表述为："如不服本裁定，可以在裁定书送达之日起十日内，向本院递交上诉状，并按对方当事人的人数或者代表人的人数提出副本，上诉于××××人民法院。"

四、落款

（一）署名

诉讼文书应当由参加审判案件的合议庭组成人员或者独任审判员

[①] 编者注：2021年修正后的《中华人民共和国民事诉讼法》第二百六十条。

署名。

合议庭的审判长，不论审判职务，均署名为"审判长"；合议庭成员有审判员的，署名为"审判员"；有助理审判员的，署名为"代理审判员"；有陪审员的，署名为"人民陪审员"。独任审理的，署名为"审判员"或者"代理审判员"。书记员，署名为"书记员"。

（二）日期

裁判文书落款日期为作出裁判的日期，即裁判文书的签发日期。当庭宣判的，应当写宣判的日期。

（三）核对戳

本部分加盖"本件与原本核对无异"字样的印戳。

五、数字用法

（一）裁判主文的序号使用汉字数字，例："一""二"；

（二）裁判尾部落款时间使用汉字数字，例："二〇一六年八月二十九日"；

（三）案号使用阿拉伯数字，例："（2016）京0101民初1号"；

（四）其他数字用法按照《中华人民共和国国家标准GB/T15835—2011出版物上数字用法》执行。

六、标点符号用法

（一）"被告辩称""本院认为"等词语之后用逗号。

（二）"×××向本院提出诉讼请求""本院认定如下""判决如下""裁定如下"等词语之后用冒号。

（三）裁判项序号后用顿号。

（四）除本规范有明确要求外，其他标点符号用法按照《中华人民共和国国家标准GB/T15834—2011标点符号用法》执行。

七、引用规范

（一）引用法律、法规、司法解释应书写全称并加书名号。

（二）法律全称太长的，也可以简称，简称不使用书名号。可以在第一次出现全称后使用简称，例：《中华人民共和国民事诉讼法》（以下简称民事诉讼法）"。

（三）引用法律、法规和司法解释条文有序号的，书写序号应与法律、法规和司法解释正式文本中的写法一致。

（四）引用公文应先用书名号引标题，后用圆括号引发文字号；引用外文应注明中文译文。

八、印刷标准

（一）纸张标准，A4型纸，成品幅面尺寸为：210mm×297mm。

（二）版心尺寸为：156mm×225mm，一般每面排22行，每行排28个字。

（三）采用双面印刷；单页页码居右，双页页码居左；印品要字迹清楚、均匀。

（四）标题位于版心下空两行，居中排布。标题中的法院名称和文书名称一般用二号小标宋体字；标题中的法院名称与文书名称分两行排列。

（五）案号之后空二个汉字空格至行末端。

（六）案号、主文等用三号仿宋体字。

（七）落款与正文同处一面。排版后所剩空白处不能容下印章时，可以适当调整行距、字距，不用"此页无正文"的方法解决。审判长、审判员每个字之间空二个汉字空格。审判长、审判员与姓名之间空三个汉字空格，姓名之后空二个汉字空格至行末端。

（八）院印加盖在日期居中位置。院印上不压审判员，下不压书记员，下弧骑年压月在成文时间上。印章国徽底边缘及上下弧以不覆盖文字为限。公章不应歪斜、模糊。

（九）凡裁判文书中出现误写、误算，诉讼费用漏写、误算和其他笔误的，未送达的应重新制作，已送达的应以裁定补正，避免使用校对章。

（十）确需加装封面的应印制封面。封面可参照以下规格制作：

1. 国徽图案高55mm，宽50mm。

2. 上页边距为65mm，国徽下沿与标题文字上沿之间距离为75mm。

3. 标题文字为"××××人民法院××判决书（或裁定书等）"，位于国徽图案下方，字体为小标宋体字；标题分两行或三行排列，法院名称字体大小为30磅，裁判文书名称字体大小为36磅。

4. 封面应庄重、美观，页边距、字体大小及行距可适当进行调整。

九、其他

（一）本规范可以适用于人民法院制作的其他诉讼文书，根据具体文书性质和内容作相应调整。

（二）本规范关于裁判文书的要素和文书格式、标点符号、数字使用、印刷规范等技术化标准，各级人民法院应当认真执行。对于裁判文书正文内容、事实认定和说理部分，可以根据案件的情况合理确定。

（三）逐步推行裁判文书增加二维条形码，增加裁判文书的可识别性。

重庆市各级人民法院办理破产相关文件选编

重庆市高级人民法院　重庆市人力资源和社会保障局
重庆市医疗保障局
关于便利破产与强制清算案件社会保险信息查询的通知

2022 年 2 月 22 日　　　　　　　　渝高法〔2022〕25 号

各中、基层人民法院，各区县（自治县）人力社保局，两江新区社会保障局、重庆高新区政务服务和社会事务中心、万盛经开区人力社保局，各区县（自治县）医疗保障局：

为推动和保障管理人、清算组依法履职，提高破产与强制清算案件审理效率，有效保护企业职工合法权益，重庆市高级人民法院、重庆市人力资源和社会保障局、重庆市医疗保障局共同会商，根据《中华人民共和国公司法》《中华人民共和国企业破产法》《中华人民共和国社会保险法》《重庆市优化营商环境条例》《关于推动和保障管理人在破产程序中依法履职进一步优化营商环境的意见》（发改财金规〔2021〕274 号）等规定精神，对破产与强制清算案件所涉社会保险信息查询相关事宜通知如下：

一、管理人申请材料

破产案件中的管理人由人民法院指定，在破产程序中依法负责接管破产企业财产、管理破产事务。管理人向破产企业参保地的人力资源和社会保障局、医疗保障局申请查询该企业相关社会保险信息，应提供以下申请材料：

1. 加盖管理人印章的查询申请书；
2. 人民法院受理破产（重整、和解、清算）申请裁定书；

3. 人民法院指定管理人决定书。

经办人员应提供加盖管理人印章的授权委托书，身份证或者律师执业证等有效证件。

二、清算组申请材料

强制清算案件中的清算组由人民法院指定的人员组成，在强制清算程序中依法负责公司清算事务。清算组向被强制清算公司参保地的人力资源和社会保障局、医疗保障局申请查询该公司相关社会保险信息，应提供以下申请材料：

1. 加盖清算组印章的查询申请书；
2. 人民法院受理强制清算申请裁定书；
3. 人民法院指定清算组决定书。

经办人员应提供加盖清算组印章的授权委托书，身份证或者律师执业证等有效证件。

三、查询信息反馈

管理人或清算组提交的申请材料符合前述规定的，企业（公司）参保地人力资源和社会保障局、医疗保障局于收到申请后三日内，将加盖业务专用章的查询结果反馈给管理人或清算组：

1. 单位养老保险、失业保险、工伤保险参保情况（单位参保时间、正常参保人数、领取待遇人数等）；
2. 养老保险欠费情况（欠费总额本金和利息、单位部分本金和利息、个人账户本金和利息）；
3. 失业保险欠费总金额；
4. 工伤保险欠费总金额；
5. 单位医保参保基本情况（在职人员人数、退休人员人数等）；
6. 医保欠费情况（欠费总额、单位医保基本部分、单位大额部分、个人基本部分、个人大额部分）；
7. 其他相关社会保险信息。

重庆市高级人民法院　国家税务总局重庆市税务局
关于企业破产程序涉税问题处理的实施意见

2020年2月25日　　　　　　　　　渝高法〔2020〕24号

各中基层人民法院、市高法院相关部门，国家税务总局重庆市各区县（自治县）税务局、各派出机构、市税干校、局内各单位：

为进一步深化供给侧结构性改革，充分发挥破产程序在完善社会主义市场经济主体救治和退出机制中的重要作用，营造市场化、法治化、国际化营商环境，推动经济高质量发展，根据《中华人民共和国企业破产法》《中华人民共和国税收征收管理法》等相关法律、法规，对企业破产程序中涉税问题提出以下意见。

一、破产程序中的税收债权申报

（一）破产信息告知。审理破产案件的人民法院或人民法院指定的管理人应当自裁定受理破产申请之日起二十五日内书面通知已知的主管税务机关申报税收债权。无法确定主管税务机关的，人民法院或管理人可以书面通知重庆市税务局，重庆市税务局应当协助确定并通知主管税务机关。

（二）申报主体及申报内容。债务人（纳税人）的主管税务机关是破产程序中税收债权的申报主体。

主管税务机关应当就企业所欠税款（含附加费）及滞纳金、罚款以及因特别纳税调整产生的利息等税收债权、社会保险费及滞纳金、税务机关征收的非税收入等进行申报，其中，企业所欠的滞纳金、因特别纳税调整产生的利息按照普通破产债权申报。

（三）申报期限及逾期申报后果。主管税务机关接到债权申报通知后，应当在确定的债权申报期限内申报债权。

未在债权申报期限内申报的，可以在破产财产最后分配前补充申报。但此前已进行的分配，不再对其补充分配。

（四）债权登记及审查确认。管理人应当对主管税务机关提交的债权申报材料进行登记造册，详尽记载申报债权额、申报债权的证据、优先权情况、申报时间等事项，对申报的税收债权进行审查，编制债权表，供利害关系人查阅。

因企业破产程序中欠缴税款、滞纳金和罚款的债权性质和清偿顺序不同，税务机关依法受偿欠缴税款、滞纳金和罚款办理入库时，按人民法院裁判文书执行。

（五）异议处理。管理人对主管税务机关申报的债权不予认可的，应当及时向主管税务机关说明理由和法律依据。主管税务机关应当及时进行复核。经复核对管理人意见仍有异议的，应当及时向管理人提出异议并提供相应的债权计算方式和征收依据等。

管理人对主管税务机关的异议经审查后仍不予调整的，主管税务机关应当自收到管理人书面通知之日起十五日内向审理破产案件的人民法院提起债权确认之诉。

（六）积极行使表决权。主管税务机关作为债权人，应当参加债权人会议，依法行使表决权。

重整案件中，欠缴税款和滞纳金的债权分别编入税款债权组和普通债权组，主管税务机关应当分别行使表决权。

二、破产程序中的纳税申报

（七）及时申报。人民法院指定管理人之日起，管理人应当按照《中华人民共和国企业破产法》第二十五条的规定，代表债务人办理全部涉税事宜。

管理人经人民法院许可，为债权人利益继续营业，或者在使用、处置债务人财产过程中产生的应当由债务人缴纳的税（费），属于《中华人民共和国企业破产法》第四十一条破产费用中的"管理、变价和分配债务人财产的费用"，由管理人按期进行纳税申报，并依法由债务人的财产随时清偿。

管理人违反税收法律、行政法规，造成债务人未缴或者少缴税款的，主管税务机关应当责令限期整改，拒不改正的，由主管税务机关依法处理。

（八）非正常户解除。债务人在人民法院裁定受理破产申请之日前被主管税务机关认定为非正常户，无法进行纳税申报、影响企业破产处置的，管理人应当向主管税务机关申请解除债务人非正常户状态，并提交人民法院受理破产申请裁定书、指定管理人决定书。管理人未全面接管债务人印章和账簿、文书的，应当向主管税务机关提交书面说明，并同时将说明送交人民法院备案。

主管税务机关在收到管理人提交的解除债务人非正常户状态的申请书以及相关材料后，存在税收违法行为的，应当依法予以处理。已全面接管债务人印章和账簿、文书的，管理人应当代表债务人就破产申请受理前的非正常户期间的纳税义务向税务机关说明。未全面接管债务人印章和账簿、文书的在破产程序中管理人发现债务人在破产申请受理前的非正常户期间有纳税义务的，应当及时向税务机关报告。破产申请受理前的非正常户期间产生的罚款及应补缴的税款，由主管税务机关向管理人申报债权。申报完成后，主管税务机关依法解除其非正常户认定。

（九）发票使用。在企业破产程序中因履行合同、处置债务人资产或者继续营业确需使用发票的，管理人可以以企业的名义按规定向主管税务机关申领开具发票或者代开发票。

管理人应当妥善管理发票，不得发生丢失、违规开具等情形，违反《中华人民共和国发票管理办法》等法律法规的，税务机关应当按相关规定进行处理。

（十）税费减免。依法进入破产程序的债务人纳税确有困难的，税务机关可以应管理人的申请，按照《房产税暂行条例》《城镇土地使用税暂行条例》等相关法律、行政法规的规定，酌情减免房产税、城镇土地使用税等。

三、债务人财产强制措施的处理

（十一）解除保全、中止执行。税务机关在人民法院受理破产申请前已对债务人财产采取税收保全措施、强制执行措施的，在人民法院裁定受理破产申请后应当依照《中华人民共和国企业破产法》第十九条之规定及时解除该保全措施、中止执行，并将债务人财产移交给管理人。

（十二）恢复保全措施。审理破产案件的人民法院在宣告破产前裁定驳回破产申请，或者依据《中华人民共和国企业破产法》第一百零八条的规定裁定终结破产程序的，应当及时通知原已采取保全措施并已依法解除保全措施的税务机关按照原保全顺位恢复相关保全措施。在已依法解除保全的税务机关恢复保全措施或者表示不再恢复之前，审理破产案件的人民法院不得解除对债务人财产的保全措施。

四、重整企业信用修复

（十三）税务登记信息变更。实行"多证合一"后，企业在重整过程中因引进战略投资人等原因确需办理税务登记信息变更的，税务机关应当依据市场监管部门市场主体登记信息更及时办理信息变更，无需至市场监督管理部门变更信息的，税务机关应当根据债务人的申请变更相关信息。

（十四）纳税信用评价。人民法院裁定批准重整计划后，企业提出信用修复申请的，税务部门应当按规定受理，根据重整计划履行纳税义务情况对企业进行纳税信用等级修复，并充分运用银行与税务机关之间的信用应用机制，将修复结果经债务人授权向相关银行开放查询。

自人民法院裁定受理破产重整申请之日起，重整企业可按规定不再参加本期信用评价；重整计划执行完毕，人民法院作出重整程序终结的裁定后，应重整企业申请，税务机关可按规定对企业重新进行纳税信用评价。按照重整计划依法受偿后仍然欠缴的滞纳金和罚款，自重整计划执行完毕时起，不再纳入《关于对重大税收违法案件当事人实施联合惩戒措施的合作备忘录（2016版）》（发改财金〔2016〕2798号）规定的违法行为评价指标。税务机关应当依法及时解除重整企业及相关当事人的惩戒措施，保障重整企业正常经营和后续发展。

五、破产企业税务注销

（十五）简化税务注销流程。管理人在向市场监督管理部门申请企业注销登记前应当持人民法院终结破产程序裁定书向税务机关办结税务注销手续。对于税务机关依法参与破产程序，税收债权未获完全清偿但已被人民法院宣告破产并依法终结破产程序的债务人，管理人持人民法院终结破产程序裁定书申请税务注销的，税务机关应当及时出具清税书，按照有关规定核销欠税。

六、其他

（十六）管理人履职身份认可。税务机关应当保障管理人依法履行职务。因企业公章遗失、未能接管等原因，无法在向税务机关提交的相关文书材料中加盖企业公章的，由管理人对该情况作出书面说明，加盖管理人印章即可。

（十七）税收政策咨询。管理人为推进破产程序的需要，向主管税务机关提出税收政策咨询的，主管税务机关应当及时提供税收政策咨询服务。

管理人或债务人制定重整计划草案时，可以申请主管税务机关对重整计划草案相关内容提供税收政策咨询，主管税务机关依法予以支持。

重庆市高级人民法院
企业破产费用援助资金使用办法

2020年2月12日　　　　　　　　渝高法〔2020〕20号

第一条 为全面优化营商环境，确保企业依法有序退出市场，保障全市法院破产审判工作顺利推进，根据最高人民法院《关于为改善营商环境提供司法保障的若干意见》、国家发展改革委等13部委《加快完善市场主体退出制度改革方案》要求，制定本办法。

第二条 破产费用援助资金用于全市三级法院审理的破产财产不足以支付破产费用的破产案件中必要的破产费用支出。

第三条 破产费用援助资金用于支付下列破产费用：

（一）管理、变价和分配债务人财产的费用；

（二）档案保管费用；

（三）管理人报酬；

（四）管理人执行职务的费用，如破产案件审理中产生的公告费、印章刻制费、债务人财产状况调查费等；

（五）应当支付的其他破产费用。

第四条 破产费用援助资金遵循专款专用原则，依法接受监督。

第五条 各中、基层人民法院设立破产费用援助资金初核小组，初步审核本院审理案件中的破产费用援助资金使用申请后，向市高法院申报。

市高法院设立破产费用援助资金审核小组，审核中、基层人民法院申报的破产费用援助资金使用申请后，送交市财政局审定。

第六条 破产费用援助资金初核小组由各中、基层人民法院分管破产审判工作院领导、分管财务工作院领导以及破产案件审判部门、财务部门、纪检监察部门负责人组成。

破产费用援助资金审核小组由市高法院分管破产审判工作院领导、分管财务工作院领导以及破产案件审判部门、财务部门、司法鉴定部门、纪检监察部门负责人组成。

第七条 企业破产案件符合下列条件之一且无其他途径予以解决的，管理人可以向审理案件的人民法院申请破产费用援助资金：

（一）债务人无财产支付破产费用，且无利害关系人垫付的；

（二）债务人财产不足以支付破产费用，且无利害关系人垫付的。

第八条　符合破产费用援助资金使用条件的案件，每件案件使用总额一般不得超过 15 万元，其中用于支付管理人报酬的金额一般不超过 10 万元。对于案情复杂、处置难度大的案件，可酌情提高。

第九条　管理人认为破产企业符合本办法规定的破产费用援助资金使用情形的，应于收到人民法院裁定终结破产程序之日起 15 日内向审理破产案件的合议庭或独任法官提出申请。

第十条　管理人提出破产费用援助资金申请的，应当提交破产费用援助资金使用申请书，载明以下内容：

（一）债务人基本情况及财产状况；

（二）破产费用组成及支付情况；

（三）申请援助资金的金额及理由，需支付多项破产费用的，应逐项写明申请援助资金的费用名称及该项费用的申请金额；

（四）管理人基本信息及履职情况；

（五）管理人收款账户名称、开户行及账号；

（六）人民法院认为应当载明的其他内容。

前款规定的记载内容，应一并提交相关证明材料。

管理人应一并提交破产费用援助资金使用承诺书，承诺提供的全部材料真实、合法，并承诺在援助资金使用后，如出现新发现破产财产或追回破产财产等情形的，依法退还相应的援助资金款项。

第十一条　合议庭或独任法官认为管理人提交的申请材料需要补正的，应当责令管理人于 7 日内补正。管理人无法按期补正的，可提出延期申请并说明理由，由合议庭或独任法官决定是否准许。管理人未按期提交补正材料的，视为撤回申请。

第十二条　合议庭或独任法官在收到管理人申请后，应当严格审查相关材料，提出初步意见，填写《企业破产费用援助资金审批表》，报庭长审核。庭长审核同意后，报本院破产费用援助资金初核小组审核。

第十三条　破产费用援助资金初核小组认为申请符合本办法规定的资金使用条件的，应呈报市高法院破产费用援助资金审核小组审核。审核小组应在收到申报材料之日起 30 日内审核完毕。

第十四条　市高法院于每年 3、6、9、12 月 1 日前，将审核通过的破产费用援助资金申请汇总后书面送交市财政局,并附《企业破产费用援助资金审批表》。市财政局审定后拨付至案件审理法院。

第十五条　审核结果及金额由合议庭或独任法官通知管理人。

第十六条　破产费用援助资金拨付到案件审理法院后,由合议庭或独任法官向本院财务部门提交《企业破产费用援助资金审批表》及相关材料,办理款项发放手续。

第十七条　管理人的申报材料、《企业破产费用援助资金审批表》、告知笔录等相关材料应归入破产案件卷宗,存档备查。

第十八条　依照《中华人民共和国企业破产法》《中华人民共和国民事诉讼法》等规定,管理人在申报过程中提供虚假材料的,人民法院根据情节轻重予以训诫、罚款、取消管理人资格等;构成犯罪的,依法追究刑事责任。

第十九条　破产费用援助资金的使用严格执行国家有关财务制度,依法接受监察部门、财政部门的监督和审计机关的审计。

第二十条　本办法自2020年2月12日起施行。

附件:企业破产费用援助资金审批表(略)

重庆市高级人民法院　重庆市市场监督管理局
关于企业注销有关问题的会商纪要

2019年12月31日　　　　　　　　渝高法〔2019〕209号

为进一步优化我市营商环境,完善市场主体退出机制,打通企业注销瓶颈,2019年12月12日,市高法院与市市场监管局进行会商,根据《中华人民共和国公司法》《中华人民共和国企业破产法》等法律及相关司法解释的规定,对企业强制清算、破产清算所涉及的注销登记有关问题形成共识。现纪要如下:

一、关于破产程序终结的企业注销登记的办理

经人民法院裁定宣告破产并终结破产程序的企业,适用企业简易注销登记程序。管理人应持以下材料向企业登记机关申请办理注销登记:

1. 企业注销登记申请书；

2. 人民法院宣告破产的裁定书以及终结破产程序的裁定书原件；

3. 企业营业执照正、副本原件；

4. 企业公章（仅限非公司企业法人）。

对经人民法院裁定终结破产程序的企业，管理人应根据有关规定，在完成企业清税工作后，向企业登记机关提出注销登记申请。

二、关于强制清算终结的企业注销登记的办理

经人民法院裁定终结强制清算程序的企业，适用企业简易注销登记程序。清算组应持以下材料向企业登记机关申请办理注销登记：

1. 企业注销登记申请书；

2. 人民法院终结强制清算程序的裁定书原件（包括以无法清算或无法全面清算为由作出的裁定）；

3. 企业营业执照正、副本原件；

4. 企业公章（仅限非公司企业法人）。

对经人民法院裁定终结强制清算程序的企业，清算组应根据有关规定，在完成企业清税工作后，再向企业登记机关提出注销登记申请。

三、关于企业营业执照、公章无法缴回或未能接管情况的处理

经人民法院裁定宣告破产或强制清算的企业，因企业营业执照遗失、管理人或清算组未能接管等原因而无法向企业登记机关缴回营业执照的，可通过全国企业破产重整案件信息网、国家企业信用信息公示系统或省级公开发行的报刊发布营业执照遗失作废或未能接管的声明，并由管理人或清算组作出书面说明，在办理企业注销登记时无需再向企业登记机关缴回营业执照；因企业公章遗失、未能接管等原因，无法在企业注销登记相关文书材料中加盖企业公章的，由管理人或清算组对该情况作出书面说明，加盖管理人或清算组印章即可，无需再加盖企业公章，也无需缴回企业公章。

四、关于企业的分支机构、对外投资的处理

企业设有分支机构、对外投资设立子企业的，应由管理人或清算组在破产清算、强制清算程序中将其处理完毕，再向企业登记机关申请办理企业注销登记。

管理人或清算组在申请办理企业的分支机构、对外投资设立的子企业注销或变更登记过程中，应按照企业登记机关的要求，向分支机构、对外

投资子企业的企业登记机关提交人民法院指定其为管理人或清算组的决定书。因企业公章遗失或未能接管等原因，致使无法在有关登记申请文书材料中加盖企业公章的，可参照本纪要前述有关规定，加盖管理人或清算组印章即可，无需再加盖企业公章；相关登记申请材料需要企业法定代表人签字的，由管理人负责人或清算组负责人签字。

五、关于被人民法院裁定强制清算或破产清算的公司办理注销登记时，公司股东的股权存在质押的处理

经人民法院裁定终结强制清算程序或宣告破产并终结破产程序的公司，若公司股东的股权存在质押，应由作出终结强制清算程序裁定或终结破产程序裁定的人民法院向企业登记机关出具协助执行通知书注销质押登记，再由清算组或管理人向企业登记机关申请公司注销登记。

经过强制清算或者破产清算，有剩余财产可分配给股东的，清算组或管理人应将股权被质押的股东的分配额提存，并及时通知质权人。未经质权人同意，清算组或管理人不得将提存的分配额支付给该股东。

重庆市高级人民法院
关于破产案件简化审理的工作规范

2019 年 12 月 30 日　　　　　渝高法〔2019〕208 号

为健全破产审判工作机制，提高破产案件审判效率，在总结全市法院适用《重庆市高级人民法院关于"执转破"案件简化审理的工作规范》经验的基础上，根据《中华人民共和国企业破产法》《中华人民共和国民事诉讼法》等规定，结合本市破产审判工作实际，对破产案件简化审理工作制定本工作规范。

一、基本原则

1. 繁简分流。甄别破产案件类型，对债权债务关系简单、财产状况明晰的破产案件，应当适用简化审理方式，缩短案件审理周期。

2. 提高质效。创新工作机制，简化审理流程，合并工作事项，降低程序成本，提高破产案件审判质效。

3. 依法审理。兼顾公平与效率，平等保护债权人、债务人等利害关系人合法权益，有序推进破产程序。

二、适用案件

4. 破产案件属于下列情形之一的，应当进行简化审理：

（1）债权债务关系简单、财产状况明晰的；

（2）债务人资产总价值不高、债权人人数较少的；

（3）债务人的主要财产、账册、重要文件等灭失，或者债务人人员下落不明，未发现存在大额财产隐匿情形的；

（4）债务人经过强制清算，债权、债务明确的；

（5）债务人无财产或者债务人财产不足以支付破产费用的；

（6）执行部门依法裁定终结本次执行并移送破产的；

（7）申请人、被申请人及其他主要破产参与人协商一致同意简化审理的；

（8）其他适合简化审理的情形。

5. 具有下列情形之一的破产案件，一般不宜简化审理：

（1）关联企业合并破产的；

（2）裁定破产重整的；

（3）社会影响重大的；

（4）其他不宜简化审理的案件。

三、立案及受理

6. 债权人、债务人等法定主体提出破产申请的，人民法院立案部门应当根据《中华人民共和国企业破产法》第八条的规定进行形式审查。符合法律规定的，严格在《最高人民法院关于破产案件立案受理有关问题的通知》规定的期限内，以"破申"字号登记立案，并将相关立案信息录入全国企业破产重整案件信息网，同时将案件移送破产审判部门审查。

7. 破产审判部门应当及时审查，对依法应当受理且符合简化审理条件的，应严格在《中华人民共和国企业破产法》第十条规定的期限内，作出破产申请受理裁定，同时作出简化审理决定书。破产审判部门作出受理裁定后，应立即交立案部门。立案部门以"破"字号登记立案，并将相关立案信息录入全国企业破产重整案件信息网。

破产审判部门应当将简化审理决定书送达申请人和管理人，并告知其他相关人员。

8. 简化审理的破产案件，可由法官组成合议庭审理，也可由法官独任审理。

四、管理人选任及财产接管

9. 简化审理的破产案件，以轮候、抽签、摇号等随机方式公开指定管理人。

10. 中级人民法院作出受理裁定的同时，由破产审判部门报送司法技术部门指定管理人。司法技术部门应于五个工作日内指定管理人并告知破产审判部门。破产审判部门在收到通知之日起三个工作日内作出指定管理人决定书。

11. 中级人民法院作出受理裁定并交由基层人民法院审理的破产案件，中级人民法院破产审判部门在收到本院司法技术部门指定管理人通知后，应将破产案件受理裁定、管理人指定通知等案卷材料一并移交基层人民法院。基层人民法院收到材料后应当及时以"破"字号登记立案，并在立案之日起三个工作日内作出指定管理人决定书。

12. 公司强制清算转破产清算的案件，原强制清算的清算组由人民法院管理人名册中的中介机构组成或参加的，除存在利害关系等不宜担任管理人的情形之外，可直接指定该中介机构作为破产案件管理人。

13. 管理人应当自收到指定管理人决定书以及刻制印章函之日起三个工作日内向公安机关申请刻制管理人印章。管理人印章交人民法院封样备案后启用。

14. 管理人应当在管理人印章备案启用之日起三个工作日内，向银行申请开立管理人账户。因债务人没有财产等原因，无开立账户必要的，可暂不申请开立管理人账户。

15. 管理人应当在收到指定管理人决定书之日起十日内接管债务人财产、印章和账簿、文书等资料。不能完成接管的，应当书面向人民法院报告接管现状以及不能全面接管的原因。

16. 管理人需要通过法院案件管理系统了解与债务人相关的诉讼案件、执行案件等情况的，应当向破产案件审理法院提出书面申请。审理法院应当自收到申请之日起三个工作日内向管理人提供全市法院范围内涉及债务人的案件单，清单应当包括案号、案由、当事人信息以及审理或执行法院等相关内容。

五、送达及公告

17. 简化审理的破产案件，可参照《中华人民共和国民事诉讼法》关于简易程序的送达规定以及《最高人民法院关于进一步加强民事送达工作的若干意见》的相关规定送达法律文书。

18. 债权人提出破产申请，债务人下落不明的，人民法院可在债务人备案登记的住所地张贴破产申请书等相关法律文书，并同时在全国企业破产重整案件信息网予以公示。债务人提出异议的期限为自公示之日起七日内。人民法院应当自异议期满之日起十日内裁定是否受理。

19. 人民法院在作出管理人指定决定书之日起三个工作日内，将受理裁定、管理人相关信息、债权申报期限等相关事项一并在全国企业破产重整案件信息网公告。

六、债权申报及债权人会议

20. 简化审理的破产案件，债权申报期限为三十日，自人民法院发布受理破产申请公告之日起计算。

21. 第一次债权人会议由人民法院召集，自债权申报期限届满之日起五个工作日内召开。

22. 召开债权人会议，管理人应当提前十五日通知已知债权人。经征询债权人同意，可以缩短提前通知的时间，但最迟应当提前五日通知已知债权人。

23. 人民法院应当督促、指导管理人尽快制定财产变价方案、财产分配方案，管理人可合并拟定财产变价方案和分配方案。简化审理的破产案件，一般应当在第一次债权人会议上将财产变价方案和分配方案一并提交表决。

24. 债权人会议可以书面或网络方式召开，债权人可通过邮寄信件、电子邮件或网络平台等方式发表意见、进行表决。

25. 简化审理的破产案件，一般不设立债权人委员会。

26. 由合议庭审理的破产案件，受合议庭委托，主审法官可单独主持债权人会议。

七、财产调查及变价

27. 管理人需要通过人民法院"总对总"网络执行查控系统查询债务人银行存款、房产、车辆、股权、证券、网络账户等财产的，可向破产案件审理法院提出申请。

28. 审理法院破产审判部门在收到管理人申请后，应当及时通过人民法院"总对总"网络执行查控系统对债务人财产进行查询，并将查询结果以书面形式告知管理人。需要进一步对债务人财产采取保全等查控措施的，由破产审判部门作出保全债务人财产的民事裁定书，根据职能分工移交本院执行部门保全中心实施。

29.强制清算程序、执行程序中对债务人财产作出的评估、鉴定或审计报告，仍在有效期内的，不再重新委托评估、鉴定或审计，但存在鉴定机构或鉴定人员不具备相关鉴定资格、鉴定程序严重违法、鉴定结论依据明显不足等需要重新鉴定的情况除外。

评估、鉴定或审计报告超过有效期，但超过时间不满一年的，管理人可委托原中介机构出具补充报告或者作出说明。

评估、鉴定或审计报告超过有效期一年以上的，管理人可委托原中介机构重新评估、鉴定或审计，但债权人会议同意不重新评估、鉴定或审计的除外。

30.诉讼程序、政府行政清理中对债务人财产作出的评估、鉴定或审计报告，经债权人会议表决通过的，可直接在破产程序中适用。

31.债权债务关系简单、财产状况明晰或者债务人财产数量较少的，除债权人会议决议审计之外，由管理人完成债权审查、财产清理后形成财产调查报告，报债权人会议审核。

32.债权人会议决议审计但债务人不具备审计条件的，经有资质的审计机构出具相关证明材料予以证明，可不对债务人进行审计。

33.债务人财产处置，应以网络拍卖优先为原则。债权人会议决议通过其他方式处置或者法律、行政法规规定必须以其他方式处置的除外。

34.破产财产需通过拍卖变价的，经债权人会议表决通过，拍卖底价可参照市场价确定，也可通过定向询价、网络询价确定。

35.经债权人会议表决通过，破产财产可采取债权人内部竞价、协议转让、以物抵债等非拍卖方式变价。

36.破产财产为国有资产的，处置方式应当符合国有资产管理的相关规定。

八、破产宣告与终结

37.债务人符合宣告破产条件的，管理人应当在第一次债权人会议结束之日起三个工作日内，向人民法院申请宣告债务人破产。人民法院审查认为债务人符合宣告破产条件的，应当在收到申请之日起五个工作日内，作出宣告债务人破产的裁定。

在召开第一次债权人会议时即能够认定债务人符合宣告破产条件的，经管理人申请，人民法院可在第一次债权人会议上当场审查并宣告债务人破产。

38. 人民法院宣告债务人破产的，应当自裁定作出之日起三日内送达债务人和管理人，自裁定作出之日起五日内通知已知债权人，并予以公告。

39. 破产宣告前，有下列情形之一的，管理人应于该情形发生之日起三个工作日内提请人民法院裁定终结破产程序：

（1）第三人为债务人提供足额担保或者为债务人清偿全部到期债务的；

（2）债务人已清偿全部到期债务的。

40. 经人民法院"总对总"网络执行查控系统调查及管理人调查，有下列情形之一的，管理人应当及时提请人民法院裁定宣告债务人破产并终结破产程序：

（1）未发现债务人有可供分配的财产；

（2）虽有少量财产但不足以支付破产费用且无利害关系人垫付的，或者利害关系人垫付费用不足以支付破产费用的。人民法院可以在裁定宣告破产的同时终结破产程序。

41. 破产财产分配完毕后，管理人应于三个工作日内向人民法院提交财产分配报告、清算工作报告，并申请终结破产程序。

42. 破产财产分配方案经人民法院裁定确认，且主要财产已分配完毕，但因衍生诉讼等原因尚未完成个别事项的，管理人可以申请人民法院裁定终结破产程序。

43. 债务人的账册、重要文件等确已灭失，导致无法清算或无法全面清算的情况下，管理人应当就现有财产对已确认债权进行公平清偿，并及时提请人民法院裁定宣告债务人破产并终结破产程序。

44. 管理人提请终结破产程序的，人民法院应当自收到申请之日起五个工作日内作出是否终结破产程序的裁定。裁定终结的，应当予以公告。

45. 管理人应当自破产程序终结之日起三个工作日内，持人民法院终结破产程序的裁定，向破产人的原登记机关办理注销登记，但存在衍生诉讼等原因暂时无法注销的情形除外。

九、审理期限

46. 简化审理的破产案件应当在"破"字号案件立案之日起六个月内审结。因特殊情况需要延长的，应当报分管院长审批，延期最长不超过六个月。

本规范第 4 条第（3）、（4）、（5）、（6）项规定的破产案件，应当在"破"字号案件立案之日起三个月内审结。因特殊情况需要延长的，经分管院长审批，可以延长三个月。

破产案件简化审理情况纳入审判执行工作评估指标体系考核。

47. 人民法院在破产案件审理阶段，发现案件适宜简化审理的，可以决定进行简化审理。决定简化审理的，应当制作决定书。

人民法院在审理过程中发现简化审理的破产案件案情复杂，不适宜继续适用简化方式审理的，经分管院长审批，可转为一般破产审理程序。决定转为一般破产审理程序的，应当制作决定书。

决定书应送达申请人和管理人，并告知其他相关人员。

十、其他事项

48. 对债权债务关系简单、财产状况明晰的公司强制清算案件，可以参照适用本规范。

49. 本规范自 2019 年 12 月 31 日起施行。

重庆市高级人民法院　中国人民银行重庆营业管理部
关于支持破产重整企业重塑诚信主体的会商纪要

2019 年 12 月 31 日　　　　　　　　渝高法〔2019〕207 号

为全面优化营商环境，最大限度维护企业营运价值，防范和化解金融风险，促进我市经济转型升级，2019 年 12 月 18 日，重庆市高级人民法院与中国人民银行重庆营业管理部进行会商，根据《最高人民法院印发〈关于为改善营商环境提供司法保障的若干意见〉的通知》（法发〔2017〕23 号）、《国务院关于建立完善守信联合激励和失信联合惩戒制度加快推进社会诚信建设的指导意见》（国发〔2016〕33 号）、《国务院办公厅关于加快推进社会信用体系建设构建以信用为基础的新型监管机制的指导意见》（国办发〔2019〕35 号）、《国家改革委员会办公厅人民银行办公厅关于对失信主体加强信用监管的通知》（发改办财金〔2018〕893 号）、国家发展改革委员会等13部委《关于印发〈加快完善市场主体退出制度改革方案〉的通知》(发改财金〔2019〕114号)等文件精神,对支持破产重整企业重塑减信主体形成共识。现纪要如下:

一、各中、基层人民法院应在破产重整程序中依法保护金融机构债权人的合法权益,加强对管理人的指导,督促管理人通过认真清理债务人资产、严格债权审查、正确行使撤销权等方式防止债务人利用破产重整程序隐匿资产、逃废债务。

二、人民法院裁定批准重整计划后,债务人或其管理人可依据人民法院批准重整计划的裁定书向金融信用信息基础数据库提交申请,通过在企业征信系统添加"大事记"或"信息主体声明"等方式公开企业重整计划、公开作出信用承诺。

金融机构应加强与上级机构的沟通汇报,在破产法律框架内受偿后重新上报信贷记录,在企业征信系统展示金融机构与破产重整后的企业的债权债务关系,依据实际对应的还款方式,可以将原企业信贷记录展示为结清状态。

三、债务人在企业征信系统通过"大事记"或"信息主体声明"公开重整情况并作出信用承诺的,金融机构对该企业的信贷融资(包括开具各类保函、承兑汇票等)等合理需求应积极支持。

重庆市高级人民法院
关于破产程序中财产网络拍卖的实施办法(试行)

2019年12月30日　　　　　　　　渝高法〔2019〕206号

为规范破产程序中管理人对债务人财产的处置行为,提高处置效率,实现债务人财产价值最大化,维护当事人的合法权益,根据《中华人民共和国企业破产法》、最高人民法院《全国法院破产审判工作会议纪要》等相关规定,结合本市破产审判工作实际,制定本办法。

第一条 管理人依法通过互联网拍卖平台,以网络电子竞价方式公开处置债务人财产的,适用本办法。

债务人财产指破产申请受理时属于债务人的全部财产，以及破产申请受理后至破产程序终结前债务人取得的财产。

第二条 变价出售债务人财产应当通过网络拍卖方式进行，但债权人会议另有决议的除外。

拍卖所得预计不足以支付拍卖费用的，可经债权人会议决议采取作价变卖或实物分配的方式。

按照国家规定不能拍卖或者限制转让的财产，应当按照国家规定的方式处理。

第三条 管理人应以自己的名义依法通过网络拍卖平台处置债务人财产，接受债权人会议和人民法院的监督。

第四条 采取网络拍卖方式处置债务人财产的，管理人应在财产变价方案中明确网络拍卖方案并提交债权人会议讨论、表决。

网络拍卖方案一般应当包括以下内容：

（一）通过网络拍卖处置的债务人财产；

（二）选择的网络拍卖平台；

（三）拍卖时间、起拍价或其确定方式、保证金的数额或比例、保证金和拍卖款项的支付方式及支付期限；

（四）竞价时间、出价递增幅度、拍卖次数、公告期及流拍后的处理方式；

（五）其他需要由债权人会议决议的事项。

管理人应就拍卖债务人财产可能产生的税费及其他费用向债权人会议作出说明。

管理人认为必要的，可以将本条第二款内容分项提交债权人会议表决。

第五条 网络拍卖平台应从最高人民法院确定的司法拍卖网络服务提供者名单库中选择。

第六条 处置债务人财产应当以价值最大化为原则，兼顾处置效率。能够通过企业整体处置方式维护企业营运价值的，应优先考虑适用整体处置方式，最大限度提升债务人财产的经济价值，保护债权人和债务人的合法权益。

第七条 整体拍卖处置债务人财产的，流拍后可以根据资产属性将资产分成若干个资产包进行拍卖；也可以通过设置不同的购买条件，将整体资产包和分散资产包同时拍卖。

第八条 为提升财产处置效果，财产变价方案可以明确变卖前的流拍次数，也可以明确债务人财产通过多次网络拍卖直至变现为止。

第九条　采用网络拍卖方式处置债务人财产的，一般情况下管理人应当提出处置参考价供债权人会议参考确定起拍价。债权人会议也可以授权管理人自行确定起拍价。

管理人应参照《最高人民法院关于人民法院确定财产处置参考价若干问题的规定》以定向询价、网络询价、委托评估等方式确定参考价。

无法通过定向询价、网络询价、委托评估等方式确定参考价，或者委托评估费用过高的，管理人可以根据市场交易价格、财务数据等进行估价。

第十条　竞买人应当交纳的保证金数额原则上在起拍价的百分之五至百分之二十范围内确定。

第十一条　管理人就债务人财产实施网络拍卖的应当履行下列职责：

（一）查明拍卖财产的权属、财产性质和用途、权利负担、附随义务、占有使用、位置结构、附属设施、装修装饰、已知瑕疵、欠缴税费、优先购买权等影响占有、使用以及标的物价值等关涉竞买人利益的详细情况；

（二）制作、发布拍卖公告等信息，在网络拍卖平台上独立发拍；

（三）按照法律、法规、司法解释的规定通知优先购买权人；

（四）办理财产交付和协助办理财产权属转移手续；

（五）其他依法应当由管理人履行的职责。

第十二条　为提高债务人财产处置效率，经债权人会议同意，管理人可以聘用第三方社会服务机构从事制作拍卖财产的文字说明、照片或者视频等资料，展示拍卖财产，接受咨询，引领看样等工作。

第十三条　管理人实施网络拍卖应当先期公告。首次拍卖的公告期不少于十五日，流拍后再次拍卖的公告期不少于七日。公告应同时在网络拍卖平台和全国企业破产重整案件信息网上发布，并可以根据案件需要在其他媒体发布。

拍卖公告应当包括拍卖财产、起拍价、保证金、竞买人条件、拍卖财产已知瑕疵、相关权利义务、法律责任、拍卖时间、网络平台、破产案件审理法院、管理人名称及联系方式等信息。

第十四条　管理人应当在拍卖公告发布当日通过网络拍卖平台公示下列信息：

（一）拍卖公告；

（二）拍卖财产现状的文字说明、照片或视频等；

（三）拍卖时间、起拍价及竞价规则；

（四）拍卖保证金、拍卖款项支付方式和账户；

（五）优先购买权主体以及权利性质；

（六）通知或无法通知已知优先购买权人的情况；

（七）财产交付方式、财产所有权转移手续以及税费负担；

（八）其他应当公示和说明的事项。

第十五条　已确定采取网络拍卖的，管理人如有正当理由可决定暂缓、中止网络拍卖，但应及时向债权人委员会报告，未设立债权人委员会的，应及时报告人民法院。暂缓拍卖期限届满或者中止拍卖的事由消失后，需要继续拍卖的，应当在五日内恢复拍卖。

第十六条　网络拍卖竞价期间无人出价的，本次拍卖流拍。按照债权人会议决议需要在流拍后再次拍卖的，管理人应自流拍之日起七个工作日内再次启动网络拍卖程序，确有特殊情况的除外。

第十七条　拍卖成交后买受人悔拍的，交纳的保证金不予退还，计入债务人财产。保证金依次用于支付拍卖产生的费用损失、弥补重新拍卖价款低于原拍卖价款的差价。保证金数额不足以弥补前述费用损失以及差价的，管理人可向悔拍人追索。

悔拍后重新拍卖的，原买受人不得参加竞买。

第十八条　拍卖成交后，由网络拍卖平台自动生成确认书并公示，确认书中载明实际买受人的身份、竞买代码等信息。经管理人申请，人民法院可以出具拍卖成交确认裁定。

第十九条　买受人应在拍卖公告确定的期限内将拍卖价款支付至管理人账户或审理破产案件的人民法院账户。须由出卖人负担的相关税费，管理人应当在拍卖款中预留并代为申报、缴纳。

第二十条　管理人应当协助买受人办理拍卖财产交付、证照变更及权属转移手续，必要时可以申请人民法院协助。

第二十一条　管理人未勤勉尽责、忠实执行职务，在处置债务人财产过程中给债权人、债务人或者第三人造成损失的，依法承担赔偿责任。

第二十二条　管理人通过网络拍卖方式处置债务人财产，本办法没有规定的，可参照适用《最高人民法院关于人民法院网络司法拍卖若干问题的规定》。

第二十三条　强制清算案件中，清算组处置企业财产的，参照适用本办法。

　　第二十四条　本办法自 2019 年 12 月 30 日起施行。

重庆市高级人民法院
转发《最高人民法院关于同意重庆市第五中级人民法院
内设专门审判机构并集中管辖部分破产案件的批复》的通知

2019 年 12 月 31 日　　　　　　　　渝高法〔2019〕205 号

各中、基层人民法院，本院相关部门：

　　现将《最高人民法院关于同意重庆市第五中级人民法院内设专门审判机构并集中管辖部分破产案件的批复》（法〔2019〕285 号）转发你们，请严格遵照执行。

　　自 2019 年 12 月 31 日起，重庆市辖区内的破产案件管辖按批复规定执行；在此之前，申请人已经向其他中、基层人民法院提交强制清算或者破产申请的，由该院继续审理。执行过程中如有问题，请及时层报市高法院。

　　附：

最高人民法院
关于同意重庆市第五中级人民法院内设专门审判机构并
集中管辖部分破产案件的批复

法〔2019〕285 号

重庆市高级人民法院：

　　你院《关于设立重庆破产法庭的请示》（渝高法文〔2019〕28 号）收悉。经研究，现批复如下：

　　一、同意在重庆市第五中级人民法院内设专门审理破产案件的机构，请按照规定程序向机构编制管理部门报批。

二、同意重庆市第五中级人民法院管辖以下破产案件：

（一）全市区、县级以上（含本级）市场监督管理部门核准登记公司（企业）的强制清算和破产案件；

（二）上述强制清算和破产案件的衍生诉讼案件；

（三）跨境破产案件；

（四）其他依法应对由其审理的案件。

本院以前的相关批复与本批复不一致的，以本批复为准。

重庆市高级人民法院
关于明确公司（企业）强制清算和破产案件管辖问题的通知

2020 年 5 月 18 日　　　　　　　　渝高法〔2020〕65 号

各中、基层人民法院，本院相关部门：

按照《最高人民法院关于同意重庆市第五中级人民法院内设专门审判机构并集中管辖部分破产案件的批复》（法〔2019〕285 号）要求，重庆市第五中级人民法院设立重庆破产法庭，集中管辖 2019 年 12 月 31 日（含本日）之后，全市区、县级以上（含本级）市场监督管理部门核准登记公司（企业）的强制清算和破产案件以及与前述案件相关的衍生诉讼案件、跨境破产案件和其他依法应当由其审理的案件。为确保公司（企业）强制清算和破产案件审理工作有序开展，经市高法院审判委员会 2020 年第 17 次会议审议通过，就公司（企业）强制清算和破产案件管辖问题进一步明确如下：

一、2019 年 12 月 31 日之前，当事人已向其他中、基层人民法院提交公司（企业）强制清算或破产申请的，由收到申请的人民法院审查。经审查符合受理条件的，依法裁定受理，不移送重庆市第五中级人民法院。经审查裁定不予受理或受理后驳回申请，当事人不服提起上诉的，由作出裁定的人民法院的上级人民法院审理。

二、2019 年 12 月 31 日之前，申请执行人、被执行人申请或同意移送破产审查的，执行法院按照辖区中级人民法院原相关规定办理。2019 年 12 月 31 日（含本日）之后，申请执行人、被执行人申请或同意移送破产审查的，执行法院审查后，将符合移送条件的案件移送重庆市第五中级人民法院，与破产法庭办理相关材料移交手续。

三、重整或和解计划执行期间，因重整、和解程序终止前发生的事实或者事件引发的有关债务人的民事诉讼，由审理重整或和解案件的人民法院管辖。

四、经人民法院裁定终止重整或和解程序并宣告债务人破产的案件，由审理重整或和解案件的人民法院继续审理。

五、其他中、基层人民法院审理的公司（企业）强制清算或破产案件所产生的衍生诉讼，按照《中华人民共和国企业破产法》第二十一条的规定确定管辖，不移送重庆市第五中级人民法院。

六、2019年12月31日（含本日）之后，当事人申请公司（企业）强制清算或破产的案件，因特殊情况确需对管辖作出调整的，应依法由重庆市第五中级人民法院报请重庆市高级人民法院批准。

特此通知。

重庆市高级人民法院
关于"执转破"案件简化审理的工作规范

2018年12月14日　　　　　　渝高法〔2018〕230号

为提高"执转破"案件的审判效率，根据《中华人民共和国企业破产法》《最高人民法院关于适用〈中华人民共和国企业破产法〉若干问题的规定（一）》《最高人民法院关于适用〈中华人民共和国企业破产法〉若干问题的规定（二）》《最高人民法院关于执行案件移送破产审查若干问题的指导意见》等规定，结合我市破产审判工作实际，对"执转破"案件简化审理工作提出以下工作规范。

一、审理原则

1. 协调有序。对"执转破"案件的移送、立案、审理工作，不同法院之间，同一法院执行部门、立案部门、破产审判部门之间应协调配合、有序分工，畅通工作渠道，减少工作环节。

2. 繁简分流。甄别"执转破"案件类型，对债权债务关系简单、财产状况明晰等较为简单的案件，采取简化审理方式，快速高效审结。

3. 兼顾公平与效率。平衡保护债权人、债务人利益，创新工作机制，合并工作事项，采取灵活多样的资产处置方式，合法有序推进破产程序，提高审判质效。

二、案件类型

4. 受移送法院破产审判部门在"执转破"案件审查受理阶段，发现案件属于下列情形之一的，可以决定进行简化审理：

（1）债权债务关系简单、财产状况明晰的；

（2）债务人资产总价值不高、债权人人数较少的；

（3）债务人的主要财产、账册、重要文件等灭失，或者债务人人员下落不明，未发现存在大额财产隐匿情形的；

（4）执行程序中已经作出裁定终结本次执行的；

（5）执行阶段已穷尽相关财产调查措施，未发现债务人有可供执行的财产或者可供执行的财产不足以支付破产费用的；

（6）申请人、被申请人及其他主要破产参与人协商一致同意简化审理的；

（7）其他适合简化审理的情形。

中级人民法院将未决定简化审理的"执转破"案件交由基层人民法院审理的，基层人民法院在审理过程中，认为属于上述情形之一的，可自行决定简化审理。

人民法院决定简化审理的，应当制作决定书。决定书应送达申请人和管理人，并告知其他相关人员。

5. 下列"执转破"案件，原则上不适宜简化审理：

（1）存在重大信访维稳风险的；

（2）裁定破产重整的；

（3）关联企业合并破产的；

（4）其他不宜简化审理的案件。

三、立案及受理

6. 受移送法院立案部门对执行法院移送的材料进行形式审查，材料完备的，在三个工作日内以"破申"字号登记立案，并将案件移送破产审判部门审查，同时将相关立案信息录入全国企业破产重整案件信息网。

7. 破产审判部门应当及时审查，对依法应当受理且符合简化审理条件的，自"破申"案件立案之日起十五日内作出受理裁定，并同时将受理裁定交立案部门。立案部门以"破"字号登记立案，并将相关立案信息录入全国企业破产重整案件信息网。

8. 简化审理的"执转破"案件，可由"执转破"案件的审理团队组成合议庭或者由审理团队中的审判员一人独任审理。

四、管理人选任及财产接管

9. 简化审理的"执转破"案件，以轮候、抽签、摇号等随机方式公开指定管理人。

10. 基层人民法院作出受理裁定的同时，报请所属中级人民法院司法技术部门指定管理人。中级人民法院司法技术部门收到申请后，应于五个工作日内指定管理人并通知基层人民法院。基层人民法院在收到通知之日起三个工作日内作出指定管理人决定书。

11. 中级人民法院破产审判部门作出受理裁定的同时，应当报送本院司法技术部门指定管理人。司法技术部门应于五个工作日内指定管理人并告知破产审判部门。"执转破"案件由中级人民法院自行审理的，中级人民法院破产审判部门在收到通知之日起三个工作日内作出指定管理人决定书。

"执转破"案件由中级人民法院作出受理裁定并交由基层人民法院审理的，中级人民法院破产审判部门在收到本院司法技术部门指定管理人通知后，应将破产案件受理裁定、管理人指定通知等案卷材料一并移交基层人民法院。基层人民法院收到材料后应当及时以"破"字号登记立案，并在立案之日起三个工作日内作出指定管理人决定书。

12. 管理人应当自收到指定管理人决定书以及刻制印章函之日起三个工作日内向公安机关申请刻制管理人印章。管理人印章交人民法院封样备案后启用。

13. 管理人应当在管理人印章备案启用之日起三个工作日内，向银行申请开立管理人账户。因债务人没有财产等原因，无开立账户必要的，可暂不申请开立管理人账户。

14. 相关执行法院应自收到受理裁定书之日起七日内，将已经扣划到账的银行存款、尚未分配的财产变价款、实际扣押的动产、有价证券等被执行人的相关财产移交管理人，但管理人认为暂不适宜移交的除外。

15. 破产案件受理前，符合下列情形之一的，由于财产所有权已经发生变动，不属于被执行人的财产，执行法院不予移交：

（1）已通过拍卖程序处置且成交裁定书已送达买受人的拍卖财产；

（2）通过以物抵债偿还债务且抵债裁定书已送达债权人的抵债财产；

（3）执行法院已向申请执行人完成转账、汇款、现金交付的执行款。

16. 管理人应当在收到指定管理人决定书之日起十日内接管债务人财产、印章和账簿、文书等资料。不能完成接管的，应当书面向人民法院报告接管现状以及不能全面接管的原因。

17. 管理人接管的债务人财产、印章和账簿、文书等资料包括：

（1）债务人所有或占有的现金、存款、有价证券、流动资产、固定资产、对外投资、无形资产等财产及相关凭证；

（2）公章、财务专用章、合同专用章、发票专用章、职能部门章、各分支机构章、电子印章、法定代表人名章等印章；

（3）总账、明细账、台账、日记账等账簿及全部会计凭证、重要空白凭证；

（4）批准设立文件、营业执照、税务登记证书及各类资质证书、章程、合同、协议及各类决议、会议记录、人事档案、电子文档、管理系统授权密码等资料；

（5）有关债务人的诉讼、仲裁、执行案件的材料；

（6）债务人的其它重要资料。

18. 管理人需要通过法院案件管理系统了解与债务人相关的诉讼案件、执行案件等情况的，应当向破产案件审理法院提出书面申请。审理法院应当自收到申请之日起三个工作日内向管理人提供全市法院范围内涉及债务人的案件清单，清单应当包括案号、案由、当事人信息以及审理或执行法院等相关内容。

五、送达及公告

19. 简化审理的"执转破"案件，可参照《中华人民共和国民事诉讼法》关于简易程序的送达规定以及《重庆市高级人民法院关于进一步加强民事送达工作的实施意见》（渝高法〔2018〕108号）的相关规定送达法律文书。

20. "执转破"案件，执行法院作出移送决定书后，应于五日内送达债务人，并同时告知债务人有异议的，应当在收到决定书之日起七日内向受移送法院提出。执行法院已经履行前述职责的，受移送法院在审查受理阶段不再重复通知及告知债务人。

21. 作出受理裁定的法院自行审理"执转破"案件的，应当在收到管理人指定通知之日起三个工作日内，将受理裁定、管理人相关信息、债权申报期限等相关事项一并在全国企业破产重整案件信息网、重庆法院公众服务网上公告。

22. 中级人民法院作出受理裁定并交由基层人民法院审理的"执转破"案件，基层人民法院应当在"破"字号案件登记立案之日起三个工作日内，将受理裁定、管理人相关信息、债权申报期限等相关事项一并在全国企业破产重整案件信息网、重庆法院公众服务网上公告。

六、债权申报及债权人会议

23. 简化审理的"执转破"案件，债权申报期限为三十日，自人民法院发布受理破产申请公告之日起计算。

24. 第一次债权人会议由人民法院召集，自债权申报期限届满之日起五个工作日内召开。召开债权人会议，管理人应当提前五个工作日通知已知债权人。受合议庭委托，承办法官可单独主持债权人会议。

25. 人民法院应当督促、指导管理人尽快制定破产财产变价方案、破产财产分配方案，管理人可合并拟定破产财产变价方案和分配方案。简化审理的"执转破"案件，一般应当在第一次债权人会议上将破产财产变价方案和分配方案一并提交表决。

26. 简化审理的"执转破"案件，一般不设立债权人委员会。债权人会议可以书面或网络方式召开，债权人可通过邮寄信件、电子邮件或网络平台等方式发表意见、进行表决。

27. 债务人符合宣告破产条件的，管理人应在第一次债权人会议结束之日起三个工作日内，向人民法院申请宣告债务人破产；人民法院在收到申请之日起五个工作日内作出宣告债务人破产的裁定。

七、财产调查及变价

28. 管理人需要通过人民法院"总对总"网络执行查控系统查控债务人银行存款、房产、车辆、股权、证券、网络账户等的，可向"执转破"案件审理法院提出申请，由审理法院破产审判部门作出保全债务人财产的民事裁定，交本院保全中心实施。

29. 保全中心应在"执保"字号案件立案之日起五个工作日内，通过人民法院"总对总"网络执行查控系统对债务人财产进行核实、查控，并将核实、查控结果以书面形式告知破产审判部门。

30. 执行法院在移送破产审查前三个月内已就债务人财产通过人民法院"总对总"网络执行查控系统进行核查并向受移送法院移送债务人财产

清单的，管理人可直接使用该核查结果。

31. 执行程序中对债务人财产作出的评估、鉴定或审计报告，在案件移送破产审查后仍在有效期内的，不再重新委托评估、鉴定或审计，但存在中介机构或其从业人员不具备相关资格、程序严重违法、结论依据明显不足等情形的除外。评估、鉴定或审计报告超过有效期，但超过时间不满一年的，管理人可委托原中介机构出具补充报告或者作出说明。评估、鉴定或审计报告超过有效期一年以上的，管理人可委托原中介机构重新评估、鉴定或审计，但债权人会议同意不重新评估、鉴定或审计的除外。

32. 执行程序中已启动财产拍卖、变卖的，按下列情形处理：

（1）财产拍卖、变卖成交后，成交裁定书已送达买受人的，受移送法院应及时依法裁定受理，管理人应接管扣除拍卖费用后的拍卖、变卖执行款；

（2）财产拍卖、变卖成交后，成交裁定书尚未送达买受人的，受移送法院一般应待成交裁定书送达买受人后再予以裁定受理；

（3）财产已经执行法院评估并拟拍卖的，受移送法院应与执行法院协调工作进度，合理把握受理时机；

（4）财产拍卖过程中流拍、变卖不成的，或者暂缓、中止拍卖、变卖的，管理人接管拍卖、变卖财产后，经债权人会议表决通过可以之前的拍卖保留价、变卖价为基础继续组织拍卖、变卖。

33. 执行案件中产生的保全费、评估费、公告费、保管费等执行费用符合下列条件的，可以参照破产费用的规定，从债务人财产中随时清偿：

（1）因管理、变价债务人财产发生，且该财产或财产的变价款已由管理人接管；

（2）评估、鉴定或审计报告在破产程序中被继续使用的。

34. 对不具备审计条件的，经有资质的审计机构出具相关证明材料予以证明，可不对债务人进行审计。债权债务关系简单、财产状况明晰或者债务人财产数量较少的，经债权人会议表决通过，可不对债务人进行审计。

35. 破产财产需要通过拍卖变价的，经债权人会议表决通过，拍卖底价可参照市场价确定，也可通过询价确定。

36. 经债权人会议表决通过，破产财产可采取债权人内部竞价、协议转让、以物抵债等非拍卖方式变价。破产财产为国有资产的，处置方式应当符合国有资产管理的相关法律、法规。

八、终结破产程序

37. 破产宣告前，有下列情形之一的，管理人应于该情形发生之日起三个工作日内提请人民法院裁定终结破产程序：

（1）第三人为债务人提供足额担保或者为债务人清偿全部到期债务的；

（2）债务人已清偿全部到期债务的。

38. 经人民法院网络执行查控系统查控及管理人调查，有下列情形之一的，管理人应当及时提请人民法院裁定宣告债务人破产并终结破产程序：

（1）未发现债务人有可供分配的财产；

（2）虽有少量财产但不足以支付破产费用且无利害关系人垫付的，或者利害关系人垫付费用不足以支付破产费用的。

39. 破产财产分配完毕后，管理人应于三个工作日内向人民法院提交清算工作报告，并提请终结破产程序。

40. 破产财产分配方案经人民法院裁定确认，且主要财产已分配完毕，但因客观原因尚未完成个别事项的，管理人可提请人民法院裁定终结破产程序。

41. 债务人的账册、重要文件等确已灭失，导致无法清算或无法全面清算的情况下，管理人应当就现有财产对已确认债权进行公平清偿，并及时提请人民法院裁定宣告债务人破产并终结破产程序。

42. 管理人提请终结破产程序的，人民法院应当自收到终结破产程序的请求之日起五个工作日内作出是否终结破产程序的裁定。裁定终结的，应当予以公告。

九、审理期限

43. 简化审理的"执转破"案件应当在"破"字号案件立案之日起三个月内审结。因特殊情况需要延长的，经分管院长审批，可以延长三个月。

44. 简化审理的"执转破"案件在审理过程中发现案情复杂不适宜简化审理，经分管院长审批，可转为一般破产审理程序。

人民法院决定转为一般破产审理程序的，应当制作决定书。决定书应送达申请人和管理人，并告知其他相关人员。

十、其他事项

45. 其他破产案件符合简化审理条件的，可参照本规范执行。

46. 本规范自公布之日起施行。

重庆市高级人民法院
破产重整申请审查工作指引（暂行）

2018 年 9 月 26 日　　　　　　　　渝高法〔2018〕190 号

　　为规范破产重整申请审查工作，明确破产法官工作职责，根据《中华人民共和国企业破产法》、《最高人民法院关于审理企业破产案件若干问题的规定》、《最高人民法院关于适用〈中华人民共和国企业破产法〉若干问题的规定（一）》、《最高人民法院关于适用〈中华人民共和国企业破产法〉若干问题的规定（二）》、《最高人民法院关于审理上市公司破产重整案件工作座谈会纪要》等规定，结合我市破产审判工作实际，对破产重整申请的审查工作做出以下指引。

　　一、申请人资格审查

　　1. 下列人员可以向人民法院提出重整申请：
　　（1）债权人可以直接向人民法院申请重整；
　　（2）债务人可以直接向人民法院申请重整；
　　（3）人民法院受理破产清算申请后、宣告债务人破产前，债务人或者出资额占债务人注册资本十分之一以上的出资人，可以向人民法院申请重整。

　　二、申请材料审查

　　2. 债权人向人民法院申请重整的，应提交下列材料：
　　（1）重整申请书，载明申请人和被申请人的基本信息、申请目的、申请的事实和理由；
　　（2）申请人的主体资格证明，包括营业执照副本、居民身份证及其他身份证明；
　　（3）债务人的主体资格证明，包括最新市场主体登记材料等；
　　（4）债务人不能清偿申请人到期债务的证据；
　　（5）债务人具有重整价值的分析报告及证据材料；
　　（6）法院认为应当提交的重整可行性分析报告等其他材料。

　　债权人申请重整的，人民法院应重点审查债权的真实性。申请人的债权已被人民法院、仲裁机构生效法律文书，或者具有强制执行效力的公证债权文书确认，且债务人未予清偿的，可认定申请人享有未获清偿的到期债权；申请人的债权未被人民法院、仲裁机构生效法律文书，或者具有强制执行效力的公证债权文书确认的，人民法院应对申请人的相关债权凭证进行实质审查，以判断债权的真实性和合法性。经审查难以作出判断的，可引导申请人先行提起民事诉讼或依法申请仲裁，以明确其对被申请人是否享有未获清偿的债权。

3.债务人申请重整的，应当提交下列材料：

（1）重整申请书，载明申请人的基本信息、申请目的、申请的事实和理由；

（2）债务人的主体资格证明，包括企业法人营业执照副本及其他最新市场主体登记材料；

（3）债务人的股东会、董事会、主管部门或投资人同意重整的文件；

（4）债务人的职工名单、工资清册、社保清单及职工安置预案；

（5）债务人的资产负债表、资产评估报告或审计报告；

（6）债务人至重整申请日的资产状况明细表，包括有形资产、无形资产及对外投资情况等；

（7）债务人的债权、债务及担保情况表，列明债务人的债权人及债务人的名称、住所、债权或债务数额、发生时间、催收及担保情况等；

（8）债务人所涉诉讼、仲裁、执行情况及相关法律文书；

（9）债务人具有重整价值的分析报告及证据材料；

（10）债务人重整的可行性分析报告或重整方案；

（11）人民法院认为应当提交的其他材料。

4.出资额占债务人注册资本十分之一以上的出资人申请重整的，应提交下列材料：

（1）重整申请书，载明申请人的基本信息、申请目的、申请的事实和理由；

（2）出资人的出资证明和主体资格证明文件；

（3）债务人具有重整价值的分析报告及证据材料；

（4）债务人重整的可行性分析报告或重整方案；

（5）人民法院认为应当提交的其他材料。

三、重整原因审查

5.依据《中华人民共和国企业破产法》第二条的规定，债务人不能清偿到期债务，并且资产不足以清偿全部债务；或者债务人不能清偿到期债务，并且明显缺乏清偿能力；或者债务人有明显丧失清偿能力可能的，应当认定具备重整原因。

6. 下列情形同时存在的，人民法院应当认定债务人不能清偿到期债务：

（1）债权债务关系依法成立；

（2）债务履行期限已经届满；

（3）债务人未完全清偿债务。

债务人的资产负债表，或者审计报告、资产评估报告等显示其全部资产不足以偿付全部债务的，人民法院应认定债务人资产不足以清偿全部债务，但有相反证据足以证明债务人的资产能够偿付全部负债的除外。

7. 债务人的账面资产虽大于负债，但存在下列情形之一的，人民法院应当认定其明显缺乏清偿能力：

（1）因资金严重不足或者财产不能变现等原因，无法清偿债务；

（2）法定代表人下落不明且无其他人员负责管理财产，无法清偿债务；

（3）经人民法院强制执行，无法清偿债务；

（4）长期亏损且经营扭亏困难，无法清偿债务；

（5）导致债务人丧失清偿能力的其他情形。

8. 存在下列情形之一的，人民法院可以认定债务人有明显丧失清偿能力的可能：

（1）债务人因经营困难暂停营业或有停业可能；

（2）债务人存在大量待处理资产损失，致使实际资产的变现价值可能小于负债；

（3）清偿已届清偿期的债务，将导致债务人难以继续经营；

（4）导致债务人有明显丧失清偿能力可能的其他情形。

四、重整必要性和可行性审查

9. 重整对象应当具有重整价值和可能。对于债务人具有重整价值的证据材料，应结合国家产业政策、行业前景、企业发展前景等情况，从债务人重整的社会价值、经济效益等方面进行实质性审查。对于债务人重整的可行性报告或重整方案，应结合债务人的资产及负债状况、经营管理、技术工艺、生产销售情况，以及企业陷入经营困境的主要原因、提出的初步方案是否有针对性和可操作性、重组方是否具有重组能力等进行实质性审查。对于明显不具备重整价值或者虽有重整价值但不具备重整可能性的，应裁定不予受理。

10. 人民法院对债务人重整必要性和可行性进行审查，一般应听取行业主管部门、金融监管机构、国有资产监管机构、税务机关等相关部门的意见，也可以要求债权人、债务人、出资人提交相关文件资料并接受询问。

五、特殊性质企业重整审查

11. 国有独资企业或国有控股企业作为债务人申请重整的，应取得对债务人履行出资职责的国有资产监管机构或国有企业上级主管部门的同意，且企业员工已经妥善安置或制定切实可行的员工安置方案。债权人申请国有独资企业或国有控股企业重整的，人民法院在裁定受理前应及时向对债务人履行出资职责的国有资产监管机构或国有企业上级主管部门通报情况，说明股东、清算义务人的法律责任。

12. 申请上市公司重整的，人民法院在受理前应按照《最高人民法院关于审理上市公司破产重整案件工作座谈会纪要》的规定，逐级报送最高人民法院审查批准。

六、审查方式

13. 审查重整申请以听证审查为原则，书面审查为例外。

听证期间不计入重整申请审查期限。听证可以由合议庭主持，也可以由合议庭委托承办法官主持。听证参加人员一般包括：

（1）重整申请人；

（2）债务人的股东、实际控制人、法定代表人及高管人员、财务管理人员、职工代表；

（3）已知的主要债权人：主要担保权人、主要经营性债权人及主要金融债权人。已成立金融债权人委员会的，应通知金融债权人委员会派员参加；

（4）当地政府已经成立清算组或工作组的，应通知清算组或工作组人员参加；

（5）人民法院认为应当参加听证的其他人员。

14. 在听证过程中，人民法院应对下列事项进行询问审查：

（1）申请人是否具有申请资格；

（2）申请材料是否真实完整；

（3）债务人是否具备重整原因；

（4）债务人是否具备重整价值和重整可能；

（5）债务人股东是否按时足额缴纳出资；

（6）债务人是否存在转移资产、个别清偿等行为；

（7）债务人以及债务人的控股股东、实际控制人、法定代表人及高管人员等是否涉嫌刑事犯罪；

（8）人民法院认为需要了解的其他事项。

七、关联刑事案件审查

15.债务人或债务人的控股股东、实际控制人、法定代表人及其他高管人员涉嫌非法集资、合同诈骗等刑事犯罪的，应与公安机关、检察机关、受理法院联系，了解刑事案件相关情况。刑事案件的处理对重整构成实质性妨碍的，可依法裁定不予受理。

公安机关撤销案件、检察机关不予起诉或人民法院宣告无罪的；刑事诉讼程序终结，债务人相关财产未作为赃款赃物依法追缴，或者债务人的资产可以在破产程序中进行处置的，可以另行依法申请重整。

八、与执行案件协调衔接

16.人民法院裁定受理重整申请前，应在案件管理系统中查询以债务人为被执行人的执行案件，了解主要资产现状，为判明是否具备重整原因、重整价值、重整可行性提供依据。

协调与相关执行案件的工作进度，把握重整申请受理时机，充分利用执行评估拍卖成果，依法高效推进重整工作。

九、与政府部门协调沟通

17.债务人涉及金融债权较多、金额较大，易引发系统性金融风险的，人民法院应与金融监管部门及时沟通，做好金融风险的预判及防范预案。

18.对申请房地产企业、建筑企业、关联企业重整的案件，或者债权人、债务人职工人数众多的重整案件，以及在当地有重大影响的重整案件，人民法院在裁定受理前应通过"府院协调机制"与当地人民政府沟通，协调人民政府对重整案件涉及的维稳、税收、工商登记等问题提供综合保障。

十、重整申请撤回

19.人民法院裁定受理重整申请前，申请人可以请求撤回申请。申请人撤回重整申请的，人民法院可以依法准许。

十一、裁定及公告

20.人民法院经审查认为重整申请符合规定的，应当裁定债务人重整，裁定自作出之日起生效。重整裁定应在作出之日起五日内送达申请人和被申请人，并在全国企业破产重整案件信息网、重庆法院公众服务网上公告。

人民法院裁定不受理重整申请的，应当自裁定作出之日起五日内送达申请人并说明理由。申请人对裁定不服的，可以自裁定送达之日起十日内向上一级人民法院提起上诉。

重庆市高级人民法院
关于审理破产案件法律适用问题的解答

2017 年 8 月 1 日　　　　　　　渝高法〔2017〕207 号

为进一步规范破产案件的审理，切实保护各方当事人的合法权益，依据《中华人民共和国企业破产法》（以下简称企业破产法）、《最高人民法院关于适用〈中华人民共和国企业破产法〉若干问题的规定（一）》（以下简称企业破产法司法解释一）、《最高人民法院关于适用〈中华人民共和国企业破产法〉若干问题的规定（二）》（以下简称企业破产法司法解释二）等相关规定，就司法实践中出现的相关法律适用问题作出以下解答：

1. 在债务人提出破产申请的案件中，如何把握受理条件，避免债务人通过破产程序逃避债务？

答：应正确认识欺诈逃债行为与破产程序之间的关系。欺诈逃债行为，主要发生在破产案件受理前。破产案件受理后，债务人财产由管理人接管，债务人一般并无欺诈逃债条件，因此破产程序本身并不会产生欺诈逃债的后果，规范的破产程序恰恰是制止、纠正债务人欺诈逃债行为的有力保障。

债务人提出破产申请的案件，对于债务人资不抵债的认定，应根据企业破产法司法解释一第三条的规定，除有相反证据足以证明债务人资产能够偿付全部负债的以外，应以债务人的资产负债表或者审计报告、资产评估报告等为依据进行认定。不能仅以债务人有欺诈逃债的可能为由对符合受理条件的案件不予受理。破产申请受理后，应通过破产程序撤销和否定债务人不当处置财产行为，追究出资人等相关主体责任的方式，使其逃债的目的落空。

2. 债权人提出破产申请的案件中，如果债务人人员下落不明，是否应当采取公告方式向债务人送达破产申请相关材料？

答：人民法院在收到债权人提出的破产申请后，应当按照企业破产法第十条的规定通知债务人，以充分保障债务人的异议权。如果债务人人员下落不明导致无法直接通知债务人的，应当通过公告的方式，依法向其送达破产申请相关材料。公告可以采取在重庆法院公众服务网发布，或在债务人住所地张贴等方式进行。①

3. 破产案件受理后，原保全法院经告知后仍不解除保全措施的，受理破产案件的法院应当如何处理？

答：根据企业破产法第十九条的规定，人民法院受理破产申请后，有关债务人财产的保全措施，包括审理程序和执行程序中针对债务人财产采取的查封、扣押、冻结等措施均应当及时解除。原保全法院经告知后仍不解除保全措施的，受理破产案件的法院可以报请原保全法院的上级法院监督，其上级法院应当指令原保全法院依法解除保全措施。

4. 债权人怠于向管理人申报债权，债权人的债权人可否代位申报？

答：债权人怠于申报债权，该债权人的债权人代位申报债权符合《中华人民共和国合同法》第七十三条规定的，可以准许。申报的债权经管理人审查确认后，债务人或债权人有异议的，可以依据企业破产法第五十八条第三款的规定向人民法院提起诉讼。

5. 何种情形下可以将公司股东或实际控制人对公司享有的债权确定为劣后债权，安排在普通债权之后受偿？

答：具有以下情形之一的，可以将公司股东或实际控制人对公司债权确定为劣后债权，安排在普通债权之后受偿：

（一）公司股东因未履行或未全面履行出资义务、抽逃出资而对公司负有债务，其债权在未履行或未全面履行出资义务、抽逃出资范围内的部分；

（二）公司注册资本明显不足以负担公司正常运作，公司运作依靠向股东或实际控制人负债筹集，股东或实际控制人因此而对公司形成的债权；

（三）公司控股股东或实际控制人为了自身利益，与公司之间因不公

---

① 本条已被《最高人民法院关于推进破产案件依法高效审理的意见》第 2 条取代，不再需要公告送达、《重庆市高级人民法院关于破产案件简化审理的工作规范》（渝高法〔2019〕208 号）第 18 条。

平交易而产生的债权。

公司股东或实际控制人在前述情形下形成的劣后债权，不得行使别除权、抵销权。

6. 公司股东或实际控制人劣后债权的认定程序如何安排？

答：管理人在拟定债权表时，应当对公司股东或实际控制人债权是否属于劣后债权作出认定，并提交债权人会议核查。债务人、债权人无异议的，人民法院应裁定确认。债务人、债权人有异议的，可以向人民法院提起破产债权确认诉讼。

7. 管理人可否对债权人是否享有建设工程价款优先受偿权进行审查？

答：根据企业破产法第五十七条的规定，对申报的债权进行审查是管理人的职责之一，因此对于债权人申报债权时主张的建设工程价款优先受偿权是否成立，管理人应当进行审查，审查结果应在债权表中载明并提交第一次债权人会议核查。债务人、债权人有异议的，可以向受理破产案件的人民法院提起破产债权确认诉讼。

8. 债权人会议可否对破产财产的拍卖次数和流拍后以物抵债等问题进行决议？

答：根据企业破产法第一百一十二条规定，债权人会议有权决议破产财产的变价出售方式。为提高破产审判效率，管理人可以将拍卖次数和流拍后以物抵债等问题纳入变价方案，债权人会议讨论通过后，按变价方案执行。

破产财产为国有资产的，其处置方式应当符合国有资产管理的相关法律、法规的要求。

9. 为了提高破产案件审判效率，可否设定对债权表记载债权的异议期限和起诉期限？

答：管理人编制的债权表应当提交第一次债权人会议核查。债务人、债权人对债权表记载的债权有异议的，可以在管理人指定的期限内（根据案件实际情况确定不少于十五日的期限）提出异议。债务人、债权人未在管理人指定的期限内提出异议的，视为无异议，人民法院可根据管理人的申请对债权表记载的债权裁定确认。债务人、债权人逾期提出异议的，管理人可不予审查。

债务人、债权人在管理人指定期限内提出异议的，管理人应当予以审查，经管理人解释或调整后仍有异议的，应在管理人告知其异议审查结果之日起十五日内向受理破产案件的人民法院提起破产债权确认诉讼。逾期未起诉的，视为无异议，人民法院可根据管理人的申请对债权表记载的债权裁定确认。债务人、债权人逾期起诉的，人民法院不予受理。

10. 经债权人会议核查无异议的债权，人民法院在裁定确认之前发现确有错误的，应当如何处理？

答：经债权人会议核查，债务人、债权人均无异议的债权，人民法院发现确有错误的，可以要求管理人重新审查并向债权人会议披露。经管理人重新审查并披露后，债务人、债权人仍无异议的，人民法院应当予以确认。

11. 债务人人员下落不明或财产状况不清的破产清算案件受理后，应该如何处理？

答：人民法院受理债务人人员下落不明或财产状况不清的破产清算案件后，应当依据企业破产法的有关规定指定管理人。管理人应当采取以下必要措施，最大限度查找、追收债务人财产：第一，通过向银行、工商、税务、国土房管、车辆管理部门查询等必要途径查明债务人的财产状况，因人民法院强制执行等原因已向相关部门查询债务人近期财产状况的，管理人可以直接援用相关查询结果；第二，查明出资人的出资情况，对未履行、未全面履行出资义务或抽逃出资的出资人采取必要追缴出资措施；第三，根据企业破产法第三十一条、第三十二条和第三十三条规定，撤销和否定债务人的不当行为，对相关财产依法采取必要追回措施；第四，对董事、监事和高级管理人员利用职权获取的非正常收入或者侵占的债务人财产依法采取必要的追回措施；第五，对债务人有关人员不履行企业破产法第十五条规定义务的，应向人民法院提出采取强制措施或处罚的建议；第六，发现债务人有关人员有《中华人民共和国刑法》第一百六十二条规定行为或其他违法行为，涉嫌犯罪的，应当及时向公安机关报案；第七，对债务人财产采取其他必要的清查和追收措施；第八，管理人认为难以追收或追收成本过高的，应提请债权人会议决定是否予以追收。

在穷尽上述必要措施，依法追收债务人财产后，债务人确无财产可供分配或者债务人财产不足以清偿破产费用的，管理人应当提请人民法院终结破产程序。

因债务人有关人员的行为导致无法清算或者造成损失的，人民法院在终结破产程序的同时，应当告知各债权人可以另行起诉要求相关人员承担民事责任。

重庆市第五中级人民法院
破产案件快速审理指引

2021 年 11 月 12 日　　　　　　渝五中法发〔2021〕154 号

为推进破产案件快速审理，提高破产审判效率，降低破产程序成本，保障债权人和债务人等主体合法权益，充分发挥破产审判工作在完善市场主体拯救和退出机制等方面的积极作用，根据《中华人民共和国企业破产法》《最高人民法院关于推进破产案件依法高效审理的意见》等规定，结合破产审判工作实际，制定本指引。

第一条　破产案件的审理，应当遵循繁简分流、效率提升、权利保障原则。

第二条　具备下列情形之一的破产案件，人民法院可以适用快速审理方式：

（一）债务人账面资产在 5000 万元以下，债权性质较为单一的；

（二）债务人的主要财产、账册、重要文件等灭失，或者债务人人员下落不明，未发现大额财产隐匿的；

（三）债务人经过强制清算，债权债务关系明确的；

（四）债务人无财产或者债务人财产不足以支付破产费用的；

（五）预重整转重整的；

（六）其他可以适用快速审理方式的。

第三条　具有下列情形之一的破产案件，不适用快速审理方式：

（一）债务人财产状况复杂导致管理、变价、分配债务人财产可能期间较长或者存在较大困难的；

（二）债务人系上市公司、金融机构，或者存在关联企业合并破产、跨境破产等重大社会影响的；

（三）重整案件未经过预重整的；

（四）其他不宜适用快速审理方式的。

第四条 人民法院认为破产申请符合受理条件的，应当同时审查是否适用快速审理方式。决定适用快速审理方式的，应当在指定管理人决定书中予以告知，并与企业破产法第十四条规定的事项一并予以公告。

第五条 对于决定适用快速审理方式的破产案件，人民法院应当自裁定受理之日起六个月内审结。

本指引第二条第二、三、四项规定的破产案件，应当自裁定受理之日起三个月内审结。因特殊情况需要延长的，经分管院长批准，可以延长三个月。

第六条 破产案件在审理过程中发生不宜适用快速审理方式的情形，或者案件无法在裁定受理之日起六个月内审结的，经分管院长批准，转为普通方式审理，原已进行的破产程序继续有效。人民法院应当将转换审理方式决定书送达管理人，并予以公告。管理人应当将上述事项通知已知债权人、债务人。

第七条 适用快速审理方式审理的破产案件，一般采取随机摇号方式公开指定管理人。

预重整转重整的破产案件，人民法院可以指定预重整辅助机构为管理人。

强制清算转破产清算的案件，原强制清算的清算组由人民法院管理人名册中的中介机构组成或者参加的，可以直接指定该中介机构为管理人。

第八条 人民法院可以在破产申请受理审查阶段同步开展指定管理人的准备工作。合议庭评议拟受理破产申请并致函审判管理部门随机摇号确定管理人的，应当在收到审判管理部门通知当日作出受理破产申请裁定及指定管理人决定。

人民法院决定指定预重整辅助机构或者原强制清算清算组中的中介机构为管理人的，应当在裁定受理破产申请当日作出指定管理人决定。

第九条 管理人应当自收到指定管理人决定书之日起三日内完成刻制管理人印章、向银行申请开立管理人账户等工作。

因债务人没有财产等原因，无开立账户必要的，可以暂不申请开立管理人账户。

第十条 管理人应当自收到指定管理人决定书之日起五日内接管债务人财产、印章和账簿、文书等资料。不能完成接管的，应当及时向人民法院报告接管现状以及不能全面接管的原因。

第十一条　管理人应当自收到指定管理人决定书之日起五日内向人民法院提交查询债务人有关诉讼、执行案件情况及通过网络执行查控系统查询债务人银行存款、房产、车辆、股权、证券、网络账户等财产的书面申请，人民法院应当及时向管理人反馈查询结果。

第十二条　人民法院应当自裁定受理破产申请之日起十五日内自行或者由管理人协助通知已知债权人，并就企业破产法第十四条规定的事项在"全国企业破产重整案件信息网"予以公告。

破产申请审查阶段已查明债权债务关系明确、债务人财产状况清楚、案情简单的破产案件，人民法院可以在向管理人送达指定管理人决定书当日就企业破产法第十四条规定的事项在"全国企业破产重整案件信息网"予以公告。

第十三条　债权人申报债权的期限为三十日，自发布受理破产申请公告之日起计算。

第十四条　管理人在接管债务人财产、接受债权申报等执行职务过程中，应当要求债权人、债务人的法定代表人、董事、监事、高级管理人员及相关财务管理人员、其他经营管理人员、利害关系人书面确认送达地址、电子送达方式及法律后果。

第十五条　适用快速审理方式的破产案件原则上只召开一次债权人会议。第一次债权人会议应当自债权申报期限届满之日起五日内召开。

第十六条　召开债权人会议，管理人应当提前十五日通知已知债权人，并将需审议、表决事项的具体内容提前三日告知已知债权人。但全体已知债权人同意缩短上述时间的除外。

第十七条　第一次债权人会议可以采用现场方式或者网络在线视频方式召开。经第一次债权人会议决议通过，以后的债权人会议还可以采用非在线视频通讯群组等其他非现场方式召开。债权人会议以非现场方式召开的，管理人应当核实参会人员身份，记录并保存会议过程。

第十八条　债权人会议除现场表决外，可以采用书面、传真、短信、电子邮件、即时通信、通讯群组等非现场方式进行表决。

第十九条　受合议庭委托，合议庭成员可以单独主持债权人会议。

第二十条　债权人会议上，全体债权人对债权核查无异议的，人民法院可以当庭裁定确认无异议债权。

第二十一条 在第一次债权人会议上，管理人可以将债务人财产变价方案、分配方案以及破产程序终结后可能追加分配的方案一并提交债权人会议表决。

适用快速审理方式的预重整转重整案件，管理人原则上应当将重整计划草案提交第一次债权人会议表决。

第二十二条 适用快速审理方式的破产案件，一般不设立债权人委员会。

第二十三条 管理人一般应当自接受指定之日起三十日内完成债务人财产调查工作并向人民法院提交财产状况报告。

第二十四条 债务人有下列情形之一的，管理人可以决定不予审计并向人民法院报告：

（一）债务人财务账册不完整、重要财务资料严重缺失，明显不具备审计条件的；

（二）债务人资产规模小，权属清晰，债权债务关系简单，通过其他措施可以明确资产以及负债的；

（三）债务人财产不足以清偿破产费用且无人代为清偿或者垫付的；

（四）强制清算程序、执行程序中已经进行审计或者债务人、债权人、利害关系人自行委托其他社会中介机构进行审计，管理人经审查认为审计报告符合破产审计要求的；

（五）其他不予审计的。

本条第一项规定情形，债权人会议另有决议的除外。

第二十五条 债务人有下列情形之一的，管理人可以决定不予评估并向人民法院报告：

（一）强制清算程序、执行程序中已经对债务人财产进行了评估，人民法院裁定受理债务人破产案件的时间处于评估报告有效期内的；

（二）债务人财产形态和财产结构简单且价值较低，能够采取定向询价、网络询价等方式确定财产价值的；

（三）其他不予评估的。

本条第一项规定情形，债权人会议另有决议的除外。

第二十六条 债务人符合宣告破产条件的，管理人应当自第一次债权人会议结束之日起三日内，向人民法院申请宣告债务人破产。人民法院经审查认为债务人符合宣告破产条件的，应当自收到申请之日起三日内，作出宣告债务人破产的裁定。

召开第一次债权人会议时即能够认定债务人符合宣告破产条件的,经管理人申请,人民法院可以在第一次债权人会议上裁定宣告债务人破产。

管理人调查后未发现债务人有可供分配的财产或者虽有少量财产但不足以支付破产费用且无利害关系人垫付的,经管理人申请,人民法院可以在裁定宣告破产的同时裁定终结破产程序。

第二十七条 经债权人会议表决通过,破产财产可以采取债权人内部竞价、协议转让、以物抵债等非拍卖方式处置。

第二十八条 管理人应当自破产财产分配完毕之日起三日内向人民法院提交破产财产分配报告、清算工作报告,并提请终结破产程序。

第二十九条 管理人提请终结破产程序的,人民法院应当及时审查。对于符合终结破产程序条件的,应当自收到申请之日起三日内作出终结破产程序的裁定并予以公告。

第三十条 管理人应当自破产程序终结之日起三日内,持终结破产程序裁定向破产企业的原登记机关办理注销登记,但存在衍生诉讼等原因暂时无法注销的情形除外。

第三十一条 对债权债务关系明确、财产状况清楚、案情简单的强制清算案件,可以参照适用本指引。

第三十二条 本指引自 2021 年 11 月 15 日起施行。

重庆市第五中级人民法院
关于在审理企业破产案件中防范和打击逃废债务行为的工作指引(试行)

2021 年 11 月 10 日　　　　　　　渝五中法发〔2021〕151 号

为推进企业依法破产,防范和打击逃废债务行为,杜绝假借破产名义逃废债务的现象,保护债权人的合法权益,营造法治化营商环境,促进经济高质量发展,根据《中华人民共和国企业破产法》《中华人民共和国公司法》《中华人民共和国民事诉讼法》和相关法律法规、司法解释等规定,结合破产审判工作实际，制定本指引。

第一条 企业法人以其全部财产独立承担民事责任，企业法人的出资人以其认缴的出资额或者认购的股份为限对企业法人承担责任。

按照重整计划或者和解协议减免的债务，自重整计划或者和解协议执行完毕时起，债务人不再承担清偿责任。

第二条 人民法院在企业破产案件审理中，应当防范和打击债务人及其出资人、实际控制人、董事、监事、高级管理人员等主体通过隐匿财产、虚构债权债务或者以其他方法转移、处分财产，利用破产程序逃废债务，损害债权人或者他人利益的行为。

第三条 对于符合破产申请受理条件但是存在借破产逃废债务可能的企业，应当依法受理破产申请，在破产程序中依法撤销或者否定不当处置财产行为，追究相关主体的法律责任。

第四条 破产程序中发现相关主体有下列情形之一的，应当认定为逃废债务行为：

（一）以无偿处分财产权益、明显不合理价格进行交易、不当关联交易、虚构交易等方式隐匿、转移、处分债务人的资产；

（二）以为他人提供保证、债务加入、在企业资产上设定权利负担等方式恶意增加债务负担；

（三）债务人的出资人、实际控制人、董事、监事、高级管理人员等主体侵占企业资产；

（四）债务人的出资人、实际控制人、董事、监事、高级管理人员等主体弃企逃债；

（五）以虚假诉讼、仲裁、公证等方式骗取生效法律文书；

（六）其他损害债权人或者他人利益的行为。

第五条 人民法院对破产申请进行审查时，应当强化识别破产原因，并注意以下事项：

（一）对于债务人的关联企业、关联人员作为债权人申请债务人破产的案件，在受理审查阶段应当慎重审查关联债权的合法性和真实性，防止关联企业、关联人员通过虚构债权债务的方式逃废债务；

（二）对债务人申请破产的案件，应当要求债务人提供资产负债表、财产清单、债权债务清册或者审计报告、资产评估报告等反映企业资产、负债情况的基本材料，明确债务人的财产、印章和账簿、文书等资料保管的具体责任人员，并要求债务人就主要资产、会计资料的去向作出说明。

第六条 破产案件受理裁定作出后，即产生限制债务人对财产的管理和处分行为、禁止个别清偿、中止对债务人财产的执行程序、解除有关债务人财产的保全措施、由管理人对债务人财产进行统一管理和处分等法律效力。

管理人为清查、追收债务人财产，申请对债务人财产采取保全措施的，人民法院应当依法予以支持。

第七条 管理人应当勤勉尽责，穷尽措施清查、追收债务人财产并依法追究相关责任人的法律责任。

债权人通过债权人会议或者债权人委员会，要求管理人依法向次债务人、债务人的出资人等追收债务人财产，管理人无正当理由拒绝追收，债权人会议可以申请人民法院更换管理人。

管理人未勤勉尽责，给债权人、债务人或者第三人造成损失的，依法承担赔偿责任。

第八条 管理人在履行调查、追收债务人财产职责过程中，可以申请人民法院出具委托调查函或者调查令。

第九条 债权申报人申报的债权，管理人应当及时对债权的真实性、性质、数额、担保财产、是否超过诉讼时效期间、是否超过强制执行期间等情况进行审查。

对于债务人的出资人、实际控制人、董事、监事、高级管理人员等主体申报的债权，管理人应当重点审查原始凭证、债务人会计账簿等资料。

第十条 债权人在破产程序中应当依照企业破产法的规定行使权利。管理人审查债权，应当结合债权人提交的证据和管理人接管的债务人资料综合认定债权的真实性，不应仅以债权人证据不足为由否认客观真实的债权。

第十一条 具有以下情形之一的，可以将公司股东或者实际控制人对公司债权确定为劣后债权，安排在普通债权之后受偿：

（一）公司股东因未履行或者未全面履行出资义务、抽逃出资而对公司负有债务，其债权在未履行或者未全面履行出资义务、抽逃出资范围内的部分；

（二）股东实际投入公司的资本数额与公司经营所隐含的风险相比明显不匹配且持续时间较长，公司运作主要依靠向股东或者实际控制人负债筹集，股东或者实际控制人因此而对公司形成的债权；

（三）公司控股股东或者实际控制人为了自身利益，与公司之间因不公平交易而产生的债权。

公司股东或者实际控制人在前述情形下形成的劣后债权，不得行使别除权、抵销权。

第十二条 人民法院裁定受理破产申请后，管理人应当要求债务人的出资人向债务人依法缴付未履行的出资或者返还抽逃的出资本息。

破产申请受理后，出资人尚未缴纳的出资均应作为债务人财产。出资人尚未缴纳的出资，包括到期应缴未缴的出资，以及依照公司法第二十六条和第八十条的规定分期缴纳尚未届满缴纳期限的出资。

有下列情形之一的，管理人可以要求出资人依法全面履行出资义务：

（一）出资人以划拨土地使用权出资，或者以设定权利负担的土地使用权出资，未办理土地变更手续或者解除权利负担的；

（二）出资人以非货币财产出资，未依法评估作价，管理人可以委托具有相应资质的评估机构对该财产评估作价，出资人拒不配合协助评估或者评估确定的价额显著低于公司章程所定价额的；

（三）出资人以房屋、土地使用权或者需要办理权属登记的知识产权等财产出资，已经交付公司使用但未办理权属变更手续的；

（四）出资人以其他公司股权出资，但不符合《最高人民法院关于适用〈中华人民共和国公司法〉若干问题的规定（三）》第十一条第一款规定的。

第十三条 股东违反出资义务或者抽逃出资，管理人可以依据公司法的相关规定代表债务人主张公司的发起人和负有监督股东履行出资义务的董事、高级管理人员，或者协助抽逃出资的其他股东、董事、高级管理人员、实际控制人等，对股东违反出资义务或者抽逃出资承担相应责任，并将财产归入债务人财产。

有限责任公司的股东未履行或者未全面履行出资义务即转让股权，受让人对此知道或者应当知道，管理人可以代表公司请求该股东履行出资义务、受让人对此承担连带责任。

第十四条 企业法人的出资人滥用法人独立地位和出资人有限责任，逃避债务，严重损害企业法人债权人的利益的，应当对企业法人债务承担连带责任。

第十五条 企业法人的控股出资人、实际控制人、董事、监事、高级管理人员利用关联关系造成企业法人损失的，应当承担赔偿责任。

第十六条 关联企业之间存在法人人格高度混同、区分各关联企业财产的成本过高、严重损害债权人公平清偿利益时，管理人可以申请对关联企业进行实质合并破产。

第十七条 债务人及其有关人员存在企业破产法第三十一条、第三十二条、第三十三条、第三十六条等规定的行为的，管理人应当依法追回相关财产。

第十八条 债权人、出资人等利害关系人可以提供债务人相关财产可能存在被非法侵占、挪用、隐匿等情形的初步证据或者明确线索。

管理人未依法请求人民法院撤销债务人无偿处分财产权益、以明显不合理价格交易、放弃债权等行为，或者上述行为发生在人民法院受理破产申请一年前，债权人起诉请求撤销债务人上述行为并将追回的财产归入债务人财产的，人民法院应当依法予以支持。债权人行使撤销权的必要费用，可以作为破产费用随时支付。

第十九条 债务人的法定代表人和其他直接责任人员对所涉债务人财产的相关行为存在故意或者重大过失，造成债务人财产损失的，管理人应当主张上述责任人员承担相应赔偿责任。

因债务人相关人员的行为导致无法对债务人进行破产清算，造成债权人直接损失的，管理人可以要求债务人相关人员承担相应损害赔偿责任并将因此获得的赔偿归入债务人财产。

第二十条 债务人有关人员或者其他人员有下列情形之一的，人民法院应当依法适用企业破产法、民事诉讼法规定的强制措施予以处理：

（一）拒不向人民法院提交或者提交不真实的财产状况说明、债务清册、债权清册、有关财务会计报告以及职工工资的支付情况和社会保险费用的缴纳情况的；

（二）拒不向管理人移交财产、印章和账簿、文书等资料，或者伪造、销毁债务人的账簿等重要证据材料的；

（三）故意作虚假陈述的；

（四）对管理人进行侮辱、诽谤、诬陷、殴打、打击报复的；

（五）债务人的有关人员未经人民法院许可，擅自离开住所地的；

（六）其他应当处罚的行为。

第二十一条 管理人应当核查债务人账面资产与实际资产是否相符，债务人资产与关联企业资产或者法定代表人、实际控制人、控股出资人个人资产是否存在混同。

对未依照法律、行政法规和国务院财政部门的规定建立财务、会计制度的债务人的有关责任人员，人民法院可以建议相关行政机关或者行业协会依法予以处理。

第二十二条　债务人的法定代表人在企业破产程序期间不得新任其他企业的董事、监事、高级管理人员。经人民法院决定，企业的财务管理人员和其他经营管理人员在企业破产程序期间也不得新任其他企业的董事、监事、高级管理人员。但是，因重整或者和解需要，经人民法院许可的除外。

债务人的董事、监事或者高级管理人员违反忠实、勤勉义务，致使所在企业破产的，自破产程序终结之日起三年内不得担任任何企业的董事、监事、高级管理人员。

管理人应当及时将需要进行任职资格限制的债务人有关人员名单报送市场监督管理部门。债权人、管理人等利害关系人发现债务人有关人员违反任职资格限制的，可以向市场监督管理部门举报。

第二十三条　管理人发现有关人员有下列行为之一，涉嫌犯罪的，应当及时报送人民法院，人民法院应当根据管理人的提请或者依职权及时移送有关机关依法处理：

（一）以捏造的事实在破产案件审理过程中申报债权的；

（二）以虚假诉讼、仲裁、公证骗取法律文书申报债权的；

（三）债务人的法定代表人、出资人、实际控制人等有恶意侵占、挪用、隐匿企业财产行为的；

（四）隐匿、故意销毁依法应当保存的会计凭证、会计账簿、财务会计报告的；

（五）隐匿财产，对资产负债表或者财产清单作虚伪记载的；

（六）通过隐匿财产、承担虚构的债务或者以其他方法转移、处分财产的；

（七）债务人的有关人员拒不执行人民法院要求其移交财产、印章和账簿、文书资料等裁定确定的义务的；

（八）提供虚假的资产评估、会计、审计等证明文件的；

（九）公司发起人、股东违反法律规定未交付货币、实物或者未转移财产权，虚假出资，或者抽逃出资的；

（十）破产程序中发生的其他涉嫌犯罪行为。

第二十四条 推动建立人民法院、检察院、公安机关等相关部门协调联动机制，实现信息互通，相互配合，形成合力，共同防范和打击利用破产程序恶意逃废债务的行为。

第二十五条 本指引自 2021 年 11 月 15 日起施行。

重庆市第五中级人民法院
关于执行案件移送破产审查工作的实施办法

2021 年 4 月 6 日　　　　　　　　渝五中法发〔2021〕22 号

为规范执行案件移送破产审查（以下简称"执转破"）工作，加强执行程序与破产程序之间的转换衔接，提升司法效率，健全市场主体救治和退出机制，根据相关法律法规及司法解释等规定，结合本院工作实际，制定本办法。

第一条 执转破工作应当坚持依法有序、协调配合、高效便捷的工作原则。杜绝利用执转破程序恶意阻却执行及逃废债行为。

第二条 执行法院向本院移送的执转破案件，应当同时符合下列条件：

（一）被执行人为本市区、县级以上市场监督管理部门核准登记的企业法人；

（二）被执行人或者有关被执行人的任何一个执行案件的申请执行人书面申请或者同意将执行案件移送破产审查；

（三）被执行人不能清偿到期债务，并且资产不足以清偿全部债务或者明显缺乏清偿能力。

第三条 执行法院发现作为被执行人的企业法人具有下列情形之一的，应当认定被执行人不能清偿到期债务：

（一）经查询银行、市场监管机构、车辆登记机构、不动产登记机构等单位后，被执行人确无财产可供执行的；

（二）被执行人的财产无法拍卖、变卖，或者经两次拍卖、变卖后仍无法变现的，申请执行人拒绝接受或者依法不能交付其抵债，经执行法院进行财产调查，被执行人确无其他财产可供执行的；

（三）被执行人被撤销、吊销营业执照或者歇业后既无财产可供执行，又无义务承受人，也没有能够依法追加、变更执行主体的；

（四）经执行法院调查，被执行人虽有财产但不宜强制执行的；

（五）被执行人财产已经拍卖、变卖，但拍卖、变卖所得的价款不足以清偿申请执行人的债务的。

第四条 被执行人存在下列情形之一的，应当认定其资产不足以清偿全部债务或者明显缺乏清偿能力：

（一）被执行人资产负债表，或者审计报告、资产评估报告等显示其全部资产不足以偿付全部负债；

（二）被执行人账面资产虽大于负债，但资金严重不足或者财产不能变现，无法清偿债务；

（三）被执行人法定代表人下落不明且无其他人员负责管理财产，无法清偿债务；

（四）执行法院受理该案时，已有同一被执行人的案件因无财产可供执行而被裁定终结本次执行程序；

（五）企业长期亏损，且依被执行人当前的信用状况、融资能力，扭转困难。

第五条 执行法院发现作为被执行人的企业法人具有企业破产法第二条规定的情形的，应当及时询问申请执行人、被执行人是否同意将执行案件移送破产审查。

执行法院应当向申请执行人、被执行人书面送达征询意见通知书，征求意见并告知破产相关法律程序和法律后果。申请执行人、被执行人应当在收到征询意见通知书5日内予以书面回复。同意执转破的，可以依法选择破产清算、重整或者和解程序。

第六条 执行法官认为执行案件符合执转破条件的，应当提出审查意见，经合议庭评议同意后，层报执行法院院长审批并签署移送决定。

申请执行人或者被执行人选择重整程序、被执行人选择和解程序的，可以向执行法院提交重整方案或者和解协议草案，也可以在执行案件移送破产审查后向本院提交。执行法院不得以申请执行人、被执行人未选择破产程序、破产程序选择不一致或者未提交重整方案或和解协议草案为由拒绝移送破产审查。

第七条 执行法院作出移送决定后，应当于 5 日内送达申请执行人和被执行人。申请执行人或者被执行人对移送决定有异议的，可以在本院破产审查期间提出，由本院一并处理。

第八条 执行法院决定移送后、本院裁定受理破产案件之前，对被执行人的查封、扣押、冻结措施不解除。查封、扣押、冻结期限在破产审查期间届满的，申请执行人可以向执行法院申请延长期限，由执行法院负责办理。

第九条 执行法院作出移送决定后，应当向本院移送下列材料：

（一）执行案件移送破产审查决定书；

（二）执转破移送表；

（三）征询意见通知书及回复意见或者申请书；

（四）执行法院采取财产调查措施查明的被执行人的财产状况，已查封、扣押、冻结财产清单及相关材料；

（五）已分配财产清单及相关材料；

（六）被执行人债务清单；

（七）其他应当移送的材料。

第十条 移送的材料不完备或者内容错误，影响本院认定破产原因是否具备的，本院应当一次性告知执行法院补齐、补正相关材料，执行法院应当于 10 日内补齐、补正。补齐、补正材料的期间，不计入破产审查的期间。

本院需要查阅执行程序中的其他案件材料，或者依法委托执行法院办理财产处置等事项的，执行法院应当予以协助配合。

第十一条 执行法院和本院可以指派专人负责执转破衔接工作，包括材料移送、接收、登记、流转、通知和送达等。

第十二条 本院经初步审查，认为移送材料完备的，应当以"破申"作为案件类型代字编制案号登记立案。

申请执行人申请或者同意执转破的，以申请执行人为申请人，被执行人为被申请人；被执行人申请或者同意执转破的，以被执行人为申请人；申请执行人、被执行人均同意执转破的，双方均为申请人。

第十三条 立案后，本院应当及时进行破产申请审查，并在 30 日内作出是否受理的裁定。自裁定作出之日起 5 日内送达申请人、被申请人，并送交执行法院。

本院认为需要进行听证审查的，可以组织申请人、被申请人进行听证。相关利害关系人申请参与听证的，原则上应当予以准许。申请执行人申请重整、被执行人申请重整或者和解的，应当进行听证审查。

申请执行人、被执行人选择的破产程序不一致的，听证时应当组织各方协商确定破产程序，协商不成的，根据被执行人的实际情况，依法裁定适用相应的破产程序。

经书面通知，申请人无正当理由拒不参与听证的，按撤回破产申请处理。其他人员未按期参与听证的，不影响听证的进行。

第十四条 本院在进行破产申请审查时，应当严格审查申请人是否具有申请资格、被执行人是否具有破产原因、申请资料是否真实完整等事项，防止当事人利用执转破程序恶意阻却执行。

经审查发现申请人、被执行人通过虚构事实，恶意阻却执行法院依法执行的，可以依照民事诉讼法第一百一十一条等规定予以处理，涉嫌犯罪的，应当及时移送有关机关依法处理。

第十五条 本院在进行破产审查时，应当严格审查被执行人是否存在逃废债行为，防止被执行人利用破产程序逃废债务。

第十六条 被执行人的关联企业作为债权人申请或者同意移送破产审查的，本院在进行破产审查时仍应当审查关联企业债权的真实性和合法性，防止关联企业虚构债权利用破产程序帮助被执行人逃废债。

第十七条 本院在进行破产审查时，应当通过了解被执行人的对外投资情况，审查被执行人是否存在先行剥离企业有效资产另组企业而后申请破产等逃废债行为。

第十八条 本院在进行破产审查时，应当关注涉及被执行人重大资产交易情况真实性和合法性，必要时可以要求被执行人就重大资产的交易情况和去向作出解释和说明。

第十九条 本院在进行破产审查时，发现被执行人的法定代表人、出资人、实际控制人或者其他人员有故意作虚假陈述、恶意侵占、挪用、隐匿企业财产，隐匿、故意销毁依法应当保存的会计凭证、会计账簿、财务会计报告或者本指引第十四条至第十八条规定的行为的，可以依照民事诉讼法第一百一十一条、一百一十三条等规定予以处理，涉嫌犯罪的，应当及时移送有关机关依法处理。

第二十条 本院裁定受理破产案件的，此前被执行人尚未支付的未终结执行程序中产生的评估费、公告费、保管费等执行费用，可以参照破产费用的规定，从被执行人财产中随时清偿。

此前被执行人尚未支付的案件受理费、执行申请费，可以作为破产债权清偿。

第二十一条 本院裁定受理破产案件的，执行法院可以裁定终结被执行人的本次执行程序，并以终结本次执行程序方式结案。本院裁定宣告被执行人破产或者裁定终止和解程序、重整程序的，应当自裁定作出之日起5日内送交执行法院，执行法院应当终结对被执行人的执行。

第二十二条 本院裁定受理破产案件的，执行法院应当根据本院的要求或者管理人的请求，及时解除对被执行人财产的保全措施，并将相关财产或者财产凭证移交给本院或者管理人。

第二十三条 执行法院收到受理裁定后，应当于7日内将已经扣划到账的银行存款、实际扣押的动产、有价证券等被执行人财产移交给本院或者管理人。

第二十四条 本院作出不予受理裁定的，应当在裁定生效后7日内将接收的材料退回执行法院，执行法院应当恢复执行。

第二十五条 本院作出不予受理裁定的，执行法院不得重复启动执行案件移送破产审查程序。申请执行人或者被执行人有新的证据足以证明被执行人已经具备破产原因，再次要求将执行案件移送破产审查的，执行法院不予支持。但是申请执行人或者被执行人可以直接向本院提出破产申请。

第二十六条 移送本院审查的执转破案件适用本办法的规定。

第二十七条 本办法自公布之日起施行。此前本院相关规定与本办法不一致的，以本办法为准。

重庆市第五中级人民法院
预重整工作指引（试行）

2021年1月8日　　　　　　　　渝五中法发〔2021〕3号

为探索庭外重组和庭内重整的衔接机制，节约重整成本、提高重整效率，有效实现对市场主体的救治，进一步优化营商环境，根据《中华人民共和国民法典》《中华人民共和国企业破产法》《中华人民共和国公司法》《中华人民共和国民事诉讼法》等法律及相关规定，结合破产审判工作实际，制定本指引。

一、一般规定

第一条 本指引所称"预重整"，指衔接庭外重组和庭内重整，对债务人与债权人等利害关系人达成的符合本指引规定的庭外重组协议在重整申请受理后予以确认的程序。

破产申请受理前，庭外商业谈判的期间称为预重整期间；破产申请受理后，可以庭外达成的重组协议为依据拟定重整计划草案。

第二条 预重整应当遵循市场规律，坚持依法、自治、公开、高效、司法适度介入原则。

第三条 具有挽救可能，有能力与主要债权人开展自主谈判的企业法人，可以进行预重整。

申请重整前，通过自主谈判已经达成重组协议并表决通过的，债务人可以在申请重整的同时，请求人民法院裁定批准根据该重组协议形成的重整计划草案。

债务人存在债权人人数众多、债权债务关系复杂、职工安置数量较大、影响社会稳定等情形的，债务人可以在申请重整的同时，请求人民法院在受理重整申请前，准许聘任中介机构辅助债务人准备重组协议。

第四条 预重整期间进行表决，应当按照企业破产法的规定进行分组，采用合理灵活的方式，给予参与表决的债权人、出资人充分的表决期限。

人民法院受理重整申请前，债权人、出资人等利害关系人对重组协议的同意视为对重整申请受理后的重整计划草案表决的同意。但是，重整计划草案的内容相对于重组协议发生实质改变的除外。

人民法院受理重整申请前，债务人和部分债权人已经达成的有关协议与重整程序中制作的重整计划草案内容一致的，有关债权人对该协议的同意视为对该重整计划草案表决的同意。

第五条 债务人应当向债权人、出资人、投资人等利害关系人披露对公司预重整可能产生影响的信息。披露内容包括债务人经营状况、相关财务状况、履约能力、可分配财产状况、负债明细、未决诉讼及仲裁事项、模拟破产清算状态下的清偿能力、重组协议与重整计划草案的关系、预重整的潜在风险及相关建议等。

债务人应当按照下列要求进行信息披露：

（一）及时披露。债务人应当及时披露对公司预重整可能产生影响的信息。

（二）全面披露。债务人应当披露可能对债权人表决产生影响的全部信息。

（三）准确披露。信息披露应当措辞明确，不得避重就轻或者故意诱导作出同意的意思表示。

（四）合法披露。披露程序应当符合企业破产法、公司法、证券法等法律法规及相关规定要求。

第六条　预重整期间，各类债权人可以推荐债权人代表组成债权人委员会。

重整申请受理后，预重整期间的债权人委员会成员可经债权人会议同意成为破产程序债权人委员会成员。

第七条　债权人、债务人、出资人、投资人等利害关系人在预重整期间知悉的商业秘密或者其他应当保密的信息，不得泄露或不正当使用。泄露、不正当使用该商业秘密或者其他应当保密的信息，造成他人损失的，应当依法承担赔偿责任。

第八条　预重整期间，债务人应当开展下列工作：

（一）与债权人、出资人、投资人等利害关系人进行协商，制作重组协议；

（二）清理债务人财产，制作财产状况报告；

（三）向利害关系人进行信息披露并配合查阅披露内容；

（四）充分清查债权，通知债权人申报债权，申报标准和方式参照企业破产法的规定；

（五）进行债权核对；

（六）根据需要进行审计、评估；

（七）妥善保管其占有和管理的财产、印章、账簿、文书等资料；

（八）勤勉经营管理，妥善维护资产价值；

（九）完成预重整相关的其他工作。

第九条　预重整期间，债务人应当与债权人积极协商，争取债权人在预重整期间暂缓对债务人财产的执行。

执行案件移送破产审查后，债务人申请预重整的，对债务人有关财产的执行应当按照《最高人民法院关于执行案件移送破产审查若干问题的指导意见》第8条的规定处理。

二、破产申请前的预重整

第十条 申请重整前，重组协议已经表决通过，债务人认为庭外重组阶段完成的各项工作符合本指引的规定，且需要继续转入重整程序的，可以请求人民法院在受理重整申请后根据本指引批准其预先制作并表决通过的重整计划草案。

第十一条 债务人请求人民法院批准已经表决通过的重组协议的，应当提交以下材料：

（一）重组协议；

（二）信息披露有关情况的说明；

（三）与债权人、出资人等利害关系人进行协商、谈判的说明；

（四）权益未受重组协议调整或者影响的债权人的名单、债权金额以及债权清偿情况的报告；

（五）权益受到重组协议调整或者影响的债权人的名单、债权金额、债权清偿情况以及表决情况的报告；

（六）权益受到调整或者影响的出资人表决情况的报告；

（七）在受理重整申请前成立的各类债权人委员会的成员名单；

（八）人民法院认为应当提交的其他材料。

第十二条 债务人申请重整并同时请求人民法院批准已经表决通过的重组协议的，人民法院应当自收到申请之日起十五日内裁定是否受理重整申请。

第十三条 人民法院应当自裁定受理重整申请之日起十五日内通知已知债权人、债务人和出资人，并予以公告。

通知和公告应当载明下列事项：

（一）申请人、被申请人的名称或者姓名；

（二）人民法院受理破产重整申请的时间；

（三）管理人的名称或者姓名及其处理事务的地址；

（四）权益受调整或者影响的债权人的债权性质、数额；

（五）权益不受调整或者影响的债权人的债权性质、数额；

（六）权益受调整或者影响的债权人对自己及他人债权提出异议的期限和注意事项；

（七）重整计划草案对出资人权益的调整或者影响；

（八）申报债权的期限、地点和注意事项；

（九）第一次债权人会议召开的时间和地点；

（十）人民法院认为应当通知和公告的其他事项。

第十四条 属于本指引第十三条第二款第四项、第五项规定的债权人，可以免于申报。管理人应当将该债权登记造册，编入债权表。

第十五条 破产受理前已经表决同意重组协议的债权人，视为对重整计划草案表决的同意；已经表决反对重组协议的债权人，以及权益受到调整或者影响但是未参与表决的债权人，可以对重整计划草案进行表决。

第十六条 人民法院经审查认为债务人提交的重整计划草案符合下列条件的，应当裁定批准，终止重整程序，并予以公告：

（一）重整计划草案的内容符合企业破产法第八十一条、第八十三条的规定；

（二）重整计划草案制作过程中，信息披露符合本指引第五条的规定；

（三）预先进行的表决分组符合企业破产法规定，参与表决的债权人、出资人表决期限充分、表决方式合理；

（四）表决结果符合企业破产法第八十四条第二款、第八十六条或者第八十七条第二款的规定；

（五）权益未受重整计划草案调整或者影响的债权人获得正常条件下的清偿。

人民法院应当在债权人会议召开后三十日内，作出是否批准重整计划的裁定。

第十七条 存在下列情形的，人民法院应当召集债权人会议，权益受到调整或者影响的债权人、出资人对重整计划草案重新进行表决：

（一）重整计划草案的内容发生实质变更；

（二）债务人认定的债权额有误，同意重整计划草案的比例未能达到企业破产法第八十四条第二款规定的标准；

（三）债务人在协商、拟定重整计划草案时披露的信息存在严重虚假、隐瞒情形，误导债权人或者出资人；

（四）预先进行的表决分组不符合企业破产法规定，或者以不当方式促成表决达到通过标准。

前款第二项、第三项情况下，可以仅召集权益因重整计划草案变更受到影响的债权人、出资人以及反对重整计划草案的债权人、出资人进行表决。

表决后的审查批准按照本指引第十六条规定执行。

第十八条 重整计划草案未获得通过且未依照企业破产法第八十七条的规定获得批准，或者已通过的重整计划未获得批准的，人民法院应当裁定终止重整程序，并宣告债务人破产。

三、破产申请审查阶段的预重整

第十九条 债务人向本院申请重整并同时提交预重整申请的，人民法院收到申请后经审查符合预重整条件的，应当进行备案登记，出具预重整备案通知书。

预重整备案通知书应当载明预重整期限、预重整辅助机构、债务人应开展的工作、禁止滥用预重整等内容。

第二十条 债务人经与主要债权人协商，一般应从本市管理人名册中聘任预重整辅助机构协助债务人准备重组协议；案情特别复杂、在本市或者全国范围内有重大影响的，也可以在外省、市管理人名册中协商聘任。债务人应当将聘任的预重整辅助机构报人民法院备案。

债务人与主要债权人协商不成的，可以请求人民法院在本市管理人名册中随机选任预重整辅助机构。

第二十一条 预重整辅助机构应当履行下列职责：

（一）协助债务人开展本指引第八条规定的工作；

（二）调查债务人的基本情况；

（三）监督债务人自行管理财产和营业事务；

（四）协助债务人引入投资人；

（五）定期向人民法院报告预重整工作进展；

（六）向人民法院提交预重整终结工作报告；

（七）人民法院认为预重整辅助机构应当履行的其他职责。

第二十二条 预重整辅助机构应当在重组协议表决后七日内向人民法院提交预重整终结工作报告。提交预重整终结工作报告的时间最长不得超过自人民法院出具预重整备案通知书之日起三个月。前述期限经人民法院批准，可以延长一个月。

人民法院出具预重整备案通知书之日起至预重整辅助机构提交预重整终结工作报告之日止的期间不计入破产重整申请审查期限。

第二十三条 预重整终结工作报告应当载明预重整期间预重整辅助机构及债务人履行职责和开展工作情况，包括下列内容：

（一）债务人的基本情况、资产及负债情况；

（二）债务人出现经营或者财务困境的原因；

（三）债务人的自行经营状况；

（四）债务人是否具有重整价值及重组协议可行性的分析意见；

（五）重组协议提交表决的过程及结果；

（六）其他开展预重整的相关情况。

债务人不能制作重组协议的，预重整辅助机构应当及时向人民法院提交预重整终结工作报告。

第二十四条 人民法院应当自收到预重整终结工作报告之日起十日内，裁定是否受理重整申请。预重整辅助机构未按本指引第二十二条第一款规定的期限提交预重整终结工作报告的，人民法院裁定不予受理重整申请。

第二十五条 人民法院裁定受理重整申请的，可以指定预重整辅助机构为管理人。

债务人或者债权人会议有证据证明预重整辅助机构存在企业破产法规定的不适宜担任管理人的法定事由，申请重新指定管理人的，人民法院应当进行审查。人民法院经审查认为申请事由成立的，应当重新指定管理人。

预重整辅助机构未被指定为管理人的，应当及时向管理人移交债务人财产、资料等。

第二十六条 人民法院裁定受理重整申请时直接指定预重整辅助机构为管理人的，预重整期间预重整辅助机构履职表现可以作为确定或者调整管理人报酬的考虑因素，管理人不另行收取预重整报酬。

人民法院裁定受理重整申请后，重新指定其他社会中介机构担任管理人的，人民法院根据预重整期间预重整辅助机构的履职表现，参照企业破产法关于管理人报酬的规定适当确定预重整辅助机构的报酬，该报酬以债务人财产支付。预重整辅助机构的报酬与管理人的报酬总额不得超过《最高人民法院关于审理企业破产案件确定管理人报酬的规定》确定的管理人报酬标准。

第二十七条 预重整期间，预重整辅助机构支出的差旅费、调查费等执行职务费用由债务人财产随时支付。债务人未及时支付的，受理重整申请后，参照企业破产法关于破产费用的规定处理。

第二十八条 破产申请审查阶段进行的预重整，人民法院裁定受理重整申请后，适用本指引第十三条至第十八条的有关规定。

四、附则

第二十九条 本指引自发布之日起施行。

重庆破产法庭债务人参与破产事务指引

2021 年 12 月 16 日　　　　　　　　渝五中法发〔2021〕182 号

为便于债务人参与破产程序处理破产事务，根据《中华人民共和国企业破产法》及相关规定，结合破产案件办理实际，制定本指引。

一、提出破产申请

1. 债务人不能清偿到期债务，并且资产不足以清偿全部债务或者明显缺乏清偿能力的，债务人可以提出破产清算或者和解申请。

债务人有前款规定情形，或者有明显丧失清偿能力可能的，债务人可以提出重整申请。

人民法院受理债权人提出的破产申请后、宣告债务人破产前，债务人或者出资额占债务人注册资本十分之一以上的出资人，可以向人民法院申请重整。

人民法院受理破产申请后、宣告债务人破产前，债务人可以向人民法院申请和解。

2. 住所地位于重庆市的债务人申请破产的，应当向重庆市第五中级人民法院提出，并提交以下材料：

（1）破产申请书，载明申请人的基本信息、申请目的、申请的事实和理由；

（2）债务人的主体资格证明，包括企业法人营业执照副本、法定代表

破产法律文书样式

人或负责人身份证明及其他最新工商登记材料;

（3）债务人的职工名单、工资清册、社保清单、职工安置预案以及职工工资的支付和社会保险费用的缴纳情况；

（4）债务人的资产负债表、资产评估报告或审计报告；

（5）债务人至破产申请日的资产状况明细表，包括有形资产、无形资产及对外投资情况等；

（6）债务人的债权、债务及担保情况表，列明债务人的债权人及债务人的名称、住所、债权债务数额、发生时间、催收及担保情况等；

（7）债务人所涉诉讼、仲裁、执行情况及相关法律文书；

（8）人民法院认为应当提交的其他材料。

债务人为国有独资或者控股公司，还应当提交出资机构同意申请破产的文件以及企业工会或者职工代表大会对企业申请破产的意见。

3. 债务人申请重整，除应当提交本指引第2条第1款规定的材料外，还应当提交其股东会、董事会等同意重整的文件、债务人具有重整价值和可行性的分析报告及证据材料。

4. 债务人申请和解，除应当提交本指引第2条第1款规定的材料外，还应当提交和解协议草案。

5. 债务人提交的材料不齐全，应当按照人民法院要求在指定期间内补充、补正相关材料。

6. 申请重整前通过自主谈判已经达成重组协议并表决通过的，债务人可以在申请重整的同时，请求人民法院裁定批准根据该重组协议形成的重整计划草案。

7. 债务人申请重整并同时申请预重整，应当与主要债权人协商推荐聘任预重整辅助机构。

债务人应当将聘任的预重整辅助机构报人民法院备案。

8. 人民法院受理债务人的破产申请前，债务人可以请求撤回申请。

9. 人民法院对破产申请进行听证的，提出破产申请的债务人经通知无正当理由不参加听证的，按照撤回破产申请处理。

10. 提出破产申请的债务人不服不予受理或者驳回申请裁定，可以自裁定送达之日起十日内向上一级人民法院提起上诉。

11. 债务人对债权人的破产申请有异议的，应当自收到人民法院的通知之日起七日内向人民法院提出。

二、权利义务

12. 债务人对外享有债权的诉讼时效，自人民法院受理破产申请之日起中断。

13. 债务人有权查阅管理人制作的债权表、债权申报登记册及债权申报材料。

14. 债务人对债权表记载的债权有异议的，应当说明理由和法律依据。经管理人解释或调整后，债务人仍然不服的，或者管理人不予解释或调整的，债务人应当在债权人会议核查结束后十五日内向人民法院提起债权确认的诉讼。

当事人之间在破产申请受理前订立有仲裁条款或仲裁协议的，应当向选定的仲裁机构申请确认债权债务关系。

15. 债务人对债权表记载的债权有异议向人民法院提起诉讼的，应当将被异议债权人列为被告。

16. 人民法院将受理债权人破产申请裁定送达债务人的，债务人应当自裁定送达之日起十五日内，向人民法院提交财产状况说明、债务清册、债权清册、有关财务会计报告以及职工工资的支付和社会保险费用的缴纳情况。

17. 人民法院受理破产申请后，债务人对个别债权人的债务清偿无效。

18. 自人民法院受理破产申请的裁定送达债务人之日起至破产程序终结之日，债务人的有关人员承担下列义务：

（1）妥善保管其占有和管理的财产、印章和账簿、文书等资料；

（2）根据人民法院、管理人的要求进行工作，并如实回答询问；

（3）列席债权人会议并如实回答债权人的询问；

（4）未经人民法院许可，不得离开住所地；

（5）不得新任其他企业的董事、监事、高级管理人员；

（6）根据债权人委员会的要求，对其职权范围内的事务作出说明或者提供有关文件，接受监督。

前款所称有关人员，是指企业的法定代表人；经人民法院决定，可以包括企业的财务管理人员和其他经营管理人员。

19. 重整期间，债务人同时符合下列条件的，经申请，人民法院可以批准债务人在管理人的监督下自行管理财产和营业事务：

（1）债务人的内部治理机制仍正常运转；

（2）债务人自行管理有利于债务人继续经营；

（3）债务人不存在隐匿、转移财产的行为；

（4）债务人不存在其他严重损害债权人利益的行为。

有前款规定情形的，企业破产法规定的管理人职权中有关财产管理和营业经营的职权应当由债务人行使。

20. 自行管理的债务人为债务人继续营业而借款的，可以为该借款设定担保。

21. 债务人自行管理财产和营业事务的，由债务人制作重整计划草案。

债务人应当自人民法院裁定债务人重整之日起六个月内，同时向人民法院和债权人会议提交重整计划草案。

前款规定的期限届满，经债务人请求，有正当理由的，人民法院可以裁定延期三个月。

22. 债务人应当向债权人会议就重整计划草案作出说明，并回答询问。

23. 债务人制作重整计划草案的，自重整计划通过之日起十日内，应当向人民法院提出批准重整计划的申请。

24. 部分表决组未通过重整计划草案的，债务人可以同未通过重整计划草案的表决组协商，该表决组可再表决一次。

25. 重整计划由债务人负责执行。人民法院裁定批准重整计划后，已接管财产和营业事务的管理人应当向债务人移交财产和营业事务。

26. 自人民法院裁定批准重整计划之日起，在重整计划规定的监督期内，债务人应当向管理人报告重整计划执行情况和债务人财务状况。

27. 债务人应当严格执行重整计划，但因出现国家政策调整、法律修改变化等特殊情况，导致原重整计划无法执行的，债务人可以申请变更重整计划一次。

人民法院裁定同意变更重整计划的，债务人应当在六个月内提出新的重整计划。

28. 实行"多证合一"后，债务人在重整过程中因引进战略投资人等原因确需办理税务登记信息变更的，可以向税务机关申请变更相关信息。需要先行办理工商信息变更的，应当先行办理。

29. 人民法院裁定批准重整计划后，债务人可以向税务部门提出信用修复申请。

自人民法院裁定受理破产重整申请之日起，债务人可按规定不再参加本期信用评价。重整计划执行完毕，人民法院作出重整程序终结的裁定后，债务人可以向税务机关申请重新进行纳税信用评价。

30. 人民法院裁定批准重整计划后，债务人可依据人民法院批准重整计划的裁定书申请修改金融信用信息基础数据，通过在企业征信系统添加"大事记"或"信息主体声明"等方式公开企业重整计划、公开作出信用承诺。

31. 按照重整计划减免的债务，自重整计划执行完毕时起，债务人不再承担清偿责任。

32. 重整期间，有下列情形之一的，经管理人或者利害关系人请求，人民法院应当裁定终止重整程序，并宣告债务人破产：

（1）债务人的经营状况和财产状况继续恶化，缺乏挽救的可能性；

（2）债务人有欺诈、恶意减少债务人财产或者其他显著不利于债权人的行为；

（3）由于债务人的行为致使管理人无法执行职务。

有下列情形之一的，经管理人或者利害关系人请求，人民法院应当裁定终止重整计划的执行，并宣告债务人破产：

（1）债务人不能执行或者不执行重整计划；

（2）债权人会议决议不同意或者人民法院不批准变更重整计划申请。

有下列情形之一的，人民法院应当裁定终止重整程序，并宣告债务人破产：

（1）债务人或者管理人未按期提出重整计划草案；

（2）重整计划草案未获得通过且未依照企业破产法第八十七条的规定获得批准，或者已通过的重整计划未获得批准。

33. 人民法院裁定认可和解协议，终止和解程序的，债务人应当接收管理人移交财产和营业事务。

34. 人民法院受理破产申请后，债务人与全体债权人就债权债务的处理自行达成协议的，可以请求人民法院裁定认可，并终结破产程序。

35. 按照和解协议减免的债务，自和解协议执行完毕时起，债务人不再承担清偿责任。

36. 有以下情形之一的，人民法院应当宣告债务人破产：

（1）和解协议草案经债权人会议表决未获得通过，或者已经债权人会议通过的和解协议未获得人民法院认可的，人民法院裁定终止和解程序；

（2）因债务人的欺诈或者其他违法行为而成立的和解协议，人民法院裁定无效；

（3）债务人不能执行或者不执行和解协议的，人民法院经和解债权人请求，裁定终止和解协议的执行。

三、法律责任

37. 有义务列席债权人会议的债务人的有关人员，经人民法院传唤，无正当理由拒不列席债权人会议的，人民法院可以拘传，并依法处以罚款。

债务人的有关人员违反企业破产法规定，拒不陈述、回答，或者作虚假陈述、回答的，人民法院可以依法处以罚款；擅自离开住所地的，人民法院可以予以训诫、拘留，可以依法并处罚款。

38. 债务人违反企业破产法规定，拒不向人民法院提交或者提交不真实的财产状况说明、债务清册、债权清册、有关财务会计报告以及职工工资的支付情况和社会保险费用的缴纳情况的，人民法院可以对直接责任人员依法处以罚款等强制措施。

债务人违反企业破产法规定，拒不向管理人移交财产、印章和账簿、文书等资料的，或者伪造、销毁有关财产证据材料而使财产状况不明的，人民法院可以对直接责任人员依法处以罚款。

债务人有企业破产法第三十一条、第三十二条、第三十三条规定的行为，损害债权人利益的，债务人的法定代表人和其他直接责任人员依法承担赔偿责任。

39. 债务人配合债权人以虚假诉讼、仲裁、公证骗取法律文书申报债权的，依法追究其法律责任。

重庆破产法庭债权人参与破产事务指引

2021 年 12 月 16 日　　　　　　渝五中法发〔2021〕181 号

为便于债权人参与破产程序处理破产事务，根据《中华人民共和国企业破产法》及相关规定，结合破产案件办理实际，制定本指引。

一、提出破产申请

1. 债务人不能清偿到期债务，并且资产不足以清偿全部债务或者明显缺乏清偿能力的，或者有明显丧失清偿能力可能的，债权人可以提出对债务人进行重整或者破产清算申请。

2. 债权人申请住所地位于重庆市的债务人破产的，应当向重庆市第五中级人民法院提出，并提交以下材料：

（1）破产申请书，载明申请人和被申请人的基本信息、申请目的、申请的事实和理由；

（2）申请人的主体资格证明，包括营业执照副本或居民身份证及其他身份证明；

（3）债务人的主体资格证明，包括最新工商登记材料等；

（4）债务人不能清偿申请人到期债务的证据。

债权人申请债务人重整的，还应当提交债务人具有重整价值、重整可行性的分析报告及证据材料。

3. 债权人申请债务人破产的，应当证明债务人不能清偿到期债务的下列事实：

（1）债权债务关系依法成立；

（2）债务履行期限已经届满；

（3）债务人未完全清偿债务。

4. 提出破产申请的债权人应当按照人民法院要求在指定期间内补充、补正相关材料。

5. 提出破产申请的债权人可以在人民法院受理破产申请前撤回申请。

6. 人民法院对破产申请进行听证的，提出破产申请的债权人经通知无正当理由不参加听证的，按照撤回破产申请处理。

7. 提出破产申请的债权人不服不予受理或者驳回申请裁定，可以自裁定送达之日起十日内向上一级人民法院提起上诉。

8. 债权人应当依照企业破产法规定的程序行使权利。

未到期的债权，在破产申请受理时视为到期；附利息的债权自破产申请受理时起停止计息。

人民法院受理破产申请后，有关债务人财产的保全措施应当解除，执行程序应当中止；有关债务人的民事诉讼，只能向有管辖权的人民法院提起；已经开始而尚未终结的有关债务人的民事诉讼或者仲裁应当中止，在管理人接管债务人的财产后，该诉讼或者仲裁继续进行。

9. 重整期间，对债务人的特定财产享有的担保权暂停行使。但是，担保物有损坏或者价值明显减少的可能,足以危害担保权人权利的,担保权人可以向人民法院请求恢复行使担保权。

二、申报债权

10. 债权人应当在人民法院确定的债权申报期限内向管理人申报债权。附条件、附期限的债权和诉讼、仲裁未决的债权,债权人可以申报。

职工债权不必申报,由管理人调查后列出清单并予以公示。

11. 债权人未在人民法院确定的债权申报期限内申报债权的,可以在破产财产最后分配前补充申报;但是,此前已进行的分配,不再对其补充分配。为审查和确认补充申报债权的费用,由补充申报人承担。

债权人未依法申报债权的,不得依照企业破产法规定的程序行使权利。

12. 债权人申报债权时,应当书面说明债权的数额和有无财产担保,并提交有关证据。申报的债权是连带债权的,应当说明。

13. 债权人有权查阅管理人制作的债权表、债权申报登记册及债权申报材料、债务人财产状况报告、债权人会议决议、债权人委员会决议、管理人监督报告等参与破产程序所必需的债务人财务和经营信息资料。

管理人无正当理由不予提供的,债权人可以请求人民法院作出决定。

14. 债权人对债权表记载的债权有异议的,应当说明理由和法律依据。经管理人解释或者调整后,债权人仍然不服的,或者管理人不予解释或调整的,债权人应当在债权人会议核查结束后十五日内向人民法院提起债权确认的诉讼。

当事人之间在破产申请受理前订立有仲裁条款或仲裁协议的,应当向选定的仲裁机构申请确认债权债务关系。

15. 债权人对债权表记载的他人债权有异议提起诉讼的,应当将被异议债权人及债务人列为被告;债权人对债权表记载的本人债权有异议的,应当将债务人列为被告。

对同一笔债权存在多个异议人,其他异议人申请参加诉讼的,应当列为共同原告。

16. 债权人以捏造的事实申报债权,或者以虚假诉讼、仲裁、公证骗取法律文书申报债权的,依法追究其法律责任。

三、参加债权人会议

17. 依法申报债权的债权人为债权人会议的成员,有权参加债权人会议，享有表决权。

债权尚未确定的债权人，除人民法院能够为其行使表决权而临时确定债权额的外，不得行使表决权。

对债务人的特定财产享有担保权的债权人，未放弃优先受偿权利的，对通过和解协议或者破产财产分配方案不享有表决权。

18. 债权人可以委托代理人出席债权人会议，行使表决权。

19. 第一次债权人会议以后的债权人会议，占债权总额四分之一以上的债权人可以向债权人会议主席提议召开。

20. 债务人所欠的应当划入职工个人账户的基本养老保险、基本医疗保险费以外的社会保险费债权人，不参加重整计划草案的表决。

21. 对重整计划草案进行分组表决时，权益因重整计划草案受到调整或者影响的债权人，有权参加表决；权益未受到调整或者影响的债权人，不参加重整计划草案的表决。

22. 债权人会议的决议除现场表决外，债权人可以采取通信、网络投票等非现场方式进行表决。

23. 对债务人的特定财产享有担保权的权利人，自人民法院裁定和解之日起可以行使权利。

24. 债权人对人民法院认可债务人财产管理方案、破产财产变价方案的裁定不服，债权额占无财产担保债权总额二分之一以上的债权人对人民法院认可未获债权人会议通过的破产财产分配方案的裁定不服，可以自裁定宣布之日或者收到通知之日起十五日内向人民法院申请复议。复议期间不停止裁定的执行。

25. 债权人认为债权人会议的决议违反法律规定，损害其利益的，可以自债权人会议作出决议之日起十五日内，请求人民法院裁定撤销该决议，责令债权人会议依法重新作出决议。

26. 债权人会议的决议具有以下情形之一，损害债权人利益，债权人可以向破产案件审理法院申请撤销：

（1）债权人会议的召开违反法定程序；

（2）债权人会议的表决违反法定程序；

（3）债权人会议的决议内容违法；

（4）债权人会议的决议超出债权人会议的职权范围。

债权人申请撤销债权人会议决议的，应当提出书面申请。债权人会议采取通信、网络投票等非现场方式进行表决的，债权人申请撤销的期限自债权人收到通知之日起算。

四、债权受偿

27. 依法申报并获确认债权的债权人，根据人民法院裁定认可的破产财产分配方案、和解协议或者批准的重整计划受偿。

28. 债权人未依照企业破产法规定申报债权的，在重整计划执行期间不得行使权利；在重整计划执行完毕后，可以按照重整计划规定的同类债权的清偿条件行使权利。

债权人对债务人的保证人和其他连带债务人所享有的权利，不受重整计划的影响。

29. 人民法院裁定终止重整计划执行的，债权人在重整计划中作出的债权调整的承诺失去效力。债权人因执行重整计划所受的清偿仍然有效，债权未受清偿的部分作为破产债权。

前款规定的债权人，只有在其他同顺位债权人同自己所受的清偿达到同一比例时，才能继续接受分配。

30. 和解债权人未依照企业破产法规定申报债权的，在和解协议执行期间不得行使权利；在和解协议执行完毕后，可以按照和解协议规定的清偿条件行使权利。

31. 和解债权人对债务人的保证人和其他连带债务人所享有的权利，不受和解协议的影响。

32. 人民法院裁定和解协议无效并宣告债务人破产的，和解债权人因执行和解协议所受的清偿，在其他债权人所受清偿同等比例的范围内，不予返还。

33. 人民法院裁定终止和解协议执行的，和解债权人在和解协议中作出的债权调整的承诺失去效力。和解债权人因执行和解协议所受的清偿仍然有效，和解债权未受清偿的部分作为破产债权。

前款规定的债权人，只有在其他债权人同自己所受的清偿达到同一比例时，才能继续接受分配。

34. 对债务人的特定财产享有担保权的权利人，对该特定财产享有优先受偿的权利。

对债务人的特定财产享有担保权的债权人，行使优先受偿权利未能完全受偿的，其未受偿的债权作为普通债权；放弃优先受偿权利的，其债权作为普通债权。

35. 债权人在一般保证人破产程序中的分配额应予提存，待一般保证人应当承担的保证责任确定后再按照破产清偿比例予以分配。

36. 债权人自最后分配公告之日起满二个月仍不领取的，视为放弃受领分配的权利。

37. 自破产程序终结之日起二年内，有下列情形之一的，债权人可以请求人民法院按照破产财产分配方案进行追加分配：
（1）发现有依法应当追回的财产的；
（2）发现破产人有应当供分配的其他财产的。

38. 破产程序终结后，债权人就破产程序中未受清偿部分要求保证人承担保证责任的，应当在破产程序终结后六个月内提出。

重庆破产法庭　重庆市破产管理人协会
关于管理人选聘其他社会中介机构的工作指引（试行）

2021 年 9 月 24 日　　　　　　　渝五中法发〔2021〕109 号

为规范管理人选聘审计、评估、鉴定、重大诉讼代理、拍卖辅助等其他社会中介机构的工作，保障管理人依法履职，提高破产效率，降低破产成本，根据《中华人民共和国企业破产法》以及其他相关法律、行政法规、司法解释等规定，制定本工作指引。

第一条　管理人在办理破产案件过程中，确有必要的，可以委托具有相应资质的其他社会中介机构从事审计、评估、鉴定、重大诉讼代理、拍卖辅助等专业性较强的工作，辅助管理人履行职责。

第二条　管理人选聘其他社会中介机构，应当坚持必要性以及公开、公平和公正的原则。

第三条　管理人认为确有必要聘请其他社会中介机构的，应当经人民法院许可，并向债权人会议披露。

第四条　管理人应当依照有关规定、参照相关行业标准，结合其他社会中介机构的报价金额确定其服务费用。

管理人选聘其他社会中介机构所需费用需要列入破产费用的，应当经债权人会议或者债权人会议明确授权的债权人委员会同意。

管理人选聘本专业的其他社会中介机构协助其履行职责的，所需费用从其报酬中支付。

第五条 债务人有下列情形之一的，管理人可以决定不予审计并向人民法院报告：

（一）债务人财务账册不完整、重要财务资料严重缺失，明显不具备审计条件的；

（二）债务人资产规模小，权属清晰，债权债务关系简单，通过其他措施可以明确资产以及负债的；

（三）债务人财产不足以清偿破产费用且无人代为清偿或者垫付的；

（四）强制清算程序、执行程序中已经进行审计或者债务人、债权人或者利害关系人自行委托其他社会中介机构进行审计，管理人经审查认为审计报告符合破产审计要求的；

（五）其他不予审计的情形。

第一款规定情形，债权人会议另有决议的除外。

第六条 债务人有下列情形之一的，管理人可以决定不予评估并向人民法院报告：

（一）强制清算程序、执行程序中已经对债务人财产进行了评估，人民法院裁定受理债务人破产案件的时间处于评估报告有效期内的；

（二）债务人财产形态和财产结构简单且价值较低，能够采用定向询价、网络询价等方式确定财产价值的；

（三）其他不予评估的情形。

第一款规定情形，债权人会议另有决议的除外。

第七条 管理人选聘其他社会中介机构原则上应当以公开竞争方式进行。根据案件情况确有必要的，或者以公开竞争方式选聘无其他社会中介机构报名的，管理人可以采用邀请竞争方式选聘其他社会中介机构。

第八条 管理人选聘其他社会中介机构，应当制作选聘文件并向人民法院报告。选聘文件应当载明以下内容：

1. 委托事项；

2. 其他社会中介机构和派出人员的条件；

3. 工作内容；

4. 完成时限；

5. 评选规则和程序；

6. 签约时间；

7. 违约责任；

8. 其他事项。

第九条 其他社会中介机构有下列情形之一，可能影响其忠实履行职责的，管理人应当明确其不能参选：

（一）与债务人、债权人有未了结的债权债务关系；

（二）在人民法院受理破产申请前三年内，曾为债务人提供相对固定的中介服务；

（三）现在是或者在人民法院受理破产申请前三年内曾经是债务人、债权人的控股股东或者实际控制人；

（四）现在担任或者在人民法院受理破产申请前三年内曾经担任债务人、债权人的财务顾问、法律顾问；

（五）可能影响其忠实履行职责的其他情形。

第十条 其他社会中介机构工作人员有下列情形之一，可能影响其忠实履行其他社会中介机构职责的，管理人应当要求其不得参与受委托事项：

（一）具有第九条规定情形；

（二）现在担任或者在人民法院受理破产申请前三年内曾经担任债务人、债权人的董事、监事、高级管理人员；

（三）与债权人或者债务人的控股股东、董事、监事、高级管理人员存在夫妻、直系血亲、三代以内旁系血亲或者近姻亲关系；

（四）近三年内有违法、违规行为或者行业处分、惩戒等不良记录的；

（五）可能影响其忠实履行职责的其他情形。

第十一条 管理人通过公开竞争方式选聘其他社会中介机构的，应当在全国企业破产重整案件信息网等平台发布公告，公告期不少于五个工作日。

管理人发布选聘公告应当同时发布选聘文件。

第十二条 管理人通过邀请竞争方式选聘其他社会中介机构的，应当邀请不少于三家有相关资质的其他社会中介机构参与竞争，同时发送选聘文件。

第十三条 其他社会中介机构的评选由依照选聘文件组建的评选委员会负责，评选委员会成员人数为五人以上单数。

管理人可以根据案件实际情况，邀请债权人代表、债务人等参与评选。

第十四条 评选委员会在选定其他社会中介机构时应当同时确定一家备选机构。

第十五条 管理人应当根据其他社会中介机构要求，及时提供完成委托事项所需的文件资料以及其他便利，并督促债务人以及有关人员及时协助、配合其他社会中介机构工作。

第十六条 选定的其他社会中介机构拒绝签订委托合同的，管理人可以直接与备选机构签订委托合同，并向人民法院报告。

选聘的其他社会中介机构不能按期完成服务工作，经管理人催告后仍未在合理期限内完成服务工作的，管理人可以解除委托合同，直接与备选机构签订委托合同，并向人民法院报告。

备选机构拒绝签订委托合同的，管理人应当重新选聘其他社会中介机构并向人民法院报告。管理人重新选聘其他社会中介机构时应当同时确定一家备选机构。

第十七条 其他社会中介机构发生更换的，管理人应当监督原其他社会中介机构妥善保管债务人资料，并要求其在指定期限内向管理人或者新的其他社会中介机构移交其已经接收的资料。原其他社会中介机构拒不移交资料的，管理人应当及时采取措施，并依法追究其相应的法律责任。

第十八条 管理人应当对其他社会中介机构的工作进行监督，督促其他社会中介机构按时完成合同约定的服务工作。

第十九条 管理人发现其他社会中介机构有下列情形之一的，应当督促其他社会中介机构及时纠正：

（一）派出的工作人员不具备相应资格；

（二）审计、评估、鉴定或者拍卖程序违法；

（三）审计、评估、鉴定意见的依据不足；

（四）拒不提供报告或者故意拖延提交报告时间；

（五）提供虚假报告；

（六）出具失实报告；

（七）违反行业职业道德、执业纪律的其他情形。

具有第一款规定情形，造成相应后果的，管理人应当依法追究其他社会中介机构的法律责任。

第二十条 管理人选聘其他社会中介机构应当接受债权人会议、债权人委员会以及人民法院的监督。

第二十一条 重庆市破产管理人协会应当加强对管理人选聘其他社会中介机构的指导。

第二十二条 管理人违反公开、公平、公正原则选聘其他社会中介机构，人民法院可以根据有关规定减少管理人报酬、更换管理人等。

第二十三条 其他社会中介机构因不当履行职责给债务人、债权人或者第三人造成损害的，应当承担赔偿责任。管理人在选聘过程中存在过错的，应当在其过错范围内承担相应的补充赔偿责任。

第二十四条 本指引适用于重庆破产法庭受理的破产案件，重庆破产法庭受理的强制清算案件参照适用本指引。

第二十五条 本指引自2021年10月1日起施行。

重庆破产法庭　重庆市破产管理人协会
破产案件管理人工作指引（试行）

2020年7月27日

第一章　总则

第一节　宗旨、性质和适用范围

第一条 宗旨

为规范破产案件管理人工作，确保管理人忠实、勤勉履责，促进破产案件依法、稳妥、顺利推进，根据《中华人民共和国企业破产法》（以下简称《企业破产法》）及其他相关法律、行政法规、司法解释等规定，结合破产案件办理工作实际，制定本工作指引。

第二条 性质

本指引为指导性意见，如与相关法律、行政法规或司法解释有抵触的，以相关法律、行政法规或司法解释的规定为准。

第三条 适用范围

在重庆市范围内担任破产案件管理人的社会中介机构及其相关工作人员，适用本指引。

破产案件中受管理人聘用的社会中介机构及其工作人员，强制清算案件清算组中的社会中介机构，可以参照适用本指引。

第四条 职责范围

管理人在破产案件中履行的职责包括：

（一）《企业破产法》及相关司法解释等规定的职责；

（二）最高人民法院批复、解答、规定等规范性文件中规定的职责；

（三）破产案件审理人民法院认为管理人需要履行的其他职责；

（四）债权人会议赋予管理人的其他合法职责。

第二节　管理人的指定、回避和更换

第五条 管理人指定

编入人民法院公布的管理人名册中的社会中介机构（以下简称名册成员），应当按照《最高人民法院关于审理企业破产案件指定管理人的规定》《重庆市高级人民法院企业破产案件社会中介机构管理人指定办法》等规定接受人民法院关于破产案件管理人的指定，无正当理由不得拒绝接受。

存在回避或不宜担任管理人的情形，应当报告人民法院。

第六条 管理人回避的情形

社会中介机构、清算组成员有下列情形之一，可能影响其忠实履行管理人职责的，人民法院可以认定为《企业破产法》第二十四条第三款第三项规定的利害关系：

（一）与债务人、债权人有未了结的债权债务关系；

（二）在人民法院受理破产申请前三年内，曾为债务人提供相对固定的中介服务；

（三）现在是或者在人民法院受理破产申请前三年内曾经是债务人、债权人的控股股东或者实际控制人；

（四）现在担任或者在人民法院受理破产申请前三年内曾经担任债务人、债权人的财务顾问、法律顾问；

（五）人民法院认为可能影响其忠实履行管理人职责的其他情形。

清算组成员的派出人员、社会中介机构的派出人员、个人管理人有下列情形之一，可能影响其忠实履行管理人职责的，可以认定为《企业破产法》第二十四条第三款第三项规定的利害关系：

（一）具有本条第一款规定情形；

（二）现在担任或者在人民法院受理破产申请前三年内曾经担任债务人、债权人的董事、监事、高级管理人员；

（三）与债权人或者债务人的控股股东、董事、监事、高级管理人员存在夫妻、直系血亲、三代以内旁系血亲或者近姻亲关系；

（四）人民法院认为可能影响其公正履行管理人职责的其他情形。

第七条　管理人的回避审查

名册成员报名参加管理人选任前，应当主动审查自身是否存在回避情形，如发现有本指引前条第一款第一项至第四项、第二款第一项至第三项规定情形之一的，应当在报名时向人民法院报告并提交说明材料，说明该情形是否影响其忠实履行管理人职责，由人民法院审查后决定是否需要回避。

管理人在接受指定后发现有本指引前条第一款第一项至第四项、第二款第一项至第三项规定情形之一的，应当向人民法院报告并提交说明材料，说明该情形是否影响其忠实履行管理人职责，由人民法院审查后决定是否需要回避。

第八条　申请更换管理人

管理人接受人民法院指定后，债权人会议作出决议向人民法院申请更换管理人的，管理人应当及时向人民法院作出是否同意债权人会议申请的说明，并陈述其原因和理由。

第九条　决定回避后停止履行职务

管理人依法向人民法院提出回避、辞职的申请并经人民法院批准，或者因债权人会议申请被人民法院决定更换管理人的，应当停止履行管理人职责，在人民法院监督下向新任管理人移交自己已接管的全部资料、财产、营业事务及管理人印章等，及时向新任管理人书面说明工作进展情况，并在破产程序终结前随时接受新任管理人、债权人会议、人民法院关于其已履行的管理人职责情况的询问。

管理人在人民法院未决定更换或未同意辞职之前，应当继续依法履行职务。

破产法律文书样式

第三节 管理人工作原则

第十条 基本原则

管理人应当遵守法律规定，秉持公平、高效、合理、谨慎原则，勤勉尽责，恪尽职守，全面执行人民法院的裁决与债权人会议的决议，保护债权人与债务人的合法权益。

第十一条 自己管理原则

被指定为管理人后，管理人不得以任何方式将管理人应当履行的职责全部或者部分转给其他社会中介机构或者个人。

第十二条 保密原则

管理人应当严格履行保密义务。对于在履行职务中知悉的有关债务人、债权人和其他利害关系人的商业秘密、个人隐私以及其他不能对外披露的事项，管理人应当予以保密。

第十三条 报告和接受监督原则

管理人执行管理人职务，应当依法向人民法院报告工作，并依法接受债权人会议和债权人委员会的监督。管理人应当列席债权人会议，向债权人会议报告职务执行情况，并回答询问。

第四节 管理人团队

第十四条 组建管理人团队

管理人接受人民法院指定后，应当指派管理人团队履行职责，在收到指定管理人决定书之日起3日内将团队成员名单报人民法院备案。团队成员名单应当列明负责人、团队分工情况及有效联系方式，并附身份证明、执业证或职业资格证的复印件。

清算组担任管理人的，应当于收到指定管理人决定书之日起3日内将确定的清算组成员（含社会中介机构成员）名单、分工情况及联系方式报人民法院备案。

组建管理人团队时，管理人应当审查管理人团队成员的消极任职资格。组建管理人团队后，管理人负责人发现管理人团队成员有不宜从事相关业务情形的，应当及时调整管理人团队并将调整结果书面报告人民法院。

第十五条 联合履职的管理人团队

社会中介机构联合担任管理人的，应当共同组建管理人团队，并制定明确的分工方案。分工方案应当考虑破产案件情况以及发挥中介机构的专业特长，具体包括职责主体、责任人、完成时限、协作配合事项等内容。

团队成员名单和分工方案应当在收到指定管理人决定书之日起3日内一并向人民法院报备。

第十六条　管理人负责人制度

管理人团队实行负责人制度。负责人对外代表管理人，对内领导团队成员，并负责管理人团队内部工作计划的制定和案件整体情况的推进。

第十七条　管理人团队稳定性

管理人团队的组成人员应当保持稳定，避免因人员频繁流动影响工作效率，造成工作失误。管理人团队成员变动的，应当于次日报人民法院备案并说明原因。

因案件审理需要，人民法院对管理人团队成员的组成与分工提出指导性意见的，管理人应当作出必要安排。

第十八条　管理人对外聘请机构和人员

管理人聘用债务人的经营管理人员，或者管理人认为确有必要聘请其他社会中介机构或人员处理专业性较强的工作的，应经人民法院许可。所需费用需要列入破产费用的，应当经债权人会议或者债权人会议授权的债权人委员会同意。

第五节　管理人业务制度及工作机制

第十九条　建立各项工作制度

为有效履行职责，名册成员应当制定业务相关制度，形成有效工作机制，并将相关制度报人民法院备案。

管理人业务的相关规范或制度包括但不限于：日常工作规程、管理人团队组成及分工负责制度、会议议事规则、财务收支管理制度、发文制度、印章使用管理制度、处理突发事件应急预案、档案管理制度、保密制度、管理人业务培训制度、管理人报酬分配与风险承担制度等。

管理人业务的相关规范、制度以及在个案中实际制定的制度应当及时在全国企业破产重整案件信息网上予以披露。

第二十条　管理人工作计划

管理人接受指定后，应当及时制定并向人民法院报送合法、务实、可行的总体履职计划、月度工作计划，其中工作内容应当具体分解，履职责任应当落实到人。

管理人应当于当月月末向人民法院书面汇报当月工作计划完成情况，并报送下一月月度工作计划。必要时，需提供履职的相关记录等材料。未能在规定时间内完成工作的，应当及时向人民法院说明原因并提出解决方案。

管理人可以根据工作的进展情况对工作计划做必要调整，调整后及时向人民法院报备。

第二十一条 管理人工作会议制度

管理人团队负责人根据工作需要召集和主持管理人工作会议，必要时可以邀请人民法院的法官和要求债务人法定代表人或者其他高级管理人员参加，也可以邀请其他有关人员参加。

第二十二条 应急预案与突发事件报告制度

管理人应当根据案情需要制定突发事件应急预案。对可能影响社会稳定的突发性、群体性事件的处理方案应当报人民法院批准。

对发生的重大、突发事件，管理人应当立即处理，同时报告人民法院、债权人委员会。

第二十三条 工作报告制度

管理人向人民法院报告工作，包括定期工作报告和重大事项报告。定期工作报告是指管理人应当至少每月向人民法院书面报告破产工作进展情况。重大事项报告是指管理人实施《企业破产法》第六十九条中规定的行为以及其他重大事项时，应当及时向人民法院专项报告。其他重大事项包括但不限于：职工安置中的不稳定因素、执行职务过程中发现的犯罪线索等。

第二十四条 业务培训与调研

管理人应当定期组织破产业务培训，提升工作人员专业素养，注重对破产案件的经验总结和调研工作。

第二十五条 履职评估

个案破产程序终结后15日内，管理人应当依据《重庆市高级人民法院企业破产案件社会中介机构管理人评估管理办法》向审理破产案件的审判组织提交个案履职报告，对其在个案中的履职情况以及是否勤勉尽责、忠实执行职务进行自我评价。

管理人应当按人民法院要求的时间提交年度履职报告。年度履职报告应当详细载明以下内容：该年度办理破产案件及衍生诉讼的情况、个案评估分数、管理人机构规模和经验、专业人员队伍建设情况、破产实务研究成果及被处罚情况等。

第二十六条　破产费用支持

管理人办理的破产案件，破产财产不足以支付破产费用的，可以依据《重庆市高级人民法院企业破产费用援助资金使用办法》向人民法院申请破产费用援助资金。

第六节　管理人工作档案

第二十七条　制作工作档案

管理人应当在办理破产案件的过程中收集、制作、整理工作档案。

工作档案，是指管理人在办理破产案件过程中形成的工作记录和获取的资料，是判断管理人是否勤勉尽责的重要依据，管理人应当及时、准确、真实地收集制作。

第二十八条　工作档案要求

管理人的工作人员应当如实制作工作档案。工作档案应当内容完整、记录清晰、结论明确，并标明索引编号及顺序编号。

第二十九条　工作档案的保管

工作档案的所有权属于管理人，管理人应当妥善保存工作档案及相关资料，保存期限至少十年。

管理人可以自行保管工作档案，也可以在案件终结后委托专门的档案保管机构保管工作档案。管理人执行职务期间产生的档案管理费用及委托保管费用属于破产费用。

管理人应当建立电子档案管理制度。

第七节　管理人报酬

第三十条　管理人报酬方案

管理人接受指定后，应当及时对债务人可供清偿的无担保财产的价值和管理人的工作量进行预测，初步制作管理人报酬方案，提请人民法院审查。

管理人报酬方案应当列明管理人投入的工作团队人数、工作时间预测、工作重点和难点等。重整或者和解案件，还应当列明管理人对重整、和解工作的贡献。

管理人是采取公开竞争方式指定的，管理人报酬方案还应当依据竞争担任管理人时的报价确定。

第三十一条 向债权人会议报告管理人报酬方案

管理人应当在债权人会议上报告管理人报酬方案的内容。

第三十二条 管理人报酬方案的调整

管理人在人民法院送达确定管理人报酬方案或初步报酬方案的通知书后，认为获取的管理人报酬数额过低的，可以向债权人会议提交调整管理人报酬方案的报告，与债权人会议协商调整管理人报酬。管理人应当根据债权人会议决议制作提请人民法院调整管理人报酬方案的报告，请求人民法院审核。

管理人是采取公开竞争方式指定的，对于人民法院根据其竞争报价确定的报酬方案，原则上不得请求人民法院调整。

第三十三条 管理人报酬的收取

管理人在收取管理人报酬前，应当制作提请人民法院准予管理人收取报酬的报告，请求人民法院予以核准。

报告应当包括：

（一）可供支付报酬的债务人财产情况；

（二）申请收取报酬的时间和数额；

（三）管理人履行职责的情况。

第三十四条 收取方式

管理人报酬由人民法院依照《最高人民法院关于审理企业破产案件确定管理人报酬的规定》确定。适用快速审理方式的破产案件，管理人一般在破产程序终结后一次性收取报酬；其他破产案件，管理人原则上应当根据破产案件审理进度和履职情况分期收取报酬。

第三十五条 向担保权人收取报酬

管理人对担保物的维护、变现、交付等管理工作付出合理劳动的，有权向担保权人收取适当的报酬。管理人与担保权人就上述报酬数额不能协商一致的，请求人民法院依法确定。

管理人收取前款所列报酬，应当向人民法院报备。

第三十六条 执行职务费用

管理人执行职务过程中产生的下列费用为管理人执行职务费用，不计入管理人报酬：

（一）管理人租用办公场地产生的费用；

（二）管理人执行职务产生的合理办公费用；

（三）管理人执行职务产生的合理差旅费用；

（四）管理人执行职务产生的其他必要费用。

第二章　破产清算工作指引

第一节　刻制管理人印章及开立账户

第三十七条　管理人印章

管理人接受人民法院指定后，应当及时凭人民法院受理破产申请的裁定书、人民法院指定管理人的决定书和人民法院致公安机关刻制管理人印章的函件等材料，向公安机关申请刻制管理人公章、财务章等印章，以便开展管理人工作。

管理人印章刻制后，管理人应当在3日内向人民法院封样备案，在封样备案后启用。

第三十八条　印章使用审批

管理人印章的使用实行审批登记制度。管理人各工作小组及人员需要使用时，应当向负责人提出申请，经负责人批准后方可使用。对于所有用章事项应当进行登记，并保存所有加盖印章的档案副本。

第三十九条　管理人账户

自向人民法院备案启用印章之日起3日内，管理人应当持人民法院受理破产申请的裁定书、人民法院指定管理人的决定书和身份证明等材料，到银行申请开立单独的管理人账户。如债务人无资金或财产的，可以暂缓或不开立账户。

管理人账户开立后，管理人应当将债务人的银行存款划入管理人账户。管理人依法履行职责时发生的所有资金收支，均应当通过管理人账户进行。

第二节　接管债务人

第四十条　接管债务人前的准备

管理人应当在收到指定管理人决定书之日起10日内到债务人注册地

实地走访,向人民法院报告履职思路,查阅案卷有关材料,提交总体履职计划和接管方案,接管方案中应当明确接管时限、工作分工、步骤环节、保障安排及责任落实措施。

第四十一条　接管的内容

管理人接管的债务人的财产、印章和账簿、文书等资料,包括但不限于:

(一)债务人的动产和不动产在内的实物财产及其权利凭证;

(二)债务人的现金、有价证券、银行账户印鉴、银行票据、商业票据;

(三)债务人的知识产权、对外投资、特许权等无形资产的权利凭证;

(四)债务人的公章、财务专用章、合同专用章、海关报关章、法定代表人名章及其他印章;

(五)债务人的营业执照、税务登记证、外汇登记证、海关登记证明、经营资质文件等与债务人经营业务相关的批准、许可或授权文件;

(六)债务人的总账、明细账、台账、日记账、会计凭证、重要空白凭证、会计报表等财务账簿及债务人审计、评估等资料;

(七)债务人的章程、管理制度、股东名册、股东会决议、董事会决议、监事会决议以及债务人内部会议记录等档案文件;

(八)债务人的相关合同协议及相关债权、债务等文件资料;

(九)债务人纳税资料及凭证;

(十)债务人诉讼、仲裁案件及其案件材料;

(十一)债务人的人事档案文件;

(十二)债务人的电脑数据和授权密码;

(十三)债务人的其他财产、印章和账簿、文书等资料。

管理人可以一并接管不属于债务人所有但由债务人占有或者管理的相关的财产、印章和账簿、文书等资料。

债务人有分支机构的,管理人应当一并接管其分支机构的财产、印章和账簿、文书等资料。

债务人有对外投资的,管理人应当根据投资的情况,采取措施对该投资股权或其他权益进行接管,对于债务人因该投资而外派的董事、监事及其他高级管理人员,应当纳入管理范围,必要时可以依法进行更换。

第四十二条　企业营业执照、公章未能接管情况的处理

因企业营业执照或公章遗失、管理人未能接管等原因而无法向企业登记机关缴回营业执照、公章的，管理人可以通过全国企业破产重整案件信息网、国家企业信用信息公示系统或省级公开发行的报刊发布营业执照、公章遗失作废或未能接管的声明，并作出书面说明。

第四十三条　接管方案

为了有计划地接管，管理人可以就债务人的财产、印章和账簿、文书等资料的接管制定接管方案同时向人民法院报备，并根据接管方案进行接管。

管理人原则上应当对债务人的财产、印章和账簿、文书等资料进行一次性全面接管。管理人经人民法院同意后，可以根据实际情况进行分期、分批接管。

第四十四条　管理人与债务人的交接

管理人在人民法院指定管理人决定书送达后的 10 日内，应当与债务人有关人员办理交接手续。

管理人接管债务人财产、印章和账簿、文书等资料，应当制作交接清单，与债务人有关人员办理交接手续，在交接清单上共同签字确认。原则上应当对交接过程进行录音录像，必要时进行公证。

第四十五条　解除保全措施及中止执行

管理人接管债务人财产时，发现债务人财产在人民法院受理破产申请前被依法采取保全措施但人民法院受理破产申请后仍未解除的，或发现债务人财产在人民法院受理破产申请前被依法采取执行措施但在人民法院受理破产申请后仍未中止的，管理人应当函告有关人民法院或其他机关解除保全措施或者中止执行措施，以便管理人有效地接管该项财产。

管理人认为有必要由破产案件审理人民法院通知有关人民法院或其他机关予以解除保全措施或者中止执行措施的，管理人应当向破产案件审理人民法院提出书面申请。

第四十六条　请求社保、税务等机关配合管理人工作

管理人应当在接管债务人之后及时将受理破产申请裁定书、指定管理人决定书送交债务人注册登记、社保、税务、不动产登记、劳动保障等部门并请求其协助提供有关债务人的信息及其他事项。

第四十七条　强制接管

债务人或其他单位、个人以任何方式阻挠管理人接管财产、印章和账

簿、文书等资料，或者出现影响接管的其他情形的，管理人应当及时向人民法院报告，请求人民法院对直接责任人员进行罚款，并就债务人应当移交的内容和期限作出裁定。债务人不履行裁定确定的义务的，管理人可以请求人民法院依照民事诉讼法执行程序的有关规定采取搜查、强制交付等必要措施予以强制执行，必要时可以向公安机关等报案。

第四十八条 对非法行为采取措施

管理人在接管和管理过程中发现债务人的有关人员隐匿财产，对资产负债表或者财产清单做虚伪记载或者在未清偿债务前分配债务人财产，严重损害债权人或者其他人利益的，应当及时采取相关措施，同时向公安机关等报案。

管理人在接管和管理过程中发现债务人的有关人员隐匿或者故意销毁依法应当保存的会计凭证、会计账簿、财务会计报告等，应当及时采取相关措施直至向公安机关报案。

管理人在接管和管理过程中发现债务人的有关人员伪造、销毁有关证据材料，通过隐匿财产、承担虚假的债务或者以其他方法转移、处分财产，实施虚假破产，严重损害债权人或者其他人利益的，应当及时采取相关措施，同时向公安机关等报案。

第四十九条 审理程序转换的申请

管理人接管债务人后，对于债权债务关系明确、债务人财产状况清楚、案情简单的破产清算、和解案件，可以及时向人民法院申请适用快速审理方式审理。

管理人在案件办理过程中发现适用快速审理方式的破产案件有下列情形之一的，应当及时向人民法院申请转为普通方式审理：

（一）债务人存在未结诉讼、仲裁等情形，债权债务关系复杂的；

（二）管理、变价、分配债务人财产可能期限较长或者存在较大困难等情形，债务人财产状况复杂的；

（三）债务人存在关联企业合并破产、跨境破产等情形的；

（四）其他不宜适用快速审理方式的。

第三节 调查债务人财产状况

第五十条 债务人财产状况调查

管理人接受人民法院指定后，无论是否已经接管债务人，均应当对债务人财产状况进行调查，调查的范围包括但不限于：

（一）债务人的出资情况：出资人名册、出资协议、公司章程、验资报告及实际出资情况、非货币财产出资的评估报告、非货币财产出资的批准文件、财产权属证明文件、权属变更登记文件、历次资本变动情况及相应的验资报告；

（二）债务人的货币财产状况：库存现金、银行存款及其他货币资金；

（三）债务人的债权状况：债权的形成原因、形成时间、具体债权内容、债务人的债务人实际状况、债权催收情况、债权是否涉及诉讼或仲裁、是否已过诉讼时效、已诉讼或仲裁的债权的履行期限等；

（四）债务人的存货状况：存货的存放地点、数量、状态、性质及相关凭证；

（五）债务人的设备状况：设备权属、债务人有关海关免税的设备情况；

（六）债务人的不动产状况：土地使用权、房屋所有权、在建工程的立项文件、相关许可、工程进度、施工状况及相关技术资料；

（七）债务人的对外投资状况：各种投资证券、全资企业、参股企业等资产情况；

（八）债务人分支机构的资产状况：无法人资格的分公司、无法人资格的工厂、办事处等分支机构的资产情况；

（九）债务人的无形资产状况：专利权、商标权、著作权、许可或特许经营权情况；

（十）债务人的营业事务状况；

（十一）债务人依法可以追回的财产状况；

（十二）债务人与相对人均未履行完毕的合同情况。

在调查时，应当关注有关财产的真实性、合法性、权属及实际状况，也应当关注其可变现情况。

第五十一条 审计和评估

管理人应当在接管完成后及时对债务人财务状况、资产负债情况及财产价值等组织审计和评估。

管理人需委托其他社会中介机构对债务人财务状况、资产负债情况及财产价值等进行审计或评估等的，一般应当采用招投标等竞争选任的方式公开择优选定社会中介机构。有合理理由需要以非竞争方式选定的，应当申请债权人会议或者人民法院批准。

债权债务关系简单、财产状况明晰或者债务人财产数量较少的，除债权人会议决议审计之外，由管理人完成债权审查、财产清理后形成财产调查报告，报债权人会议审核。

债权人会议决议审计但债务人不具备审计条件的，经有资质的审计机构出具相关证明材料予以证明，可不对债务人进行审计。

第五十二条 债务人财产状况报告

管理人对债务人财产状况调查后，应当根据调查内容制作债务人财产状况报告，并及时提交给人民法院、债权人会议审议。债务人财产状况报告应当能反映债务人财务审计情况、各项财产的权属状况、实际现状、账面价值以及评估情况等。

第四节 管理债务人的内部管理事务

第五十三条 债务人内部管理事务规则

管理人在接管债务人后，应当及时制定债务人内部管理事务规则，建立债务人内部管理的组织架构，明确分工、职责，并书面报告人民法院。

第五十四条 留守人员

管理人除安排债务人法定代表人、财会人员留守外，可以根据工作的需要，安排债务人的统计、保管、保卫、人事管理、档案管理人员等作为留守人员。

管理人确定留守人员应当采用书面形式并合理确定其留守期限、工资待遇，报请人民法院或者债权人会议批准。

第五十五条 接管后工作

管理人接管债务人后，应当依法履行以下日常管理工作：

（一）管理人应当安排留守人员负责对债务人财产的管理维护和安全保卫工作，或报请人民法院同意后聘请专业的安保公司或安保人员负责债务人财产的安全保卫工作；

（二）管理人接管债务人后，应当确定管理人办公地点，并安排专人负责接待来电、来访，接收、发送、传达文件等日常事宜，开展管理人工作；

（三）管理人对于接管的电脑数据，应当根据需要进行备份和固化。

第五节 管理债务人的日常开支和其他必要开支

第五十六条 债务人的日常开支和其他必要开支

管理人接管债务人后,有权要求债务人及时报告在接管前其日常开支和其他必要开支情况。管理人发现债务人有不当开支行为的,有权予以制止和纠正。

管理人接管债务人后,债务人的日常开支和其他必要开支由管理人决定,债务人自行管理营业事务的,应当向管理人报告日常开支和其他必要开支情况,管理人应当对开支的原因、金额及其必要性进行审查。

第五十七条 记账与合并记账

管理人账户的收支应当按会计制度进行记账,管理人可以根据实际情况决定管理人账户的记账仅进行单独记账或者在进行单独记账同时与债务人账户合并记账。选择合并记账的,则管理人账户的财务凭证复制一份供债务人账户记账。

第六节 管理和处分债务人的财产

第五十八条 财产管理方案

管理人应当拟订债务人财产管理方案,提交债权人会议表决。

债务人财产管理方案的内容包括但不限于:财产管理、维护措施,债务人继续营业的计划,财产清收的计划安排,披露财产清收的障碍、法律风险和费用预算等。

管理人提请人民法院终结破产程序时应当同时提交财务决算报告。

第五十九条 管理和处分原则

管理人对债务人财产依法负有谨慎管理和处分的职责。

管理人应当以有利于提高债务人财产价值和债权清偿比例为原则,按照债权人会议通过的或者人民法院裁定的财产管理方案、财产变价方案,审慎实施《企业破产法》及相关规定中管理人的管理和处分行为,并依照法定程序及时向债权人委员会或者人民法院报告。

第六十条 接管债务人后管理人对债务人财产的管理和处分

管理人接管债务人财产后,应当根据各类资产的不同性质,采取合理的管理和处分措施,包括但不限于:

(一)债务人的财产权属关系存在争议或者尚未确定的,管理人应当及时作出判断，必要时可以通过诉讼等方式进行确定。

（二）债务人的财产闲置并具备对外出租条件的，经人民法院许可或者债权人会议同意，管理人可以对外出租，但出租期限以有利于资产将来出售价值最大化为原则。

（三）债务人的财产易于流失的，管理人应当指定专人负责和保管。

（四）债务人的财产易损、易腐、价值明显减少、不适合保管或者保管费用较高的，管理人应当依法及时变卖。

（五）债务人的资金、银行存款及有价证券等，管理人应当将资金转入管理人账户、并应当指定专人保管与核算，并严格执行财务管理制度。

（六）债务人对外投资拥有的资产，管理人应当及时书面通知被投资企业，并依法行使出资人查阅信息、分取红利、参与决策、选举表决等权利；管理人在清理债务人对外投资时，不得以该投资价值为负或者为零而不予清理。

（七）债务人对外应收的债权，管理人应当制定清理、维护、清收方案，有清收可能的，应当积极组织清收；对于清收成本过高、已经过诉讼时效等不具备清收条件的，管理人可以报请人民法院、债权人会议或者债权人委员会同意后，不再予以清收。

（八）债务人的财产权利如不依法登记或者及时行使将丧失的，管理人应当及时予以登记或者行使。

（九）为提高债务人财产价值，需要对债务人的财产（如车辆等）办理保险的，管理人应当办理必要的保险手续。

（十）为提高债务人财产价值，需要对债务人财产进

行维护或者维修的，管理人应当安排维护或者维修。

第六十一条　管理人对债务人合同的审查

管理人应当对债务人已履行完毕和未履行完毕的合同进行整理、分类和审查，重点审查：

（一）合同是否存在《企业破产法》第三十三条及其他法律规定的无效情形；

（二）合同是否存在《企业破产法》第三十一条、第三十二条及其他法律规定的可撤销情形；

（三）合同是否存在重大的关联交易情形。

第六十二条　未履行完毕合同的处理

对于债务人与对方当事人在破产申请受理前成立而均未履行完毕的合同，管理人应当自人民法院受理破产申请之日起两个月内作出解除或者继续履行的决定，并通知对方当事人，或者自收到对方当事人催告之日起30日内作出解除或者继续履行的答复决定。

对于管理人已决定并已通知对方当事人继续履行的合同，如果对方当事人要求管理人提供继续履行合同的担保，管理人可以用债务人财产提供担保。

管理人决定解除或者继续履行均未履行完毕合同的标准是有利于提高债务人财产价值及债权人清偿比例。

第六十三条　可撤销行为与无效行为的赔偿责任

管理人发现债务人有《企业破产法》第三十一条、第三十二条、第三十三条规定的行为，损害债权人利益的，管理人应当及时要求债务人的法定代表人和其他直接责任人承担赔偿责任。债务人的法定代表人和其他直接责任人拒绝的，管理人可以向人民法院提起诉讼。

第六十四条　追缴出资人欠缴的出资

管理人发现人民法院受理破产申请后，债务人的出资人尚未完全履行出资义务的，应当书面要求该出资人缴纳应缴纳而尚未缴纳的出资。债务人的出资人拒绝的，管理人应当向人民法院提起诉讼，请求其履行出资义务。

管理人发现债务人的出资人出资后又抽逃出资的，应当书面要求该出资人将抽逃的出资返还。债务人的出资人拒绝的，管理人应当向人民法院提起诉讼，请求其返还出资。

第六十五条　追回债务人董事、监事和高级管理人员侵占的财产

管理人发现债务人的董事、监事和高级管理人员利用职权从企业获取非正常收入和利用职权侵占企业财产的，应当要求其返还该收入或财产。该行为人拒绝的，管理人应当向人民法院提起诉讼，请求其返还。涉嫌犯罪的，管理人还应当向有关机关报案，并将有关情况报人民法院备案。

第六十六条　债务人董事、监事和高级管理人员非正常收入的认定

债务人有《企业破产法》第二条第一款规定的情形时，债务人的董事、监事和高级管理人员利用职权获取的以下收入，应当认定为《企业破产法》第三十六条规定的非正常收入：

（一）绩效奖金；
（二）普遍拖欠职工工资情况下获取的工资性收入；
（三）其他非正常收入。

债务人的董事、监事和高级管理人员拒不向管理人返还上述债务人财产，管理人可以主张上述人员予以返还。

债务人的董事、监事和高级管理人员因返还本条第一款第一项、第三项非正常收入形成的债权，可以作为普通破产债权清偿。因返还本条第一款第二项非正常收入形成的债权，依据《企业破产法》第一百一十三条第三款的规定，按照该企业职工平均工资计算的部分作为拖欠职工工资清偿；高出该企业职工平均工资计算的部分，可以作为普通破产债权清偿。

第六十七条 取回质物、留置物

管理人认为有必要通过清偿债务或者提供为债权人接受的担保的方式取回质物、留置物的，应当经人民法院或者债权人委员会许可。

前款规定的债务清偿或者替代担保，在质物或者留置物的价值低于被担保的债权额时，以该质物或者留置物当时的市场价值为限。

第六十八条 行使取回权的审查

权利人向管理人行使取回权的，管理人应当严格按照《企业破产法》等法律规定在30日内完成审查。管理人确认取回权成立的，应当报破产案件审理人民法院批准后向申请人送达书面审查结论；管理人不予确认的，应当报破产案件审理人民法院备案并向申请人送达书面审查结论。

权利人行使取回权时未依法向管理人支付相关的加工费、保管费、托运费、委托费、代销费等费用，管理人可以拒绝其取回相关财产。

第六十九条 债权、债务的抵销

债权人在破产申请受理前对债务人负有债务，提出债权、债务抵销请求，管理人经审查，认为该抵销请求符合以下要求的，可以书面通知申请抵销人同意抵销：

（一）不属于《企业破产法》第四十条规定的三种情形；
（二）债权人与债务人之间互负债权债务关系无争议，或者已经获得法律上确定的执行；
（三）未超过诉讼时效期间和强制执行期间的债权；
（四）抵销请求在破产财产最后分配前提出；
（五）不属于法定不得抵销的债权债务。

有下列情形之一的，不得抵销：

（一）债务人的债务人在破产申请受理后取得他人对债务人的债权的。

（二）债权人已知债务人有不能清偿到期债务或者破产申请的事实，对债务人负担债务的；但是，债权人因为法律规定或者有破产申请一年前所发生的原因而负担债务的除外。

（三）债务人的债务人已知债务人有不能清偿到期债务或者破产申请的事实，对债务人取得债权的；但是，债务人的债务人因为法律规定或者有破产申请一年前所发生的原因而取得债权的除外。

管理人对抵销主张有异议的，应当在约定的异议期限内或者自收到主张债务抵销的通知之日起三个月内向人民法院提起诉讼。无正当理由逾期提起的，人民法院不予支持。

第七节 代表债务人参加诉讼、仲裁或者其他法律程序

第七十条 中止法律程序

人民法院受理破产申请后，已经开始而尚未终结的有关债务人的民事诉讼、仲裁或者其他法律程序，管理人未接管债务人财产的，可以制作中止法律程序的告知函，提请相关人民法院、仲裁机构或者其他机构中止法律程序。

如果相关人民法院、仲裁机构或者其他机构接到告知函后仍不中止法律程序的，管理人可以请求破产案件审理法院协调。

第七十一条 恢复法律程序

管理人掌握诉讼材料后，应当及时制作告知相关人民法院、仲裁机构或者其他机构可以恢复法律程序的告知函。

第七十二条 委托代理

管理人代表债务人参加诉讼、仲裁或者其他法律程序的，应当充分准备，勤勉尽责。

管理人委托的代理人原则上应当为管理人团队成员或留守人员。

管理人委托其他中介机构人员进行代理并产生代理费用的，如代理费用需要列入破产费用的，应当经人民法院或者债权人会议同意；代理费用从管理人报酬中支出的，则不需经债权人会议同意。

第八节　接收及审查债权

第七十三条　接收申报的债权

管理人应当在人民法院公告确定债权人申报债权的期限和地点，接收债权人的债权申报材料。

管理人可以制作债权申报须知、债权申报表模板、债权人送达地址及联系方式确认书、债权申报文件清单模板等文件，发送债权人，引导债权人申报债权。

管理人接收债权人债权申报和证据材料的，应当出具回执。对申报材料不齐或者有误的，管理人应当要求债权人在指定期限内补齐、补正。

第七十四条　债权申报的期限

人民法院受理破产申请后，管理人应当根据案件情况协助人民法院确定债权人申报债权的期限。

第七十五条　调查与公示职工债权

管理人对《企业破产法》第四十八条第二款规定的债务人所欠职工的工资等费用，应当在接管债务人财产后15日内开始调查，并根据调查结果列出职工债权清单并予以公示。

职工对清单记载有异议的，可以要求管理人更正。管理人在对异议进行审查后，应当及时作出准予更正、部分更正或不予更正的决定并书面通知异议职工。管理人对变更后的职工债权可以重新公示。管理人不予更正的，应当告知职工可以向人民法院提起诉讼。

第七十六条　登记造册

管理人应当对所申报的债权进行登记造册，详尽记载申报人的姓名、单位、代理人、申报债权额、担保情况、证据、联系方式等事项，形成债权申报登记册。

管理人应当妥善保存债权申报材料和债权申报登记册，供债权人、债务人、债务人职工及其他利害关系人查阅。

第七十七条　编制债权表

管理人应当对申报的债权真实性、合法性以及是否超过诉讼时效、强制执行期间等进行实质审查。

管理人根据债权申报和债权审查的结果，编制债权表。管理人编制的债权表，由管理人保存，供债权人和利害关系人查阅。

对经审查后成立和不成立的债权，管理人都应当编入债权表，但应当予以分别记载。管理人编制的债权表可以按已审查确定的有财产担保的债权、无财产担保的债权、尚在诉讼和仲裁中的未决债权等分类记载，并在各类债权下分别记载各项债权的债权人名称、债权金额、相关说明等。有财产担保的债权应当同时列明担保财产的名称。

第七十八条 债权表的核查、异议和确认

管理人编制的债权表及职工债权清单应当提交债权人会议核查。

债权人、债务人对债权表及职工债权清单记载的债权均无异议的，管理人应当提请人民法院裁定确认无异议债权。

债务人、债权人对债权表记载的债权有异议的，应当说明理由和法律依据。管理人收到债务人、债权人提出的异议后，一般应当在5日内进行回复。

第七十九条 补充申报债权

债权人在人民法院公告的债权申报期限内没有申报债权，在破产财产最后分配前向管理人补充申报债权的，管理人应当接收该债权人的补充申报债权材料、登记造册，并经审查后编制补充债权表。

该补充债权表的核查、异议和确认，参照本节规定处理。

债权人补充申报债权的，管理人应当要求其承担因审查和确认补充申报债权的费用。

第八十条 临时债权的确定

债权人申报的债权因诉讼、仲裁案件未决或者管理人尚未审核确定的，管理人应当在债权人会议召开前提请人民法院临时确定其债权额。

第九节　召开债权人会议

第八十一条 债权人会议的准备

管理人至迟应当于债权人会议召开7日前报送会议方案至人民法院。会议方案应当包括：会议召开方式、会场选址与布置、物资配备、表决方式、人员配备、文件准备、安保措施、费用预算等。

召开规模较大或者可能存在维稳因素的债权人会议，管理人应当事先与人民法院、公安机关、信访办等有关部门进行充分沟通协调，制定维稳保障方案并报送人民法院。

第八十二条 会议召开方式

第一次债权人会议可以采用现场方式或者网络在线视频方式召开。债权人会议的决议除现场表决外，可以由管理人事先将相关决议事项告知债权人，采取通信、网络投票等非现场方式进行表决。采取非现场方式进行表决的，管理人应当核实参会人员身份，记录并保存会议过程。管理人应当在债权人会议召开后的3日内，以信函、电子邮件、公告等方式将表决结果告知参与表决的债权人。

经第一次债权人会议决议通过，以后的债权人会议还可以采用非在线视频通讯群组等其他非现场方式召开。

第八十三条　文件制定审核

管理人制定的财产状况报告、财产管理方案、财产变价方案、财产分配方案等重要法律文件，应当在债权人会议召开3日前提交人民法院。

审计报告、评估报告等非管理人制定的文件，管理人应当与制定报告的单位在债权人会议召开3日前提交人民法院。

第八十四条　推荐债权人会议主席

管理人可以从有表决权的债权人中向人民法院推荐债权人会议主席，并说明理由。

债权人会议主席拒绝召开会议或者不履行主持债权人会议职责的，管理人可以向人民法院书面提议要求召开债权人会议或者申请人民法院重新指定债权人会议主席。

第八十五条　接受债权人询问

管理人在债权人会议上应当安排专门环节接受债权人的询问。当场无法即时回答的，可以会后书面答复。

债权人会议决议要求管理人对其职权范围内的事务作出说明或者提交有关文件的，管理人应当执行。

第八十六条　报告会议情况

债权人会议召开后或者表决期届满后3日内，管理人应当将债权人会议的到会情况、表决情况及决议向人民法院作出书面报告。

第八十七条　制作债权人会议决议

债权人会议召开后或者表决期届满后3日内，管理人应当协助债权人会议主席制作会议决议，并将会议决议及时提交人民法院。

第八十八条　提请人民法院裁定方案

债权人会议表决未通过债务人财产管理方案、财产变价方案的，或者经债权人会议二次表决仍未通过财产分配方案的，管理人应当及时申请人民法院裁定，并说明管理人的意见及相应依据。

债权人会议通过破产财产分配方案后，管理人应当及时将该方案提请人民法院裁定认可。

第八十九条 方案执行情况报告

对债权人会议表决通过或者人民法院裁定批准的方案，管理人在执行完毕后，应当书面向人民法院报告执行情况。

第九十条 债权人知情权

单个债权人申请查阅债务人财产状况报告、债权人会议决议、债权人委员会决议、管理人监督报告等参与破产程序所必需的债务人财务和经营信息资料的，管理人应当在收到申请之日起3日内书面回复，并及时提供相关资料或者为债权人查阅提供便利条件。

上述信息资料涉及商业秘密的，管理人应当要求债权人签署保密协议；涉及国家秘密的应当依照相关法律规定处理。

第九十一条 提请召开债权人会议

第一次债权人会议后，管理人可以根据工作进展情况和实际需要，向人民法院报告并向债权人会议主席提议召开债权人会议。

第三章 破产重整工作指引

第一节 一般规定

第九十二条 管理人职责的范围

人民法院直接裁定债务人重整的，管理人应当依照本指引第二章和本章的规定，履行管理人职责。

人民法院受理破产清算申请后又裁定重整的，除适用本章规定外，本指引规定的人民法院受理破产清算申请后管理人应当履行的职责，在人民法院裁定重整时没有履行完毕的，由管理人在人民法院裁定重整后继续履行。

第二节 管理人管理债务人财产和营业事务

第九十三条 管理债务人财产和营业事务

管理人应当负责管理债务人财产和营业事务，但人民法院批准由债务人自行管理财产和营业事务的除外。

第九十四条 聘用债务人的经营管理人员

管理人认为有必要聘用债务人的经营管理人员负责营业事务的，应当经人民法院许可。

第九十五条 借款设定担保

重整期间，管理人决定为债务人继续营业而借款的，应当经债权人会议决议通过；第一次债权人会议召开前，应当经人民法院许可。

前述借款优先于普通破产债权清偿，管理人可以为借款设定抵押担保。

第九十六条 担保物的管理维护

管理人负责担保物的管理维护，如发现存在担保物有损坏或者价值明显减少的可能，足以危害担保物权人权利的情形的，应当及时书面报告人民法院和担保物权人。

债务人自行管理财产和营业事务的，管理人应当监督自行管理的债务人根据本条规定对担保物进行管理维护。

第九十七条 担保物权的恢复行使

在重整期间，担保物权人向人民法院请求恢复行使担保物权的，管理人或者自行管理的债务人应当及时针对担保物权人主张的债权是否成立，债权金额、性质，优先受偿权的范围、顺位，以及担保物是否为重整所必需，单独处置是否会降低其他破产财产价值等向法院出具书面意见。

人民法院根据担保物权人申请裁定批准行使担保物权的，管理人应当自收到裁定书之日起15日内制订担保财产变价方案。担保物属于《企业破产法》第六十九条规定的债务人重大财产的，担保财产变价方案应提交债权人会议表决。

第三节 管理人监督债务人管理财产和营业事务

第九十八条 管理人移交财产和营业事务

人民法院批准由债务人自行管理财产和营业事务的，已接管债务人财产和营业事务的管理人应当向债务人移交财产和营业事务；没有接管债务人财产和营业事务的管理人不再接管债务人的财产和营业事务。

第九十九条 管理人履行职责范围

债务人自行管理财产和营业事务的，与管理财产和营业事务相关的管理人职责，由债务人行使。但以下职责，管理人继续履行：

（一）调查债务人财产状况；

（二）追回可撤销行为涉及的财产，追回无效行为涉及的财产，追缴出资人欠缴的出资和追回债务人董事，监事和高级管理人员侵占的财产；

（三）接收及审查申报的债权；

（四）其他应由管理人履行的职责。

第一百条　监督方案

人民法院批准债务人自行管理财产和营业事务的，管理人应当制定管理人对债务人自行管理的监督方案，并报告人民法院。

监督方案的主要内容应当包括：业务合同的审批、公章审批、资金支付审批的流程、月度及年度经营计划的审批、高级管理人员任免、重大资产的处置等。

管理人与债务人就监督方案协商不成的，应当由管理人制作监督方案，报人民法院批准后执行。

第四节　重整计划的制作、通过与批准

第一百零一条　制作重整计划草案

重整期间，由管理人负责管理财产和营业事务的，管理人应当在人民法院裁定重整之日起六个月内制作重整计划草案，同时提交人民法院和债权人会议。

债务人自行管理财产和营业事务的，管理人应当对债务人制作的重整计划草案的合法性、可行性等问题提出意见，书面向人民法院报告，必要时在债权人会议上进行通报。

第一百零二条　重整计划起草说明

管理人应当制作或者指导债务人制作重整计划起草说明，就债权调整、出资人利益调整、重整后的经营方案等重要问题作出说明。

第一百零三条　测算清偿比例的载明

重整程序中，普通债权不能获得全额清偿的，管理人应测算普通债权依照破产清算程序所能获得的清偿比例，并将测算的结果和依据列入重整计划草案。

第一百零四条　重整企业信用修复

重整计划草案的内容应当包含企业信用修复措施，包括但不限于：

（一）金融机构按重整计划受偿后应当重新上报信贷记录，在企业征

信系统展示金融机构与破产重整后的企业的债权债务关系，依据实际对应的还款方式，将原企业信贷记录展示为结清状态；

（二）人民法院裁定批准重整计划后，债务人或管理人应当依据人民法院批准重整计划的裁定书向金融信用信息基础数据库提交申请，通过在企业征信系统添加"大事记"或"信息主体声明"等方式公开企业重整计划、公开作出信用承诺；

（三）人民法院裁定批准重整计划后，债务人或管理人应当及时向税务机关提出信用修复申请。

第一百零五条　重整计划的表决

管理人应当提前15日通知权益因重整计划草案受到调整或者影响的债权人或者股东参加表决。

权益未受到调整或者影响的债权人或者股东，不参加对重整计划草案的表决。

第一百零六条　重整计划的裁定批准

管理人应当自重整计划通过之日起10日内，向人民法院提交报告，提请人民法院裁定批准重整计划，该报告应当附重整计划草案和表决结果。

部分表决组未通过重整计划草案的，管理人应当及时与该表决组协商，并可以对重整计划草案中的相关内容进行调整，但此项调整不得损害其他表决组的利益。协商后，管理人应当及时要求未通过重整计划草案的表决组再表决一次。

该表决组拒绝再次表决或者再次表决仍未通过重整计划草案，但重整计划草案符合法定条件的，管理人可以申请人民法院批准重整计划草案。

第五节　重整计划的执行

第一百零七条　移交财产和营业事务

人民法院裁定批准重整计划后，已接管财产和营业事务的管理人应当向债务人移交财产和营业事务。

第一百零八条　监督重整计划的执行

自人民法院裁定批准重整计划之日起，在重整计划规定的监督期内，管理人应当监督重整计划的执行。管理人应当要求债务人定期或不定期向其提交重整计划执行情况和债务人财产状况的书面报告。

管理人的监督职责主要包括：

（一）制定监督计划并提交人民法院。监督计划应明确债务人的报告事项、报告时间和管理人的监督方式、监督事项。

（二）按监督计划要求债务人报告重整计划的执行情况和债务人的财务状况。

（三）发现债务人有违法或不当情形时，及时加以纠正。

（四）需要延长重整计划执行监督期限时，申请人民法院予以延长。

（五）监督期限届满时，向人民法院提交监督报告。

自监督报告提交之日起，管理人的监督职责终止。

第一百零九条　变更重整计划

重整计划执行过程中，因国家政策调整、法律修改变化等特殊情况导致原重整计划无法执行，管理人认为确有必要变更重整计划的，应当提交债权人会议表决。债权人会议决议同意变更重整计划的，应当自决议通过之日起10日内提请人民法院批准；债权人会议决议不同意或者人民法院不批准变更申请的，人民法院经管理人或者利害关系人请求，应当裁定终止重整计划的执行，并宣告债务人破产。

第一百一十条　终止重整计划的执行

债务人不能执行或者不执行重整计划的，管理人应当及时请求人民法院裁定终止重整计划的执行，并宣告债务人破产。

人民法院裁定终止重整程序并宣告债务人破产的，管理人应当按照破产清算程序履行职责。债务人负责管理财产和营业事务的，管理人应当及时接管债务人财产和营业事务。

第一百一十一条　重整程序终结

重整计划执行完毕后，管理人可以向人民法院申请裁定确认重整计划执行完毕和终结重整程序。

第四章　破产和解工作指引

第一节　一般规定

第一百一十二条　管理人职责的范围

人民法院直接裁定和解的，管理人应当依照本指引第二章人民法院受理破产清算申请后和本章的规定履行职责。

人民法院受理破产清算申请后又裁定和解的，除适用本章规定外，本指引规定的人民法院受理破产清算申请后管理人应当履行的职责，管理人在人民法院裁定和解时没有履行完毕的，由管理人在人民法院裁定和解后继续履行。

第二节 和解协议的通过和执行

第一百一十三条 管理人协助和解工作

管理人可以协助债务人制作和解协议草案并提出可行性分析意见。

第一百一十四条 担保权的申请行使

人民法院裁定和解后，对债务人的特定财产享有担保权的权利人可以申请实现担保权。管理人收到申请后，应当报告人民法院。

第一百一十五条 认可和解协议后的工作

债权人会议通过和解协议，人民法院裁定认可和解协议、终止和解程序的，管理人应当向债务人移交财产和营业事务，并同时向人民法院提交执行职务的工作报告。

第一百一十六条 和解协议草案未通过的处理

和解协议草案经债权人会议表决未获得通过，管理人应当向人民法院申请终止和解程序、宣告债务人破产。

第一百一十七条 和解协议执行完毕终结和解程序

和解协议执行完毕后，管理人应当及时向人民法院提交终止执行职务的报告，并可以向人民法院申请裁定确认和解协议执行完毕和终结和解程序。

第一百一十八条 和解不能的处理

有下列情形之一的，管理人应当及时接管债务人财产和营业事务：

（一）和解协议草案未获得债权人会议通过，或者已经债权人会议通过而未获得人民法院认可，人民法院裁定终止和解程序，并宣告债务人破产的；

（二）人民法院裁定和解协议无效，并宣告债务人破产的；

（三）人民法院裁定终止和解协议的执行，并宣告债务人破产的。

第一百一十九条 认可自行和解后的工作

债务人与全体债权人就债权债务的处理自行达成协议，经人民法院裁定认可并终结破产程序的，已接管债务人财产和营业事务的管理人应当及时向债务人移交财产和营业事务，并同时向人民法院提交执行职务的工作报告。

第五章　裁定宣告债务人破产后工作指引

第一节　破产财产变价

第一百二十条　破产财产变价方案的内容

人民法院裁定宣告破产后，管理人应当及时拟订破产财产变价方案。

适用快速审理方式的案件，管理人应当尽快制定财产变价方案和分配方案，在第一次债权人会议上将财产变价方案和分配方案一并提交表决。

管理人拟定的财产变价方案应当包括各类财产的变价原则、变价措施和变价流程等。破产财产为国有资产的，处置方式应当符合国有资产管理的相关规定。

第一百二十一条　破产财产变价方案的协商与裁定

破产财产变价方案提交债权人会议表决前，管理人应当加强与相关债权人或者债权人委员会的沟通协商。

债权人会议表决未通过破产财产变价方案，管理人可以在修改后再次提交债权人会议表决一次，也可以提请人民法院裁定。

变价出售破产财产原则上应当按《重庆市高级人民法院关于破产程序中财产网络拍卖的实施办法（试行）》（渝高法〔2019〕206号）进行。

处置债务人财产应当以价值最大化为原则，兼顾处置效率。能够通过企业整体处置方式维护企业营运价值的，应优先考虑适用整体处置方式，最大限度提升债务人财产的经济价值，保护债权人和债务人的合法权益。

第一百二十二条　投资权益的处置

管理人出售、转让债务人持有的有限责任公司股权的，应当依法通知该公司及全体股东；管理人出售、转让债务人投资的股份有限公司股权的，应当依法通知该公司。

前款所涉股权价值为零且难以变价的，管理人应当提请债权人会议表决处置。

第一百二十三条　重大财产处置前的报告

管理人处分《企业破产法》第六十九条规定的债务人重大财产的，应当事先制作财产管理或者变价方案并提交债权人会议进行表决，债权人会议表决未通过的，管理人不得处分。

管理人实施处分前，应当根据《企业破产法》第六十九条的规定，提前10日书面报告债权人委员会或者人民法院，并按照债权人委员会的要求，对处分行为作出相应说明或者提供有关文件依据。

第二节 破产财产分配

第一百二十四条 破产财产分配方案的拟订与协商

管理人应当根据破产财产情况拟订破产财产分配方案提交债权人会议表决，破产财产分配方案应当载明下列事项：

（一）参加破产财产分配的债权人名单；

（二）参加破产财产分配的债权额；

（三）破产财产总额、破产费用、管理人报酬和共益债务数额及可供分配的破产财产数额；

（四）破产财产分配的顺序、比例及数额；

（五）实施破产财产分配的方法；

（六）应当预留的款项与金额；

（七）应当由担保人承担的管理人对担保物保管、评估、变现等事项的报酬金额；

（八）其他应当列明的事项。

破产财产分配方案提交债权人会议表决前，管理人应当加强与相关债权人或者债权人委员会的沟通协商。

第一百二十五条 破产财产分配方式

破产财产的分配应当以货币分配方式进行。但是，债权人会议另有决议的除外。

第一百二十六条 受领财产的通知

破产财产分配方案经人民法院裁定认可后，管理人应当及时通知债权人受领分配。依照《企业破产法》第一百一十六条第二款规定，应当公告分配财产额和债权额的，可以通过报纸、网络等方式进行。

第一百二十七条 提存分配额的分配

管理人对已提存的分配额，在最后分配公告日，生效条件未成就或者解除条件成就的，应当分配给其他债权人；在最后分配公告日，生效条件成就或者解除条件未成就的，应当交付给债权人。

第一百二十八条 协助执行

管理人收到人民法院冻结债权人债权的裁定等执行文书后，应当做好记录，在进行清偿时，不直接支付给相应的债权人。执行法院要求履行或者解除冻结前，管理人应当将分配额提存。

多家法院对债权进行冻结，超出债权人应获清偿金额的部分，属于轮候冻结，不发生冻结的效力。属于轮候冻结的，管理人应当在送达回执上予以注明，并可以将先冻结的相应裁定书等执行文书一并提供给轮候冻结的法院。

执行法院要求立即履行，如果尚不满足清偿的条件，管理人应当在送达回执上注明。若执行法院强制执行的，管理人应当按《最高人民法院关于人民法院办理执行异议和复议案件若干问题的规定》第五条第四项的规定，作为利害关系人提出执行行为异议，并及时向破产案件审理人民法院报告。

第一百二十九条 担保物的保管、处置费用

对特定破产财产享有担保权的权利人，对该特定财产享有优先受偿的权利，但管理人可以在变现价款中扣除担保权人应当承担的保管、评估、拍卖等维护和实现担保权的费用。

管理人根据本指引第三十五条获得的报酬，可以从担保权人可获得的变现价款中扣除。

第一百三十条 分配的登记造册

债权人申领分配的，管理人应当审查债权人的申领资格，做好分配受领的登记造册工作，并附受领人签收凭证或受领款汇付凭证，以备核查。

第一百三十一条 提交分配执行情况的报告

管理人应当在破产财产分配执行完毕后7日内向人民法院提交破产财产分配执行情况报告，并申请人民法院裁定终结破产程序。

第三节 破产程序的终结

第一百三十二条 申请终结破产程序

管理人经调查核实，债务人具有《企业破产法》第四十三条第四款、第一百零五条、第一百零八条、第一百二十条第一款规定情形之一的，应当及时申请人民法院裁定终结破产程序。

债务人的账册、重要文件等确已灭失，导致无法清算或无法全面清算的情况下，管理人应当就现有财产对已确认债权进行公平清偿，并及时提请人民法院裁定宣告债务人破产并终结破产程序。

第一百三十三条 分支机构和对外投资的处理

债务人设有分支机构的，管理人应当在申请办理企业注销登记前将分支机构进行注销。

债务人对外投资设立子企业的，管理人应当在申请办理企业注销登记前将其处理完毕，不得以投资价值为负或者为零，放弃投资收益等为由不予处理。

第一百三十四条　办理注销手续

破产清算程序终结后 10 日内，管理人应当依照《企业破产法》的规定办理债务人的税务、社保、住房公积金、工商的注销登记和单位有关账户的销户手续。管理人不能及时办理注销登记的，应当向人民法院书面报告，说明原因。

第一百三十五条　破产程序终结的企业注销登记

对经人民法院裁定终结破产程序的企业，管理人应当持以下材料向企业登记机关申请办理注销登记：

（一）企业注销登记申请书；

（二）人民法院宣告破产的裁定书以及终结破产程序的裁定书原件；

（三）企业营业执照正、副本原件；

（四）企业公章（仅限非公司企业法人）。

在完成企业清税工作后，适用企业简易注销登记程序向企业登记机关提出注销登记申请。

第一百三十六条　账户注销、印章销毁

管理人终止执行职务后，应当及时办理管理人印章的销毁手续和管理人银行账户的销户手续。

第一百三十七条　程序终结后的职责

破产程序终结后，管理人依法应当继续履行以下职责：

（一）参加未决的诉讼或仲裁，直至完成诉讼或仲裁程序；

（二）依照《企业破产法》第一百一十九条的规定办理提存财产分配；

（三）依照《企业破产法》第一百二十三条的规定办理追加分配。

人民法院认为破产程序终结后的其他后续工作适宜由管理人办理的，管理人应当接受并办理。

第六章　附则

第一百三十八条　会计制度

债务人破产清算的会计处理，管理人应当按照财政部《企业破产清算有关会计处理规定》办理。

第一百三十九条　文书材料

管理人执行职务出具文书，应当按照最高人民法院发布的文书样式制作。

第一百四十条　管理人平台

管理人应当按照《最高人民法院企业破产案件破产管理人工作平台使用办法（试行）》和《最高人民法院企业破产案件信息公开的规定（试行）》的要求，使用破产管理人工作平台，公开案件信息。

第一百四十一条　解释

本指引由重庆破产法庭、重庆市破产管理人协会负责解释。

第一百四十二条　实施

本指引自发布之日起实施。

破产相关法律、法规、司法解释、司法指导性文件目录索引

文件全称	相关信息
中华人民共和国企业破产法	2006年8月27日通过，2007年6月1日起施行
最高人民法院关于适用《中华人民共和国企业破产法》若干问题的规定（三）	法释〔2019〕3号 / 2019.03.27公布 / 2019.03.28施行 / 2020年修正
最高人民法院关于适用《中华人民共和国企业破产法》若干问题的规定（二）	法释〔2013〕22号 / 2013.09.05公布 / 2013.09.16施行 / 2020年修正
最高人民法院关于适用《中华人民共和国企业破产法》若干问题的规定（一）	法释〔2011〕22号 / 2011.09.09公布 / 2011.09.26施行
最高人民法院关于个人独资企业清算是否可以参照适用企业破产法规定的破产清算程序的批复	法释〔2012〕16号 / 2012.12.11公布 / 2012.12.18施行
最高人民法院关于税务机关就破产企业欠缴税款产生的滞纳金提起的债权确认之诉应否受理问题的批复	法释〔2012〕9号 / 2012.06.26公布 / 2012.07.12施行
最高人民法院关于对因资不抵债无法继续办学被终止的民办学校如何组织清算问题的批复	法释〔2010〕20号 / 2010.12.29公布 / 2010.12.31施行 / 2020年修正

破产法律文书样式

续表

文件全称	相关信息
最高人民法院关于债权人对人员下落不明或者财产状况不清的债务人申请破产清算案件如何处理的批复	法释〔2008〕10 号 / 2008.08.07 公布 / 2008.08.18 施行
最高人民法院关于《中华人民共和国企业破产法》施行时尚未审结的企业破产案件适用法律若干问题的规定	法释〔2007〕10 号 / 2007.04.25 公布 / 2007.06.01 施行
最高人民法院关于审理企业破产案件确定管理人报酬的规定	法释〔2007〕9 号 / 2007.04.12 公布 / 2007.06.01 施行
最高人民法院关于审理企业破产案件指定管理人的规定	法释〔2007〕8 号 / 2007.04.12 公布 / 2007.06.01 施行
最高人民法院关于破产企业国有划拨土地使用权应否列入破产财产等问题的批复	法释〔2003〕6 号 / 2003.04.16 公布 / 2003.04.18 施行 / 2020 年修正
最高人民法院关于审理企业破产案件若干问题的规定	法释〔2002〕23 号 / 2002.07.30 公布 / 2002.09.01 施行
关于推动和保障管理人在破产程序中依法履职 进一步优化营商环境的意见	发改财金规〔2021〕274 号 / 2021.02.25 公布 / 2021.02.25 施行
加快完善市场主体退出制度改革方案	发改财金〔2019〕1104 号 / 2019.06.22 公布 / 2019.06.22 施行
最高人民法院关于依法妥善审理涉新冠肺炎疫情民事案件若干问题的指导意见（二）	法发〔2020〕17 号 / 2020.05.15 公布 / 2020.05.15 施行
最高人民法院关于推进破产案件依法高效审理的意见	法发〔2020〕14 号 / 2020.04.15 公布 / 2020.04.15 施行
全国法院民商事审判工作会议纪要	法〔2019〕254 号 / 2019.11.08 公布 / 2019.11.08 施行
全国法院破产审判工作会议纪要	法〔2018〕53 号 / 2018.03.04 公布 / 2018.03.04 施行
最高人民法院关于为改善营商环境提供司法保障的若干意见	法发〔2017〕23 号 / 2017.08.07 公布 / 2017.08.07 施行

续表

文件全称	相关信息
最高人民法院关于执行案件移送破产审查若干问题的指导意见	法发〔2017〕2号／2017.01.20公布／2017.01.20施行
最高人民法院关于进一步做好全国企业破产重整案件信息网推广应用工作的办法	法〔2016〕385号／2016.11.11公布／2016.11.16施行
最高人民法院关于企业破产案件信息公开的规定（试行）	法发〔2016〕19号／2016.07.26公布／2016.08.01施行
企业破产案件破产管理人工作平台使用办法（试行）	法〔2016〕253号／2016.07.27公布／2016.08.01施行
企业破产案件法官工作平台使用办法（试行）	法〔2016〕252号／2016.07.27公布／2016.08.01施行
最高人民法院关于破产案件立案受理有关问题的通知	法明传〔2016〕469号／2016.07.28公布／2016.07.28施行
最高人民法院关于调整强制清算与破产案件类型划分的通知	法〔2016〕237号／2016.07.06公布／2016.08.01施行
最高人民法院关于依法开展破产案件审理积极稳妥推进破产企业救治和清算工作的通知	法〔2016〕169号／2016.05.06公布／2016.05.06施行
最高人民法院关于人民法院为企业兼并重组提供司法保障的指导意见	法发〔2014〕7号／2014.06.03公布／2014.06.03施行
最高人民法院关于审理上市公司破产重整案件工作座谈会纪要	法〔2012〕261号／2012.10.29公布／2012.10.29施行
最高人民法院关于正确审理企业破产案件为维护市场经济秩序提供司法保障若干问题的意见	法发〔2009〕36号／2009.06.12公布／2009.06.12施行
最高人民法院关于依法审理和执行被风险处置证券公司相关案件的通知	法发〔2009〕35号／2009.05.26公布／2009.05.26施行
最高人民法院执行《关于〈中华人民共和国企业破产法〉施行时尚未审结的企业破产案件适用法律若干问题的规定》的通知	法〔2007〕81号／2007.05.26公布／2007.05.26施行
最高人民法院办公厅关于强制清算与破产案件单独绩效考核的通知	法办〔2019〕49号

部分省市破产相关司法文件、规范性文件索引

重庆

文件全称	相关信息
重庆市高级人民法院 重庆市规划与自然资源局关于优化企业破产程序中涉及不动产事务办理的意见	渝高法〔2022〕64号 / 2022.05.18 公布 / 2022.05.18 施行
重庆市高级人民法院 国家税务总局重庆市税务局关于建立企业破产处置协作机制的指导意见	渝高法〔2022〕62号 / 2022.05.18 公布 / 2022.05.18 施行
重庆市高级人民法院关于进一步协调破产审判与执行工作持续优化营商环境的意见	渝高法〔2022〕56号 / 2022.04.29 公布 / 2022.04.29 施行
重庆市高级人民法院 重庆市人力资源和社会保障局 重庆市医疗保障局关于便利破产与强制清算案件社会保险信息查询的通知	渝高法〔2022〕25号 / 2022.02.22 公布 / 2022.02.22 施行
重庆市高级人民法院关于调整重庆市第五中级人民法院破产及强制清算衍生诉讼案件管辖的通知	渝高法〔2021〕96号 / 2021.06.28 公布 / 2021.07.01 施行
重庆市高级人民法院关于明确公司（企业）强制清算和破产案件管辖问题的通知	渝高法〔2020〕65号 / 2020.05.18 公布 / 2019.12.31 施行
重庆市高级人民法院、国家税务总局重庆市税务局关于企业破产程序涉税问题处理的实施意见	渝高法〔2020〕24号 / 2020.02.25 公布 / 2020.02.25 施行
重庆市高级人民法院企业破产费用援助资金使用办法	渝高法〔2020〕20号 / 2020.02.12 公布 / 2020.02.12 施行
重庆市高级人民法院关于破产案件简化审理的工作规范	渝高法〔2019〕208号 / 2019.12.31 公布 / 2019.12.31 施行
重庆市高级人民法院 中国人民银行重庆营业管理部 关于支持破产重整企业重塑诚信主体的会商纪要	渝高法〔2019〕207号 / 2019.12.31 公布 / 2019.12.31 施行
重庆市高级人民法院关于破产程序中财产网络拍卖的实施办法（试行）	渝高法〔2019〕206号 / 2019.12.30 公布 / 2019.12.30 施行
重庆市高级人民法院破产重整申请审查工作指引（暂行）	渝高法〔2018〕190号 / 2020.02.25 公布
重庆市高级人民法院关于审理破产案件法律适用问题的解答	渝高法〔2017〕207号 / 2018.01.07 公布 / 2018.01.07 施行

续表

文件全称	相关信息
重庆市第五中级人民法院破产案件管理人指定办法	渝五中法发〔2022〕37号/ 2021.05.05 公布/ 2022.05.05 施行
重庆市第五中级人民法院重整案件审理指引（试行）	渝五中法发〔2021〕189号/ 2021.12.28 公布/ 2021.12.28 施行
重庆破产法庭债务人参与破产事务指引	渝五中法发〔2021〕182号/ 2021.12.16 公布/ 2021.12.16 施行
重庆破产法庭债权人参与破产事务指引	渝五中法发〔2021〕181号/ 2021.12.16 公布/ 2021.12.16 施行
重庆市第五中级人民法院破产案件快速审理指引	渝五中法发〔2021〕154号/ 2021.11.15 公布/ 2021.11.15 施行
重庆市第五中级人民法院关于在审理企业破产案件中防范和打击逃废债务行为的工作指引（试行）	渝五中法发〔2021〕154号/ 2021.11.10 公布/ 2021.11.15 施行
重庆破产法庭 重庆市破产管理人协会关于管理人选聘其他社会中介机构的工作指引（试行）	渝五中法发〔2021〕109号/ 2021.09.26 公布/ 2021.10.01 施行
重庆市第五中级人民法院关于执行案件移送破产审查工作的实施办法	渝五中法发〔2021〕22号/ 2021.04.06 公布/ 2021.04.06 施行
重庆市第五中级人民法院预重整工作指引（试行）	渝五中法发〔2021〕3号/ 2021.01.08 公布/ 2021.01.08 施行
重庆市第五中级人民法院关于破产原因识别审查的意见	渝五中法发〔2020〕194号/ 2020.12.29 公布/ 2020.12.29 施行
重庆市第五中级人民法院破产案件管理人报酬确定和支付办法（试行）	渝五中法发〔2020〕180号/ 2020.12.07 公布/ 2020.12.07 施行
重庆市第五中级人民法院企业破产费用援助资金使用细则（修订）	渝五中法发〔2020〕167号/ 2020.11.19 公布/ 2020.11.19 施行
重庆破产法庭 重庆市破产管理人协会破产案件管理人工作指引（试行）	2020.07.27 公布/ 2020.07.27 施行

续表

文件全称	相关信息
重庆破产法庭企业破产案件审理指南（试行）	渝五中法发〔2020〕42 号 / 2020.04.13 公布 / 2020.04.13 施行
重庆破产法庭破产申请审查指引（试行）	渝五中法发〔2020〕41 号 / 2020.04.13 公布 / 2020.04.13 施行

北京

文件全称	相关信息
北京市高级人民法院关于公开破产案件管理人相关信息的意见（试行）	2020.05.26 施行
北京市高级人民法院关于保障破产管理人查询工作的通知	京高法发〔2020〕205 号 / 2020.04.28 公布 / 2020.04.28 施行
北京市高级人民法院关于加强破产审判与执行工作协调运行的通知	京高法发〔2020〕206 号 / 2020.04.28 公布 / 2020.04.28 施行
北京市高级人民法院、中国人民银行营业管理部、中国银行保险监督管理委员会北京监管局关于破产管理人办理人民币银行结算账户及征信相关业务的联合通知	2020.04.07 公布 / 2020.04.07 施行
北京市高级人民法院破产费用援助资金使用办法（试行）	京高法发〔2020〕137 号 / 2020.04.05 公布 / 2020.04.05 施行
北京市高级人民法院等部门关于建立企业破产工作府院联动统一协调机制的实施意见	京高法发〔2019〕698 号 / 2019.10.28 公布 / 2019.10.28 施行
北京市高级人民法院关于调整公司强制清算案件及企业破产案件管辖的通知	2019.10.28 公布 / 2019.11.01 施行
北京市高级人民法院关于破产程序中财产网络拍卖的实施办法（试行）	2019.04.25 公布 / 2019.04.25 施行
北京市高级人民法院关于加快破产案件审理的意见	京高法发〔2018〕156 号 / 2018.04.04 公布 / 2018.04.04 施行
北京市高级人民法院企业破产案件审理规程	京高法发〔2013〕242 号 / 2013.07.22 公布 / 2013.07.22 施行
北京破产法庭关于降低办理破产成本的工作办法（试行）	2021.06.04 公布 / 2021.06.04 施行
北京破产法庭破产案件管理人工作指引（试行）	2020.04.22 公布 / 2020.04.22 施行

续表

文件全称	相关信息
北京破产法庭关于加强疫情防控期间破产管理人工作的指导意见	京一中法发〔2020〕32号 / 2020.02.11 公布 / 2020.02.11 施行
北京破产法庭破产重整案件办理规范（试行）	京一中法发〔2019〕437号 / 2019.12.30 公布 / 2019.12.30 施行

上海

文件全称	相关信息
上海市浦东新区完善市场化法治化企业破产制度若干规定	上海市人民代表大会常务委员会公告〔十五届〕第九十六号 /2021.11.25 公布 /2022.01.01 施行
上海市高级人民法院关于破产程序中财产网络拍卖的实施办法（试行）	2021.05.30 公布 / 2021.05.30 施行
上海市高级人民法院关于破产衍生诉讼案件诉讼费缓交相关问题的通知	2021.04.27 公布 / 2021.04.27 施行
上海市高级人民法院　上海市住房和城乡建设管理委员会关于破产程序中规范处置住房公积金债权的会商纪要	2021.02.08 公布 / 2021.03.01 施行
上海市高级人民法院关于上海法院受理涉劳动争议破产衍生诉讼指定管辖的通知	沪高法〔2020〕578号 / 2020.12.07 公布 / 2020.12.07 施行
上海市高级人民法院、国家税务总局上海市税务局关于优化企业破产程序中涉税事项办理的实施意见	2020.04.27 公布 / 2020.04.27 施行
上海市高级人民法院关于破产受理等信息即时推送以及做好相关衔接工作的指引	2020.03.23 公布 / 2020.03.23 施行
上海市高级人民法院关于疫情防控期间办理破产案件相关问题的通知	沪高法〔2020〕50号 / 2020.02.06 公布 / 2020.02.06 施行
上海市高级人民法院、上海市人力资源和社会保障局关于企业破产欠薪保障金垫付和追偿的会商纪要	2019.12.05 施行
上海市高级人民法院关于简化程序加快推进破产案件审理的办案指引	沪高法〔2018〕167号 / 2018.05.18 公布 / 2018.06.01 施行
上海市市场监督管理局　上海市高级人民法院关于企业注销若干问题的会商纪要	2019.05.17 公布
上海法院企业破产案件管理人信息披露规则（试行）	2018.11.15 施行
上海市高级人民法院破产审判工作规范指引（试行）	2018.08.31 施行

破产法律文书样式

续表

文件全称	相关信息
上海市高级人民法院关于当前破产审判实务若干问题的解答（一）	2018.06.27 公布
上海市高级人民法院关于简化程序加快推进破产案件审理的办案指引	沪高法〔2018〕167 号 / 2018.06.01 施行
上海市高级人民法院企业破产工作经费管理办法（试行）	沪高法〔2018〕300 号
上海市高级人民法院指定企业破产案件管理人办法	沪高法（审）〔2014〕7 号 / 2014.09.19 公布
上海市人民检察院第三分院　上海市管协加强破产案件办理的配合协作机制	2021.06.01 公布
上海破产法庭、上海市破产管理人协会关于协力提升"办理破产"成效服务法治化营商环境行动指引	2020.01.14 公布 / 2020.01.14 施行
上海市破产管理人协会破产案件管理人工作指引（试行）	2021.01.20 公布 / 2021.01.20 施行
上海市律师协会律师从事上海地区重整案件中重整计划草案草拟工作操作指引	2019 年 10 月 30 日公布

广东

文件全称	相关信息
广东省高级人民法院关于审理企业破产案件若干问题的指引	粤高法发〔2019〕6 号 / 2019.11.29 公布 / 2019.11.29 施行
广东省高级人民法院关于规范企业破产案件管理人选任与监督工作的若干意见	粤高法〔2017〕283 号 / 2017.12.12 公布 / 2017.12.12 施行
广东省高级人民法院关于加强企业破产案件立案受理工作若干问题的意见	2017.05.10 公布 / 2017.05.10 施行
广东省高级人民法院关于执行案件移送破产审查的若干意见	2016.11.17 公布 / 2016.11.17 施行
全省部分法院破产审判业务座谈会纪要	粤高法〔2012〕255 号 / 2012.07.02 公布 / 2012.07.02 施行
深圳经济特区个人破产条例	深圳市六届人大常委会公告（第二〇八号）/ 2020.08.31 公布 / 2021.03.01 施行
深圳市个人破产信息登记与公开暂行办法	2021.12.31 公布 / 2022.01.10 施行
深圳市中级人民法院关于优化破产办理机制推进破产案件高效审理的意见	2020.10.19 公布 / 2020.10.19 施行

续表

文件全称	相关信息
深圳破产法庭关于疫情防控期间破产管理人的履职指南	2020.02.19 公布 / 2020.02.19 施行
关于完善破产工作府院联动协调机制的实施意见	2020.07.31 公布
深圳市中级人民法院关于破产程序中网络拍卖财产工作指引	深中法〔2020〕145 号 / 2020.07.20 公布 / 2020.07.20 施行
深圳市中级人民法院　中国人民银行深圳市中心支行　中国银行保险监督管理委员会深圳监管局关于合作推进企业破产工作优化营商环境的会议纪要	2020.07.28 公布 / 2020.07.29 日施行
深圳市税务局企业破产涉税事项办理指南	2020.06.30 公布
深圳市中级人民法院　深圳市市场监督管理局关于企业注销有关问题的会商纪要	2020.07.29 公布
深圳市中级人民法院关于提升"办理破产"质效优化营商环境的实施意见	深中法发〔2019〕6 号 / 2019.04.30 公布 / 2019.04.30 施行
深圳市中级人民法院审理企业重整案件的工作指引（试行）	深中法发〔2019〕3 号 / 2019.03.25 公布 / 2019.03.25 施行
深圳市中级人民法院关于执行移送破产案件管理人工作指引	2019.05.21 公布 / 2019.05.21 施行
深圳市中级人民法院关于执行移送破产案件管理人工作指引	深中法发〔2018〕5 号 / 2018.04.19 公布 / 2018.04.19 施行
深圳市中级人民法院关于执行案件移送破产审查的操作指引（试行）	深中法发〔2018〕4 号 / 2018.04.19 公布 / 2018.04.19 施行
深圳市中级人民法院破产案件债权审核认定指引	深中法发〔2017〕5 号 / 2017.09.04 公布 / 2017.09.04 施行
深圳市中级人民法院破产案件管理人工作规范	2015 公布 /2015 施行
深圳市中级人民法院破产案件管理人援助资金管理和使用办法	2015 公布 /2015 施行
深圳市中级人民法院破产案件立案规程	2015 公布 /2015 施行
深圳市中级人民法院破产案件审理规程	2015 公布 /2015 施行
深圳市中级人民法院破产案件管理人分级管理办法	2013.05.16 公布
广州破产法庭关于疫情防控期间破产审判工作的指引	2020.02.17 公布 / 2020.02.17 施行

破产法律文书样式

续表

江苏

文件全称	相关信息
广州市中级人民法院、国家税务总局广州市税务局关于进一步解决破产程序中涉税问题的若干意见（试行）	2021.07.21 施行
广州市中级人民法院　广州市税务局关于破产程序中涉税问题的若干处理意见（试行）	穗中法〔2020〕90 号 / 2020.05.26 公布 / 2020.05.26 施行
广州市中级人民法院关于破产重整案件审理指引（试行）	穗中法〔2020〕89 号 / 2020.05.28 公布 / 2020.05.28 施行
广州市中级人民法院　广州市市场监督管理局关于推进破产企业退出市场工作的实施意见	穗中法〔2020〕88 号 / 2020.05.26 公布
广州市中级人民法院　中国银行保险监督管理委员会广东监管局　中国人民银行广州分行营业管理部关于进一步提升破产程序质效、合作优化营商环境的实施意见	穗中法〔2020〕87 号 / 2020.05.26 公布
广州市中级人民法院关于推进破产案件快速审理的工作指引（试行）	穗中法〔2020〕30 号 / 2020.02.25 公布 / 2020.02.25 施行
广州市中级人民法院关于执行案件移送破产审查的实施意见（试行）	穗中法〔2018〕213 号 / 2018.06.15 公布 / 2018.06.15 施行
广州市中级人民法院关于设置国有"僵尸企业"破产审判绿色通道的若干意见	穗中法〔2018〕155 号 / 2018.05.14 公布 / 2018.05.14 施行
广州市中级人民法院破产管理人工作报告规定（暂行）（2016）	2016 年公布
江苏省高级人民法院关于开展"与个人破产制度功能相当试点"工作中若干问题解答	2021.12.07 公布 / 2021.12.07 施行
江苏省高级人民法院、中国人民银行南京分行、中国银保监会江苏监管局关于做好破产企业金融事项办理优化营商环境的实施意见	2021.12.03 公布 / 2021.12.03 施行
江苏省高级人民法院　国家税务总局江苏省税务局关于做好企业破产处置涉税事项办理优化营商环境的实施意见	苏高法〔2020〕224 号 / 2020.10.30 公布 / 2020.10.30 施行
江苏省高级人民法院关于"执转破"案件简化审理的指导意见	苏高法电〔2018〕392 号 / 2018.06.01 公布 / 2018.06.01 施行
破产案件审理指南（修订版）	苏高法电〔2017〕794 号 / 2017.11.17 公布 / 2017.11.17 施行

续表

文件全称	相关信息
江苏省高级人民法院关于充分发挥破产审判职能作用服务保障供给侧结构性改革去产能的意见	苏高法〔2016〕174号 / 2016.08.10公布 / 2016.08.10施行
江苏省破产管理人协会 江苏省律师协会 江苏省注册会计师协会破产管理人债权申报及审查业务操作指引（试行）	苏管协发〔2021〕1号 / 2021.01公布 / 2021.01施行
南京市中级人民法院关于规范重整程序适用提升企业挽救效能的审判指引	宁中法审委〔2020〕1号 / 2020.01.20公布 / 2020.01.20施行
南京市中级人民法院 国家税务总局南京市税务局破产清算程序中税收债权申报与税收征收管理实施办法	宁中法〔2019〕159号 / 2019.08.05公布 / 2019.08.05施行
南京市中级人民法院关于规范破产管理人工作若干问题的意见	2015.05.04公布
南京市中级人民法院破产案件审理规范指引	2016.07.08公布
南京市中级人民法院关于进一步强化对破产管理人履职管理监督的规定	2016.07.08公布
江苏省镇江市中级人民法院 国家税务总局镇江市税务局关于企业破产处置涉税问题处理的实施意见	镇中法〔2019〕161号 / 2019.12.17 / 2019.12.18
镇江市中级人民法院破产案件审判流程节点管理规定（试行）	镇中法〔2019〕107号
宿迁市中级人民法院关于审理预重整案件的规定（试行）	宿中法电〔2020〕172号 / 2020.07.09公布
市政府办公室关于构建协调联动机制稳妥推进企业破产处置工作的通知	宿政传发〔2019〕54号 / 2019.08.15公布
扬州市中级人民法院 国家税务总局扬州市税务局关于企业破产处置涉税问题处理的实施意见	扬中法〔2020〕22号 / 2020.03.23公布 / 2020.03.23生效

浙江

文件全称	相关信息
浙江法院个人债务集中清理（类个人破产）工作指引（试行）	2020.12.02公布 / 2020.12.02施行
浙江省破产管理人动态管理办法（试行）	浙高法〔2020〕95号 / 2020.07.30公布 / 2020.10.01施行
浙江省高级人民法院关于统一破产债权确认纠纷案件受理费标准相关事宜的通知	2020.05.29公布 / 2020.05.29施行

续表

文件全称	相关信息
浙江省人民检察院第六检察部、浙江省破产管理人协会关于建立破产债权申报中虚假诉讼线索移送处置工作机制的会议纪要	浙检六部〔2020〕8号 / 2020.05.25 公布 / 2020.05.25 施行
浙江省高级人民法院关于深化执行与破产程序衔接推进破产清算案件简易审理若干问题的会议纪要（二）	浙高法〔2020〕12号 / 2020.01.09 公布 / 2020.01.09 施行
浙江省退出市场非国有企业档案处置指引（试行）	2021.06.01 施行
浙江省高级人民法院关于邀请省外破产案件管理人社会中介机构备案履职的通告	浙高法鉴〔2016〕2号 / 2016.05.17 公布 / 2016.05.17 施行
浙江省高级人民法院破产案件管理人指定工作规程（试行）	浙高法办〔2016〕40号 / 2016.05.16 公布 / 2016.06.01 施行
浙江省高级人民法院关于执行程序与破产程序衔接若干问题的纪要	浙高法〔2016〕62号 / 2016.05.16 公布 / 2016.05.16 施行
浙江省高级人民法院关于企业破产案件简易审若干问题的纪要	浙高法〔2013〕153号 / 2013.06.28 公布
浙江省高级人民法院关于规范企业破产案件管理人工作若干问题的意见	浙高法〔2013〕38号 / 2013.02.20 公布 / 2013.02.20 施行
浙江省高级人民法院关于企业破产财产变价、分配若干问题的纪要	浙高法〔2013〕154号 / 2013.07.05 公布
浙江省高级人民法院关于企业破产案件简易审若干问题的纪要	浙高法〔2013〕153号 / 2013.06.28 公布
浙江省高级人民法院关于规范企业破产案件管理人工作若干问题的意见	浙高法〔2013〕38号 / 2013.02.20 公布 / 2013.02.20 施行
浙江省高级人民法院民事审判第二庭关于在审理企业破产案件中处理涉集资类犯罪刑民交叉若干问题的讨论纪要	浙高法民二〔2013〕7号 / 2013.07.05 公布
国家税务局浙江省税务局关于支持破产便利化行动有关措施的通知	浙税发〔2019〕87号 / 2019.09.30 公布
浙江省注册会计师协会财产状况报告编制指引（试行）	浙注协〔2017〕66号 / 2017.09.20 公布
温州市中级人民法院关于立案、审判移送破产程序的会议纪要（试行）	2021.10.12 公布

续表

文件全称	相关信息
温州市人民政府办公室关于印发在个人债务集中清理工作中探索建立公职管理人制度的府院联席会议纪要的通知	2020.04.24 公布 / 2020.04.24 施行
温州市中级人民法院关于进一步做好优化法治化营商环境工作的意见	温中法〔2020〕25 号 / 2020.04.10 公布 / 2020.04.10 施行
温州市中级人民法院关于印发《关于执行移送破产程序的会议纪要（三）》的通知	温中法办〔2020〕17 号 / 2020.04.07 公布 / 2020.04.07 施行
温州市委改革办（市跑改办）、市法院、市发展改革委、市金融办、市公安局、市司法局、市检察院、市财政局、市人力社保局、市自然资源和规划局、市住建局、市市场监管局、市税务局、人行温州市中心支行、温州银保监分局、市医疗保障局关于印发温州市优化营商环境办理破产便利化行动方案的通知	温中法〔2019〕74 号 / 2019.12.02 公布 / 2019.12.02 施行
温州市中级人民法院关于个人债务集中清理的实施意见（试行）	温中法〔2019〕45 号 / 2019.08.13 公布 / 2019.08.13 施行
温州市中级人民法院关于破产管理人履职评价的办法（试行）	温中法办〔2017〕58 号 / 2017.10.09 公布 / 2017.10.09 施行
温州市人民政府办公室关于印发企业金融风险处置工作府院联席会议纪要的通知	2019.07.10 公布 / 2019.07.10 施行
温州市人民政府办公室关于印发企业金融风险处置工作府院联席会议纪要的通知	温政办〔2017〕84 号 / 2017.11.01 公布 / 2017.11.01 施行
温州市市场监督管理局协助人民法院执行企业破产相关登记操作规范	2016.07.21 公布 / 2016.07.21 施行
温州市中级人民法院关于执行移送破产程序的会议纪要（二）	温中法办〔2016〕16 号 / 2016.06.07 公布 / 2016.06.07 施行
温州市中级人民法院关于通过网络司法拍卖平台处置企业破产财产的会议纪要	温中法〔2015〕75 号 / 2015.10.16 公布 / 2015.10.16 施行
温州市中级人民法院、温州市国家税务局关于破产程序和执行程序中有关税费问题的会议纪要	温中法〔2015〕45 号 / 2015.06.19 公布 / 2015.07.01 施行
温州市中级人民法院关于执行移送破产程序的会议纪要	温中法〔2015〕42 号 / 2015.06.03 公布 / 2015.06.03 施行

续表

文件全称	相关信息
温州市中级人民法院、温州市地方税务局关于破产程序和执行程序中有关税费问题的会议纪要	温中法〔2015〕3 号 / 2015.01.05 公布 / 2015.03.01 施行
温州市中级人民法院关于印发《关于执行程序和破产程序衔接的会议纪要》的通知	温中法〔2013〕94 号 / 2013.06.14 公布 / 2013.06.14 施行
温州市中级人民法院关于印发《关于试行简化破产案件审理程序的会议纪要》的通知	温中法〔2013〕54 号 / 2013.03.27 公布 / 2013.03.27 施行
衢州市中级人民法院关于规范破产管理人工作的操作指引（试行）	衢中法〔2019〕9 号 / 2019.01.10 公布 / 2019.02.01 施行
杭州市余杭区人民法院房地产企业破产审理操作规程（试行）	余法〔2016〕6 号 / 2016.02.03 施行

四川

文件全称	相关信息
四川省高级人民法院执行案件移送破产审查工作指南	2021.08.18 公布 / 2021.08.18 施行
四川省高级人民法院　国家税务总局四川省税务局关于企业破产程序涉税问题处理的意见	2021.03.31 公布 / 2021.03.31 施行
四川省高级人民法院关于审理破产案件若干问题的解答	川高法〔2019〕90 号 / 2019.03.20 公布 / 2019.03.20 施行
成都市中级人民法院破产案件预重整操作指引（试行）	2020.08.24 公布 / 2020.08.24 施行
成都市中级人民法院关于破产案件简化审理的指导意见（试行）	成中法办〔2020〕87 号 / 2020.07.08 公布 / 2020.07.08 施行
成都市中级人民法院机构管理人、管理人负责人履职办法（试行）	2019.11.07 公布
成都市中级人民法院破产案件管理人考核评价办法（试行）	2019.02.13 公布